チャールズ・A・ビーアド

開米潤・丸茂恭子＝訳

「戦争責任」はどこにあるのか

Charles A. Beard, American Foreign Policy in the Making 1932-1940: A Study in Responsibilities

アメリカ外交政策の検証 1924-40

藤原書店

American Foreign Policy in the Making 1932-1940

A Study in Responsibilities

by Charles A. Beard

Yale University Press, 1946

「戦争責任」はどこにあるのか

目次

第Ⅰ部 〈問題提起〉戦後アメリカの「戦争責任」論争

第Ⅱ部〈本論〉ルーズベルトの外交政策

第一〇章　大統領選挙での平和の約束――一九四〇年　364

〈附〉国内政治と戦争（一九三五年―一月）　469

「戦争責任」はどこにあるのか

——アメリカ外交政策の検証　1924-40——

凡　例

一　原注は（1）、（2）……で示し、巻末に配した。訳注は＊、＊＊……で示し、段落末に配した。訳者による短い補足は〔　〕で文中に挿入した。

一　原文で強調を示すイタリックには傍点を付した。原文の“　”は「　」で示した。

一　読者の便宜のため、議会の発言者名や新聞名などに、太字やゴシック体を使用した箇所がある。

一　原文になかった小見出しを加えた。

一　必要・有益であると思われた場合、（　）で原語と訳語とを併記した。

一　書名・雑誌名は『　』で、論文名は「　」で示した。

序文

この作品の性格とその限界については、第三章「戦争責任の告発によってもたらされた問題」の四三頁から四六頁〔頁数は原書、訳書では六八〜七〇頁〕に述べられている。この本は、外交政策にかかる公式声明（一九三二―四〇年）について論じているのであって、国際的道義や秘密の交渉、申し出、外交における誓約に対する判決を下そうとするものではない。

ルイス・パウエル女史、スザンナ・スモール女史、この類まれなる能力を持ったふたりの研究者に調査の面で計り知れないほどのご支援をいただいた。

国際法に精通していることが識者の間でも著名なエドウィン・ボーチャード教授は、持ち前の親切心から、資料の収集を支援してくださり、原稿を全文読んでくださった。そして研究者ならだれもが切望するような極めて重大な助言を私にあたえてくださった。この序文の文章だけで彼の恩義に報いることはできない。

トーマス・A・ベイリー著 *Woodrow Wilson and the Great Betrayal*（『ウッドロウ・ウィルソンと大いなる裏切り』）から多くを引用させていただき、恩恵にあずかった。これについては版元であるニューヨークのマクミラン・カンパニーに特に感謝申し上げる。

一九四六年夏、コネチカット州ニューミルフォードにて

チャールズ・A・ビーアド

第Ⅰ部

〈問題提起〉

戦後アメリカの「戦争責任」論争

第一章　第二次世界大戦を引き起こしたのは〝邪悪な〟上院議員たちか

国際連盟の挫折と、アメリカ上院の責任

一九四五年一月十五日、フランクリン・デラノ・ルーズベルト大統領は国内外の情勢について年頭教書演説を行った。それからまもなくしてアメリカ政策史に残る討論が合衆国上院で起こった——公共問題について自由で検閲を受けることのない議論を行える重要な国民的フォーラム〔公開討論〕の場である上院を舞台に、である。討論の過程で、上院議員たちは当時荒れ狂っていた世界戦争の歴史的背景を振り返るとともに、ロシアとイギリスを含む諸外国政府の行動と野心についても言及した。そしてルーズベルト大統領が唱道していた主要な対外プロジェクトの一部に疑問を投げ掛けた。忌憚のない意見が交されるとき、えてしてそうなるように、議論は終始、緊迫していた。争いを好む国々からなる世界の中での、そうした世界に対する合衆国の方針を決定する条約や法律について、上院は数カ月のうちに賛否を決することを迫られる、との認識が

彼らの胸中にあったからだ。

この機会にフロリダ州選出のクロード・ペパー上院議員が、ある問題について政府を支持する任務に乗り出した。ペパー氏はルーズベルト大統領の国内政策と外交政策の長年にわたる擁護者のひとりだった。政策の細部に関しては反対に回ることがあったにしても、だ。ペパー上院議員はアラバマ大学を卒業、ハーバード大学で法律を学んだ。経験豊かな論客であり、一〇年近く上院議員としてのキャリアを積んでいて、民主党の同僚議員の中でも学識や討論術の面で高い能力を持つ人物のひとりとされていた。もっといえば、彼はルーズベルト大統領が合衆国政府をコミットさせようとしていた国際主義の熱烈な支持者であった。そして鋭い批判が激しく応酬される中、彼は国際主義を擁護する重責にあたったのだった。(1)

反対派からの異論に対して自らの信念の正当性を訴えようと、ペパー上院議員は道義という裁きの場で上院そのものを告発したのだった――「先の戦争〔第一次世界大戦〕における平和の勝利が失われたのは、フランダースの戦場*においてではなく、この議場においてであったのだ」と。

＊オランダの南部、ベルギーの西部、フランスの北部にかけての地域。第一次世界大戦の主戦場となり、一〇〇万人の死傷者が出たといわれる。

ペパー上院議員が非難を始めると、すぐに次のような討論が続いた。

ミリキン氏〔コロラド州選出〕 議長、私はいまの意見に異議を呈し、これを証明するよう求めます。
ペパー氏 歴史が証明しています。
ミリキン氏 議長、上院議員が歴史をどのように見ていようと、私には関心がありません。上院議員の発言はこの国とこの上院に対するひどい言いがかりであります。……この上院の議場で、世界の平和がどのようにして失われたのか。それを実証していただこうではありませんか。

ペパー氏　いいでしょう。卑見を申し述べさせていただければ、それは上院がヴェルサイユ条約を批准しそこなったからであり、そのためにわれわれが国際連盟に参加しそこなったからです。

ミリキン氏　……もし、われわれが国際連盟に加盟していたならば、これまでに実際にくだされてきた決定がどのように変わっていたというのか。上院議員には証明していただけませんか。

ペパー氏　どのように変わっていたかについて、私の考えを上院議員に申し上げます。先の戦争が終結した時点で合衆国は世界の道義的指導者になっていたと私は思っています。……合衆国は世界的な組織における議論に、すぐれた道義的指導力、強大な実行力、多大な天然資源とそれらに伴う強みをもたらしたでしょう。それればかりか、その議論にまさに、より道義的な気高さ、旧世界の国々にはない無私の精神をもたらすことができた、と私は確信しています。連盟の議論はつねに収拾のつかない旧世界の大国同士の衝突や争いの場と化してきましたが、わが国が加盟していれば、その影響力によって、そうした事態は回避されたはずなのであります。……

上院は国際連盟条項を含むヴェルサイユ条約を批准しそこねたばかりか、その後、フランス国境を保障する協定*をとり上げることすらしませんでした。われわれは同盟諸国を見捨てたのです。われわれは目的を放棄したのです。われわれは亡くなった同朋たちを見捨てたのです。そして次なる戦争を待ったのです。

＊ヴェルサイユ条約を補完するために一九二五年十月、イギリス、フランス、ドイツ、イタリア、ベルギーの五カ

国間で締結されたロカルノ条約を指す。ヴェルサイユ条約の定めたドイツ・フランス国境とドイツ・ベルギー国境の現状維持、ライン河沿岸地域における軍事施設の建設や兵士の駐留の禁止、ドイツ・フランス・ベルギーの相互不可侵、国際紛争の平和的解決、これらに対するイギリス、イタリアの保障などを規定したものであり、ドイツの国際連盟への加盟を条約発効の条件とした。

合衆国が積極的な役割を果たしていたならば、今の世代を苦しめることになった戦争を少なくとも可能性としては避けえたかもしれないと私が申し上げるのはそういうわけです。

ミリキン氏　議長、世界でもっとも強く、もっとも巨大な軍隊を有していたフランスがラインラント*でドイツの攻撃を撃退していたならば、戦争は防げたかもしれなかったという私の意見に上院議員は同意するでしょうか。

＊ドイツ西部、ライン河沿岸の一帯。第一次世界大戦後、非武装地帯となったが、一九三三年に成立したヒトラー政権のもとでヴェルサイユ条約、ロカルノ条約が破棄され、一九三六年三月、ドイツ軍は同地域に進駐、再武装を果たした。

ペパー氏　あるいはそうかもしれません。……世界征服を目論む者を阻止するという点において、フランスにわれわれより大きな義務があるとは私にはまったく思えません……

ミリキン氏　……わが国が連盟の一員であったならば、歴史の流れが違ったものになっていたということを上院議員は証明できていません。

ペパー氏　議長、歴史に異論を唱えるのは上院議員におまかせしたいと思います……

このように議論が進展していくうちにペパー上院議員のそもそもの主張は単なる可能性の問題に矮小化され、歴史を引き合いに出しての抗弁は疑問視された。確かに彼の訴えはうやむやにされたが、彼の決定的な主張は確実に記録に残った――「先の大戦の平和の勝利が失われたのは……この議場においてであったのだ」。

その後、一九四五年七月二十三日に国際連合憲章が批准のために上院に提出されると、トム・コナリー議員が本格的な論争の口火を切った。彼は自身の議論を立証するのにペパー議員と同じように歴史をより所とした。二五年前に国際連盟が受けた仕打ちを同僚議員たちに思い起こさせたのだった。第二次世界大戦が勃発した原因を国際連盟の失敗に帰することは控えたが、彼は国際連盟が挫折した責任を上院に負わせた。そして警告するような口調で嘆いてみせた。「諸外国の代表者たちはここ上院での国際連合憲章をめぐる票決の行方に依然として不信感を抱いています。彼らは一九一九年に何があったかを覚えているのです」。

さらに独特の美文調で、コナリー上院議員は上院にこう宣言した――諸外国の代表者たちは「国際連盟がこの議場でどのように屠られたかを知っています。この議場に流れた血がいまなお見えるでしょう？　国際連盟が葬られた、まさにこの議会で荒れに荒れた論争の痕跡が壁に残っているのが見えるでしょう？[*]　あのときと同じ心情が働いて合衆国がこの憲章を批准しないのではないか、と諸外国の代表たちは恐れているのです。わが国が国連憲章を批准すれば、世界中の人々の心に希望をもたらすことでしょう……私は信じています。上院が……合衆国はこの憲章を守り、これに謳われている理念に恥じない行動をとり、世界平和を目指す国際機関を支持するために誠心誠意、責務を果たすつもりだと世界中が確信するほどの圧倒的多数で、この憲章を批准する、と」。

＊「荒れに荒れた論争」と訳した箇所は、原文では「conflict that ranged［sic］」（直訳すると、「～の範囲に及んだ論

争［原文ママ］」）となっているが、ranged は raged（荒れ狂う）の誤植として、意訳した。

第一次世界大戦の終戦時の平和が上院で失われたという非難は、一九二〇年[2]にヴェルサイユ条約の批准が上院で最終投票に付されて以来、国内外で、国際主義の支持者たちによって枚挙にいとまがないほど繰り返されてきた古い学説だった。それは四半世紀の間、下院議員や時事問題の評論家、教育者、ジャーナリスト、ラジオのコメンテーターなどによって、さまざまな形で、数えきれないほど多くの場面で、あたかも絶対的な真実であるかのように、何度も主張されてきた。そしてしばしば責任の所在を、上院全体ではなく対立陣営から長年、頑迷で下劣なペテン師のような不正直な政治家だとされてきたヘンリー・カボット・ロッジ議員*率いる、少数の狡猾で、強情な、そして邪悪な共和党上院議員に負わせる形に絞り込んで展開されてきた。

＊マサチューセッツ州選出の共和党上院議員。一九二〇―二四年にかけて事実上、共和党初代上院院内総務を務めた。上院外交委員長（一九一九―二四年）としてヴェルサイユ条約をめぐりウィルソン大統領と対立、批准失敗に追い込んだ反対勢力の中心的存在だった。

実際のところ、少数の、もっぱら党派的敵意に突き動かされた主に共和党上院議員のグループが一九二〇年に平和をめちゃくちゃに破壊したという説は、非常に多くの〝文献〟に示された。そのように断定する言説が氾濫していた中で、そうした非難がどのようなものだったかを説明するのにもっとも典型的な文章を選ぶことは難しい。しかし、あり余るほど多くの記録の中から『アメリカン・マーキュリー』誌の一九四五年六月号に掲載されたジョセフ・H・ベアード氏による「上院は平和の動きを妨げるのか」というタイトルの記事を公正な事例として挙げることが出来るかもしれない。この記事は上院の責任についてひどく単純化して述べているだけでなく、おきまりの痛烈な勢いで、邪悪な少数派の頑固者たちをやり玉にあげている。筆者のベアード氏はかつてUP通信社モスクワ支局長を務めたほか、国務省の担当記者、同社のロンドン特派員だったこともある。また、ニューヨークで国際問題の編集責任者をしていたこともあった。それゆえにベアード氏の記事は国民に真剣に受け止められるのに値したと考えてしかるべきだといえよう。

ベアード氏は、ジョン・ヘイ*の有名な言葉を引用して、上院の妨害活動を糾弾する記事の書き出しとした――「あらゆる問題で上院の三四%は常に悪人側にある」。彼は「国際連盟をめぐる上院の論争**はあまりにもよく知られているし、その偏向ぶりはひどすぎるため、ここでその概略を示すことはできない」と宣言し、長時間に及んだ議論とその交渉過程を大胆にも以下の短い文章に要約した。「一九一九年二月、ロッジ上院議員は後に彼の後任として外交委員会委員長に就任するアイダホ州選出のボーラ上院議員***に、上院議員の八五%は国際連盟に賛成であると伝えた。それから彼はボーラ上院議員と、国民の八〇%が国際連盟を支持していると述べていたインディアナ州選出のワトソン共和党上院議員****に対して留保条件を設ける巧みなキャンペーンを展開すれば、連盟支持を覆すことができると説明した……無数の留保条件と政治的駆け引きの末、連盟支持の共同決議が一九二〇年三月十九日にようやく投票に付されたが、批准に必要な三分の二の賛成には七票足りないとの結果に終わった。四九票は国際連盟を支持したが、三五票は反対だった。このように反対派より一四人も多い上院議員が国際連盟を支持していた」(3)。

＊リンカーン大統領の私設秘書を務めた。ウィリアム・マッキンリー、セオドア・ルーズベルト両大統領の下で国務長官。一八九九年に中国の領土保全、産業・通商上の機会均等を主張する門戸開放政策を提唱。帝国主義列強による分割競争に出遅れたアメリカが貿易による中国市場への割り込みを図った。

＊＊ヴェルサイユ条約に盛り込まれた国際連盟創設案に対しロッジ議員は「脱退する権利の留保」などを含む十四カ条の留保条件を突きつけた。このうちもっとも問題となったのは、憲法のもとで戦争を宣言し、合衆国陸海軍の

動員を承認する権利を唯一付与されている連邦議会が法律あるいは決議によって認めない限り、国際連盟がアメリカ軍を動かすことを禁じた条項だった。これに対してウィルソン大統領は一切の妥協を拒否し、彼の要請で民主党議員団はロッジ氏の留保条件付きの条約を批准することに反対した。その結果、同条約は一九一九年十一月十九日、否決された。次に留保条件なしで投票が行われたが、これは共和党議員団が反対し否決された。一九二〇年三月十九日に留保条件付きの条約批准をめぐり最終投票が行われたが、再び否決された。

＊＊＊ウィリアム・ボーラ、一九二四年から一九三三年まで上院外交委員長。

＊＊＊＊ジェームズ・ワトソン、一九二九年から一九三三年まで共和党院内総務。

ヴェルサイユ条約を無条件に批准することに反対した陣営の指導者が、狭量で卑劣な党派的人物たちだったという見解を裏付けるのに、ベアード氏を含む一九四五年の書き手たちはこの上なく著名な人物、すなわちウィルソン大統領その人の権威をたのみとすることができた。ヴェルサイユ条約の条件付き批准をめぐる最終投票が上院で行われるちょっと前に、ウィルソン大統領はレイ・スタナード・ベイカー＊に次のように語った。ロッジ一派が要求している諸条件は「連盟規約を改善するために思慮深い人々がつくったものではありません。あれは将来の世界平和に真に必要な責務からわが国を逃れさせようとする、指導者たちの恥ずべき試みなのです。彼らは国民の声を代弁してはいません。あれは本質的に党派の政治的な策略なのです。もし、私がそれを受け入れれば、あの上院議員たちはまた新たな、もっと恥ずべきことを要求してくるに違いありません。あの邪悪な人たちは国際連盟を破壊しようとしているのです」(4)。

＊ジャーナリスト・作家、パリ講和会議でウィルソン大統領の報道官を務める。一九二七年から一九三九年にかけて全八巻のウィルソン大統領の伝記を刊行した。

第二次世界大戦を引き起こした責任は邪悪な人々にあるというひどく単純な主張の、別の例を挙げれば

『ニュー・リパブリック』[*]誌に定期的に寄稿していたとされる〝T・R・B〟なる人物の一九四五年六月十八日号の「ワシントン・ノート」というコラムがある。「ワシントン・ノート」の筆者は、この雑誌の過去の記事がヴェルサイユ条約とそれに付随する取り決めに反対の立場をとっていたことには触れずに、一九一九年から一九二〇年にかけて上院に籍を置いた邪悪な人々の何人かを名指しした。たとえばボーラ氏、ロッジ氏、ノックス氏、ラフォレット氏といった人たちで、この筆者は戦争犯罪という重大な責任を彼らに負わせたのだった。「彼らは楽しそうにウッドロウ・ウィルソンをしつこく責め立てて、ついに死に至らしめた……彼らは国際連盟の支持者たちが支持できなくなるほどの条件を課し、連盟を穴だらけにした。三分の二ルールの陰に隠れて彼らはウィルソンを抹殺、常態を回復し[**]、関税障壁を打ち立て、ロシアを承認せず、国際司法裁判所を拒否した。そしてついにジョンソン法[***]を起草することで、結局のところ、最終的な決定権を握った。……その代償は極めて小さなものだった。すなわち、第二次世界大戦だけだったのだから」。これは、一九三九年から一九四五年にかけての悲惨な時代という戦争のもたらした災難の責任は、ごく少数の〝卑劣〟で〝邪悪〟な合衆国上院議員の指導部にあるという説を端的に主張したものだ。

＊第一次世界大戦が勃発する直前の一九一四年に創刊された革新主義系の雑誌。創刊時のメンバーには後に名著『世論』を執筆するなど世界的名声を得るウォルター・リップマンも参画している。

＊＊"return to normalcy"（常態を回復）とは、一九二〇年の大統領選挙で共和党のハーディング候補が掲げたスローガン。民主党のウィルソン大統領は三期目の出馬を取りやめていたが、ハーディングは、国民の人気を失っていたウィルソンを攻撃するキャンペーンを展開、第一次世界大戦前の生活に戻ろうと訴えて歴史的圧勝をおさめた。

＊＊＊一九三四年四月に可決されたジョンソン債務不履行法。第一次大戦時の対米債務支払いを完遂できない外国政府に対して新たな融資など資金融通は一切行わないことを決めた法律。外国政府が米国市場で債券を発行すること

のみならず民間の融資を受けることも禁じた。

第二次世界大戦を引き起こした責任は上院にあるとする説の中には、個人や党派を名指ししないものもあった。すなわち――ヴェルサイユ条約に与えられた敗北の〝原因〟は、出席議員の三分の二の同意が条約の承認には必要だと定めた、憲法の古臭く、非民主的なルールにある。三分の二ルールがなかったならば、条約が上院の、あるいは上院と下院を合わせた単なる過半数によって批准できたならば、合衆国は国際連盟に加盟していただろうし、第二次世界大戦は避けられたであろう――というものだった。しかしながらアメリカに責任があるとする説という意味ではこの説も結局のところ、最初の例と同じ主張なのである。つまり、策謀にたけた上院議員、殊に共和党上院議員たちが、三分の二ルールに乗じて、合衆国を連盟に加わらせなかった。その結果、他の加盟国は第二次世界大戦が勃発するのを止めることができなかったというものである。

アメリカ合衆国の「一四の裏切り」

合衆国上院が国際連盟への加盟を拒否したとき、世界と人類はまさに、それゆえに犠牲となったというのが、一九四五年に出版されたトーマス・A・ベイリー*の重要な作品である *Woodrow Wilson and the Great Betrayal*(『ウッドロウ・ウィルソンと大いなる裏切り』(5))のテーマだ。この本は道義的責任を追及する痛烈な告発状の様相を呈している。しかし、この本に書かれているのは、特定の事実を無視した、あるいは強調した、一方的主張に裏付けられた政党や理念を正当化しようとする議論では決してない。この本は歴史を職業とする人々の中でも高名な学者によって書かれたものである。ベイリー教授は彼自身の主張と矛盾する動かぬ証拠があることを認めながらも、〝裏切り〟という主体を非難し、罪がある、と明示するタイトルのこの本で合衆国の一四の背信行為を告発している。〝裏切り〟という言葉は〝裏切り者〟――ラテン語の *tredere*――という言葉と同じ語源から派生している。裏切るということは、ヒトあるいはモノを背信行為あるいは背任によって敵の手に渡す、またはその勢力に委ねることである。裏切りは敵に寝返り、降伏することであり、信頼あるいは信用に違背することであり、委ねられた責任を放棄することである。裏切りは通常、人間の行動、道義上の行為のうち、もっとも低級で卑しいものとみなされる。

＊外交史家、スタンフォード大学教授。

そのような行為は必然的にふたつの当事者を伴う。裏切り行為を犯す側は、明確な言葉や明らかな含意によって裏切り行為を働くことやそれに加担することを禁じる神聖な誓約、約束、あるいは忠誠のもと、もう一方の当事者に対して義務を負っている。第二の当事者、つまり裏切られる側は、当然の権利として、第一の当事者つまり裏切る側を信頼するとともにその信頼が決して失われず、傷つけられず、壊れることがないと見込む絶対的な理由を有している。

「裏切り」というタイトルを冠した告発（第二二章）の前奏曲としてベイリー教授はこう力説した。ウィルソン大統領はヴェルサイユ条約に盛り込まれた方針を合衆国の公約とする権限を持っていた。彼の方針は国民や世界に向けて彼が行った演説と一貫していた。国民は大統領の提案を「心から称賛していた。あるいは受け入れているように見受けられた」。以上が、どうやら国民がウィルソン大統領と交わした神聖な契約――良心と名誉において国民に義務を負わせる契約――の要素であったようだ。ベイリー教授によると、大統領がこの関係において間違いを犯したとするならば、それはパリで誓約を発表したことというよりも、「戦争下と同じ崇高な理想主義が平和協定を締結した後もいつまでも続く」と思い込んだことにあった。

言い換えれば、ベイリー教授の本の、まさにこの一節によると、ウィルソン大統領とアメリカ国民は、第一次世界大戦が激しく戦われている最中に世界平和と何らかの形態による諸国家連合について神聖な義務を請け負ったのであり、大統領はその後、この義務を踏まえた方針をパリで発表したのだ。しかし、アメリカ国民は戦時中の自分たちの理想主義が徐々に減退していくのにまかせた。そして彼らは、大統領が国民のお墨付きを得て発表した方針を拒否した。彼らのこの行為はまったく浅はかなものだった。というのも、ヴェルサイユ条約の条項はアメリカ国民が戦時中に称賛したウィルソン大統領の演説で示された要求事項に則したものだった——大統領と国民の間で交わされた契約に則したものだったからだ。そしてこれもまた、おそらくだが、同条約の起草に参加した他の大国もまた、大統領とアメリカ国民が義務を請け負うことで意見の一致をみていたことに、賛同していたであろう。

〝大いなる裏切り〟がどのように生じたかについて、短く説明をしたあとすぐに、ベイリー教授は、ヴェルサイユ条約が失敗した責任の所在を明確にすることに慎重になった。彼は余分な詳細を省いた説明では責任は国民にある——戦時中の理想主義が減退したことにある——としていた。しかし、直後に次のように述べることによって、そこに不確実性の要素をもたらしたのだ。「誰の責任だったにせよ、合衆国の名のもとで交わされた約束をやり遂げる意志の欠落、あるいは能力の欠落は悲劇であった」——その結果として〝大いなる裏切り〟が生じたのだった。

語源学、構文論、文法論、論理学そして哲学の歴史において、この文章はもっとも不可解な文章のひとつである。表面上は、誰の責任だったにせよ、合衆国にその責任があると主張しているようである。なぜならば、ウィルソン大統領の約束を履行する意志が合衆国には欠落していたからだ。しかし、ベイリー教授はそうは言っていない。というのは、彼は〝意志の欠落〟という言葉を〝あるいは能力の欠落〟という言葉とつなげて使っているからだ。こうして〝大いなる裏切り〟をもたらしたのは、合衆国の〝能力の欠落〟だったかもしれないと付け加えることで、彼は〝意志の欠落〟という言葉に内在する道義上の責任の重みを失わせてしまったのだ。というのは、能力の欠落とは、この場合、ウィルソン大統領の約束を履行するのに必要な物理的、精神的、道義的な能力の欠如、あるいはそのための力、素質、手段の欠如を意味しているからだ。

誰の責任だったのかははっきりとは分からない、と事実上、宣言するとともに、あるいは合衆国は、とどのつまり、ウィルソン大統領のパリでの約束を最後までやり遂げる能力に欠けていたのかもしれないと認めつつ、ベイリー教授はあたかも裏切り者が誰であるかは実際には分かっていて、そしてあたかも合衆国が犯人であるかのように筆を進めている。というのも、彼は第二二章で、ヴェルサイユ条約に盛り込まれたウィルソン大統領の約束を守ろうという合衆国の〝意志の欠落あるいは能力の欠落〟の〝帰結〟を一覧表にしているからだ。

1.……国連に対する裏切り
2.……ヴェルサイユ条約に対する裏切り
3.……連合国に対する裏切り
4.……フランスに対する裏切り

5. ……ドイツに対する裏切り
6. ……世界中の自由主義的世論に対する裏切り
7. ……亡くなったアメリカ人青年、及びまだ生まれていない米青年に対する裏切り
8. ……全世界の大衆に対する裏切り
9. ……ヨーロッパのみならず、とくに近東にいるわが国の人道主義団体、宣教団、教育関係機関に対する裏切り
10. ……アメリカの貿易商、製造業者、銀行家、投資家の正当な利益に対する裏切り
11. ……合衆国に押し付けられた世界リーダーとしての役割を果たす責任への裏切り
12. ……国際関係において国家が誓約した言葉と誠意に対する裏切り
13. ……始めたことをやり遂げるという明白な道義的責任に対する裏切り
14. ……アメリカ国民に対する裏切り

〝大いなる裏切り〟を構成する数々の〝裏切り〟が記載されているこの一覧表を提示したうえで、ベイリー教授は、要件としては、大いなる裏切りといっても、「わが国の撤退が一九一九年から一九三九年にかけてのヨーロッパに降りかかったすべての災厄の唯一の原因だ」ということには〝必ずしも〟ならないし「その主因だったということにさえ」ならないと述べることによって、母国を思いやる姿勢を見せている。しかしながら、合衆国は「実際に起こった事態に対して少なからぬ責任があったことは免れない」ことにはなる、とも彼は付け加えた。こうしてアメリカに正しく帰せられるべき罪の大きさはあいまいにされたのだった。

そしてこの本のこれより数ページ後に、ベイリー教授はさらに多くの不確定要素を挿入している。国際連盟に参加することで「われわれが失うものは何もなかった。仮にあったとしても、ごく些細なことだった……。むしろいいことづくめだっただろう――いわゆる第二次世界大戦も、ことによると、防げたかもしれない」と彼は言うのだ――彼によれば、それは〝ことによると〟であって〝おそらく〟ですらない（三六七頁）。

そうしておいてベイリー教授は、裏切りがあったとする自身の説の正当性を貶める質問を提起している。「わが国が国連に加盟していたならば、その結果は本質的に異なっていただろうか」と。彼の主張そのものの正当性にとって極めて重要なこの問題について、ベイリー教授は「その答えは、当然ながら、〔国際連盟に加盟することで合衆国に失うものがあっただろうかという設問と比べて〕より推論を交えたものにならざるを得ない」という。そしてこの問題についての自分の検討が推論であるとことわったうえで、彼はさらにこう述べた。「合衆国が〔加盟国であったとしても〕危機が訪れたとき、国際連盟に対して十分な支援を提供できたかどうか、疑ってしかるべきである」。[6]

ベイリー教授の結論が〝推論〟あるいは決定的でないものになっている原因のひとつは、〝重大な裏切り〟と題された第二二章より前の第二一章に示された彼の調査結果にあるかもしれない。この本を書くにあたって、彼は細心の注意を払ってヴェルサイユ条約をめぐる上院での討論、新聞などの記事、未公表のウッドロウ・ウィルソン関連文書、著名な同時代人の文書など、実にすばらしく幅広い、信頼性の高い考証文献を研究していた。この研究に基づいて、彼は以下のようなはっきりとした記述を行っている。

マコーミック上院議員が、ウィルソン大統領は「平和会議〔への派遣団〕を民主党員で固めた」と述べ

たとき、同議員は「不都合なほどに真相に迫っていた」。（七三頁）

「もし、彼［ウィルソン大統領］が……条約［ヴェルサイユ条約］を救えるだけの妥協をしようとしていたなら、そのほうがよかったに違いない」。（一〇〇―一〇一頁）

「ウィルソン大統領の体調と精神状態は条約が最終的に否決されたことに極めて重要な影響があった」。

（一四五頁）

「ロッジの十四カ条の留保条件が――しかもそのうち十カ条は国際連盟にしか関係のないものだったのだが――条約そのものを、完全に価値のないものにする、とウィルソン大統領がなぜ、主張し続けることができたのかを理解するのは難しい」。（一六六頁）

「自分が正しいと決め込んだ彼［ウィルソン大統領］はほかのどの選択肢も悪だと考えた。個人のプライドと生来の頑固さも、何が公共の福利かを判断する分別を彼から奪うことにつながった」。

（一六九頁）

「ウィルソン大統領が病に倒れていなかったならば、彼はロッジと妥協していただろうと、彼の擁護者の一部は主張する。そうだったかもしれないが、彼が公の場で口にした言葉にも、個人文書にも、また彼の性格にも、そうした見方を裏付けるものは何もない」。（一七三頁）

「彼［ウィルソン大統領］が上院の民主党議員にロッジの留保条件付きで条約に賛成票を投ずるよう言っていたならば、ほとんどの議員は間違いなくそうしており、三分の二の多数を得られたであろう」。

（一七四頁）

「ヒッチコック上院議員は……十一月の投票の前日に自分を含む民主党上院議員の大半は『ほぼどん

な形にせよ』条約を批准したいと考えていると内密にボンサル大佐に打ち明けていた」。（一七七頁）

「十一月十七日にウィルソン大統領はヒッチコック上院議員に対して、ロッジの留保条件は条約を無効にするものだと冷淡に述べた。そして留保条件が彼のところに持ち込まれたならば、彼は条約そのものを握りつぶすと伝えた」。（一七九頁）

「このころ［十一月］には、世論がロッジの留保条件あるいはそれに類似したものが望ましいと考えるようになっていたことも、かなりはっきりしていると言えるだろう」。（一八〇頁）

「十一月十八日付のヒッチコック議員に宛てたウィルソン大統領の手紙は……多数派の民主党がどのように投票すべきかを指示したもので、これでヴェルサイユ条約が批准されるかされないかが決した」。（一八五頁）

「彼ら［民主党議員たち］が〝妥協しようとしない人々〟に与せずに、ロッジの留保条件付きでヴェルサイユ条約に賛成票を投じていたならば、上院は（最初の投票で）八一対一三で条約を承認していた。これはつまり一九票の余裕があったということだ」（一九五頁）「〝妥協しようとしない〟上院議員はわずか一三、四人しかいなかった。」

フランスの有力な新聞各紙は、いくつかの留保条件がついても、条約が批准されることが望ましいとしていた。「しばしば外務省を代弁していた影響力のある『ル・タン』紙は*……ロッジの留保条件は、実際の運用にあたっていずれにしろ存在するようになるであろう制約を明記しているにすぎないとの見方を示していた」。（二〇五頁）

＊フランスを代表する高級紙『ル・モンド』紙の前身。

ハウス大佐*は、ウィルソン大統領に対し、民主党の上院議員には留保条件付きの条約を批准するよう指示されるべきであると勧告した。「ハウス大佐の二通の手紙には返事もなければ受領確認もこなかった」。

（二一〇頁）

＊エドワード・マンデル・ハウス。出身地テキサス州の慣例で「ハウス大佐」と呼ばれたが軍人ではない。一八九〇年代から一九〇〇年代までテキサス州で歴代州知事の選挙事務長などを務めた後、一九一二年大統領選挙でウィルソンを支持、その後も同大統領の側近中の側近として人事や外交面で大きな影響力を行使した。第一次世界大戦時には大統領特使として渡欧、パリ講和会議でもアメリカ代表団、国際連盟規約起草委員会メンバーとして活躍した。

一九一九年十二月十四日、ウィルソン大統領は「いかなる類の妥協も譲歩も自分にはする考えはない」とし、責任はすべて上院共和党のリーダーたちに負わせる考えだ、とする公式声明を出すことを許可した。

（二一二頁）

ジャクソン・デイ*の声明文で、ウィルソン大統領は「国民の考えに関して何らかの疑念があるならば」、その解決法は「次の選挙を偉大で厳粛なレファレンダム〔国民投票〕とすることだ」と主張した。

（二一七頁）

＊正式にはジェファーソン・ジャクソン・デイ。民主党が大統領選挙期間中に開催する資金集めの夕食会のもっとも一般的な呼称。

ウィリアム・ジェニングス・ブライアン*は、ジャクソン・デイに「厳粛なレファレンダム」を行うという考えは「愚かである」と決めつけた。そして条約が批准できるように妥協案を見出すよう要請した。

（二一八頁）

＊民主党大統領候補者に三回選出されたがすべて敗北。一九一三年に誕生したウィルソン政権で国務長官。社会的弱者を尊重するリベラリストの立場から累進課税制度、上院議員の直接選挙制度、婦人参政権などの社会改革の実現に尽力した。しかし、第一次大戦中の一九一五年、ドイツの潜水艦が客船ルシタニア号を攻撃した際の対応をめぐってウィルソン大統領と対立、辞任した。

「かなりの数の民主党系新聞」が、反対派との妥協を支持するブライアン氏の提案を支持した。（二二一頁）

「アメリカ外交政策協会[＊]は、大統領に必要な留保条件を受け入れ、条約を実施するよう要請するアピールを発表した」。（二二五頁）

＊The League of Free Nation Association. 一九一八年にウィルソン大統領の支持者らが設立した非営利団体。創立メンバーには、ジョン・ダレスや、フランクリン・ルーズベルトの夫人であるエレノア・ルーズベルトも名を連ねた。一九二三年にForeign Policy Associationに改組、現在に至る。ニューヨークに本拠を置く。

「合計で五千万人の会員を抱える二六組織を代表する委員会が、大統領と上院に対し、対立点について譲歩し、妥協するよう請願書を提出した」。（二二六頁）

グレイ子爵[＊]は、ワシントンでウィルソン大統領と面談しようとしたが叶わず、その代わりに英国で説得力のある寄稿文を発表した。その中で彼は、アメリカが無制限の義務を負って嫌々ながら加盟するよりも、限られた義務を負ってすすんで参加するほうが望ましいとの見解を示した。（二三四―二三七頁）

＊当時の駐米英国大使（一九一九―二〇）。第一次世界大戦開戦時の英外相。

英首相のロイド・ジョージ氏は、合衆国の留保条件付きの加盟を受け入れる意向を表明した。ただし、

他の諸国がその留保条件にはっきりと同意することを求められないならば、と条件をつけた。（二四〇頁）

一九二〇年二月、ウィルソン大統領はグラス上院議員に対して、条約がロッジの条件で承認されるならば、自分は握りつぶすつもりだ、と語った。（二五六頁）

ヴェルサイユ条約の批准についての最終投票が行われた日の翌日、ヒッチコック上院議員はウィルソン大統領に手紙を書いた。その中で彼は、民主党の大多数がロッジ上院議員に屈する――そうして条約が批准される――のを防ぐには自身による「きわめて精力的な努力」を必要とすると述べた。（二七一頁）

「ウィルソン大統領が、この問題が政治のお祭り騒ぎ――一九二〇年の大統領選挙キャンペーン――に持ち込まれることを望んでいたことは、証拠が示している」――。（二七五頁）

「ウィルソン大統領に劣らず鋭い知性をもった人々は……ロッジ氏の条件が条約を完全に無価値なものにすることはないとの見解を示した」。（二七七頁）

「彼［ウィルソン大統領］は自らの行動によって国際連盟を最終的に台無しにし、そのために第二次世界大戦を防ぐための組織を求める彼自身と人類の高邁な望みを台無しにすることに強力に寄与した」。（二七七頁）

「一九二〇年三月、大量の丸太が川の流れを滞らせるかのように立法府が行き詰まった背景には多くの要因が絡んでいた。……そうした要因のどれかひとつが問題山積の唯一の原因ということはなかった。しかし、問題が山積するに至って、これを解消できるキコリがたったひとりいた。それがウッドロウ・

ウィルソンであった」。（二七八頁）

「ウィルソンは条約が上院の議場で潰されるよう命令を下した。その議場で条約は葬られたのだった」。（二八一頁）

しかしながら、上院議員たちがヴェルサイユ条約に敵意を持つようその心を煽った可能性のある諸要因を論じるにあたって、ベイリー教授は一九一八年から一九二〇年の間にアメリカ国民に伝わった第一次世界大戦とパリ講和会議の〝内幕〟に関する膨大な情報の重要性を軽視している。そうした情報のなかでももっとも驚くべきは、いわゆる三国協商*側の諸国が戦争に備えて、あるいは戦争終結時の戦利品の分配に関して結んでいた、様々な秘密条約や合意事項が公表されたことだった。

＊露仏同盟、英露協商、英仏協商からなる英仏露の三カ国関係を指す。

ロシアで一九一七年、ボリシェビキ*が権力を掌握すると、彼らはロシア帝政下で秘匿されていた保存記録を開示するとともに、多くの公的文書をばらまいた。そうした文書は、三国協商側諸国の政治的および道義的な目的には、一九一四年から一九一八年にかけて説明された戦争宣伝とは大いに異なる側面があることを示していた。特に、合衆国の世論への影響という点で大きな意味があったのは、一九一八年一月に発表されたロシアの公文書類[7]から明らかになった一部の秘密条約と、その後に流布されたヴェルサイユ条約の条項と国際連盟の規約が起草されていた時期に、ウィルソン大統領がパリで交渉相手としていた諸国政府の間で交わされた取引に関するその他の文書だった。

＊一八九八年に創立されたマルクス主義政党であるロシア社会民主労働党が一九〇三年に分裂して形成された左翼

の一派。レーニンが率いた。一九一七年に十月革命を起こしプロレタリア独裁を樹立した。ソビエト共産党の前身。ロシア語で多数派の意味。

それにもかかわらず、そうして明らかにされた事実がどれほど協商国側やヴェルサイユ条約に対するアメリカの敵意を引き起こすに至ったかを、慎重に評価することなく、ベイリー教授は、国際連盟を拒絶した責任を割り当てるにあたって上院に責任の重荷を負わせたのだ。ベイリー教授がウィルソン大統領に負わせた責任がどの程度のものであろうとも、彼は大統領が〝邪悪な人々〟とした上院議員たち——特にロッジ上院議員と〝妥協しようとしない人々〟——が、人類に第二次世界大戦をもたらした〝大いなる裏切り〟を犯した容疑者の少なくとも一角とみなされるべきだという印象を与えている。

第二次世界大戦の責任を何らかの形で合衆国上院の〝妨害者たち〟に負わせようとする前述の意見には、この特定の主張の説明に伴う確かさとあいまいさの両方が示されている。ウィルソン大統領はかねがね妨害行為を上院の〝邪悪な人々〟のせいにしていた。そしてこうした見方は広く行き渡っていた。ペパー上院議員とコナリー上院議員は、特定の議員を名指ししたり、その特徴をあげたりすることなく、責任は上院のう﹅ち﹅にあるとした。ベイリー教授は、ウィルソン大統領が孤立主義は幻想であるとみなしていたことや「次なる戦争にわれわれは確実に引きずり込まれる」と信じていた点において、大統領は永久に正しかったとした。またベイリー教授は、大統領は方法論において賢明でなかったとしつつ、上院の〝少数の独裁グループ〟を、最終的に第二次大戦をもたらすこととなった〝大いなる裏切り〟を引き起こした勢力として描いたのだった。

第二章　第二次世界大戦の責任を負うべきはアメリカ国民か

アメリカ国民の責任論

一九一九年以降、地球上の国々のうえに降りかかり、ついには諸国を第二次世界大戦に巻き込んだ数多くの苦悩の責任はどこにあったのかをめぐる、より広汎な見解は、その責任の所在をアメリカ国民全般すなわちアメリカの〝大衆〟あるいは〝この国〟全体にあるとしている。この見解は、上院の〝邪悪な人々〟やこの国が墨守した条約批准のための三分の二ルールには責任がなかったとするものではない。実際のところ、すべての上院議員が、〝よい議員〟も〝邪悪な議員〟も同じ様に、アメリカ国民にこそ責任がある、とする包括的な弾劾によって糾弾された加害者のなかに含まれているのだ。責任の所在をめぐるより広汎な見解は、これを示す実際の文言としては様々な表現がある一方で、総じていくつかの特徴を有し、それらをまとめると、ひとつの説に集約される。つまり、第二次世界大戦を事実上もたらした外交政策の責任は、アメリカ国民にこそある、というそれだ。

その説によれば——当時の〝先見の明のある〟政治家としてのウィルソン大統領のリーダーシップの下に集結したアメリカ国民は、第一次世界大戦を遂行した。ドイツ帝国の軍国主義を打ち倒して世界を民主主義にとって安全なものとし、後進国に自由主義の体制を強要し、ウィルソン大統領の十四カ条の平和原則*を実現し、戦争に終止符を打ち、恒久的な平和の時代を迎え入れるために、である。大戦の猛烈な戦闘が繰り広げられている間、アメリカ国民はそうした戦争の目的を遂行するための諸国家大連合を構築しようという大統領の計画に拍手喝采を送っていた。そしてパリの平和会議で国際連盟は、アメリカ国民さらにはすべての〝平和を愛する〟国家に対する大統領の誓約を実現するためにその計画が打ち出されたのだった。[1]

*一九一七年三月、第一次世界大戦に参戦を決断したウィルソン大統領は翌年一月、講和の原則つまり戦後実現されるべき国際秩序構想を提唱した。秘密外交の禁止、軍備の縮小、民族自決の一部承認、国際平和機構の設立など十四カ条にわたっている。

しかし——と、その説は続く——戦争が終わると、やがてアメリカ国民は自らの崇高な宣言と決意を忘れ、戦時下の理想主義を〝急激に衰退〟させていった。世界の苦悩に耳を傾けることに飽き、利己的にも、自分たちの問題に専心するようになり〝孤立主義〟の泥沼に沈んでしまった。[2]上院の〝邪悪な人々〟に対抗して、自らの政策を支持してくれる人々を組織化するための英雄的な努力の一環として、ウィルソン大統領は一九一九年、アメリカ西部を回った。大統領は国民の名のもとに発表していた戦争の目的を思い出すよう人々に懇願した。アメリカの兵士たちは大義のために死んでいったのだ、と彼は述べ、そしてその大義に忠実であり続けるよう国民に求めたのだった。合衆国が国際連盟を拒絶すれば、新たな世界大戦が起こると警告し、さらには国際連盟があってはじめてアメリカ製品のために外国市場で十分な販路を獲得することができるだろうと語った。この遊説中、困難な仕事のために疲弊しきったウィルソン大統領は絶望的な疾病に襲われた。大統領の嘆願も不幸も無視して上院はヴェルサイユ条約の批准を拒んだのだった。

事実、一九二〇年に民主党は全国党大会で国際連盟を支持し、連盟の熱烈な支持者であったジェームズ・M・コックス*とフランクリン・D・ルーズベルトのふたりを、それぞれ大統領と副大統領の候補者として指名した。しかし「神聖なる国民投票」で、アメリカ国民は地滑り的な圧倒的多数でもって民主党を政権の座から追い落とした。その後、共和党政権下で国民は徹底的な孤立主義に走った。一九三三年に民主党が政権を取り戻した後もなお国民はこの狭量な構想をかたくなに変えようとはしなかった。国民は過去一年間続いていたヨーロッパとアジアの紛争に、合衆国は関与すべきではない、という伝統的なドクトリンに頑強に固執した。そして戦争が繰り広げられている世界で、身勝手にも、合衆国の平和と、中立と、防衛を欲したのだった。

＊オハイオ州知事などを歴任。一九二〇年選挙ではウィルソンの国際主義を支持。

すべては無駄だった――と、その説は結論づけた――フランクリン・D・ルーズベルトが一九三三年に大統領就任後、平和は〝平和を愛する諸国〟の集団行動で侵略者を〝隔離する〟ことによってのみ維持できるのだ、とアメリカ国民に警告したが、無駄だった。イギリスが倒れれば、戦勝者たる侵略諸国を相手に合衆国は自らを防衛できなくなる、と大統領が国民に語ったのも無駄だった。侵略者に対抗するのに必要なだけの防衛策を講じるよう連邦議会に懇願したのも無駄だった。アメリカ国民は聞く耳を持たず、頑として譲らなかった。連邦議会は大統領の戦争準備の要請を〝阻んだ〟。一九四〇年にヒトラーの大軍がフランスを席巻したあとでさえ国民は依然として合衆国の平和を要求した。ルーズベルト大統領とコーデル・ハル国務長官は、ヨーロッパとアジアで戦争が勃発するのを防ぎ、侵略者を抑えようと策定した政策を実施しようとしたが、アメリカ国民はこれを何年もの間、阻んだ。国民は自らの〝無知〟と〝ひとりよがり〟と〝無関心〟と〝孤立主義〟に固執し続けた。一九四一年十二月七日、日本の爆弾が真珠湾を吹き飛ばすまでは。そのときになって初めて、アメリカ国民はルーズベルト大統領がはじめから正しかったことを悟り、一丸となって戦争支持に一斉に回り、第一次世界大戦が終結してほぼすぐに拒絶し放棄した世界全体に対する道義的責任を引き受ける意欲を示した。

責任の所在が上院の〝邪悪な人々〟から国民全体に拡大する動きは、上院がヴェルサイユ条約について決定を下す前から始まっていた。一九一九年秋には早くもニューヨーク市の経験豊かな編集者たちが、ウィルソン大統領の腹心であり、広報担当補佐官であったレイ・スタナード・ベイカーに「アメリカ国民は平和会議に『うんざり』している。彼らはこれ以上ヨーロッパの苦悩のために煩わされるのを望んでいない」と告げていたのだった(3)。

ウィルソン大統領でさえ最終的には、第一次世界大戦の終わりにヴェルサイユ条約の批准を頓挫させた張本人は上院の〝邪悪な人々〟ばかりでなく、国民であったという結論に達していたようだ。大統領の娘のエレノア・ウィルソン・マカドゥー夫人が一九四五年五月、報道陣に発表した声明文によると、ウィルソン大統領は一九二四年に亡くなる直前、家族など近親者にこう語っていたという。「合衆国が国際連盟に加盟しなかったのは正しかった。……私は長い間、このことについて考えてきた。私が求めたときにわが国が国際連盟に加盟していたならば、個人的には大勝利となったであろう。しかし、それは決してうまく機能しなかったはずだ。なぜならアメリカ国民は心の奥底でその価値を本気で信じてはいなかったからだ。この国がそのような連盟に加盟するのは免れないと悟り、そうする時期はいずれ来るだろう。そうなれば、そうなって初めて、それは機能するのだ(4)」。

一九二〇年以降、年を追うごとに、世界の苦悩や戦争の責任が合衆国の国民にあるという責任論が記事や本、小冊子やパンフレットに登場するようになった。一九二〇年から一九四五年までの間に刊行された出版物にはそうした記述が秋の枯葉と同じくらい無尽蔵にみられた。大学教授、伝道師、編集者、出版者、コラムニスト、政治的プロパガンダの宣伝担当者らは決然とこれを繰り返した。彼らの決意は第二次世界大戦が近づくにつれていよいよ高まり、一九三九年に戦争が勃発すると激昂した。

大衆の無知と責任に関する論説は、たとえばウィリアムズ・カレッジ*のウッドロウ・ウィルソン記念政治学講座教授フレデリック・L・シューマンの多くの著作の中で何度も辛辣に示された。教授によれば、中立法**の適用を要求し、そしてヨーロッパの戦争を防いだであろう〝集団的安全保障〟に向けた動きの中で、ルーズベルト大統領がイギリスやフランス、ロシアを先導しようとしたのを、あるいはそこに参加しようとしたのを禁じたのは、アメリカ国民であり、〝大衆〟そのものだった。

＊一七九三年にマサチューセッツ州ウィリアムズタウンで設立された私立大学。

＊＊イタリアのエチオピア侵略が大戦争に拡大した場合にそれに巻き込まれないようにするため、一九三五年八月、中立法が制定された。戦争や内乱状態にある国が存在する場合に、大統領宣言で交戦国への武器・軍需品の輸出を禁止した。共和党を中心に孤立主義を求める声が強かったのがその背景にある。六カ月間の時限立法だったため三六年に改正され、交戦国への信用貸し付けも禁止された。三七年の改正では三六年法を恒久化し、交戦国船舶で米市民が航行することも禁止に。一九三九年九月、第二次世界大戦が勃発、日独伊三国同盟が成立し日本が

アジアで南進の動きを強めると、イギリスの要請もあって議会は十一月、大議論の末に交戦国に武器・軍需品の輸出を認めるが「現金取引・自国船輸送主義」を適用することを決定。これにより中立法は事実上廃棄されてイギリスへ武器が輸出された。ルーズベルト大統領が三選を果たした後の一九四一年三月、武器貸与法が制定され、連合国に武器が貸与されるようになった。

一九三六年初め、二月十二日号の『ネーション』誌で、当時懸案となっていた中立法の改正について語ったシューマン教授は、そうした動きを「それは一面、狂気であり、一面、愚行であり、一面、外交と経済の現実に対するとんでもない無知である」と描写した。当の法案はわずかに修正され、一九三六年二月十七日に下院を賛成三五三票対反対二七票で通過した。法案に賛成したのは民主党二七三人、共和党七八人、農業労働党二人で、反対したのは民主党一一人、共和党九人、進歩党七人。上院はその翌日、法案を投票なしで可決させた。そして大統領が二月二十八日に署名、法律は成立した。連邦議会の行動から判断すると——シューマン教授の表現を借りるならば——〝狂気〟と〝愚行〟と〝とんでもない無知〟が合衆国政府内の国民を代表する議員たちの間で蔓延していたのは明らかである(5)。

一九三九年、ヨーロッパで戦争が勃発した後に書かれた著作で、ルーズベルト大統領が政府のあらゆる取り組みは戦争に合衆国を巻き込まないようにすることに向けられているとアメリカ国民に保証していたとする一方で、シューマン教授はまたしても、アメリカ国民全般に辛辣な評価をくだし、侵略者を阻止することに失敗したのはアメリカ国民だ、としたのだった。一九四一年初めに出版された *Night over Europe*（『ヨーロッパを覆う夜陰』）の中で彼はこうも述べている。「合衆国の、あるいは西半球の受け身の防衛はイギリスが降伏した瞬間に戦略的に不可能になることや、計算上、間違いなく敗北をもたらすことを、彼［一九四〇年時点におけるルーズベルト大統領」は誰よりも知っていた」。ルーズベルト大統領はなぜ「〝戦争屋〟呼ばわりされないように、こうした事を一切、話すことができなかった」のか。教授は計算されたように正確とは言えない言葉でこう答えている――ルーズベルト大統領は「知っていたのだ。国民が［戦争中の］交戦国に加わるという提案に対して、まるで悪魔から逃げるかのように、逃げ出すであろうことを。そして平和主義者や宥和主義者、孤立主義者、敵のスパイ、間抜けどもなどが入り混じった集団が、侵略者の行軍を阻止しようとする大統領の一挙手一投足をとらえて、それを根拠に、彼が独裁を目指している、またはアメリカの青年たちを外国の地で死なせるために派遣することを画策している、と非難することを」と。(6)

シューマン教授は、アメリカ国民が孤立主義と不介入主義の外交政策に拘泥していることを厳しく非難する一方で、ルーズベルト大統領を無罪放免としたわけではなかった。それどころか、教授は当時、選挙キャンペーン中だった大統領を「後援者に後からついていくことをむしろ好むリーダーとして、また、選挙民の前を進むのではなく後からついていかなければならないと感じている大統領候補者」として描写した。(7) しかし、シューマン教授は大統領を正直ではない人物として描いたからといって、アメリカ国民が外交に関してとんでもなく無知であったという罪に対する糾弾の手を決して緩めることはなかった。(8)

著名な国民によるまた別の国民責任説が一九四三年七月十八日付『ニューヨーク・タイムズ』紙日曜版の付録雑誌の「アメリカ人の信念――復活を求む」というタイトルの記事で紹介された。この説の作者は、ロバート・N・ウィルキンというオハイオ州北部の合衆国地裁判事だった。忠実な民主党員で一九三九年六月にルーズベルト大統領によって現職に指名されたウィルキン判事は、心温まる思いと威厳のある論調で外交政策について論述することができた。

ウィルキン判事は、一九一九年から二〇年にかけて「わが国が義務を怠った最大の責任」は上院の少数派にあり、彼らはウッドロウ・ウィルソン大統領に対する敵意から反対したのだとしたうえで、ウィルソン大統領を最終的には国民に裏切られた存在として描写した。いわく、ウィルソン大統領という〝偉大なる知性〟は、人類への希望を表明したが「自国民の結束」を維持できなかった。ウィルソン大統領という「あの勇気ある忍耐強い人物は、わが国の信念に対してわが国を除く世界中の支持を獲得していたが、祖国でその信念が失われるのを目撃しなければならなかった」。大統領は「人々は退転したが、後には再起が続く」と信じていた。けれども「アメリカ国民は大統領が予言した運命から逃れることはできないだろう」とウィルキン判事は主張した。(9)

全人類の希望に背いたアメリカ人をきびしくとがめて、その有罪を宣告したうえで、ウィルキン判事は「われわれ」はどうしたら罪をあがなえるだろうかと尋ねた。「われわれの過ちを糺し、われわれの過失がもたらしてしまった帰結を最小化するために、われわれには何ができるだろうか。われわれが犯してしまった罪をわれわれはどのように糺すことができるのだろうか。われわれが救われるためには何ができるのだろうか」。

ウィルキン判事は自らの救済案を提示している。「われわれは罪を認め、悔い改めなければならない……われわれの中から自分勝手な過ちが浄化されるまで、われわれに強く、健全な精神が宿ることはないのだ」。国民は新たな世界組織の創設を目指す連邦議会の法案を支持しなければならない。国民はアメリカの兵士たちに彼らの期待が決して裏切られないことを示さなければならない。「われわれが孤立主義に再び陥るのを防いだことを、彼らが犠牲となって成し遂げようとしたことを完遂するために、われわれが断固として一身をささげることを。……もし、われわれが国家的に無責任であることをやめて国際的な責任の一端を担うならば……われわれは自分たちの喜びと世界の利益のために運命によって任じられたその役割を果たすことができるだろう」。

国際連盟を台無しにしてしまった責任はアメリカにあるという説は、一九四五年末に出版された駐スペイン米大使のカールトン・J・H・ヘイズがその著書 *Wartime Mission to Spain, 1942-1945*（『戦時下の駐スペイン大使、一九四二年―一九四五年』）[10]で部分的に、あるいはひょっとしたら全面的に支持している。ヘイズ氏は最初のページでこう述べている。「私はこれより後［一九一八年以後］、国際連盟を、あるいは連盟以外の機関でも、集団安全保障の理念を推進し前回以上に大勢のアメリカ人を間違いなく巻き込むことになるだろう新たな世界戦争の危険を減少させる可能性のある機関を、信念を持って支持し、これに積極的に賛同してきた。一九二〇年の党派闘争で〝理想主義者〟または〝夢想家〟と非難されていたわれわれのほうが、国際連盟を台無しにして偏狭に国家主義的目標を追い求めた〝現実主義者〟よりも、はるかに現実的だった、と私には当時も今も、思われる。現代にとって不幸なことに、当時は〝理想主義者〟よりも〝現実主義者〟のほうが多かったことが証明されている」。

このほんの短い一節のなかに、分析されることもなしに当然のこととしてあまりにも広く受け入れられているいくつかの仮定がある。すなわち、国際連盟をめぐる合衆国内の論争は〝党派の〟対立であった、それは、現実主義者であった理想主義者と、実は自分が何をしているのか分かっていなかった現実主義者と呼ばれていた人々との闘争であった、合衆国は〝間違いなく〟次の戦争に巻きこまれた、言い換えれば合衆国政府が国際主義以外のどのような政策を追求しようがまるで関係なく、戦争に巻き込まれたのは運命であった――などがそれだ。現実主義者と理想主義者そして運命についての同大使の仮定が仮説に基づいているという問題はさておくとしても、この一節には、アメリカの党派心の強い人々、つまりおそらくは共和党が総じて「国際連盟を台無しにした」のであり、彼らには第二次世界大戦の責任が少なくともある程度はある、と明確に示唆されている[11]。

合衆国あるいはアメリカ国民に第二次世界大戦の責任があるという説に付随する考えのひとつで、しばしば合わせて示されてきた見解に、一九二〇年あるいはその時代の世界に対する責任を裏切ったアメリカ国民とまさに同じ人々が、もっとも優れた道義上のリーダーシップを、当時もそして今もなお、発揮できるのだというものがあった。ペパー上院議員が第二次大戦を引き起こした責任を合衆国上院に負わせたとき、この考えを表明した。また、ニューヨーク市立大学卒業生を前に一九四五年十一月十七日に行った演説で、内務省のエイブ・フォータス次官はこう宣言した。「わが国は、世界を平和と文明生活へと導くために必要な道義的リーダーシップを発揮し、見事に成功できる世界で唯一の国なのです[12]」。

国民責任説を支持する公式の文献

第二次世界大戦の責任は国民にあるというこの説に触れることなしにそれを実質的に支持した、公式の文書が一九四二年三月に発刊された。その文書はルイジアナ州のジョン・H・オバートン議員が上院に提示し、上院文書一八八号として発行されたものだった。この文書には『合衆国外交政策の進展』というタイトルがつけられていて、「一九三三年の善隣外交政策*の発表以降、戦争宣言も含めた外交政策の年代順の展開を示すことを目的に公式の情報源から集められた、フランクリン・D・ルーズベルトの演説や大統領教書」を含んでいる。この文書のうち六九頁までが一九三三年から一九四〇年の一部の演説に、残りの（七〇〜一五〇）ページが一九四〇年と四一年の演説に、それぞれ充てられている。

＊一九三三年、ルーズベルト大統領が第一期の就任演説で示したアメリカ外交政策の根幹をなす考え。特に、ラテンアメリカ諸国を念頭に置き、隣国との友好関係を深めるために内政不干渉、最恵国待遇のほか国際協調、共同安全保障、福祉の増進などを唱えた。アメリカ主導の下、南米諸国の結束に効果をあげたとされる。

ルーズベルト大統領が一九三三年から一九四二年までの間に唱えていた外交政策を示すとされるこの公式の演説集には、一部の選ばれた演説と教書しか含まれていない。一九三六年八月十四日のシャトークア演説*のような数少ない例外を除いて、この選集はルーズベルト大統領の外交政策に矛盾がないことを示し、一九三三年から一九四二年までの間、ほぼ首尾一貫した方針を追求してきた人物として彼を表している。この本の編者——その氏名は通常掲載されるべきタイトルページにない——は、選集の対象を公式の教書や演説にほぼ限定しただけではなかった。彼はルーズベルト大統領の外交政策が繰り返し国民に示された大統領の選挙演説をすべて、民主党の候補指名を争っていた一九三二年の選挙演説から一九四〇年のそれに至るまで——シャトークア演説を選挙演説とすれば別だが——一切除外したのだった。結局のところ、この選択主義の試みが、この上院文書一八八号の発行後に続いたその他の公式のあるいは準公式の国民責任説を掲げる発言の伏線となった。

＊ニューヨーク州南西のシャトークア湖岸を指す。十九世紀後半から二十世紀初めにかけて成人向け教育運動で知られた。始まりは一八七四年に設立された教会の日曜学校の教師や教会関係者向けの講習であったが、徐々に一般教育やレクリエーションなどに対象が広がった。

アメリカ国民は、少なくともその圧倒的大多数が、外交政策に関してひとりよがりと無知に冒されていて、ルーズベルト大統領が自身の政策を追求するのを妨害したのであり、アメリカにとっての全面戦争の始まりを告げた真珠湾の大惨事の責任は彼らにあるのだという宣告は、フォレスト・デービスとアーネスト・K・リンドリーが一九四二年夏に刊行した *How War Came: An American White Paper*（『戦争はいかにして始まったか――あるアメリカ白書』）で半ば公式に確認された。この作品は、厳密に言えば当局の内意を受けたものではなかったにしろ、ホワイトハウスと国務省に容易に接触することができたふたりの著名なジャーナリストが書いたものだ。

実際のところ、デービス氏もリンドリー氏も、記者たちが言うところのルーズベルト政権の〝内部事情に通じる有利な立場〟にあった。特にリンドリー氏は長い間、ニューディール政策に賛同の立場をとっており、反対の立場をとる新聞に関係しているときでさえも、ニューディール政策を擁護する文章を大々的に書いていた。彼のこの種の著作はルーズベルト大統領に十分に感謝されていた。多くのニューディール主義者と同じくリンドリー氏も、かつては外国の問題に関わることに盛んに反対し国内改革の政策に集中するほうが望ましいとしていたが、後に変心し、集団安全保障の精力的な支持者となった。政府の外交政策と国内政策の支持者として広く知られたリンドリー氏は、行政府の考えや思惑について内部情報を確実に手に入れるのに不可欠な重要な立場にあった。

デービスとリンドリーの本の副題『あるアメリカ白書』は、この本が少なくともある種の公式のお墨付きを得たかのような印象を与えるよう工夫されたものだった。というのも〝白書〟という言葉は、外交用語において、外交問題についての選択された文書を含む、おそらくは国民の情報のための政府の文書という意味だからだ。したがって『戦争はいかにして始まったか』の場合、その明確に示唆するところはこの本が戦争の起源についての公式説明をなしているということだ。

確かに、著者たちは序文で、この本は〝非公式な〟もので、なんらかの非があった場合に〝責任がある〟のは自分たちだけだと宣言している。しかし、序文の他の部分、この本の無数の文節、作品の広告、そして本の作成と出版をめぐるさまざまな状況が、この本が、同業者たちの誰もが入手できる通常の情報しか手元になかったジャーナリストふたりによる〝非公式な〟報告書に留まらないものであることをはっきりと示していた。

本のカバーに、出版社は次のように記すことを許された。「本書はフランスの陥落から真珠湾攻撃までのアメリカの外交政策の内幕を描いた作品である。……いまだかつてこれほど早い時期に、これほど詳細に、これほどの信頼性を備えたこのような報告書が発表されたことはない。『戦争はいかにして始まったか』にはニュースのスクープや非公開の新事実が山のように盛り込まれている。この本には、ルーズベルト大統領が英国のロシアン駐米大使とどのように戦艦と基地の交換交渉を行ったかが記されている……大西洋憲章のどの部分を誰が書いたかが記されており、歴史的事情も色鮮やかに詳細にわたって描かれている。日本との即時断絶を望んだのは、ルーズベルトではなくチャーチルだったことが明らかにされている。ドイツがなぜ、リーヒ提督をフランスの非占領地域の真の統治者と呼んだかが説明されている。ハル国務長官と来栖・野村会談の真相を覆い隠していたベールが取り払われている……」。

一九四二年八月二十五日の『ニューヨーク・タイムズ』紙に掲載された広告で、リンドリーとデービスの本の出版社はこう述べている。「本書はアメリカの歴史を作り、そして歴史を作っている人々が明かした秘密と公式の記録に基づいた、アメリカ国民への報告書である。フランスの陥落から真珠湾まで、わが国でそして政府の内部でいったい何が起きていたのかに関する、検閲を受けていない初めての本である」。

その著書である『アメリカ白書』の中で、デービスとリンドリーは、ルーズベルト大統領が一九四〇年と四一年、一般のアメリカ国民が傾倒していた政策とは反対の外交政策に取り組んでいたとの見解を強調している。この点に関する著者の結論は次のように要約できるかもしれない。

1. ルーズベルト大統領は積極的な介入という形の強い政策が必要であると当該期間を通じて確信していたが、アメリカ国民のほとんど全員が抱いていた中立、平和、孤立主義の意識が大統領の行動を妨害した（三一七頁）。

2. アメリカ国民は一九四一年、「昏睡状態にあるかのような危機意識の無さ」という病に犯されていた。特に日本という危難に対するアメリカ国民の態度は「国民的な充足感、大陸国家の心理状態に基づくひとりよがり、周囲の世界に対する無知と無関心のせいだと言えるかもしれない」（三一六頁）。デービスとリンドリーはこうした態度の原因がある面では〝単純でやさしい〟またともすれば〝悪〟の存在を無視しがちな〝楽観的な〟アメリカ人の性格に由来すると解説した。しかし、彼らはアメリカ国民の特性の一覧表にひとりよがりと無知を付け加えた。

3. さらにデービスとリンドリーは、戦争が起こる前の数カ月間、孤立主義者たちは「心理的にアメリカ人の警戒心を和らげる一因となった」と述べた。ホワイトハウスのリストにマークされたふたりの人物「ウィーラーやリンドバーグ[*]に体現される」勢力は、「われわれは危険とは無関係であると請け負う言葉で国民の耳を塞いだ」(三一七頁)。

＊バートン・ウィーラー上院議員、チャールズ・リンドバーグ上院議員。いずれもガチガチの孤立主義者として有名だった。

4.〝具体的な攻撃〟を待つのではなく「われわれ」が「自分たちの意志でもっとはやく参戦」していたならば、そのほうがよかったのかもしれない(三一七頁)。

これが『戦争はいかにして始まったか』に記された、外交政策の形成責任と戦争責任に関するルーズベルト政権の公式見解と称される見方だ——すなわちアメリカ国民は〝ひとりよがり〟と〝無知〟のために平和と中立の政策に固執し、〝侵略諸国〟に対抗している他の国々とともに強い行動に出るという正しい路線を大統領が効果的に追求するのを、日本が真珠湾を攻撃するまで、妨げた。換言すれば、大統領はヨーロッパとアジアの紛争に協同して介入することが正しい政策だと確信していたが、アメリカ国民は卑しむべき頑固さで、ヨーロッパとアジアで戦争が起きていたにもかかわらず、それと反対のドクトリン——不介入と中立を求める政策にしがみついていたのだった。

アメリカ国民の孤立主義の感情が、外交を正しく運営するうえで大統領を妨害したというデービスとリンドリーが明確に記述した説には、国務省が一九四三年七月に出版した *Peace and War: United States Foreign Policy, 1931-1941*(『平和と戦争——合衆国の外交政策、一九三一年—一九四一年』)の第一章「決定的な一〇年」のなかで細心の注意と慎重さをもって一定の公認を与えた。

その記述のなかで国務省は、外交政策に関する大統領と国務長官の権限は非常に大きいとはいうものの、それはやはり世論に縛られていると主張したのだった。

合衆国の外交を運営するのは大統領の役目であり、それは通常、国務長官を通じて行われている。この分野における大統領の権限は極めて広範囲に及び、包括的だ。とはいえ、大統領と国務長官は外交政策に関して完全に自由だというわけではない。……かれらは国の支配的な見解に極めて近い政策をとらなければならない。

国務省は、デービスやリンドリーのように、アメリカの「周囲の世界に対する無知」を軽蔑するような記述はしなかったが、知識という点では行政府が優位であること、そして「勢力の力学」について国民に説明する義務が大統領と国務長官にあることに言及した。国務省はこう述べている。

わが国の歴史において、海外の多くの情報源を幅広く利用できる行政府が、国民の認識していなかった外交関係の展開を知っていた、あるいは予見していたという事態が生じたことが何度かある。そのような場合、大統領と国務長官は彼らの持つ行政権を行使し、勢力の力学や情勢のあり得べき見通しについて、さらには合衆国の利益にもっともかなうために追求されるべき政策の概要を、国民に説明しようとしてきた。そのような場合、法制化が必要であったなら、あるいは必要であったために、政府の行政部門は提案した諸政策の遂行を可能にするためできる限り速やかに連邦議会に法制化を求めてきた。(13)

国務省が明らかにしたところによると、一九三一年から一九四一年までのほとんどの期間、大統領と国務長官は外交に関して、「世論の大半」が承認していた主張とは意見を異にしており、この国民の主張と矛盾する外交政策に通じる見解を抱いていたという。

この本が取り扱っている［一九三一年から一九四一年まで］のほとんどの期間、この国の世論の大半は、ヨーロッパの戦争が合衆国の安全保障に死活的に重要な影響を及ぼし得る、あるいは枢軸国が合衆国を攻撃し得るという見方を否定していた。この点において、大統領と国務長官の見解はそうした世論とは異なっていた。彼らは、枢軸諸国の侵略主義は最終的には合衆国への攻撃に向けられることになる、それゆえに、わが国の外交関係は枢軸諸国の進軍を阻止しようと努力している諸国家に対して可能な限りのあらゆる支援を行うように運営されるべきである、と早い段階で確信していた。

本書の対象期間である一〇年間のわが国の外交政策は、必然的に合衆国の世論を〝中立〟法に示された孤立主義の考えから徐々に引き離し、以下のことを認識させる方向に発展させていくという枠組みの中で推移しなければならなかった。それはすなわち、枢軸諸国の狙いは世界の征服にあり、彼らの計画の中では合衆国も間違いなく、あるいは最後かもしれないが、その犠牲となること、従ってわが国のもっとも優先すべき政策は、高まりつつある現実の危機に対する防衛でなければならないということを、である。このことはわが国の外交運営に影響を及ぼす重要な要因だった。決定的に重要な要因は他にもあった。つまり合衆国以外の多くの国々でも、当初は似たようなひとりよがりの考えが広まっていたが、同様に徐々に修正されている状況にあったということである。

［本文と資料集から成る］後段は、合衆国が、アメリカを脅かしている世界的な勢力に対する非現実的な孤高の立場から、その構想の大胆さと軍事行動の残忍性において比類ない世界征服のたくらみに協同して対抗している国際的な諸国家連合を率いる中心的存在へと、ゆっくりと前進する過程を示している(14)。

以上の国務省によって示された一九三一年から一九四一年までの外交問題と外交政策の経過に関する解釈は、時間軸（年、日、時点）という観点、及びその一〇年間に起こった出来事や諸事実との関連性という観点から具体的に分析することは難しい。とはいうものの、国務省の説明から引用した上記の文章とその段落を構成するいくつかの文節を微に入り細を穿って検証してみると、いくつかの疑いようのない結論を得ることができる。国務省の説明に直接関連する疑問の多くは、答えのないまま残されるとはいえ。

国務省の説明では、大統領と国務長官が外交を運営するにあたって多少は世論の制約を受けていたと宣言している――「彼らは国の支配的な見解に極めて近い政策をとらなければならない」。「国」という言葉は抽象的である。国は考えを抱かない。人間――つまりアメリカ国民が抱くのだ。大統領と国務長官が政策を近づけなければならなかった見解とは、「支配的な見解」すなわち大統領と国務長官がそうした見解に「近い」政策をとらなければならないと感じるほど多くの人々が抱いていた見解、あるいは著しい影響力を持った多くの人々が抱いていた見解のことだ。

この文章において、大統領と国務長官はあたかも彼らが外交を運営する際にその見解に近い政策をとらなければならなかった一般国民には含まれず、国民の及ばないところにいる存在であるかのように描かれている。ここで「近づける」という言葉が〝接近する〟あるいは〝ほぼ一致させる〟といった意味であることから、この文章は大統領と国務長官には外交政策を形成し、それに基づいて行動するにあたって、多少の自由はあったが、ほとんどなかった、と述べているものとして理解されるべきである。あるいは別の言い方をすると、彼らの外交運営は、かれら自身の見解がどのようなものだったにせよ、主に、あるいは全体として、アメリカ国民の間で支配的な見解――大統領と国務長官の統制の及ばない何らかの過程を経て生まれたそれ――によって決定されていたのだった。

さきに引用した文章の第三段落で国務省はこう述べている。一九三一年から一九四一年までの「ほとんどの期間」、合衆国内の「世論の大半」は外交問題に関して、ある「見方」を受け入れていたが、大統領と国務長官はこの見方をしていなかった。

世論の大半の意見が大統領と国務長官の意見とその点において異なっていたという見方とは、いったい何だったのか。かいつまんで言うと、その見方とは、ヨーロッパの戦争が合衆国の安全保障に「死活的に重要な影響を及ぼし」得ることはなく、どの枢軸国であれ、合衆国を攻撃することは不可能だ、というものであった。

これが大統領と国務長官の見方に対して「世論の大半」が抱いていた見方を正しく系統的に述べたものであるということを、一九三一年から四一年までの世論に関する入手可能な証拠を分析することによって証明するのは難しいだろう。しかし、国務省の系統的な記述は、そのまま国務省の系統的な記述として受け入れなければならない。

この問題と直接関連する疑問はほかにもある。合衆国がヨーロッパの戦争の影響を受ける危険はないと人々が確信していたというが、これが真に世論を代表する見方であった、あるいは少なくともまずまず世論を代表する見方であったとして受け入れざるを得ないほど頻繁に主張されていたという事実は、世論に関する入手可能な証拠の中のどこにあるのだろうか。ここに示された合衆国にとっての戦争の意味を支持した世論の大きな担い手というのは、国民の中の誰だったのだろうか。大統領と国務長官が反対していた、あるいはその職務についてから「早い段階」で反対し始めたという「孤立主義」の外交政策を、詳しく説明した上院議員あるいは下院議員、政党綱領、世論紙誌、世論の形成者があったのだろうか。要するに誰がこの「見方」をめぐって大統領と国務長官と議論を戦わせたのか。

国務省は答えをいっさい示していない。この見方に関する記述にいたった調査や分析、考証の過程がどのようなものだったのかについても示していない。

しかし、この「見方」が事実を記したものだったとして、それは世論の大半が大統領と国務長官と意見を異にした問題のすべてではなかったようだ。というのは続く段落で、国務省はこの「見方」についての最初の記述が完全に包括的なものではなかったことを明らかにしているからだ。次の段落で国務省はこう述べている――大統領と国務長官によって形成された「わが国の外交政策」は、必然的に合衆国の世論を〝中立〟法に示された孤立主義の考えから徐々に引き離して発展させていく枠組みの中で推移しなければならなかった。とすると、「世論の大半」と、大統領と国務長官の公式の政策が対立した点というのは、孤立主義と中立の考えをめぐってであったようだ。というのは、中立法の目的は「合衆国を戦争から隔絶し孤立させる」ことであり、戦争が勃発した場合でも、合衆国の中立を維持することであったからだ。従って外交政策を策定するにあたって大統領と国務長官がしなければならなかったことというのは孤立主義と中立から徐々に離れて反対の方向へいくことだったと推測されなければならない。

国務省の説明の文章は、語源学、言語学、文法という観点からはかろうじて合格点といったものだが、その言わんとするところはどうやら、大統領と国務長官はいつだかの「早い段階」に、世論の大半にさきがけて、合衆国が孤立主義、あるいは中立であることは「合衆国の利益にもっともかなう」[15]状況とは相いれず、孤立主義や中立以外の何らかの政策が望ましく必要であるとの結論にひそかに至った、ということのようだ。

大統領と国務長官が「早い段階」に合衆国の利益にもっともかなうと決定した、もうひとつの政策とは何だったのか。国務省の説明から判断すると、それはふたつの特徴からなっている。(1)大統領と国務長官は「枢軸諸国の侵略主義は最終的には合衆国への攻撃に向けられることになる、それゆえに、わが国の外交関係は枢軸諸国の進軍を阻止しようと努力している諸国家に対して可能な限りのあらゆる支援を行うように運営されるべきである、と早い段階で確信していた」。そして(2)わが国のもっとも優先すべき政策は……高まりつつある「危機」に対する防衛でなければならず、合衆国が枢軸諸国の「世界征服のたくらみに協同して[一九四三年時点で]対抗している国際的な諸国家連合を率いる中心的存在へと、ゆっくりと前進」する形をとらなければならなかった。

国務省の説明の一文一文すべてに意味があると仮定すれば、つまり国務省は実質的にこう述べていることになる。大統領と国務長官は「早い段階」で、中立法に代表される孤立主義は放棄されなければならないと、そして枢軸国あるいは諸国に協同して対抗している国々に「可能な限りのあらゆる支援」を行わなければならないと、さらに合衆国は枢軸国あるいは諸国と戦っている諸国家を率いる中心的存在にならなければならなくなる、と確信したのだった。というのは「可能な限りのあらゆる支援」には必然的に、参戦も参戦以外の手段も含まれ、交戦中の諸国を率いる中心的存在になるには必然的に参戦することを伴うからだ(16)。

いずれにしろ、国務省の説明によれば、一九三三年から一九四一年までのある時点で、ルーズベルト大統領とハル国務長官はある大きな決断に至ったようだ。それはすなわち孤立主義、中立、そしてヨーロッパやアジアの紛争への不介入の政策は放棄されなければならず、合衆国政府はこれらとは反対の政策を追求しなければならない。この国の「世論の大半」が新しい政策にこぞって反対していたにもかかわらず、である。この偉大で実に革命的な決断に、大統領とハル国務長官はいつ至ったのだろうか。その決定は「早い段階」になされたとしか国務省は書いていない。どのくらい早い段階だったのか。一九三四年か、一九三五年か、一九三六年か、一九三七年か、一九三八年か、一九三九年か、それとも一九四〇年だったのか。正確に何年だったのか、あるいは大体いつ頃だったのかさえ、国務省の説明には示されていない。

当該時期のいつかの時点に、この決断はどのような根拠に基づいて下されたのか。国務省の答えはこうだ。大統領をはじめとする行政部門のトップは、特別な情報源を通じて海外からの情報を入手できた。従って、彼らは国民が知らない新事実について知識を持っていたというのだ。

しかし、国民に宛てた国務省の報告書によると、既往の政策――中立、不介入、合衆国にとっての平和――とは別の、あるいは反対の政策のために、前者を破棄することを正当化した海外の情勢について、国民は知らされていなかったわけではなかった。それどころか、報告書を引用すれば「そのような［外交関係についての特別な知識があった］場合、大統領と国務長官は……勢力の力学や情勢のあり得べき見通しについて、さらには合衆国の利益にもっともかなうために追求されるべき政策の概要を、国民に説明しようとしてきた」という。

これらの言葉を普通に理解されている意味で解釈すると、大統領と国務長官はその当時、一般的には健全であると思われていた外交政策の反転を要求する根拠となった海外情勢の本質と、合衆国の利益にもっともかなうために遂行されなければならないと彼らが考えたもうひとつの政策の概要を、国民に説明しようとした。この解説は明確であり、良くわかる。この問題に関連して答えが出ていないままとなっている唯一の疑問は次の通りだ。大統領と国務長官はいつ、どの公文書で、彼らが決定したこの外交政策の〝概要を説明した〟のだろうか。

国務省の証拠資料が一九四三年に公表されてから二年ほど経過した後、ハリー・S・トルーマン大統領が、一九四一年十二月七日以前の誤った外交政策に固執した国民の責任論をより簡潔に、より単刀直入に認めた。この追認を、彼は一九四五年八月三十日にラジオ放送された記者会見で行った。(17) この問題について大統領が発言することになった直接のきっかけは、その前日の一九四五年八月二十九日に陸軍省と海軍省の査問委員会がそれぞれ公表した真珠湾の大惨事に関する報告書*をめぐって行われた問答だった。しかし、トルーマン大統領の発言は多岐にわたっていた。その全文は以下の通りである。

＊日本が降伏してからまもなくの一九四五年八月末、真珠湾攻撃に関する陸軍査問委員会と海軍査問委員会の報告書が発表された。真珠湾攻撃に関する調査はこれらが初めてではなかった。真珠湾攻撃直後に大統領の指示に基づく大統領委員会が調査を行っていた。それによると真珠湾大惨事の責任は「ハワイの米陸海軍のふたりの最高司令官の職務怠慢にあった」。このため報告書はふたりの最高司令官を退役に追い込むとともに、将来、軍法会議に訴える含みを持たせていた。だが、真珠湾事件の責任をめぐる憶測は戦時中も消えることがなかった。そこで陸・海軍はそれぞれ独自に調査を行った。報告書は戦時中にまとめられたが、戦争終了まで、発表は控えられていた。報告書で陸軍は、ハワイの陸軍トップが適切な措置を講じなかったと結論づけたものの、いずれの陸軍関係者に

対しても訴訟手続きをとるとの勧告はしなかった。海軍もいかなる個人や集団にも職務怠慢などの罪はなかったとするとともに、陸軍よりも一歩踏み込んで、この問題で訴訟手続きがとられないように勧告するとした。これでも真珠湾の責任問題をめぐる議論は収束を見ず、その後の連邦議会合同委員会調査へとつながっていく。

私はそれ［真珠湾報告書］をたいへん注意深く読みました。そしてすべてはこの国自体が追求した政策の結果であるという結論に達しました。

この国は戦争準備を整える状況になかったのです。大統領が議会から軍備計画の承認を得ようとするたびに、その試みは阻まれたのです(18)。大統領が戦争準備の必要性について発言するたびに、彼は誹謗されたのです。真珠湾で顕在化した最終的な状況の責任が、誰か特定の個人にあるとしたら、それと同じだけの責任が国にあると私は考えます。

トルーマン大統領の発言は、簡潔で単刀直入だったが、戦争責任の所在について自身の心の中にある疑念を示していた。彼の発言の最初の一文は「すべては……この国自体が追求した政策の結果である」となっているが、最後の一文はどうやら責任を分担させているようだ。「真珠湾で顕在化した最終的な状況の責任が、誰か特定の個人にあるとしたら、それと同じだけの責任が国にあると私は考えます」。とはいうものの、デービスとリンドリーの『戦争はいかにして始まったか』そして国務省の『平和と戦争』に示された外交政策の解説との関連で考えれば、トルーマン大統領の発言は、戦争に至った一連の出来事についての国民責任説と合致しているのだった(19)。

第二章の付録

「大統領が議会から軍備計画の承認を得ようとするたびに、その試みは阻まれたのです」というトルーマン大統領の発言は、技術的な検討に値する。確かに公共問題を広義の概念でとらえた場合、外交政策は「軍備計画」や連邦議会による陸海軍の軍事目的の予算計上とは切り離して扱われることが多い。だが、実際のところ、国家を賢明かつ効果的に運営した場合、外交政策と軍備計画は不可分に結びついているのだ。どのようなものであれ、外交政策はそれを裏付けるために行使できる軍事力と密接な関係がある。陸海軍の軍事用途のための支出自体、合理的に決められたものであるならば、現行のあるいは潜在的な外交政策を表しているのである。

合衆国政府の財政上の慣例では、軍備や陸海軍の支出に関する通常の予算案は、陸軍省と海軍省によってそれぞれその詳細が、多くの場合、大統領と相談のうえ策定される。そのように策定されたものが、大統領の直轄組織である連邦予算局によって検証、承認あるいは修正される。こうして得られた最終的な計画が、陸軍ないし海軍の支出に関する「予算案」という形で、大統領から連邦議会に対する一般教書あるいは特別な要請の場合は連邦議会への補完的な教書として送付される。こうした大統領府から送付される「予算案」は連邦議会で「歳出割当」のたたき台とされ、連邦議会は大統領の「予算案」に示された歳出案を増額または減額することができる。

毎年の陸海軍の支出の「予算案」は、それゆえにそのときどきの大統領の「軍備計画」を表わし、そうした支出の実際の「歳出割当」は、連邦議会によって大統領の特定の「軍備計画」が〝阻まれた〟かどうか、あるいはどの程度〝阻まれた〟のかを示す。

予算案も歳出割当も、ともに合衆国の公文書に掲載される公的記録事項である。従って「大統領が議会から軍備計画の承認を得ようとするたびに、その試みは阻まれたのです」というトルーマン大統領の発言がどの程度正確なのかを検証するための、議論の余地のない数値データがいま手元にある。

トルーマン大統領の主張に関する重要な事実が、アメリカ議会図書館立法考査局が編集した下記の一覧表に明らかにされている。四列目には一列目に示されている連邦議会会期に提示された陸海軍の支出の予算案が記されている。また、六列目には連邦議会が予算案を検討した結果としての歳出割当が示されている。これらふたつの縦列にある数字を比較すると、実際の歳出割当において、連邦議会がどの程度、大統領の予算案で要求された額を減らしたか、あるいは増やしたかが分かる。

調査の対象となっている八年のうちの五年は、連邦議会は大統領が軍備のために要求した予算の全額は承認しなかったが、軍備計画そのものを〝阻む〟ほど予算を大幅に減額した年はなかった。[20] 八年間のうち三年は、連邦議会は大統領の予算案で要求された以上の金額を割り当てた。また、八年間の総計では連邦議会が大統領の予算案を一八億七四五一万三〇三三ドル上回っていたことがはっきりしている。実際のところ、戦争が近づくにつれて、連邦議会は軍備の必要性を考えるうえで大統領よりも気前よくなっていった。いずれにしろ、総額も細目も数字は一九四五年八月三十日のトルーマン大統領の発言——大統領がどんな事情があるにせよ中央政府と対等な部門である連邦議会を非難した宣言——が正確性を欠いていたことを示している。

陸海軍　歳出割当　第73議会第2会期　—　第77議会第1会期　(1934-1941) 予算案と歳出割当

1. 議会・会期	2. 省	3. 予算案	4. 予算案総額	5. 歳出割当	6. 歳出割当総額
第73議会第2会期	陸軍	261,562,150		256,436,089	
	海軍	288,052,030		286,389,389	
			549,614,180		542,825,478
第74議会第1会期	陸軍	328,062,481		361,741,408	
	海軍	492,403,750		485,628,330	
			820,466,231		847,369,738
第74議会第2会期	陸軍	388,230,740		393,410,089	
	海軍	553,728,233		530,695,092	
			941,958,973		924,015,181
第75議会第1会期	陸軍	417,486,461		416,263,154	
	海軍	568,141,167		518,479,266	
			985,627,628		934,742,420
第75議会第2、第3会期	陸軍	470,235,710		463,123,129	
	海軍	618,152,697		590,857,328	
			1,088,388,407		1,053,980,457
第76議会第1会期	陸軍	848,086,705		813,744,715	
	海軍	838,540,852		817,437,229	
			1,686,627,557		1,631,181,944
第76議会第2、第3会期	陸軍	5,274,456,883		5,722,202,419	
	海軍	2,696,096,662		2,680,122,556	
			7,970,553,545		8,402,324,975
第77議会第1会期	陸軍	23,686,371,995		24,889,267,588	
	海軍	7,692,912,088		8,071,235,856	
			31,379,284,083		32,960,503,444
		総　額	45,422,520,604		47,297,033,637

ルーズベルト大統領の軍備計画を連邦議会が〝阻んだ〟とする説としばしば関連づけて持ち出されるのが、一九三九年初めに持ち上がったグアムの防衛を強化する計画で、この特定の一件は、国家防衛のために陸海軍の追加歳出を大統領が要求したのを、連邦議会が聞き入れなかった例のひとつとして何度も引用されている。当時もその後も、ルーズベルト大統領は実際にグアムの防衛強化を要請したと言われてきた。しかし、一九三九年一月の大統領の記者会見の記録は、その議論に決着をつける内容となっている。

一九三九年一月七日の記者会見で、グアムの防衛強化が図られれば日本の艦隊はアメリカの艦隊を粉砕してしまうだろうという内容の東京発の記事について、大統領は質問され、こう答えた。「グアムの防衛を強化するための歳出を割り当てるよう今国会で要求されていますか。イエスかノーで答えてください。事実と要点に話を絞りましょう……海軍が議会の丘*を登ったら、歳出割当が要求されるかどうか、お話しすることができるのです」。

＊議会議事堂が州都の小高い丘にあることから、連邦議会はキャピトル・ヒル（州都の丘）とも呼ばれる。米国政府をワシントン、イギリス政府をロンドン、中国政府を北京などと呼ぶのと同じだ。ここでは転じて、海軍が議会に要請したら、といった意味。

三日後の一九三九年一月二十日の記者会見で、大統領はグアムの防衛強化のために五〇〇万ドルの歳出を割り当てることに賛成かどうかを問われた。速記録によると、大統領は「島の防衛を強化する計画など提案されたのかと質問を質問で返し、予算の大部分は湾を深く掘り起こすためのものだと説明した」。それから大統領は、連邦議会による「承認」と「歳出割当」の根本的な違いについて記者団に説明した。提案されているグアムの防衛強化計画に対する大統領の立ち位置について、一部国民に混乱があると思う必要があるのかどうかを尋ねられて、大統領はこう述べた。「混乱があるとは思わない。私はグアムの湾を深くすることに賛成だ……」。また滑走路の修繕費に一〇〇万ドル、兵舎建設に同額といったグアム基地向けのその他の歳出割当に賛成かどうかを問われ、大統領は歳出案全体に賛成だと述べ、兵舎は状態が悪く、島に配置されているほんのわずかな海兵隊員が居住するのに適当でないと説明した。言い換えると、連邦議会は一九三九年一月の時点で、グアムの防衛強化のために予算を割り当てるようルーズベルト大統領に要請されていなかったのだ。

連邦議会がどのようにしてルーズベルト大統領の戦備計画を阻んだかについて、トルーマン大統領は自身の考えを後になって変えた、というのがフェアだろう。一九四五年八月三十日、トルーマン大統領はこう述べた。「大統領が議会から軍備計画の承認を得ようとするたびに、その試みは阻まれたのです」。一九四六年三月二十三日、ジャクソン・デイの演説でトルーマン大統領はつぎのように語った。「その当時［合衆国が参戦する前］、わが国の孤立主義者たちはまだ議論を続けていた。そして国の防衛体制を改善しようとしていた民主党のリーダーたちの取り組みのほとんどをほぼ頓挫させていた」（傍点筆者）。連邦議会議事録、一九四六年三月二十五日、A一六八二頁。

この説明によると、孤立主義者たちは民主党指導部が提案した軍備計画をすべてではないが、そのほとんどを、完全にではないにしろ、ほぼ頓挫させたということになる。ということはルーズベルト大統領の軍備計画は毎回阻まれたのではなく、ほとんどの場合ほぼ頓挫させられた、つまり毎回頓挫させられたわけでも阻まれたわけでもないということになる。少なくとも、トルーマン大統領による軍備計画の歴史に関する最新の発言によれば、そういうことのようだ。

第三章　戦争責任の告発によってもたらされた問題

「戦争責任」問題の複雑さ

第二次世界大戦を引き起こした責任が実のところ、上院の〝邪悪な人々〟にあろうとなかろうと、条約を批准するのに上院の三分の二の賛成を必要とする憲法の〝非民主主義〟条項にあろうとなかろうと、提案されたヴェルサイユ条約の留保条件を受け入れるのをウィルソン大統領が拒否したことにあろうとなかろうと、条約批准問題を党派問題にしてしまった大統領の決意にあろうとなかろうと、国民全般の孤立主義に対する〝無知〟で〝ひとりよがり〟な支持にあろうとなかろうと、ヨーロッパやアジアの紛争にあらためて巻き込まれることに反対した〝世論の大半〟に、〝国〟に、〝合衆国〟に、そして〝アメリカ〟にあろうとなかろうと、多種多様な告発は確かに一九一九年以降の合衆国のどこかにその過失責任があったことを申し立てていた。

ここに大国史上に例をみない、外交政策の形成と政府の行動に関するさまざまな申し立てが複雑に絡み合って存在している状況がある。偉大な社会の大勢の人々が、その社会に、あるいはその社会の一部の人々に、もしくはその社会の何かに、またはその社会で起こった何らかの出来事に、世界戦争を引き起こした責任を負わせているのだ。それは地球上の諸国家間にあるアメリカ共和国の運命と宿命とに密接に関わってくる史上類のない歴史的現象であり、知的ならびに道義的な影響を伴う立憲政府のまさに本質に及ぶ起源と意図の問題を、アメリカ市民に指し示しているものなのだ。あまりにも多くのアメリカ市民がこの悪事の原因を自国に求めたのはいったいどうしてなのか。またどうしてそのようなことが起こり得たのだろうか。彼らが最終的に外国には罪はないとして、合衆国に、あるいは合衆国内の誰かに、または何かしらに責任を負わせ、アメリカ国民を自分たちの代議政府と対立させるような説を誘発し、それを受け入れることになったのはどうしてなのか。またどうしてそのようなことが起こり得たのか。憲法の下でわれわれはどのように統治されているのかという問題がいまなお検討に値するというのならば、徹底的な検証が求められるべき歴史と政治学の根本的な問題がここに提起されているのだ。

告発状に含まれる罪状がおびただしい数にのぼり、またその内容が時として曖昧であるために、この説を正確に提示するのは難しい。責任の所在を割り振るのに党派的な解釈がとり入れられることも、問題をさらに複雑にしている。たとえば孤立主義との戦いを研究している歴史家、ウォルター・ジョンソンはこう述べている。「二つの世界大戦間の時期に共和党では孤立主義者が圧倒的優位を占めていた。ごく少数の著名な人々、たとえばスティムソン国務長官、エリフ・ルート、ニコラス・マレー・バトラー、ウィリアム・アレン・ホワイトらが例外的に国際主義だった。……しかしながらウィリアム・E・ボーラ*のような人々の孤立主義の態度が共和党を支配していた。民主党が一九三三年の大統領選挙で政権に復帰したとき、民主党は依然としてウィルソン流国際主義の政党だった。一九三三年から三九年まで合衆国政府は国際関係を改善しそれによって世界平和の崩壊を防ごうとする政策を追求した。……フランクリン・D・ルーズベルト大統領とコーデル・ハル国務長官は国際主義者だと公然と認めていた。……」(1)。

＊エリフ・ルートはマッキンリーとセオドア・ルーズベルト両大統領の下で陸軍長官や国務長官を歴任。第一次世界大戦が勃発するとウィルソン大統領の中立政策に反対したが、アメリカが参戦すると一転して大統領を支持するようになった。ただ、ヴェルサイユ条約と国際連盟については中間的な立場をとった。ニコラス・マーレー・バトラーは哲学者で、コロンビア大学学長。ウィリアム・アレン・ホワイトは新聞記者、ピューリッツァー賞を受賞。ウィリアム・E・ボーラは一九二四年から一九三三年まで上院外交委員長。ヴェルサイユ条約批准と連盟設立問題でウィルソン大統領と衝突。条約と連盟に妥協せずに反対することで注目された上院議員団の指導者の一人として知られた。

この説を正確に系統立てて説明しようとすると直面するもうひとつの困難は、第二次世界大戦の責任を合衆国に見出した多くの批評家たちが、同時に〝侵略国〟すなわちドイツ、イタリア、日本にも責任があるとして告発している事実にある。彼らによると、一九一九年以降、世界の平和を最初に乱したのはこうした犯罪国であった。その一方で、圧倒的多数の国々は実ははじめからずっと「平和を愛好」していたというのだ。もし、戦争責任の一部は実際にヒトラー、ムッソリーニ、そしてヒロヒトにも分担させなければならないというのであれば、第二次世界大戦の全責任を合衆国あるいは合衆国内の誰かに、または何かに負わせることは到底できないのだ。この場合、戦争の責任論はことの真実を探求しようとする者にとってはより複雑になる。

第二次世界大戦の責任論が、他国あるいは侵略者の三カ国に責任の一部を負わせる形で組み立てられるのであれば、それが正しいかどうかを検証する考察作業は非常に骨の折れる仕事になるだろう。第一に、国のそして全世界の歴史の形成過程における〝因果関係〟と〝自由意志〟に関わる問題をはじめとする歴史解釈の中でも極めて厄介な問題について、確かな情報に基づいた判断が求められるであろう。[3] ほかにも難しい、複雑に入り組んだ特殊な問題も提起される。たとえば戦争責任を引き起こした特性を探し求める際、〝責任を帰すのに値する〟国々の歴史のどの時点の特性を取り上げるべきなのだろうか。さらに言えば、たとえば二〇〇年以上もの間、隠者同様の外交政策にしがみついていた日本がなぜ、十九世紀の終わりごろになって、むしろ唐突に、過激な帝国主義の傾向を帯びるようになり、極東における〝白人〟優越主義に対する聖戦を始めることになったのだろうか。もっと言えば、対象が非常に広範囲に及ぶ考察には、複数言語に精通し、文書の考証に熟練し、哲学的思考ができることが求められるだろうが、これらの能力を自在に使いこなせる歴史学や政治学の学徒はいないし、仮にいたとしても、きわめて稀であろう。

責任を他の国々に帰属せしめられるということが、総体的な責任の問題に直接的にそして大いに関連しているのは間違いない。この問題は真剣に検討されない限り、それをめぐる議論は、単なる常套句や中身のない抽象的な概念、党派や派閥のスローガンの域を超えるのは難しいだろう。さらにもうひとつ、大局的な見地に関わる問題として、アメリカ国民はそもそもどのようにして、一方においては半球の独立を、他方においてはヨーロッパとアジアの紛争への不関与を主張するドクトリンを頑強に支持するようになったのかという疑問がある。しかし、こうした戦争責任のより広範な局面に関する研究は、この本が扱おうとしている対象の範疇を超えてしまっている。

外交政策と外交そのものとの区別

この研究についてはこのほかにも制約があることを強調しておかなければならない。それはここで対象とする領域が外交政策の責任問題であるということである。外交政策は、外交そのものと慎重に区別されなければならない。政策とは実際に従うべき規則であり、計画であり、綱領であり、その方向性と統制に基づく行動や活動や行為によって実行されるべきものである。政策とはまた、平和や善意、友好関係、通商の促進、文化交流の奨励、国際的な道義の順守、普遍的な慈善活動の承認などについての、様々に解釈できる曖昧な宣言とも区別されなければならない。たとえば国務省が一九三三年と一九四〇年の間に盛んに発表したような宣言などがそれだ[4]。政策とは明確な計画であり、それが必然的に示唆するところの行動には具体的な意味があり、それを表明するために使われた言葉の実際的な意図について共通の理解をもたらすものである。

外交政策の責任について、さまざまな意見があるが、一般的に、結果として、第二次世界大戦[5]に至った政策の責任が合衆国内にあるとする説が、アメリカの特性と合衆国における統治行為にもっとも直接的に関連する説なのである。この説が一九三三年から一九四〇年の期間に適用される場合、それは以下のような特徴を擁する。

1. この国は、あるいは国務省の表現を援用すれば「世論の大半」は、大統領と国務省は『中立』法に示された孤立主義の」政策を追求しなければならない、と強く主張した。つまりヨーロッパとアジアの諸国家の間で紛争や戦争が起きているさなかにあっても、合衆国の中立と不関与と不介入と平和の政策を、である。

2．ある時点で——国務省の報告書によると「早い段階で」——ルーズベルト大統領とハル国務長官は「孤立主義の考え」とは異なる政策を採用し、その概要をアメリカ国民に説明しようとした。彼らがその政策を実行することを許されていたならば、彼らはすべての侵略国に当然の警告を発し、平和を愛する諸国と協力して第二次世界大戦の勃発を防いだだろう——つまり世界の平和を維持したであろう。

3．しかし、この国は、あるいは国民は、あるいは世論の大半は、ルーズベルト大統領とハル国務長官が彼らの政策を効果的に追求することを妨げ、大統領の軍備計画を阻み、中立法を廃止することなく、この国を安全だと錯覚させた。従ってルーズベルト大統領が発した警告と彼の平和を維持しようとした努力にもかかわらず、最終的にそして必然的に合衆国を戦争に「ひきずり込む」ことになったヨーロッパとアジアにおける侵略諸国の行進に対して責任を負わなければならないのである。

このように組み立てられた外交政策の責任は国民にあるとする説についてその妥当性を検証しようとすると、どうしてもいくつかの疑問がおのずから明らかとなる。戦争が行われている世界において、特に一九三三年と一九四〇年の間において、合衆国の不関与と平和と中立の政策が国民または国をそれほどまでに強くとらえて支配し続けたのは一体だれの影響と斡旋によるものだったのだろうか。ルーズベルト大統領とハル国務長官は、あるいは彼らが密接な関係にあった民主党指導部は、こうした政策に表された孤立主義を進展させることに一貫して反対していたのだろうか。それともそうした政策が国民あるいは国を強く掌握するうえで、彼らは何かしら重要な役割を果したのだろうか。この「決定的な何年間か」のどの段階で、大統領と国務長官はこの国の人々が大切にしていた中立と孤立主義の政策を支持できないと決断し、別の外交政策――それと反対の政策――が合衆国の利益にもっともかなうものであると国民に発表したのだろうか。どの演説で、どの講演で、どの声明で、大統領と国務長官はこの国に彼らの決定的な決断とそれまでの合衆国の孤立政策と中立と平和に反する新たな外交政策の概要を示したのだろうか。

こうした疑問はその本質からして公共の問題を提起するものであり、それらに対する答えは公の、すべての市民に開示された講演や演説や文書その他の当時の資料に求められなければならない。これらの疑問は端的な歴史上の事実についての疑問である。その答えを求めるのに特別な洞察力や知識は必要ないし、ここで検討されている問題と厳密に関連した公的記録から、少なくとも極めて妥当性が高く十分な結論を容易に導き出すことができるのだ。本書のこれ以降はもっぱらこうした記録の考察にあてるものである。

こうして行われる検証作業は、その性格において歴史学的視点に基づくものであるが、それはアメリカの外交政策の形成――その方法、関係者、党派、利益、そしてその過程における戦術――に直接、関係している。それと同時に、この作業は合衆国政府による外交の運営と明らかに関わりがある。また、合衆国国民に対する官僚や政党指導部の責任にも、さらには大統領府と立法府の関係――現実の関係および憲法によっておのおのの部門に割り当てられた責務が確実に遂行されるようもっともよく工夫された方策との関連における関係――にも、国民のための政府と出版の自由と公益のための国民教育に尽くす国家にふさわしい外交手続きにも、そして末筆ながら、多くのアメリカ人が合衆国と世界にとって妥当かつ適切だと強調している立憲及び議会制民主主義の、合衆国におけるそして世界における命運にも、明らかに関係しているのである。

第Ⅱ部

〈本論〉

ルーズベルトの外交政策

第四章　予備的考察
——一九二四年と二八年の選挙における民主党指導部の姿勢——

一九二四年、民主党における意見の分裂

一九一六年の政党綱領、論説記事に示された見解、そして世論の動向を示すその他のさまざまな指標から判断すると、大多数のアメリカ国民は、その当時、合衆国はなんらかの諸国家連盟あるいは諸国家連合に参加すべきだという考えに原則として同意していた。それが新たな世界大戦の防止につながることを期待して、だ。しかしながら一九一九年にウィルソン大統領が、国際連盟規約を盛り込んだヴェルサイユ条約をこの国に提示すると、多くのアメリカ国民はまさにその種の組織に対する責任を忌避する態度を示し、この条約を大なり小なり留保条件なしには承認するつもりがないことを表明したのだった。それでも一九二〇年の大統領選挙で、民主党は限定的な留保条件を受け入れたうえで国際連盟を支持した。他方、共和党も具体的な組織形態に言及することなしに「世界平和を維持するための諸国間の合意」を提唱した。従って一九二〇年の

大統領選で共和党が民主党を圧倒する地すべり的勝利をおさめたとはいうものの、国際主義が選挙で合衆国国民によって完全に拒絶されたわけではなかったということが、歴史的根拠をもって論証できるのだ。

一九二〇年になってようやく共和党はその綱領に、国際連盟に対するきっぱりとした拒絶ともとれる公式宣言を盛り込んだ。「この政府は国際連盟に加盟することも、連盟規約のもとでなんらかの義務を負うことも、断じて拒絶した。この原則の上にわれわれは立っている」と。しかし、この断定的な主張に反するかのように、彼らの政綱は言外に一部の点においては国際連盟と協力することが望ましいとも示唆していた。いずれにしろ、多数の主だった共和党員たちは依然として国際主義に固執していたし、合衆国が国際連盟とより密接に「協力する」方向に徐々に向かい、そして最終的には連盟に正式に加盟することを希望していた。

一九二四年の党大会のためにニューヨークに集まった民主党員たちは、当時提示されていた具体的な——国際連盟という——形態の国際主義をめぐって自分たちが完全に分裂していることに気づいた。インディアナ州選出の全国委員会委員、トーマス・タガート*の属していたグループは、党を連盟に結びつける項目を綱領に盛り込むことには一切反対する立場をはっきりと表明していた(1)。民主党大統領候補への指名を熱望していたウィリアム・G・マカドゥー**に連なる別のグループは、この問題について都合よくどうともとれるあいまいな姿勢をとっていた。というのは、このグループは、一貫して連盟に反対しているウィリアム・ランドルフ・ハースト***の積極的な支持を求めていたからだ。あるいは少なくともその支持を取り付けようとしていたからだった。

＊インディアナ州インディアナポリス市長などを歴任。
＊＊ウィルソン政権の財務長官、上院議員などを歴任。民主党の大統領候補に二回立候補している。

＊＊＊カリフォルニア州生まれ。イエロー・ジャーナリズムと批判されながらも大衆紙の原型をつくり上げ、全米に新聞網を広げるなど一大メディア帝国を築いた新聞王。ニューヨーク市選出の連邦下院議員（一九〇三―〇七年）も務めたが、同州知事選挙（〇六年）では敗北した。第一次大戦にアメリカが関与することに反対し、国際連盟を攻撃した。

マカドゥー氏は自身の立候補を支持している代議員向けの演説で、国際連盟を支持することは避けながらも、この国が直面している重要な課題のひとつは「孤立主義の時代を終わらせ、国際問題で協力の時代をスタートさせることである。平和の発展を促し、国家の安全と両立できる最低限のレベルまで陸軍と海軍双方の軍備負担を減らすことである」(2)と宣言した。これはハースト氏にとって完全に満足のいくものではなかったかもしれないが、連盟をはっきりと承認するよりは賢明だった。

一九二四年のニューヨーク党大会での民主党の第三のグループは、ニュートン・D・ベイカー＊に率いられており、彼らはわずかな留保条件を付けて連盟を承認するとともに、アメリカがこれに追随することに明快に賛成していた。この代議員グループにはさまざまなプロパガンダ組織――たとえば国際連盟協会や外交政策協会――が、民主党にもう一度、国際主義を誓約させることを期待して、協力していた(3)。

＊オハイオ州クリーブランド市長を経てウィルソン政権の陸軍長官。第一次世界大戦が勃発すると、ベイカー長官は約一四カ月で四〇〇万人近くを徴兵、うちほぼ半数を海外に配置した。一九二四年と三二年の大統領選挙では民主党候補のダークホースとして名が挙がった。

ベイカー氏のグループを『ニューヨーク・タイムズ』紙が援護した。一九二四年六月二十三日の社説で、同紙は連盟問題を避ける傾向がある民主党員を批判するとともに、彼らには今や一九二〇年当時以上に連盟を支持する理由があると主張した。同紙の社説はさらに続けた。「民主党が綱領の中で国際連盟を控えめに盛り込むべきであるのは、まさにこのような時なのだ！　連盟は民主党の支持は必要としない。だが、民主党は成功を深め続ける連盟とこれまで以上に積極的に連携する必要がある。その方法と手段に言及することなく平和と安定を回復するためにヨーロッパと協力することに望みをつながせる、曖昧でもっともらしい、ありきたりな言葉などほとんど役に立たないのだ。われわれが本当に協力するつもりならば、すでにこの世に存在し、そしてうまく機能している唯一の協力機関を、いったいどうして無視することができるのか」。

連盟に積極的に参加することへの賛成論を主張するにあたって、ベイカー氏は国際連盟をなんとかして綱領に盛り込むべき修正項目を作成したいとして、そのためには自らも非妥協的な姿勢を貫くものではなく、国際連盟規約第十条と第十六条*に反対している面々を満足させられる留保条件をつけた形で、連盟規約を受け入れる用意があると述べた。ベイカー氏はまた、E・M・ハウス大佐からも遠回しながら支持されていた。ハウス大佐はコーデル・ハル国務長官に次のような提案を送っていた。「民主党は、この十一月の大統領選挙で勝利したならば、合衆国が決して国際連盟規約に拘束されることのない形で国際連盟の準加盟国となることを共同決議によって承認するよう連邦議会に要請することを大統領に約束させる、と政綱で宣言すべきなのです。このようにすれば強大な諸国連合の存在や同盟にからめ捕られることを恐れる勇気と自信に欠ける弱気な人々の恐怖を払拭できるのです……」(4)。ハウス大佐はまた、合衆国が国際連盟の機構を活用せずに国際司法裁判所を支持しても、不十分だと主張した(5)。

＊国際連盟規約の第十条は、加盟国が外部侵略に対して互いに援護することやその手段は連盟理事会が提示することを規定している。第十六条には、連盟規約に違反して戦争に訴えた国に対しては軍事行動を含む共同制裁を加

えることが盛り込まれている。

六月二十四日、民主党全国大会で政策綱領に盛り込む項目についての提案を受け付けるための決議委員会が組織されると、ベイカー氏が率いる連盟支持勢力は一九二〇年選挙綱領に盛り込まれたものとまったく同じ公約が採用されるべきであると主張した。ウッドロウ・ウィルソン民主政治時代の政策項目を示すうえでウェストコット判事*は、〝人類にとってのイスカリオテのユダ**〟たるヘンリー・カボット・ロッジの裏切りがなかったならば、ウッドロウ・ウィルソンはその理想を実現していたはずだと断言し、民主党内にもヘンリー・カボット・ロッジがいるのか、と追及した(6)。

*ニュージャージー州の法務長官。一九一二年と一九一六年の民主党全国大会でウィルソンを大統領候補に推薦する演説を行った。

**裏切り者の意味。イスカリオテとはヘブライ語で「カリオテの人」を意味しカリオテとはユダヤ地方の村の名である。ユダは新約聖書の四つの福音書、使徒行伝に登場するイエスの弟子のうち特に選ばれた一二人の使徒の一人。イエス・キリストを裏切ったことから裏切り者の代名詞として扱われることが多い。

民主党大会での第四のグループは、国際連盟支持の立場をはっきりと示しつつ、合衆国の国際連盟への加入はこの問題を政党間の駆け引きと切り離すことによって促進できると呼びかけていた。このグループを率いていた最重要人物は、ウィリアム・ジェニングス・ブライアン*で、彼は一九二〇年の時点で、ウィルソン大統領に共和党上院議員たちと折り合いをつけ、条件付きでヴェルサイユ条約の批准を取りつけるよう、そして連盟の問題を同年の大統領選挙キャンペーンで党派対立の問題にすることは避けるよう訴えていた。一九二四年の段階でも、ブライアン氏は、党派心を競う舞台から連盟問題を外すことで多くの共和党員を味方に引き入れることができ、彼らの協力によって上院で三分の二の票を獲得できるかもしれないと依然確信していた。決議委員会の分科会のトップとしてブライアン氏は、ウィルソン大統領の連盟への信念を再確認し、条件付きでの連盟支持を宣言、この問題について、特定の人物や候補者、党の利益などに拘束されない独立した国民投票を実施することを提案する政策項目に大多数の合意をとりつけることに成功した。(7)

＊下院議員、ウィルソン政権下で国務長官。それに先立ち民主党の大統領候補に三回選ばれていた。

ベイカー氏は、この提案された政策項目を受け入れることを拒み、連盟への即時加盟を主張する反対意見書を全体委員会に提出すると発表した。(8) しかしながら、全体委員会は決選投票の末、国民投票条項を含む政策項目を支持し、ベイカー氏の案を退けた。そこでベイカー氏は、戦いを党大会の議場に持ち込むことを固く決心したのだった。(9)

連盟への支持を訴えるベイカー氏の熱のこもった嘆願は、党大会でもっともドラマチックな出来事のひとつになった。国民投票を求める多数派の構想について、彼は軽蔑したような口調で、こう述べた。

……多数派の報告書とは何をするものか。それは賛辞に満ちた甘い声で、まるで恋人が愛する人に話しかけるように、国際連盟を称賛するものです。それは連盟を支持する委員会の多数派に対して、しゃれた表現や芸術的で魅惑的な賛美の言葉によって伝えうる最大限の称賛と賛同を送るものです……。

……連盟に変わり得るものはない。戦争が防げない限り世界は破滅する。平和を得る唯一の道は連盟だなどと述べたあとに続く文章には……合衆国は、非現実的で、違法で、憲法違反で、革命的な国民投票が、はがき方式か、国勢調査局による調査形式か、またはその他の方法によって実施されてから連盟に加入すべきだ、と提案する文言は一言たりとも入っていないのです。なぜなら、そうした国民投票を規定する法令もなければ、そうした法令をつくるための憲法上の根拠もないからなのです。

この委員会の委員を務める党の同僚たちがこれを練り、書き上げたとき、何を考えていたかを私は知っています。党大会に参加する人たちは少なくとも四年前には国際連盟の理念のためには死んでもいいと思った人たちなのだ、と彼らは語っていたのです。そうした人々の信仰的な敬愛の念を満足させるためには連盟を十分に褒め上げなければならないということで彼らは褒めたのです。さらに辞書に載っているすべての賞賛と賛同をあらわす最上級の形容詞を用いて、連盟への信任を与えながら、いかなる類の支援も、約束しなかったのです……[10]

ベイカー氏はまた、国民投票が行われたうえでのみ連盟を支持するとしている人々は事実上、ロッジ上院議員が連盟を否決するためにとった手法にならっているのだと主張した。

この論争にベイカー氏は敗れた。党大会は決議委員会多数派が示した政策項目を採択した。最終的に選挙綱領に示されたこの項目には、合衆国が世界の〝道義的な指導者〟の立場を取り戻すのを見たいという民主党の強い希望を確認したうえで、こう付け加えられた。


平和のために尽くしている機関として国際連盟に代わるものはない。従って恒久的な平和のために、そして戦争の重荷を人々の背中から取り除くために、さらにこれら至上の問題に関して政権与党の交代に左右されることのない永続的な外交政策を確立するために、この問題は党利党略の政治的次元から引き離すことが望ましく、賢明であり、必要である。そしてそのためにも、それは他のあらゆる問題や候補者とは切り離し、十分な時間をかけて国中で本格的に検討、議論したうえで連邦議会の決議に基づいて公式に政府に勧告をして国民投票を実施し、本質的には以下に集約される問題について、アメリカ国民の意見を問うべきだとわれわれは確信している。その問題とはすなわち次のとおりである。

「合衆国は、合衆国の大統領と上院が同意できるような国際連盟規約に対する留保条件や修正を付与したうえで連盟に加盟すべきなのか」

投票によって賛成が得られ次第、われわれは上述の負託を実行する。(11)

連盟問題を政争から切り離したことで、民主党は事実上、十一月の大統領選挙に勝利した場合には合衆国を国際連盟に加盟させるとの明確な誓約と決別した。別の言い方をすれば、民主党は今やウィルソン大統領が一九二〇年時点で強く主張していた戦術を拒絶し、アメリカの外交政策のそのような転換のために党の運命を賭けることを拒んだのだった。

一九二八年、国際連盟問題を除外

一九二四年の大統領選挙で民主党を襲った惨事は、一九二〇年の選挙で民主党を押しつぶした地滑り的敗北よりもさらに大きかった。打ちのめされた党員たちが集った一九二八年の党大会で、民主党は国際主義を無視し、これを当たり障りなく廃れさせようと決意した。他方、共和党は一種独特の限定的な国際協力という考えを漠然と検討していた。

大統領選挙綱領が一九二八年の民主党大会に正式に発表されるのに先立ち、四年前に国際連盟を支持する孤独な戦いを主導していたニュートン・D・ベイカー氏は、国際連盟問題を党の公約から除外することに反対しない考えを表明した。ベイカー氏は「ただちに連盟に加盟することを支持する政策項目を盛り込むことを再び目指すつもりはありません。今はその時期ではないと思っています。むしろ世界の平和を維持するという目標に賛同し、かつ実効性のある協力を促す政策項目を支持いたします。国際連盟に関する項目を一九二八年の選挙綱領から落とすことに反対はしませんが、合衆国が連盟に加盟し、戦争の結果として発展したこの運動のなかで指導国のひとつとしての役目を果たすことが望ましい、という私の考えは変わっていないということを申し上げておきたいと思います」と公式に発言した。ベイカー氏はまた、民主党の同僚たちに対し、合衆国が国際司法裁判所に参加することに賛成していると断言した。そして彼に言わせれば、アメリカ国民は心情的に連盟への加盟を受け入れる準備がまだできていないが、いずれ連盟が実効性を示したあかつきには加盟に踏み切ることを支持するようになるだろうとの見通しを示した(12)。

ようやくまとめられた一九二八年の大統領選挙綱領で、民主党は共和党政権には外交政策がないと非難し、戦争の非合法化を称賛し、軍国主義と征服と帝国主義に対する嫌悪感を表明し、ラテンアメリカ諸国のまったくの内政問題に干渉することを非難し、軍縮に向けた国際合意を支持し、さらにわれわれの外交関係において「この国は一個の存在として立ち向かうべきである」などと主張した。綱領に国際連盟への言及はまったくなかった。ただ「世界中に平和と正義を推進するための、他のすべての国々との全面的で惜しみない、開かれた協力と、国際的な調停、仲裁、協議を承認」はしていた。しかし、この都合よく曖昧な条項は孤立主義の中心的な原則――「諸外国と難しい状況に巻き込まれかねない政治同盟を結ばないこと」――を党の公約とすることによって無効化されていた。

『ニューヨーク・タイムズ』紙で報じられた数多くの選挙演説の中で、民主党の大統領候補者だったアルフレッド・E・スミス*が外交政策について多少なりとも詳しく語ったのは二回だけだった。さらにその年の『ニューヨーク・タイムズ』紙を注意深く調べてみると、彼が演説で国際連盟に直接言及したことはなく、それどころか非常に生き生きとした想像力をもってしても、合衆国が連盟に加わることを検討すべきという主張に彼がわずかでも賛同の意を表明したと解釈できるような発言は一切なかった。確かにスミス氏はある時点では、合衆国は「五五カ国が集まるような会議であればどのようなものでも」すすんで参加すべきだという考えを是認しているように見受けられたが、どれほど巧妙に言葉を駆使しても、この発言をもって国際主義のもとに結集するよう国民に訴えたものだと解釈することはできない。特にスミス氏によるそれと反対の発言の数々を考慮すれば、なおのことである。(13)

＊ニューヨーク州生まれの政治家で、同州知事を連続ではないが計四期務めた後、一九二八年選挙で民主党からカトリック教徒初の大統領候補者に指名されたが、共和党候補のハーバート・C・フーバーに敗れた。

一九二八年八月二十二日、大統領候補の指名を受け入れた際に行った演説で、スミス氏は以下のように述べた。

ウィルソン政権下で取り決められた仲裁条約*を更新し、その期間を延長すべく努力することに賛成です。しかし、多くの国が防衛戦争を遂行する権限を留保するための条件を主張しており、そうした諸条件を、クーリッジ大統領**の記録に基づいて解釈した場合、戦争抑止力としてのこれらの条約の有効性は実質的には損なわれているのです。一九二七年四月二十五日にクーリッジ大統領が発表した諸政策――つまり国民とその財産はたとえ国外にあっても国家の一部とするドクトリン――を擁護するための……わが国によるラテンアメリカの内政問題への不当な介入とそのことのもっともらしい理由は、世界平和を脅かすとともに、それがなければこの多国間条約が持ち得たかもしれない有効性を事実上低下させる帝国主義的政策を、他の諸国が正当化しようとする際の根拠となるのです。

＊一八九九年、一九〇七年の二回にわたってオランダのハーグで開催された万国平和会議で、国際紛争を平和的に解決するための多国間条約が締結され、国際仲裁裁判を行う常設仲裁裁判所（ハーグ）の規定が設けられた。特に一九〇七年の第二回会議はジョン・ヘイ元米国務長官が提唱したもので、ハーグ陸戦協定が改定され中立法規なども決められた。第三回は一九一五年に開催予定だったが、世界大戦のために中止となった。一般的な国際司法裁判所としては一九二一年に国際連盟傘下の常設国際司法裁判所が設置された。

＊＊カルビン・クーリッジ。バーモント州知事、ウォーレン・ハーディング大統領の副大統領を経て一九二三年八月、同大統領が急死したのを受けて第三十代大統領に就任した（一九二九年まで）。

真の意味での戦争の非合法化というものは、戦争の原因を取り除こうとする、より本質的な努力から生まれなければなりません。……私は軍国主義者でも、好戦的愛国主義者でもありません。この国の国民は世界と平和的かつ友好的に暮らしたいと願っていると私は信じています。難しい状況に巻き込まれかねない政治同盟は結ばないというのがアメリカの不変の政策です。しかしながら、このことは、偉大な国家同士は誇りある個人がお互いに示すような礼儀にかなった好意とフェアプレーの精神をもって相手国と接するべきではない、ということではありません……。

アメリカ国民は、いかなる外国とも政治的同盟を結ぶことなしに、自分たちがその一員である世界の運営にあたって責任の一端を公平に果たしたいと望んでいると私は信じています。私は、戦争の原因を取り除くことによって、戦争の非合法化を実効性あるものにするとともに、調停と協議と仲裁と司法裁判の方法に置き換えるための真の努力を再開することを誓います。[14]

指名受諾演説の別の箇所で、スミス氏は、上院の議決を必要としないままラテンアメリカ諸国の政府と行政協定を結んできたこれまでの慣習を激しく非難した。

わが党の選挙綱領の宣言のほかのどの項目よりも私がもっとも心からお約束するのは、合衆国憲法の規定に従って上院の同意が得られている場合を除いて、大統領がラテンアメリカ諸国の国内紛争を解決するために協定を結んできたこれまでの慣習を撤廃するという宣言です……。[15]

一九二八年十月二十九日のボルティモアでの演説に至って初めて、スミス氏は、合衆国にとっての正しい外交政策について自身の見解を詳細に説明したのだった。その見解は一九二〇年にウォーレン・ガマリエル・ハーディング*が述べた、もったいぶった言い回し**と少なくとも同じくらい国際主義にとっては不愉快なものだった。

*オハイオ州副知事、共和党上院議員。一九二〇年選挙で現職議員として初めて第二九代大統領に選出されたが任期途中の二三年、急死した。国連加盟を拒否、ドイツやオーストリアと単独講和を結んだ。二一年から二二年にかけてワシントン会議を開催し海軍軍縮条約、中国の領土保全や門戸開放などを認めるワシントン条約を結んだ。

＊＊一九二〇年大統領選挙でハーディングは「アメリカが今、必要としているのは英雄ではなく癒しです。役に立たない妙案ではなく常態です。革命ではなく復古です。扇動ではなく調整です。外科的処置ではなく平穏です。過激さではなく冷静さです。実験ではなく均衡です。国際主義に浸ることではなく意気揚々とした国民性の維持なのです」と述べた。

……大統領候補の指名受諾演説で、この国が最終的に採用する外交政策はすべて一般国民の多数派の意思から生じなければならないものであり、政府のトップが言い渡すものであってはならないと話しました。

ここでもう一歩踏み込んで、合衆国憲法は外国との条約を批准するには上院の三分の二の賛成を必要とすると規定している事実にみなさんの注意を喚起することで、もうほんの少しだけ詳しくご説明したいと思います。

われわれの先祖がそうした規定を憲法に盛り込んだとき、その意図は紛れもなく条約の締結を、単なる立法でなく、党利党略でもなく、それよりも高い次元の問題として、上院の票決がアメリカ国民の圧倒的多数の意見を表すようにすることにあったのです。

ときに私は、われわれの外交問題に対処するうえで、個人の平衡感覚によるところが大きいという結論から逃れがたいと感じることがあります。さらに言えば、その平衡感覚を支える正しく、公平で、公正なことがしたいという強い思いと、さらに言えば、それに加えて、明確な政策が表明できる限り、その政策が固く守られる形で政治が運営されることが必要だと私は考えます。……

さて、政府の最大の責務は、わが国の国民の生命と財産を守ることだという宣言にはだれもが同意する用意があるわけですが、同時に、われわれにはいかなる国であれ、他国の内政問題にくちばしを挟む権利はないという疑いようのない、議論の余地のない論理にも、同意しなければならないのです。……世界で大きな位置を占めるアメリカ国民はその世界の運営にあたって自分たちの責任を完全にまっとうする覚悟と用意があることを、父なる神のもとにおける人類の偉大な兄弟愛を、人が信じることができるのと同じくらいに、私は固く信じておりますし、確信もしています。

そういう信念で、そしてそのことを念頭に、戦争の非合法化を実効性あるものにするためのあらゆる努力とあらゆる試み行うことが民主党政権の義務であります。

そしてこのことは、戦争の原因を排除し、調停と仲裁と司法裁判の方法に置き換えることによってなし得るものだとわれわれは考えるのです。……

行政府のリーダーシップがあってはじめて、連邦議会の協力があってはじめて、そして国民の支持があってはじめて、われわれの前にある諸問題の解決策を見出すことに希望が持てるのであり、それがなければ解決策を考えることすらできないのです。……

そうした方法によってのみ、あらゆる紛争の仲裁、調停、平和的解決を望むことができるのです。そうした方法によってのみ、海軍装備の過剰な重荷を国民全員の背中から取り除くような合意が海軍大国の列強の間で結ばれることが期待できるのです。……

民主党は、その選挙綱領において、また基本理念の宣言にあたって、約束します……これらの問題のひとつひとつについて、あくまでもそれぞれの価値に基づいて、開かれた、正直な、何物をも恐れない、偏見のないアプローチをとることを。(16)

F・D・ルーズベルトの政界復帰

一九二八年の選挙キャンペーンでの重要な出来事のひとつは、障害が残るほどの病との壮烈な戦いを経て、フランクリン・D・ルーズベルトが政界に現役復帰したことだった。疾患で政界からの引退を余儀なくされる前に、彼は民主党の指導部の中で急速にのし上がっていった。一九一〇年、彼はニューヨーク州議会の上院議員に選出され、同職にあった一九一三年に、その後約七年間務めることとなった海軍次官のポストに、ウィルソン大統領が彼を任命した。一九二〇年、彼は党の副大統領候補の指名を受諾し、長期にわたる選挙キャンペーンを戦ったなかで、わずかな留保条件付きで国際連盟に賛同する党の立場と、連盟に代表される類の国際主義を熱烈に支持した。それからまもなくして彼は麻痺の発作に倒れ、一九二八年になってようやく政界に復帰した。その年、彼はアルフレッド・E・スミスの立候補を支持した。彼は民主党大会で大統領候補の指名志望者としてスミス氏の名前を提起した。その後、スミス氏の強い要望により、彼は民主党のニューヨーク州知事候補となった。そして彼は州と全米で選挙運動を熱心に始めた。

政治活動を休止していた間、ルーズベルト氏は国際連盟と国際主義をめぐる民主党内の内紛にほとんど、あるいはまったく関与しなかった。連盟の熱心な支持者たちは一九二八年、この問題についての彼の立場に関する彼の発言を多大な期待を持って待った。しかし、彼がそうした関心を満足させることはなかった。『ニューヨーク・タイムズ』紙で報じられた彼の数々の演説のなかで一度たりとも、彼は国際連盟を支持することはおろか、それに直接言及することすらしなかった。選挙期間中に報じられた演説のうち、彼が外交関係について実質的な言及をしたのは二回だけだった。また、関税問題が〝熱い〟争点になると、この賛否の分かれた問題についてスミス氏の立場を支持したのだった[17]。

ルーズベルト氏はスミス氏を党の大統領候補として指名するよう民主党大会に呼び掛けた際、こう述べた。「もし、真の世界平和、戦争の廃絶というビジョンが実現することがあるならば、それは軍縮計画の単なる数字合わせでできることではありません。武力紛争をもっともらしく非難する中身のない多国間条約がなせるものでもありません。それはこの国が、そのトップに立つ人間として、この世の人間的な側面を理解し正しい方針をそれも本能的にとる性格の強さと頭の鋭敏さを有するリーダーを選ぶからこそ、実現できるのであります……[18]」。

ルーズベルト氏は、スミス氏を選ぶことが「世界の他の国々との関係において可能な限りもっとも大きな前進」になると主張した。彼はスミス氏について「国家とは、個人とあまり違わないものだと信じている人物であり、拳を戦わせて決着をつけるよりも、テーブルを囲んで問題について議論するほうがより多くのことを成し遂げられる、と信じている人物だ」と描写した。ルーズベルト氏はさらに、もし、われわれが戦争を終わらせたいと思うならば「戦争の原因を取り除くことについて他の国々と話し合おうではありませんか」と付け加えた[19]。

一九二八年十月二日、ジョージア州マンチェスターで、ルーズベルト氏は外交問題について多少詳しく話をした。彼は国際連盟についてはウィルソン大統領が提案した「ひとつの計画」だったと述べる以上には言及せず、民主党主導で道義的リーダーシップを取り戻すことに触れるにとどめた。マンチェスターでの演説の主要なくだりは以下の通り。

この国に対する世界の態度には変化がありました。一〇年前、われわれは世界のすべての国家の中で指導的地位を占めていました。これはわれわれが理想を模索していたからです。その理想とは、ちょうど終結をみたばかりの大戦のような戦争が二度と起こらないようにするための、世界の人々が共有する機関をもたらしたい、というものでした。

一九一九年のあるとき、私はフランスのクレマンソー首相と軍縮問題について話していました。彼は私にこう言いました。「ルーズベルトさん、この千年もの間、フランスには祖国が戦争に巻き込まれるのを見ずに一生を過ごした世代がないことにお気づきですか」と。

わが国の状況も、さほど違いがあるとは言えないでしょう。そうは思いませんか。独立戦争、一八〇〇年のいわゆるフランスとの戦争、一八一二年の戦争、一八四六年のメキシコ戦争、一八六〇年代の諸州間の戦争、一八九八年の米西戦争、一九一七年の世界大戦。もちろん、われわれは平和を非常に愛する国民であります。そうでしょう？

しかし、あのころ、われわれは指導力を発揮するよう求められていましたし、わが国は世界の国々に好かれていました。そして合衆国の大統領は、メキシコとソ連と合衆国を除くすべての国々が受け入れたある計画を提案しました。その計画は今日、現実のものとなっています。それには欠点もありますが、非常に多くの点で改善をもたらしました。

この一〇年間で、世界の諸国との関係における合衆国の立場は変わりました。今や、合衆国は国境の外の世界で誰からも愛されていません。これは決して誇張ではなく、事実なのです。

ヨーロッパの人々はわれわれのことをお金に貪欲で利己的だと言い、われわれは自分たちの財布のことにしか関心がないと思っています。

わが国の南方にあるラテンアメリカの一九カ国だか二〇カ国だかの共和国は、われわれを軽蔑はしていません。彼らはわれわれを憎んでいるのです。彼らはわれわれがハイチ、ニカラグア、サントドミンゴ〔ドミニカ共和国の首都〕で何をしたかを見たのです。彼らは彼らが言うところのわが国の帝国主義を目の当たりにしたのです。

合衆国が世界の他の諸国との関係をいかに自ら損なってしまったかについて、何時間もお話しすることができます。われわれは選挙で、他の国々に対するアメリカの現在の政策を継続するのか、これを変えるのか、そのいずれを選ぶのかを問われているのです。……

共和党候補に投票することは、世界の他の人々との関係において、理想が完全に欠如している状態を維持することに票を投じることなのです。

他の国々との友好関係を取り戻すこと。そして道義的なリーダーシップをもう一度担うことは、大統領候補の指名受託演説にも党の選挙綱領にも明確に宣言された民主党の政策なのであります。

わが国の近隣の姉妹国である共和国諸国の国内問題には干渉しないというのが、民主党の公表されたドクトリンなのです。[20]

コネチカット州ブリッジポートとマサチューセッツ州ボストンとで行ったふたつの選挙演説の中で、ルーズベルト氏は民主党綱領、スミス氏は保護関税――一般的に国際主義とは相容れない政策だとみなされていた——を堅持することを国民に納得させようとした。共和党は従来から指摘していた通りに、民主党は海外の安い労働力で生産された安価な製品の流入から産業資本家と産業労働者を守る貿易障壁を破壊しようとしている、と非難していた。一九二八年の民主党綱領もスミス氏の演説も、自由貿易のドクトリンを支持していなかったのは確かだ。それどころか、綱領と演説はいずれも、その文言においても意図においても明確に保護主義だった。しかし、共和党は〝貧困労働者〟が生まれるのではないかという不安を煽ることに執着していた。工業都市のブリッジポートで、ルーズベルト氏はこれに敢然と立ち向かった。「民主党が政権に復帰したならば、自由貿易あるいはそれに似た政策を持ち込んで政治的な自殺行為に及ぶだろうなどと、常識がひとかけらでもある人間なら考えるでしょうか。……民主党はアメリカの賃金労働者からびた一文たりともとり上げるようなことはしません[21]」。

十月十二日、ボストンでルーズベルト氏はさらに一段と強い共感を示して語った。「ニューイングランドのみなさんにこのことをお伝えするためにやって来ました。次の四年間、民主党の大統領と民主党多数の議会をいただくならば、民主党の関税政策がみなさんにほんのわずかでも損害を与えるかもしれないと恐れる必要はないのです。さらに踏み込んで言えば、ニューイングランド地方の偉大な産業が復活するために合衆国の関税法を変える何らかの方法が仮にあるならば、わが民主党はそうした変更に賛成するものであります[22]」。

選挙戦でほかに演説した民主党の面々は、スミス氏とルーズベルト氏が示した外交政策の枠組みに従った。一九二四年の民主党大会で国際連盟のために大いなる戦いを繰り広げたニュートン・D・ベイカーは、一九二八年の党大会で選ばれた大統領候補者を心から支持していた。『ニューヨーク・タイムズ』紙に掲載されたベイカー氏の選挙演説の記事を検証してみると、国際連盟への加盟に関して党に責任を負わせるような発言は一切なかったことが分かる。ウィルソン大統領の伝記の著者で連盟支持のプロパガンダをけん引していたレイ・スタナード・ベイカーは、大統領候補者の「禁酒法*に対する方針」を理由に、ウッドロウ・ウィルソンも民主党の候補者を支持したに違いない、と断言し、スミス氏支持を表明した。(23)

＊一九二〇―三三年にかけて酒類の製造販売などを禁止した法律。第一次世界大戦期に労働者の生産能率を向上させる必要性と宗教的道徳意識が高まったことを背景に禁酒運動が盛んになり、一九年に憲法修正第十八条として制定、翌年施行された。しかし、ギャングが密造・密売で勢力を拡大する事態となり、憲法修正二十一条に基づき廃止された。

一九二八年十月十二日のラジオ番組で、ウォルター・リップマン*はこう述べた。「ふたつの選挙綱領を読んで判断する限り、また、ふたりの候補者が指名受託演説で外交政策についてほとんど語ることがなかったことからして、ふたつの党の間には明確な方針の相違はないのです」。リップマン氏は同時に聴衆に対して、ウッドロウ・ウィルソンと同じく国際協調の理想主義的綱領を望む人々にとっては、民主党の大統領候補者であるスミス氏に投票したほうがはるかに安全だ、と断言したのだった。(24)

＊著名な政治コラムニスト。ウィルソン大統領のブレーンとしてパリ講和会議にも米国代表団随員として参加した。著書に『世論』などがある。

対立陣営の共和党は一九二八年の選挙で国際連盟への加盟を拒否しつつ、連盟による人道および技術支援を支持した一九二四年と同じ公約を掲げた。共和党の大統領候補者、ハーバート・C・フーバー*はこの選挙綱領に立脚し、「科学と経済と社会福祉を推進し軍縮を実現しようと取り組む」国際連盟と協力することに意欲を表明した。

＊第三一代大統領。一九二九年の就任直後に世界恐慌に見舞われ、復興金融公社の設立やモラトリアム（第一次世界大戦の戦債や賠償金の支払いを一年間猶予すること）を提唱したが、不況を克服できず、一九三二年選挙でルーズベルトに敗北した。

共和党が連盟との協力について言及していたことと、フーバー氏が一九二〇年時点で国際連盟の支持者として知られていた事実のために、アルフレッド・E・スミスの反対派は、共和党のほうが民主党よりも国際主義的だと主張することができた。しかし、言葉の意味に敬意を払い、一八九八年以降の共和党政権下での外交活動の歴史を顧慮すると、帝国主義が定義上、国際主義とみなされない限り、こうした主張を正当化する根拠は見出せない。というのも、国際主義の著名な専門家、アーサー・スウィートサー＊はこう語っていた。「共和党は［一九二八年に］外国貿易の拡大、スペイン戦争、初の海外開拓、ハーグ平和会議でのリーダーシップなどに示された、アメリカのより積極的な海外展開の原因となった政策に回帰し始めた」(25)。

＊マサチューセッツ州生まれ。国際問題の著名な専門家、ジャーナリスト。一九二〇年、ウィルソン大統領の指名によってパリ講和会議アメリカ政府代表団に選ばれたのをきっかけに国際連盟に関与することになった。ウィルソン大統領に近い国際主義者。AP通信社で国務省などを担当した。

一九二八年の時点(26)における共和党に、どの程度、平和を愛する思いがあったにせよ、選挙戦の終盤にひとつだけ確かなことがあった。民主党指導部は、国際連盟に代表される国際主義を放棄し、ウィルソン大統領がそこから離脱するまでの長年にわたって追求していた独立〔非依存性〕の方針に立ち返っていた。

その間、民主党指導部は、共和党の帝国主義はアメリカ共和国を密かに陥れようとする裏切り行為だとして激しく反対するとともに〝白人の責務＊〟は偽善的な標語だとして拒否した。さらに共和党政策の「貪欲な商業主義」を弾劾し、合衆国の〝成熟ぶり〟や〝世界に対する責任〟あるいは国家としての優れた美徳を証明するために帝国主義に訴えなければならないという考えを拒絶した。一九二八年大統領選挙で、民主党指導部は再び帝国主義を公然と非難し、国際連盟を見捨てた。しかし、彼らは設立された連盟そのものを公然と具体的に否定することはしていなかった。民主党指導部の動向の中でのそのクライマックスはまもなく訪れるのだった。

＊英詩人で作家のラドヤード・キップリングが一八九九年に発表した詩のタイトル。合衆国に欧州諸国と同じように植民地支配下の有色人種を統治する〝責務〟を果たすよう促した。副題は「合衆国とフィリピン諸島」。発表とほぼ同時期にアメリカは米西戦争の結果としてプエルトリコやグアムを割譲され、さらに独立のために戦っていたフィリピン諸島を二千万ドルで購入した。〝白人の責務〟は帝国主義を是認するものと受け止められた。

第五章　国際連盟を拒絶——一九三二年

大不況のなかで

一九三二年の大統領選挙戦が近づくにつれて、多くの出来事が重なり合って、政治指導者や国民の関心を外交問題から引き離し、国内問題に集中させるに至った。一九二九年のパニック*以来、この国は大不況の泥沼であえいでいた。選挙戦がだんだんと近づいても、この国を苦しめていた経済的困窮が緩和することはなかった。

＊一九二九年十月二十四日、ニューヨーク株式市場が暴落、同二十九日にさらに大暴落し、世界大恐慌の引き金となった。

アメリカ労働総同盟のウィリアム・グリーン会長が連邦議会公聴会で示した推定によると、一九三一年十月の失業者総数は六八〇〇万人だったが、一年後の一九三二年十月には一〇九〇〇万人となった。農民の苦境は、さらに悪化していなかったにしても、決して改善しているということはなかった。彼らは借金や破産でがんじがらめにされていたうえに、農産物を売る市場をなんとか見つけたとしても、代金として受け取るのは恐ろしく安い金額だった。大勢の人々が、生活保護を受け、身体的苦痛が蔓延していた。何百という銀行が閉鎖され、主要三〇業種の株価は一株当たり三六四ドル九〇セントから六二ドル七〇セントまで下落した。企業倒産件数は唖然とさせられるような数字にまで上昇した。(1) アメリカの歴史で初めて、ビジネス界の第一人者たちが資本主義のシステムは嵐を凌げるだろうか、と懸念していた。

こうした惨事がこの国を襲ったとき、フランクリン・D・ルーズベルトはニューヨーク州知事だった。民主党の大統領候補だったアルフレッド・E・スミスから力を貸してほしいと懇請されたルーズベルトは、一九二八年の知事戦に出馬、大統領選では共和党のハーバート・C・フーバーが大きな得票差でニューヨーク州を制したにもかかわらず、当選したのだった。そして一九三〇年、ルーズベルト知事はニューヨーク州の歴代知事の中でもっとも大きな得票差で再選された。(2) ニューヨークはこの国の政治と経済にとって極めて重要な州だった。ニューヨーク市には合衆国の金融の中心地があった。ニューヨークはかなりの農業人口を抱えると同時に非常に産業化された州だった。それゆえに一九二九年秋のパニックが起きた時、ニューヨークはかなりの打撃を受けた。パニックに続いてさまざまな不幸が積み重なっていく中で、ルーズベルト知事は人々を苦しめるあらゆる種類の厳しい試練——恐ろしい形で襲ってくる失業、農業恐慌、金融の混乱、公益事業体間の混乱、倒産、社会的不安——と格闘しなければならなかった。さらにいえば、立場が立場だっただけに、彼は合衆国の外交ではなく、国内問題に対処するよう求められた。

一九二九年秋から一九三一年秋にかけて、ルーズベルト知事はニューヨーク州で、不況の影響をやわらげることを目的とした多くの措置を発案、法令化した。そして知事は、国内の惨事から立ち直るために政府の諸機関を活用するという決意を国民に示した。この事実は、それ自体が、パニックと不況に対して政府がとってきた措置の歴史が新たな局面に入ったことを証明していた。かつては、共和党がときの政権であったならば、民主党が経済的災厄の責任を共和党の関税政策に負わせるというのが、それまでのやり方だった。また、民主党が権力の座にある間に不幸が国を襲ったとすると、その逆の過程がたどられた。ルーズベルト知事の下、新しい型が出来上がった――国内の危機を克服するためにこれまでとは違う政府措置が導入されなければならなくなったのだった。

　失業、経済的混乱、そして貧困に関する演説や行動によって、ルーズベルト知事は当時、不況から脱するための方法や手段を熱心に探し求めていた国中の進歩的指導者の注目の的となった。知事はまた、関税と外交問題に関する扇動は経済危機に効果的な手を打つことを避けるための口実と大差ないものとみなしていた、若い世代の忠誠心と信頼を得た。

　知事として、そして最終的には民主党の大統領指名候補者として、ルーズベルト氏は俗に〝ブレイントラスト〟〔頭脳委員会いわゆる側近〕と称される小規模のグループを自分の周囲に集めた。このグループには、コロンビア大学*の三人の教授、レイモンド・モーリー、レックスフォード・タグウェルそしてアドルフ・バールが含まれていた。ルーズベルト氏は政治的手法というものを無視したわけではなかった。それどころか、彼は民主党内の経験に富んだ政治家たち、とりわけジェームズ・A・ファーレイ**に可愛がられていた。彼らはどうしたら味方を獲得し、友好な関係を維持できるかを心得ていた。しかし、新しいアイディアや政策、計画を練るにあたって、知事は少数の、ほとんどが民主党員である若手の助言と奮闘を大いに頼りにしていた。彼ら若手はまず何よりも第一に、国内改革によって、景気を回復させ、アメリカ国民の高い生活水準を維持すべきだと強く信じていた。若い顧問たちは、外交問題を決して無視していたわけではなかったけれども、彼らは国内の景気回復策と改革策に重きを置いており、ルーズベルト氏は政策上のこの極めて重要な問題について彼らと考えが一致していたのだった。

＊一七五四年に創立されたニューヨーク市の私立大学。全米で五番目に古い。F・ルーズベルトはロースクールを修了。著者ビーアドは政治学の名物教授だったが、合衆国が第一次世界大戦に参戦後、ニコラス・バトラー学長が反戦を唱えたドイツ系若手教員を辞職させたことに反発、学問の自由が侵害されたとして辞任、社会問題となった。

＊＊レイモンド・モーリーは法学者、ルーズベルトが大統領に就任すると国務次官補。ブレイントラストのリーダー的存在でニューディール政策の考案者のひとりとなったが、後に同政策に幻滅したとして共和党員に転向した。レックスフォード・タグウェルは経済学者、同じく農務次官に就任。アドルフ・バールは法学者、政権入りはしなかったが、非公式アドバイザーとしてニューディールの銀行・証券関連の政策の策定に尽力した。ジェームズ・A・ファーレイはルーズベルトがニューヨーク州知事に立候補したときから選挙キャンペーンを担当、第一、二期政権下で郵政長官を務めた。

多くの〝保守的な〟民主党員たちが、特にコーデル・ハルが、輸入品に対する関税率をただちに引き下げることでアメリカは不況から脱して高度な繁栄を達成できるし、そうすべきだという考えに固執していたのは間違いない。それは資本主義の歴史的過程に政府が干渉しないこと、政治や経済に〝いままでにない〟〝危険な〟考えをとり入れないことを意味していた。共和党がかつて南北戦争の〝血染めのシャツ〟から勝利を搾り取ったように＊、一九三二年の民主党員の多くは従来と同じやり方で関税論争から勝利をもぎ取ろうと期待していた。しかし、大不況の時代にベテラン民主党員たちがこうした期待を抱いていた一方で、それは若い世代にはほとんど受けず、〝ブレイントラスト〟のメンバーでルーズベルト知事に近い面々にはこれっぽっちも魅力のないものだった。

＊南北戦争後の復興期において、共和党急進派が戦時下の辛苦を象徴するものとして血染めのシャツを振り回し、有権者に訴えたことを指す。この政治戦略が多用された一八六八、七二、七六年の大統領選挙はいずれも共和党候補が勝利した。

以上が一九三一年に大統領選挙戦の準備が始まった当時の実情と世論の全般的な状況だった。民主党であれ共和党であれ、進歩主義の〝政策立案者たち〟や経済的困窮に陥っていた男女、さまざまなノウィ・ホミネス＊たちがルーズベルト知事に期待していた。国全体に急進的な機運があったわけでは決してなかったにしても、反体制活動家や新しい試みを望んでいる人々は政治に大きな分流をつくりだせるだけの人数にのぼっていた。民主党大会でルーズベルト氏を指名するのに必要な代議員数をあちこちに探し求めていた彼らは、支持者を多方面に求められなければならないこと、そして勝利を得るのは簡単ではないことに気づいていた。

＊ラテン語で新しい者の意。もともとは共和政ローマで名門に属さない家系から執政官に就任した者を指す。ここでは大恐慌をきっかけに米社会の表層にあらわれた「改革」を志向する知識階級を含む人々を指している。

しかし、一九三二年初めの段階では、ルーズベルト知事が民主党の大統領候補に指名される可能性は、ひいき目にみても、きわめて不確かだった。有力な候補者はほかにもいた。一九二八年選挙では敗北したとはいえ、アルフレッド・E・スミスは強力な候補者だった。民主党の大勝利が明らかに迫っているとみられる今、自分こそ、その栄誉を得る資格がある、と彼は信じていた。南西部ではジョン・ナンス・ガーナー＊の一派が、南部の人間が指名されることに望みは持っていないにしても、民主党候補の二番手を勝ち取ることを期待してガーナーを大統領候補に推挙していた。オーウェン・D・ヤング**の名前もしばしば持ち上がったが、東部の大資本主義との関係が出馬の可能性に影を落としていた。中西部ではニュートン・D・ベイカーが、二大有力候補のアルフレッド・E・スミスとルーズベルト知事との指名争いが行き詰まった場合に、とくに効果的な選挙運動を組織できるほど強大な支持を集めていた。党大会の第一回目の投票でわずかな票しか獲得できなかった者が、最終投票でふたりあるいはそれ以上の強力なライバルを打ち破った事例はひとつきりではない。

*テキサス州生まれ。連邦下院議長を経てルーズベルト政権の副大統領。
**ニューヨーク州出身。一九一九年にRCAを設立、二二年からはゼネラル・エレクトリック会長などを歴任した。第一次大戦後のドイツ賠償委員会にも参加した。一九三〇年にドイツの賠償金支払いを監督する国際決済銀行（BIS）の設立にも貢献した。

新聞王ハーストの影響力

一九三二年一月一日、民主党の大統領候補指名を得ようとしていた面々のうち勝利を確信できる者は誰もはいなかったし、指名争いに参加していた全員が、党内でもっとも有力なジャーナリストで傘下の新聞網が太平洋岸から大西洋岸まで張り巡らされていた冷酷な新聞王、ウィリアム・ランドルフ・ハーストを無視することはできなかった。ハースト氏は急進主義者としてジャーナリストのキャリアをスタートさせ、マーク・ハンナ*派の共和党員から一時は赤色テロリスト〔急進派〕とみなされていた。しかし、一九三二年には、彼は民主党の保守派陣営と深く交わっていた。外交問題に関して妥協を許さない孤立主義者であり、国際連盟を敵視し、国際主義の臭いがするものすべての不倶戴天の敵だった。ハースト氏の影響力は、民主党寄りの多くの保守派政治家が、ウィルソン大統領の第二次政権下においてさえも、外交問題については彼と同じ意見を共有していたという事実によってさらに高まった。第一次世界大戦後に生じた社会全般の幻滅感は、国際主義の勇猛な敵としてのハースト氏の影響力を増大させた。そうでなくても、彼の新聞が各戦略拠点で膨大な発行部数を誇っていたため、彼は一九三二年の民主党指名候補者全員にとって無視できない勢力なのであった。

＊オハイオ州生まれ。共和党上院議員、石炭と鉄鋼で一大財産を築いた。一八九六年と一九〇〇年選挙で巨額の自己資金を投じ、選挙運動責任者としてウィリアム・マッキンリー大統領を当選させた。特に、候補者が全米を遊説する代わりに、有権者をマッキンリー候補者宅玄関前まで大量輸送した〝正面玄関ポーチ・キャンペーン〟が有名である。

同年元旦の全米向けのラジオ放送で、ハースト氏は民主党の大統領候補者に指名されることを目指す全員に対し、自分の支持を欲するならば国際主義を拒絶しなければならないという、予想された通りの十分な警告を発することで〝ぴしゃりと鞭をふるった〟。彼の特徴たる激しさをもって、ハースト氏はウッドロウ・ウィルソン大統領と彼の外交政策を合衆国にとって危険なものだと弾劾したのだった。彼によると、ウィルソン大統領は「理論家であり、空想家であり、根強い信念は持たないし、そもそも彼の野心や出世の妨げになるような信念など決してもっていなかったのです。彼はすばらしい話し手であり、情緒不安定な思索家であり、信頼するに足らない実行者であります。相対立する立場のある公的問題について、その経歴のなかのどこかの時点でどちらの立場も主張したことのある人物であり、どんな時でもどんな主義主張でも支持する日和見主義者なのです」。さらに彼は続けた。ウィルソンはこの国を「混乱と大惨事のどん底」に導いた。指導者としての彼の継承者となったコックス、デービス、そしてスミス[*]は、民主党の大統領候補として「悲惨な敗北」を喫した。というのも「ウィルソン氏が民主党を政治的な袋小路に導き、彼の志を継いだ全員がその袋小路の奥の敗北という石壁に激突した」からだ。

＊コックスはジェームズ・コックス。オハイオ州出身。同州知事を二期務め連邦下院議員を経て一九二〇年大統領選挙の民主党候補。デービスはジョン・W・デービス。ウェスト・バージニア州出身。連邦下院議員、合衆国訴訟長官、駐英大使を歴任。一九二四年大統領選挙に立候補。スミスはアルフレッド・スミス。大統領選挙ではいずれも共和党候補に敗れた。

ハースト氏は、ウィルソン氏について、彼は空想家であり、大統領候補に彼が指名されたこと自体がこの国に降りかかった〝最大の不幸〟であったと決めつけた。そして砲撃の矛先をフーバー大統領にも向けたのだった。フーバー氏は、共和党を、ウィルソン氏の袋小路に導き、挙句の果てに、民主党挫折の道連れにした〝ウィルソン主義者〟だと攻撃した。そしてハースト氏は、民主党大統領候補に指名されることを目指している面々が彼の警告を無視しないよう、彼らを名指しした。ルーズベルト知事、ニュートン・D・ベイカー、アルフレッド・E・スミス、オーウェン・D・ヤングは「みんなそれなりに善人」だが「彼らはみんな、フーバー氏のように、ウッドロウ・ウィルソンの弟子」――つまり「ヨーロッパの紛争や面倒におせっかいをするというウィルソン氏の夢のような政策に愚かにも従った」人々――であると彼は述べた。この四人を名指しして警告した後、ハースト氏はジョン・ナンス・ガーナー氏を指名することを提案した。

ガーナー氏が指名を受けるのははかない望みであることに、間違いなく気づいていて、ハースト氏は、誰が次の大統領になるのか、自分には分からないと打ち明けた。ただ、全米のラジオ聴取者に向かって「アメリカを第一《アメリカ・ファースト》」にすることを約束する人物を指名するよう訴えた。「みなさんの繁栄を賭けてギャンブルをしてきた国際的な銀行家や大きな影響力を持った人々に、みなさんの政治でもギャンブルすることを許してはいけません。アメリカ人が、ヨーロッパに金をくれてやるだけのために際限なく骨を折ろうと思うなら話は別ですが、そうでない限り、〝アメリカ第一《アメリカ・ファースト》〟のモットーを指針とする人物が今年大統領に選ばれるよう、われわれ一人ひとりが責任を持って行動すべきなのです」(3)。当時、指名獲得に向けた選挙運動の準備を進めていた民主党候補者たちに、ハースト氏がたたきつけた警告はそのような内容だった。

一九三二年一月中旬に開催された国際連盟協会年次総会向けの演説の中で、ニュートン・D・ベイカーは、合衆国の国益のためには連盟活動への全面的参加が不可欠であるとの主張をあらためて表明、連盟と友好的な連携を図るよう呼びかけたものの(4)、その同じ月の下旬には連盟問題を実際の政治から確実に排除していた。一九三二年一月二十六日の報道機関向けの発表文の中で、ベイカー氏は、一九二四年にとっていた立場とは逆の立場に回った。

連盟とアメリカとの関係について私が抱いている意見は、民間人なら誰もが抱いているようなものに違いありません。私は、この二、三年間、アメリカが連盟に加わるかどうかは実際の政治上の議論において現時点では重要な問題ではない、と公に述べてきました。

これまでも何度も述べてきたことを繰り返し言います。合衆国を連盟に加盟させることについて、確かな情報に基づいて納得した絶対多数がこれを支持する気運が熟するまで、仮に私にその権限があったとしても、合衆国にそうした行動を起こさせることはしません。連盟に加盟するようわれわれを促すような項目を、民主党の全国綱領に盛り込むことには賛成ではありません。この問題を党派の問題にするのは大きな間違いであると思います。

私は、われわれもいつの日か、連盟の一員になると思っていますし、また、なるべきだと思っていますが、合衆国国民が、連盟の活動するところを見て、その活動を研究する機会を得て、そのような進路がいかに賢明か、完全に納得できるようになるまでは、それを行動に移すべきではないとも考えています。

ウッドロウ・ウィルソンが支持していたからといって、それだけのために民主党がわが国の連盟加盟を主張すべきだとは思いません。その一方で、同じような理由のために、共和党が連盟を支持すべきであるとも、あるいは反対すべきであるとも思いません。この国の党派的感情の鋭い分裂に根ざした、共和党主導による連盟への加盟あるいは民主党主導による連盟への加盟は脆弱であり、われわれの加入によってもたらされるであろうと期待された効果を生むための力を、それが何であれ、行使する機会を合衆国に与えないでしょう。

加盟を果たすまでの期間は、連盟の平和を維持しようとする取り組みに合衆国が最大限の共感をもって協調すること、そしてアメリカ国民が連盟について研究し、それによって連盟に対する不当な偏見を多少は克服することが合衆国にとって賢明だと感じています。(5)

〝実際の政治上の議論〟から連盟問題を排除したベイカー氏のプレスリリースを掲載した号で、『ニューヨーク・タイムズ』紙は、指名候補者に名乗りを上げるものとして彼の発言を社説でとり上げた。「……彼の友人たちが、彼に対して、指名される可能性があるのだから連盟に対する立場を正確に明示することによって誤解がもたらすかもしれないハンディキャップをすべて取り除くべきだ、と言ったのは間違いない。昨日のあの発言で、民主党の現実的な政治家たちにとって、ベイカー氏は格段に候補者にしやすくなった。それは言うまでもなく、あの発言をした大きな成果である。この時よりベイカー氏は、彼の個人的な意向はどうであれ、少なくとも、受容できる候補者とみなされることになる(6)」。

ハウス大佐、フランク・ポーク*、ジョン・W・デービスといった高名な民主党員は、連盟の問題を次の選挙戦から排除するとしたベイカー氏の政策宣言を支持した。支持者の輪は連邦議会の高名な民主党指導者たちにも広がった。『ニューヨーク・タイムズ』紙に掲載されたこうした人々の意見に関する記事によると、モンタナ州選出のトーマス・ウォルシュ**上院議員はこう主張した。「いま連盟問題をとり上げようとしている人などひとりとして知りません。実際のところ、国際連盟問題は、一九二〇年の大統領選挙以来、ほとんど無視されてきたのです」。

*ニューヨーク州生まれ。弁護士。ウィルソン政権で国務次官、国務長官代理など。
**ウィスコンシン州生まれ。一九一三年から三三年までモンタナ州選出連邦上院議員。ウィルソン大統領の上院におけるスポークスマンを務めた。

クラーレンス・ディル上院議員〔ワシントン州選出〕は「いま、不況の問題に集中できるよう、連盟といった本質とは無関係の諸問題が政局から除かれるというのは非常に心強いことであります。主たる連盟支持者たちが、一致団結するために、この問題を二の次とする意向を示しているのは喜ばしいことです。経済問題は失業中の国民の大多数におおいに影響を及ぼすものであり、他のいかなる問題によってもあいまいにされるべきではないのです」との考えを示した。

ウォルター・ジョージ上院議員〔ジョージア州選出〕は、ベイカー氏が「国際連盟の問題は今回の選挙戦で重要な問題ではないし、重要な問題とすべきではないと言ったのはまったくもって正しい」という意見を表明した。

ウィリアム・キング上院議員〔ユタ州選出〕は「それは賢明な意見であります。私は常に連盟を支持してきましたが、国民の大半が連盟について広く理解するようになるまで、連盟問題は焦点とすべきではないのです。連盟の問題を、今、政治の議論に持ち込むのは無駄です」と述べて、賛同の意を示した。

民主党下院院内総務〔事実上の党の代表者〕のW・R・レイニーは、選挙綱領に国際連盟に関する項目を設けるべきだと強く求める声は聞いていないと述べた。(7)

一月二十六日の報道機関向けの発表文で、ベイカー氏は、一九二四年の民主党大会(8)で断固として主張し続けた立場を公式に放棄し、連盟問題は実際の政治の範疇外にあると宣言したものの、その一方で、彼は〝いつの日か〟合衆国は連盟に加盟すべきであるとの個人的信念を表明した。このことは、合衆国の国際主義運動を最終的に成功に導くにはベイカー氏が依然としてもっとも期待できる人物だ、と彼の支持者たちに保証するには十分な根拠となった。たとえば、オハイオ州選出のウェンデル・ウィルキー*である。当時、彼は普通の民主党員であり、ウィルソン大統領の国際主義の熱心な支持者だった。一九二四年の民主党大会でベイカー氏を支持していた彼は、ここにきて、できることなら自分のヒーローに一九三二年の民主党大会で大統領候補の指名を勝ち取らせたいとして選挙運動に身を投じた。一九四四年晩夏に公表した声明で、ウィルキー氏は、一九二四年時点において、自分は熱狂的な〝ベイカー・ボーイズ〔ベイカー支持派〕〟のひとりだったと述べるとともに、一九三二年のシカゴでの党大会で、ベイカー氏の勝利を確実なものにするために自分たちがどんなに頑張ったかを説明した。(9)

＊民主党員でありながらルーズベルト大統領のニューディール政策に反対し、一九三八年に共和党に移籍した。四〇年の大統領選挙に共和党候補として出馬したが、ルーズベルトに大敗北した。ところが、選挙運動中に孤立主義や戦備不足を非難していたウィルキー氏は、選挙後に武器貸与法への賛同を呼びかけ、ナチス・ドイツと敵対するイギリスを無制限に支援するよう訴えるなど、ルーズベルト大統領の意外な味方となった。四一年から四二年にかけ大統領特使としてイギリス、中東、ロシア、中国などを訪問した。

ベイカー氏の政治的手腕あるいは政治戦略の利点がなんであったにせよ、彼の一九三二年一月二十六日の公式表明は、ウィリアム・ランドルフ・ハースト氏にとって、不満足なものだった。ハースト氏は、国際連盟への忠誠心を一切放棄し〝アメリカ第一〟のモットーをはっきりと採用する覚悟を、候補者たちに求めていた。連盟についてのベイカー氏の発言が議論されていたのと時を同じくして、ハースト氏の代理人は、次の党大会で大統領候補に指名されるのを熱望しているもうひとりの人物と接触していた——その人物こそ、ニューヨーク州のフランクリン・デラノ・ルーズベルト知事であった。

ハースト氏の力が及ぶ範囲について、ルーズベルト知事と彼の側近たちほど事情に精通している人々はほとんどいなかった。ハースト氏がカリフォルニア州で経験を積んだ後、全米を舞台にジャーナリストとしてのキャリアをスタートさせたのは、まさにニューヨーク市においてだった。後退を迫られた局面も何度かあったとはいえ、彼は依然として、ニューヨーク州全体で、そしてその偉大な州都で、多大な影響力をふるっていた。いつの時点だったのか、まだ記録文書によって特定されてはいないが、民主党大会でルーズベルト知事が指名を勝ち取るためにこのジャーナリストの支持を得ようとして、知事の代理人がハースト氏の代理人に接近した。即座に知事の外交問題についての立場が問題となった。ルーズベルト氏は実際のところ、国際主義者なのか。合衆国は国連に加盟すべきであると本当に信じているのか。あるいは〝アメリカ第一《アメリカ・ファースト》〟を支持するために以前の立場を捨てる覚悟があるのか――という問題である。

ルーズベルト氏の代理人に向けられた質問の大意はそのようなものだった。下記に掲載した文章からはひとつの推論しか許されない。これらの質問が発されたときか、そのあとの時期に、ハースト氏は、ルーズベルト氏が国際主義者ではなく、またアメリカの国際連盟への加盟を支持していない、と内々に保証されたのだった。だが、ハースト氏は、知事の立場に関して、その非公式に与えられた保証では納得しなかった。彼はルーズベルト氏がその旨を公式声明として発表することを強く要求し、そして最後通告を出した。

ルーズベルト知事に対し、国際連盟や国際主義について公に反対の立場を表明すべきだとしたハースト氏の要求は、カリフォルニア州サンシメオンにて書かれた一九三二年一月二十一日付のE・D・コブレンツ氏*への公開書簡という形でもたらされた。それは一〇日後の一九三二年一月三十一日、『ニューヨーク・アメリカン』紙に掲載された。この手紙のルーズベルト氏個人への要求を記したくだりは以下の通り。**

*ハースト系『ニューヨーク・アメリカン』紙の編集局長。

**以下の手紙のなかで太字になっている部分は、そこを強調するためになされているものとみられる。原文ではその部分がすべて大文字で表記されてある。

親愛なるコピー

ファーレイ氏によろしくお伝えください。ただ、もし、ルーズベルト氏が今は国際主義者ではないということについて言うことがあるのなら、私に個人的に話すのではなく、国民に公に発表すべきだと述べることをお許しください、と彼にお伝えください。

彼は自分が国際主義者**であった**とき、また、わが国の主権の一部を犠牲にしてでも国際連盟に加盟することを支持して**いるとしていた**ときには、そのことを公に、数えきれないほど何度も宣言をしたのです。

彼は考えを変えたこと、そして、**いまは**われわれの先祖がわれわれのために勝ち取ってくれた国家の独立を維持することを支持していること、さらに、**いまは**、国際連盟や国際司法裁判所への加盟を支持して**いない**ということを、公に宣言すべきです。

率直に言って、もし、ルーズベルト氏が心変わりしたことを公に宣言したがらず、私に密かに伝えるにとどめたいというなら、私は彼を信じません。

私の経験によれば、公職に立候補していながら正直な意見を広く国民に知らせたがらない人は、正直な意見など持っていないか、その意見を正直に表明していないかのどちらかなのです。

自分の意見を国民から隠し、支持をとりつけたいと望む相手にのみ密かに打ち明けるというような人物は、勇気がないか、信頼に足らないかのどちらかだ、と思います。

彼が自分の意見を公に表明したくないならば、その理由が選挙運動にマイナスになると考えているからだとすれば、彼は間違いなく勇気のない人間であるし、その間、非公式の場では相手によってペテロ*を演じたり、パウロを演じたりしているとするならば、あるいはむしろ相手によってペテロを演じたり、ユダを演じたりしているとするならば、その彼は間違いなく、国民の信頼にも、個人の信頼にも値しないのです。

＊ペテロ、パウロ、ユダはいずれも新約聖書に登場する初期キリスト教使徒。ペテロとパウロはアンティオキア事件での衝突が有名。この事件はキリスト教がユダヤ教の一派としての存在から独立する過程において起きたもので大きな転換点のひとつとされる。ローマ帝国のシリア属州国際都市だったアンティオキア（現トルコ南部小都市アンタキヤ）では、ユダヤ人が本来は交際に慎重であるべき非ユダヤ人にも門戸を開き、自由な福音伝道に励んでいた。その象徴のひとつとしてユダヤ人と非ユダヤ人が食事を共にしていたという。しかし、ユダヤの反ローマ感情が高まるなかアンティオキアのキリスト教徒が律法に従わず非ユダヤ人と交わっていることは、エルサレム教会（ユダヤ在住のユダヤ人キリスト教団）にとってその存立を危うくする事態に発展しかねないと映った。このためそうした取り組みを牽制する使いがエルサレムから派遣された。これを受けてペテロが異邦人との会食をとりやめたのに対し、パウロはその措置を強烈に非難、独立伝道を始めたという。ユダはキリストを裏切ったことから裏切り者の代名詞として使われる。

国民に対して自分がまさにどのような人物であるかを知らしめ、そのうえで選んでもらおうという気持ちがない限り、公職に選ばれることを**求める**権利は決してないと思います。

そうでなければ、政治は国民が豆の**隠されていない**クルミの殻を選ぶよう仕組まれた、いかさま賭博のシェル・ゲーム*に、あるいは国民に棒金として売り込まれたものが単なる金メッキだったという偽金塊商売になってしまいます。または聖書の気高い表現を借りれば「まるで白く塗った墓のようだ。外側は美しく見えるが、内側は死人の骨やあらゆる不潔なものでいっぱいのそれ**」になってしまうのです。

＊三個の木の実の殻のいずれか一個の下に豆を隠してそのありかを当てるゲーム。古代ギリシャ時代からいかさま賭博に使われた。

＊＊新約聖書マタイ伝第二三章二七節の言葉。「噫《ああ》、禍ひなる哉《かな》、汝等偽善なる神学者とパリサイの人よ、汝等は白く塗りたる墓に似たり。外は美《うる》はしく見ゆれども内は骸骨と様々の汚穢《けがれ》にて充つ。此《か》く如く汝等も亦外は義《ただし》く人に見ゆれども、内は偽善と不法とにて充つ。」パリサイ人は古代イスラエル時代に存在したユダヤ教の一派。パリサイには「分離された者」の意味がある。パリサイ人は、モーセの律法を細部に至るまで厳格に守り、非ユダヤ教徒との関わりを徹底的に避けて、神の正義の実現を追求したという。その結果、形式主義に陥ったとも批判され、転じて偽善者、形式主義者などを指すようになった。ユダヤ人は死体を穢れたものとみなしていたために目印として墓を白く塗った。

政治が、公平で正直で、内も外もクリーンであってはならない理由はないと思います。

私はこの選挙戦でガーナー氏を支持しています……。

私が彼を支持するのは、彼が飾らず、率直であり、誠実であり、**正直**である——道徳的にも、知的にも、**正直**であるからです。

彼の来歴は明白です。彼の信念は彼の実績にみられ、妥協も矛盾もありません。……

ウィリアム・ランドルフ・ハースト

ハーストからの挑戦とルーズベルトの応答

ハースト氏から国際主義と国際連盟を公に拒否するよう求められた二日後の一九三二年二月二日、ニューヨーク州農民共済組合向けの演説で、ルーズベルト知事はその挑戦を堂々と受けた。演説のほぼ三分の二は農民問題に関してで、その最後には農業生産物の新たな販路を確保することが望ましいと強調された。市場の拡大は、他の諸国とお互いに有益な商品の互恵取引を行うことによって達成できる、と知事は主張した。そのような経済活動は本質的に、ヨーロッパ諸国や国際連盟との政治的な関わりを伴うものではないことが明白であるにもかかわらず、ルーズベルト氏は続けて、いかなる形にせよ、そのような関わりを持つことには、絶対に反対だ、と聴衆に請け負ったのだった。

この問題を論じた農民共済組合向けの演説の該当部分をここに全文掲載する。傍点部分は『フランクリン・D・ルーズベルトの公文書と演説』第一巻、一五七頁に転載されたくだりに含まれており、傍点なしの通常の字体のくだりは『公文書』を編集するうえで、ルーズベルト知事と、ともに作業に従事したサミュエル・I・ローゼンマン*とが省いた箇所を補足したものである。(10)

*テキサス州生まれ。ルーズベルト、トルーマン両大統領の上級顧問やスピーチライターを務めた。

同時にはっきりと言っておきます［と、ルーズベルト知事は一九三二年二月二日、農民共済組合への演説で宣言した］。世界の他の国々との通商会議は、いくら想像をたくましくしたとしても、ヨーロッパであれ他のどこであれ、かの地の政治的対立に合衆国を巻き込むものではないし、巻き込むべきものでもないのです。また、それが十二年前のアメリカの国際連盟への加盟問題を、いかなる形にせよ、復活させることにはならないのです。

大勢の、同じアメリカ人のみなさんと同じように、私は一九二〇年の時点では、世界の友好というもっとも高貴な精神にのっとって、世界戦争の再来を防ぐという大きな目的のために創設された国際連盟に、アメリカが加盟するよう尽力し、それに支持を表明しました。そのことで謝罪するつもりはありません。

もし、今日、当時と同じ事柄が、あるいは同じような事柄が議論されていると思えば、私はやはりアメリカの連盟加盟を支持するでしょう。そして今日、この国に存在する圧倒的な反対派を説得しようとさえするでしょう。

しかし、今日の国際連盟は、ウッドロウ・ウィルソンが思い描いたような連盟ではありません。合衆国が加盟していたならば、ウィルソンの思い描いたような連盟になっていたかもしれません。これまでの年月のなかで、あまりにもしばしば国際連盟の主たる役割は、世界平和という明白で確かな目標の実現ではなく、まったくもってヨーロッパ諸国の政治的で固有の困難のみを政治的に議論するために集まる場になってしまっています。こうした議論に合衆国は参加すべきではありません。

われわれが連盟に加盟しなかったという事実に変わりはありません。連盟はこれまでの年月、創設者が思い描いた路線に沿って発展してきませんでした。また、主要な加盟国が、軍備にかかる巨額の資金を合法的な貿易や予算均衡、債務の支払いに向けようという意向を示すこともありませんでした。アメリカが連盟に加盟しても、戦争を防ぐというもっとも高貴な目的を達成することにはならず、根本的なアメリカの理想に基づいて国際問題を解決することにもなりません。こうした事実のため、私はアメリカの連盟加盟を支持しないのです。

世界に今日、もっとも必要なのは、われわれが他国にとって名誉ある手本となる国家政策であります。全世界にとって第一の教訓は、条約とは一国の名誉をかけた相手国との約束事であり、正当な国家債務は〝名誉をかけた信用による借金〟である。従って尊敬に値する国家は条約を、その内容を、文字通り破ってはならないのと同様に、その精神においても破ってはならず、また、債務者である場合には、国の名誉にかけて信用による借入金の返済を拒んだり、踏み倒したりしてはならないということを認識することなのです。その半面、債権者側は、債務者が財政状態を立て直せるようあらゆる高潔な方策を用いて支援すべきであるということもまた、忘れてはなりません。

ヨーロッパはわれわれに借金があります。われわれはヨーロッパに借金はありません。それゆえ、われわれは、わが国に対する債務者の会議をヨーロッパではなくこの地で招集し、それを了解させるべきなのです。世界金融の現況において借金の返済をしばらくの間、先送りするのが賢明だ、と考えられるのであれば、それでもなお返済がいつ開始され、その額がいくらになるのかについての合意を強く求めるべきなのです。

ヨーロッパはやたらと過度の支出にふけって、今まさに身動きのとれない財政状態になっています。ヨーロッパは自らの支出の現実を直視して、財政均衡を回復し、正当な債務を払えるように政策を転換すべきです。ヨーロッパはこの無謀な支出の挙句に起きたすべての不幸を、われわれのせいにするのをやめて、自分たちが助けを必要としていた際にわれわれが援助——かつては感謝していたのに、今や忘れてしまったそれ——を与えたことを思い出すよう努力すべきです。

世界国家という船は、見境のない支出や見境のない罵り合いをしていては、港までの安全な航路に復帰することはできませんが、一致団結して行動し、正当な債務を最終的には返済するという決意を持つことによって安全に家路をたどることができるのです。

経済協力を通じて、この国は自国内の産業も、世界の産業も、蘇らせることができるのです。そうすることで、われわれは、われわれ自身を助け、それと同時に債務国にも支援の手をさし延べることができるのです。アメリカのもっとも高邁な精神は、われわれが初代大統領ワシントンの諸原則*を厳守して、国際関係における自由を維持し、同時に痛ましいほどの試練を受けた人類にわれわれが指導力を示すことを求めているのです(11)。

＊初代大統領ワシントンは一七九六年に発表された離任演説で「……すべての国々の民に対して誠意と公正を守れ、すべての諸国民に対し平和と調和をつちかえ。……外国民に対するわれわれの行動の重要な原則は、通商関係を拡大するにあたり、できるかぎり政治的かかわり合いをさけることである。すでに約束をなした以上は、まったく誠意をもってその約束を履行せねばならぬが、それ以上に出ることは、これをいましむべきである。……われわれの隔絶した位置はヨーロッパと異なった道をとることを示し、かつ可能にしてくれるのである。……」と述べた（チャールズ・ビーアド著、松本重治など訳『アメリカ合衆国史』一九六四年、岩波書店の付録から一部を抜粋）。

一九三二年一月二十六日に出されたニュートン・D・ベイカーの国際連盟に関する公式声明と比べて、一九三二年二月二日のルーズベルト知事の声明は、個人的な意見という観点からしても、国家の政策上の問題という観点からしても、連盟を明確に非難していた。ベイカー氏は、アメリカ国民に対して、自分が依然として個人的には国際連盟を支持し、「われわれもいつの日か連盟の一員になる」と信じており、平和の維持に向けた連盟の取り組みに協力することが賢明なのであり、アメリカ国民は連盟を研究して「連盟に対する不当な偏見」を多少は克服すべきだ、とはっきりと表明していた。他方、ルーズベルト知事は、連盟に対する以前の立場を正当化しながらも、連盟はウッドロウ・ウィルソンが思い描いた連盟ではなく、あまりにもしばしばヨーロッパ諸国の政治的で固有の困難のみを議論するために集まる場になってしまっており、「アメリカが連盟に加盟しても、戦争を防ぐというアメリカのもっとも高貴な目的を達成することにはならず」、「アメリカの連盟加盟を支持しない」こと、そしてヨーロッパは合衆国への債務に関して言えば、尊敬に値する行動をとってはこなかった、と主張したのだった。

国際主義の明確な拒絶への共和党からの反響

農民共済組合向けのルーズベルト知事の演説の反響はすぐに広まった。それはハースト氏が知事の代理人に要求した内容通りだと受けとめられた。つまり国際連盟やそのような形態の世界的組織に代表される国際主義を無条件で拒否すること、第一次世界大戦におけるかつての友好国が合衆国政府に負っている債務の回収を要求すること、外国の政治紛争に関与しないという姿勢を支持すること、外交に関するジョージ・ワシントンの基本原則[12]を順守することである――要約すれば、それは、おそらく、高い保護関税を課すことを除いて孤立主義の基本政策の承認だった。公的な立場の人々や新聞のコメント、また国際主義者の抗議から判断すると、農民共済組合向けの演説は政治的な〝爆弾〟だった。

農民共済組合向けの演説が行われた翌日の二月三日付の『ニューヨーク・タイムズ』紙に掲載されたオールバニ〔ニューヨーク州の首都〕からの記事は、次のように報じた。「ルーズベルト知事は今晩、アメリカの国際連盟加盟と戦争債務の減免に反対する姿勢をとるよう求める多くの書簡が、国内の各方面から寄せられていると述べた。……彼はそうした書状を公表することは許可しなかった」。

ルーズベルト知事の発言を直接、引用しているこの段落に続けて、「といわれている」という形式の――

掲載を前提としていながらも非公式のオフレコの話であるかのような――政治記事ではいわば慣例となっている様式で、『タイムズ』紙の記者は長い説明を書き加えた。

また、かつて熱心なウィルソン主義の民主党員であった、そして現在でもそうである知事は、このスピーチを書く前に、非常に多くの著名な民主党員たちが、すなわちウッドロウ・ウィルソン大統領がその主唱者であった世界平和の理想と政策の熱烈な称賛者であった、そしていまもそうあり続けている人々が、彼の姿勢を共有しているとの確信を得たといわれている。

知事は演説をする前に、こうした民主党員の一部と連絡をとっていたという。また、知事は自分の立場を彼らが支持していることを十分に承知しており、その点を明らかにする発言が遠からず公の場でなされてもおかしくないと考えている。

彼に近い友人によると、ルーズベルト氏は、公開の会合ではっきりと意見を述べ、一部で〝国際主義〟と呼ばれていた彼の姿勢をめぐる憶測を鎮静化させるべきだと挑まれると、自分の考えに疑義が生じていることに非常に驚いたという。

自分の立場は公式演説ではっきりさせてあると強く確信していたあまり、知事はその申し立てに対する十分な回答となる材料が示されることを期待して、過去六年間の新聞記事の調査を命じた。調査は期待した成果を上げられず、彼を大いに落胆させ、残念がらせたといわれている。

しかしながら、今日、一九二八年の大統領選挙キャンペーンに緊密に携わっていたある連邦議会議員が、ルーズベルト氏が当時の選挙戦の最中に、昨晩話した国際連盟とアメリカの加盟についての見解に沿った考えを表明していたということを思い出した。

それは非公開の会議でのことで、そこではスミス氏の選挙陣営に加わった多くの著名な民主党員たちが、発言が表ざたになることを恐れずに語ったという。ルーズベルト氏は名前の公表されていない四、五人のグループとともに、民主党大統領選挙戦のスピーチの、特にスミス知事のスピーチの中にある〝国際主義〟的傾向に激しく反対したのだった。従って、合衆国の連盟加盟についてのルーズベルト氏の立場は、スミス前知事にとっては秘密でも疑問を持つような話でもあり得なかったということが今晩、当地で語られた。(13)

この会議で議論された主題は、合衆国が連盟の取り組みに参加すべきかどうかではなく、合衆国の国際司法裁判所への参加について、民主党として大統領選挙全国キャンペーンでどのような立場を取るべきかについてだったという。

ルーズベルト氏は、国際連盟はウィルソン大統領が唱導した理想主義の目的から逸脱していると主張し、国際司法裁判所への加盟を民主党が支持することに反対した。いったん国際司法裁判所のメンバーになってしまえば、合衆国はヨーロッパの政治に巻き込まれ、その当然の結果として、連盟そのものに加盟せざるを得なくなるだろうという世間一般の考えが、それが当たっていようがいまいが、あったからだ。(14)

遠い昔からの党の慣例に従って、共和党系の新聞は、ルーズベルト氏が国際連盟を否認したことは民主党の大統領候補に指名されようとしてのことだとの見方を示し、彼の行動を皮肉るようになった。『ニューヨーク・サン』紙は一九三二年二月三日、「かつての恋人」という見出しの社説で、つぎのようにコメントした。

一九二〇年の〝重大で厳粛な国民投票〟の選挙運動中に、フランクリン・D・ルーズベルト以上にアメリカの国連加盟を熱心かつ頻繁に主張した人はなかった。彼は当時、合衆国副大統領に立候補していた。彼とコックス氏は連盟をこのときの大きな争点とした。当時、まだ三十八歳でウィルソン大統領の理想主義に染まっていたルーズベルト氏は、国際連盟への賛辞を喧伝するとともに、ウィルソン大統領の国際主義の政策に反対する人すべてに異議を唱えながら全国をまわった。ルーズベルト氏の国際連盟に対する情熱は、ウィルソン氏が亡くなっても消えることはなかった。ウッドロウ・ウィルソン基金は一九二九年、その一〇年間の平和への貢献を称えて連盟に平和賞を授与したばかりだが、彼はこの基金の評議員に就任し、現在もその職にあるはずだ。実際、彼はこの基金の全国委員長を一期務めたこともある。

今や五十歳で、民主党大統領候補に指名される最有力候補者となったフランクリン・D・ルーズベルトは昨夜、連盟の理想を、過去の灰の山に葬った。この灰の山には、もうひとりの大統領候補者ニュートン・D・ベイカーの最近の連盟否定も葬られている。もし、ルーズベルト知事による古い理想の否定のほうがベイカー氏のそれよりも大きな出来事と映るとすれば、それは知事がより少ない条件しか設けずに、より完全に連盟を否定したからだ。国際連盟は**ウィルソン**が思い描いた連盟ではない、と彼は言っている。連盟は創設者が思い描いた路線に沿って発展してこなかった……ウィルソン基金が二年前、国際連盟に賞を授与した際、ルーズベルト評議委員が不平をこぼすことなどまったくなかったと私たちは記憶している。しかし、それはまあ、いいだろう。過ぎ去りし日の信奉者は、連盟がもはや昔の連盟ではなくなったことを知った。『パンチ』誌*に敬意を表して付け加えるならば、連盟が昔の連盟であったことなどないのだが(15)。

＊一八四一年に設立された英ユーモア誌。「風刺漫画」を掲載し十九世紀半ばに大きな影響力を誇ったが、一九九二年、業績不振で一五〇年もの歴史を終えた。同じ英『ポール・モール』誌が第二三巻（一九〇一年）で人間の記憶の移ろいやすさについての記事中に次のようにとり上げた。「〝『パンチ』は昔とは変わってしまった〟と人々は毎日のようにこぼす。〝そうだね〟とウィットに富んだ寄稿者の一人が答えた。〝でも、『パンチ』は昔のパンチだったことは一度もないよね〟。記憶とは要するに過去の痛みや苛立ち、退屈なことなどを容易にふるい落す一方で、喜びをとどめ、美化するふるいなのだ」。これが、たとえば音楽の批評欄で「マスコミがクイーンズホール管弦楽団は昔とは違うと繰り返し書いている。あるいは『パンチ』のように昔の姿であったことなどなかったのかもしれない」などと引用されるようになった。

その翌日、『ニューヨーク・ヘラルド・トリビューン』紙は「卵の殻すら割れていない」とのタイトルで、農民共済組合向けの演説を論じた。

いま話題の政治家たちのなかでは、遠回りをして来たにしては、全国区の舞台におけるルーズベルト知事の初の大仕事は最高の賞賛に値する。有権者を遠ざけて票を失うような発言をしかねない箇所はひとつやふたつではなかった。しかし、彼は一度たりとも、危険な話題をかすめることすらしなかった。彼の得点は満点だった。

ふたつの事例において、彼は危険な話題に断固として背を向けるという単純な手法によって、この目的を達成した。彼は禁酒法とタマニー・ホール*はどちらも無視した。また別の例では、彼の軽業師的な芸当はあまりに器用すぎると批判されたかもしれなかった。公人に対して、あるいはほかの誰に対してでも、決して考えを変えるな、などと求める人はいない。しかし、熱烈なウィルソン主義者で国際連盟支持者だったフランクリン・D・ルーズベルトが、連盟の全面的な敵として登場し、連盟をヨーロッパの危険な装置だとどこまでもけなすのは、いささか度が過ぎているようである。ベイカー氏は間違いなく、より誠実であるところを見せたし、その現実主義によって彼が失ったものは、知事が前言を翻して失ったものよりも少ないだろう、とわれわれは推測するのである。

*一九三〇年ごろまでニューヨーク市政を牛耳った民主党の政治組織の俗称。慈善団体「タマニー協会」がのちに民主党の集票組織と化し、政治腐敗の代名詞となった。

ヨーロッパに関することや債務、賠償金に関する長々しいくだりも、他の候補者にならおうという同じような決意があったことを示唆している。その軽率さは、まあ、いいだろう。残念ながら、それらの発言には、研究という点からも、理解という点からも、正直さという点からも、新しい内容はほとんどない、と言えよう。(16)

共和党の政治家たちは、共和党系の新聞編集者たちと同様に、ルーズベルト知事が前言を撤回したことを、冷笑を隠さずに歓迎した。一九二〇年の時点で非妥協派であったウィリアム・E・ボーラ上院議員は特に喜んだようで、次の手順についてこう尋ねた。

「汝ら、悔い改めなさい。天の御国は近づいたから」*。知事は大統領職に天の御国を見出そうとしているのだろう、と推察します。候補者の紳士諸君が連盟についての立場を説明し終えたならば、国際司法裁判所についての立場を、はっきりさせてもらいたいものです(17)。

＊新約聖書マタイ伝第三章第二節に出て来る言葉。

西部の急進派を「野生のロバの子供」のようだと表現したこともあって、歴史的に卓越した人物との評価を得ていたジョージ・モーゼス*上院議員は、自分たちの基本原則を否定しているかのようにみえる民主党の指導者たちを嘲笑して次のように述べた。

＊メイン州生まれ。タフト政権下でギリシャ公使やモンテネグロ公使を歴任。一九一八年、ニューハンプシャー州選出の共和党上院議員。二五―三三年まで上院議長代行を務める。

民主党の指導者たち――特に民主党の候補者たち――が、リノ*のように素早く、国際連盟と離別しようとしているというのは興味深く、おかしくもある。アメリカ国民が一九二〇年と一九二四年の選挙で、この問題を七〇〇万票差で否決したということが、一九三二年の選挙にも当てはまるのではないかということを、彼らもどうやら分かってきたようだ。

＊ネバダ州の都市。同州はそもそも相手の同意なしに離婚できる滞在要件が半年と短かったが、リノは著名人のスキャンダラスな事例もあり「離婚の町」として知られるようになった。滞在要件は一九二七年には三カ月に、三一年には大恐慌の影響で六週間に短縮された。"go to Reno" という表現は「離婚する」との意味で使われる。

しかしながら、死に際の転向は芝居じみたところがあり、ほとんどの芝居がそうであるように、概して非現実的なものなのだ。非常に遅まきながら明らかにされた民主党の見解が本物だ、というさらなる証拠として国際連盟を放棄したのに加えて、国際連盟の申し子――いわゆる国際司法裁判所――も同様に、断固として放棄すべきである、と私は提案します[18]。

ルーズベルト知事は、自身の転向を嘲り笑った共和党員を無視することができた。というのは、自党の多くの有力者たちがニューヨークの農民共済組合向けの演説を知った後、彼を支持するためにはせ参じたからだった。モンタナ州選出の有力上院議員であるバートン・K・ウィーラーからは手放しの賞賛を受け、そのうえ来たる民主党大会で、ルーズベルト氏に共感する代議員を集めることへの支援を得た。一九三二年の段階で孤立主義者だったウィーラー上院議員は後年、ヨーロッパの戦争にいっさい関わらないというドクトリンを固守したために党の同僚から手厳しい弾劾を受けることとなったが、一九三二年二月の時点では事態は違っていた。

このとき、ふたりの意見は完全に一致していた。というのは、合衆国は独立不羈であるべきだと知事が宣言したことに、ウィーラー上院議員が全面的に同意したからだ。「ルーズベルト知事が国際連盟についてこうした立場をとっているのは喜ばしいことだ。私も合衆国の連盟加盟に反対だが、かつては連盟を支持しており、連盟の活動を実際に見て考えを変えたひとりなのであります。日本の態度と、国際連盟が極東問題を取り扱う際に不器用ぶりを露呈したことは、アメリカが連盟といっさい関わるべきではないということを誰であれ十分に納得させることでしょう[19]」。

連盟についてのウィーラー上院議員の立場は、テネシー州選出のケネス・マッケラー*上院議員によってほとんど同じような表現でもって支持された。「私もまた、連盟が創設されたときにはこれを強く支持していたが、最近の連盟の活動に照らして、そして日中紛争における実績からして、どうして連盟を支持することなどできるのか、まったく分からない。この点についてはっきり考えを述べたルーズベルト知事を私は高く評価したい(20)」。

*アラバマ州生まれ。一九一一年、テネシー州選出の民主党連邦下院議員に初当選、一七年同州選出の上院議員、五三年まで務める。一時、上院議長代行も務めた。

ウィーラー氏とともにモンタナ州から選出され上院議員を務めていたトーマス・ウォルシュは、連盟を支持するかどうかは一九三二年大統領選挙戦で争点にならないという点でルーズベルト知事と一致していたが、彼はどうやら、そのことは〝言わぬが花〟であると感じたようだった。「私は、ルーズベルト知事にしろ、ベイカー氏にしろ、あのような発言をする理由はないと思っています。私の知る限り、現時点で、アメリカの連盟加入を訴えている人などいないのです。それが一九三二年の選挙で争点になる見込みがあるとは思えません(21)」。

国際主義者からの攻撃

ウッドロウ・ウィルソンの苦労と予言を貴重な遺産として受け継ぎ、アメリカの国際連盟への加盟を支持していた人々は、ルーズベルト知事が連盟を拒絶した行為に、ウィリアム・ランドルフ・ハーストが満足したのと同じくらいショックを受けたようだった。『ニューヨーク・タイムズ』紙編集部は一九三二年二月四日付紙面に掲載された長文の〝社説〟で、「公式の自説撤回」は政治的な駆け引きだと論じ、それを支持するためになされた議論のロジックを攻撃したのだった。

プラトン*はかなり論理的だったが、かつて国際連盟を熱心に支持していたのをなぜ、放棄したのかを説明した際のルーズベルト知事は論理的だったとは言えない。公人にも考えを変える権利がある。考えを変えたと発表して、それ以上問題としなくてもよい。しかし、その理由について弁明を試みようというのであれば、その論法は水も漏らさぬよう完璧であるべきだ。ルーズベルト氏のそれは穴だらけだ。同氏は、国際連盟は戦争を防ぐであろうというウィルソン大統領が期待した路線に沿って発展してこなかったとしたうえで、連盟は「まったくもってヨーロッパ諸国に固有の困難のみ」を議論する組織にすぎなくなってしまったと主張した。そして知事は澄ました顔でこう付け加えたのだった。「こうした議論に合衆国は参加すべきではありません」。

＊古代ギリシャの哲学者。紀元前四二八年アテネの名門に生まれた。

一九一四年の戦争勃発は、まったくもって、ヨーロッパ固有の困難だったのではなかったのか。同じような大戦が起こったとして、合衆国が、第一次世界大戦に否応なく引きずり込まれたように、必然的に巻き込まれることはないとどうして言い切れようか。ヨーロッパにおいて連盟がもたらした平和的な解決策――実際、国連はいくつもの重要な問題を解決した――が、いずれも合衆国の繁栄にも貢献したのも事実だ。そして連盟の加盟諸国が「軍備にかかる巨額の資金を合法的な貿易……の支払いに向けようという意向を示す」ことはなかったと宣言した際、ルーズベルト知事は何を思い描いていたというのだろうか。連盟が着実に実行しようとしてきたことをひとつ挙げるとすれば、それは何をおいても、軍事支出に制限を設けようとしてきたことだ。……もし、ルーズベルト知事が、連盟は軍縮に時間と労力をかけすぎたのに大した成果をあげていないと語っていたとすれば、この具体的な批判にも少しは説得力があったかもしれない。

ルーズベルト知事が公式に自説を撤回した動機が純粋に政治的な思惑からであったことは残念なことだった、と多くの人たちが思うようになるとわれわれは考える。彼は一九二〇年にはアメリカを連盟に加盟させる方針を全面的に掲げて副大統領候補として出馬し、その目標に向けて尽力し、講演もしていたと率直に認めている。このたび彼は大転換を遂げたわけだが、それに関する彼の説明はとても納得できるものではない。彼には強者を極めて重視する性向があると国民はみることだろう。彼らはまた、ニュートン・D・ベイカー氏が今年の民主党選挙綱領に連盟問題の項目を入れるのは得策ではないとの結論に先に至ったことに、知事が腹を立てているのでは、との疑念をも表明するだろう。しかし、この二人の行動には違いがあるのだ。ベイカー氏は昔から抱いていた信念を諦めてはいない。彼はいまだに国際連盟を信じ、連盟と運命を共にする必要性をアメリカ人が確信する時がいずれ到来すると期待している。それが実現するには、時の経過が必要であり、教育もなされなければならない。それゆえベイカー氏は、今のところはできないことを約束するのは無駄であるというのだ。これは非常に示唆に富んでいるとまではいかないにしても、理解できる考えだ。しかし、ルーズベルト知事は積極的に国際連盟という事業そのものを放棄するとともに、簡単に誤っていると指摘できる議論を用いて、自らの方針を擁護することに満足した。彼がその理由をいっさい説明せず、自分の決意だけを発表し、大統領候補として自分が政治的に有利になるという立場を固守していたほうが、彼にとってはよかっただろう。(22)

三日後の一九三二年二月七日、『ニューヨーク・タイムズ』紙編集部は〝自説の撤回〟問題を再びとり上げて、ルーズベルト知事に対して、「危険な冒険」に乗り出したと警告した。「危険な道」とのタイトルのもと、同紙はまたもや古典を例に引き、この国のあちこちに依然としてウィルソン大統領の追憶にひたむきな情熱を持つ人々が存在することについて、知事とニュートン・D・ベイカーに注意を喚起した。あたかも、彼らが渦と岩の間で慎重に舵取りしているのだと示唆しているかのように。

今年は大統領候補者が指名される年なので、単に党の指名候補者になり得るとして〝言及〟されるだけにとどまることのなかった二人の著名な民主党員が、国際連盟に関する現在の見解を説明した。彼らは細心の注意を払って言葉を選んだ。というのも、まさにその必要があったからだ。共和党員にとってこの問題は単純明快な政治上の主張である。民主党員にとっては、特に公的な立場でウッドロウ・ウィルソンと関係があった民主党員にとっては、それは複雑で、危険な冒険である。この国には戦時の大統領「ウィルソン」の名前がいまだに州をあげて崇拝されている州がいくつもある。……

……戦時大統領の海軍副長官だったルーズベルト知事は、連盟の不人気というカリブディスと、この国の随所に存在するウィルソン大統領の追憶へのひたむきな情熱というスキュラ*との間をすり抜けるのに、「ベイカー氏よりも」慎重に進路をとった。……

＊カリブディスはギリシャ神話にある女の怪物。イタリア半島とシチリア島の間のメッシナ海峡に住み、食事をするたびに海水ごとあらゆるものを吸い込み、吐き出していたため、まわりに渦が巻き、船がそこに取り込まれると抜け出せないことから非常に恐れられた。次の行にあるスキュラはギリシャ神話では元は海の妖精だったが、海の怪獣に変えられてしまった。カリブディスが住む岩と反対側の岸の岩に住むスキュラは、カリブディスから逃れようとする船乗りを溺れさせようとしたという。ここを通る船乗りたちは二匹の真ん中に当たる航路をとって、ぎりぎりで二匹を避けたという。

ふたりとも、どうあってもその創始者の名前をあげずに国際連盟に言及することはできなかった。……ウィルソンが亡くなってほぼ一〇年が経過した。……しかし、民主党大会が国連問題をさらりとかわしたり、否認したりしても、故大統領は自身の所属した政党にとっていまなお現存する問題なのだ。(23)

『ニューヨーク・タイムズ』紙のこれらのコラムで示された見解は、『クリスチャン・サイエンス・モニター』紙編集部によっても共有されていた。彼らもまた、連盟問題についてベイカー氏とルーズベルト知事がそれぞれ表明した内容を比較した。そして同じように後者の主張の論理性と正当性を攻撃したのだった。

オハイオ州のニュートン・D・ベイカー氏とニューヨーク州のルーズベルト知事はともに今年、民主党公認候補として大統領選に出馬する可能性がある候補者である。彼らはもっとも有力な候補者のふたりであるともいえよう。この名誉ある立場をめぐる戦いの中で、スミス前知事の影も徐々に目立ってきてはいる。ただし、この選挙戦で重要になりそうな特定の問題について自らの立場を公式に表明しているのは、ベイカー氏とルーズベルト氏だけだ。

両氏がそれぞれ、合衆国の国際連盟への加盟問題を議論から除外したいとつよく望んでいるのは、かなり大きな意味を持つことである。そのような行動を擁護する主張が、民主党綱領の標準的な項目として具体化する公算が高いとみられていた時期もあった。しかし、ウッドロウ・ウィルソンの偉大な影が勢力を失っていくにつれて、そしてヨーロッパと関係を持つことに伴って生じる厄介な問題にアメリカ人の苛立ちが募るにつれて、政治家たちの間でこの問題を議論の対象から排除しようとする傾向が強まってきている。

ベイカー氏はつい先日、連盟に対する個人としての忠誠をあらためて明言したうえで、それを政治問題化するのに今は適切な時期ではないとの考えを示した。彼は仮に党の指名を受けた場合、選挙戦の争点として、連盟を強く前面に押し出すことはない。それどころか、より緊急性の高い内政問題が連盟問題に優先されなければならないとの立場をとると、少なくとも暗に、示唆したのだった。

ルーズベルト知事は異なる態度をとっている。彼は自分を弁護するために、連盟はウッドロウ・ウィルソンが創設した連盟ではもはやないと宣言し、あからさまに連盟を見捨てたのだった。こうした態度には、民主党が輩出したもっとも最近の大統領に対する忠誠をつよく要求しているかなり大勢の民主党員の支持をつなぎとめると同時に、厄介な問題を取り除きたいという願望が見出せるかもしれない。

ルーズベルト知事は、連盟が本質的に変わったという主張をどのようにして立証できるというのか。連盟のどこが変わったというのか。今の連盟は「ヨーロッパの政治的困難」を議論するばかりで、そうした議論に「合衆国は参加すべきではない」と不満を述べている。連盟は合衆国の政治的困難をあまり議論できなかった。アメリカが加盟していたならば、そのより厄介な問題も一部は連盟の議論によって解決していたかもしれないけれども。

そしてまた、ついでにいえば、合衆国は、連盟の加盟国にならなかったことで、ヨーロッパの政治的困難の議論を免れたわけではない。……

高名な民主党員のふたりが、選挙戦から連盟問題を締め出そうとしたことは極めて賢明だったかもしれない。おそらく、そうであろう。合衆国には連盟の信奉者が非常に多くいる一方で、連盟を支持することが、どちらかというと、候補者の力を強めることになるほど人気のある組織だとは言いがたい。しかし、ルーズベルト氏は、具体的な関税の問題もまた、国際会議の開催を主張することで選挙戦から除外するつもりだと見受けられる。……民主党が国民に争点として何を示すのか、分からなくなってきている。……[24]

ウィルソンの腹心からの批判

ルーズベルト知事がニューヨークの農民共済向け演説を行ってまもなく、ウィルソン大統領秘書官だったジョセフ・タマルティ*は、即座にそして憤りをもって、〝ご都合主義〟路線を追求する民主党幹部に対抗して国際主義理念の擁護を買って出た。民主党政治をじかに体験した経験を持つジェームズ・カーニー**はかつて次のように述べていた。「あらゆる内部関係者のうちハウス［大佐］や［ジョセフ・］タマルティほどにウィルソンと親密な関係になることができた者はなく、当然ながら、ウィルソンとのそのような親密な関係をあれほど長きにわたって維持できた者も、ほかにはいない[25]」。いずれにしろ、一九三二年の時点で、タマルティ氏ほどウィルソン大統領の国際主義の理念に忠実であり、大統領の思い出に熱烈な愛着を持っていた民主党員はいなかった可能性が非常に高い。ベイカー氏とルーズベルト氏による公式の拒絶で怒り心頭に発したタマルティ氏は、民主党大統領指名候補のふたりと彼らの戦術を自分がずばりどのように評価しているかを次のように述べた。

*ニュージャージー州生まれ。弁護士。一九一一年から二一年までウィルソン大統領の親友であり私設秘書官も務めた。このポジションはのちに大統領首席補佐官となったといわれる。

**アイルランド系移民の子供としてニュージャージー州に生まれた。地元紙新聞記者時代に同州知事だったウッドロウ・ウィルソンと親しくなり、大統領就任後も側近として仕えた。一九一八年、ウィルソン大統領が戦争問題の調整役としてフランスに派遣、その後、ハイチ特派大使などを務めた。帰国後の二六年、ウィルソン大統領の評伝などを書いた。

いま現在有効な、唯一の平和のための機関がアジアで世界的大惨事を防ごうと努力しているときに、一部の民主党幹部が、状勢の誘惑にのって巧妙にも不誠実な言動でもって、ウッドロウ・ウィルソンの平和の理念を捨てるのが得策だと考えているのは、アメリカ政治の嘆かわしい現状です。

この問題を考えるにあたり、私は、国際連盟がなんだかんだいって世界に平和をもたらしたときの、彼ら民主党幹部の苦しい立場と苦悩とを思い描いています。その偉大な出来事が起きたとしたら、彼ら幹部はウッドロウ・ウィルソンの聖堂の前で深く後悔しながら「あなたは再び、わが魂の指揮官であります」*と唱えるのでしょう。それはなんという有様でしょう。

*十九世紀の英詩人ウィリアム・アーネスト・ヘンリーの作品『インビクタス』（ラテン語で征服できない、屈服し

ないなどの意）に“I am the master of my fate, I am the captain of my soul”（わが運命の支配者は我なり、わが魂の指揮官は我なり）とある。

彼ら幹部は、間違いなく、国際連盟を非難するのに最悪の時期を選んだのです。私も国際連盟は一九三二年の争点とされるべきではないと考えており、また、偉大な改革を実現するにはかなりの妥協が必要な場合もあるということにも同意しますが、その一方で、ウッドロウ・ウィルソンの敵を助け、安心感を与えるという降伏に等しい行為があった時期が、ご都合主義の第一幕を宣言するものではないかと疑問に思っているのです。間違いなく言えるのは、戦いを恐れるような、群衆に断固たる姿勢をとることを恐れるような指導者は、ウッドロウ・ウィルソン大統領――その人自身の言葉を借りれば「いつの日か勝利する大義のために敗北するよりも、いずれ必ず敗北する大義のために勝利する」ことを選ぶような人物――と共に働く光栄に浴することができた私のような者を魅了することはできません。

一九三二年の民主党指導部は、言わせてもらえれば、より優れた人材で構成されなければなりません。同指導部は勇気と不屈の精神と新しい世界のビジョンを持ち合わせていなければなりません。

幸いなことに、世界中の男たち、女たち、子供たちの心の中に流れている平和の潮流は、いまのような指導部――あまりに愚かで、適性も能力もない彼ら――によって阻まれることはないのです。国際連盟の背後には、より深いところで、いまだに平和の理念が静かに存在しているのです。その理念は民主党評議会の最高幹部らが最近発表した声明に大いに閉口しているのです。

現状においてウッドロウ・ウィルソンの人物像がなんと強力で威厳のあることか。一九三二年の指導部は、ご都合主義という地金――世界に現在のような不幸と悲惨という苦境をもたらした類のご都合主義——をもってはならないのです。もし、われわれが一九三二年の選挙で成功を収めようというのなら、ご都合主義という不毛な呪いを払いのけなければならないのです。……

こうした指導者たちは群衆に屈し、平和の理念を放棄したのです。その種の屈服にすばらしい、魅力的な、勇敢な点があるなどと言う人は誰もいません。時間が、時間のみが、こうした事柄を決し、ウッドロウ・ウィルソンの広範に及ぶビジョンの正当性を立証するでしょう。(26)

タマルティ氏の激しい非難があった翌日——それが激しい非難であったために——、ルーズベルト知事は「自説の撤回」について無愛想にこう答えた。「彼［タマルティ氏］は国際連盟に加入したいのだろうか。つまりそれだよ」。わずかな言葉でタマルティ氏をしりぞけた知事は、合衆国が連盟に加盟することに反対した自分の演説に好意的な手紙や電報を何千と受け取った、と付け加えた。(27)

このようにつっけんどんに一蹴されたタマルティ氏は、それから数日後、またしても公の場において、ルーズベルト氏と彼の自説撤回を激しい言葉で糾弾した。一九三二年二月十七日、ニュージャージー州で開かれた民主党の女性昼食会——ラジオ放送された——での演説で、タマルティ氏は国際連盟問題を選挙戦に反映させようとは思わないとする一方で、次のように自分の感情を吐露した。

国際連盟の最大の敵であるウィリアム・ランドルフ・ハースト氏——かつても連盟を憎んでいたので彼に対して文句はありませんが、その彼——が放った最初の銃撃で、かつての国際連盟の信奉者は「同志よ、同志よ！」*と叫びながら弱々しく降参した。世界が火事で、一気に世界規模の大火つまり戦争を引き起こしかねない火種がゴロゴロしている中で、国際連盟がひょっとしたら、偶然にも、アジアで世界戦争を阻止できたかもしれないときに、真の平和愛好者ならば連盟を攻撃するようなことは慎んだでしょうに。

＊原文の“Kamerad, Kamerad !”はドイツ語で友情、同志、仲間などという意。第一次世界大戦でドイツ兵が投降する際に、武器を投げ捨ててこう叫んだといわれる。

われわれが重大な局面に直面している今、ワシントンの政府が――その永遠の名誉のために申し上げておくならば――国際連盟を通じて世界戦争を阻止する解決策を見出そうとしている今、この致命的な転進のタイミングとしてなんと嘆かわしい時期が選ばれたのでありましょうか……。

そしてなんというときに個人の野心がその醜い頭を危機的な世界情勢に突っ込んだのでしょうか。この攻撃が加えられた、まさにその瞬間、六〇カ国が軍備削減を実現しようとジュネーブで会合を開き、また、アメリカ人を含む委員会が上海情勢を調査していたのでした。バージニア選出のあの勇敢な民主党員で軍縮委員会の一員であるスワンソン上院議員[*]は、ジュネーブ会議の雰囲気はウッドロウ・ウィルソンの理想に満ちていたと述べていたのです。

＊クロード・スワンソン。バージニア州生まれ。同州選出の下院議員、同州知事、上院議員を歴任。民主党。ルーズベルト政権下で一九三三年から三九年まで海軍長官。

一般の有権者はわが国の政治の「不誠実、言い訳、偽善」に不安を覚えていると述べたあと、タマルティ氏は問題に及んだ。「最近の候補者ときたら、世界の平和と繁栄に影響するような大きな決断がくだされなければならないときに、最も問題とするのは、いかにたやすく選挙に勝てるか、何らリスクをとらずにいかにたやすく権力と地位を手中にできるか、といったことのようであります。……そうした現代の重大な問題について誰からも好かれようと八方美人に振る舞い、いい顔しいの輩は、不朽の原理の美徳など気にもとめていないのです」。

こんな調子でタマルティ氏は続けて「利己主義に走る候補者」は国家に奉仕することを考える代わりに、一部有力ジャーナリストにおもねり、国家主義者に媚びている、と非難した。そして、こんな候補者が「絶対に主張を曲げなかった」ウッドロウ・ウィルソンの敵と手を握りながら、「同時に」故大統領の聖廟に「かしこまって」向かうことができるのだろうか、といぶかしんだ。さらに、ルーズベルト知事の農民共済組合演説の重要な点のひとつをとり上げて、タマルティ氏は反論したのだった。「一気に大規模な大火となりかねない東洋の問題を解決しようと今、努力している国際連盟の今日の姿こそ、まさにウッドロウ・ウィルソンが思い描いた国際連盟なのです(28)」。

〝世論〟に関する週刊誌に掲載された、ニューヨークの農民共済組合向けに行われたルーズベルト知事の演説についての論評は、共和党や反対派の新聞のそれと同じくらいに、辛辣だった。当時、オスワルド・ギャリソン・ビラード*の経営下にあったニューヨークの『ネーション』誌は、知事は票を獲得しようとしているのであり、その思考は現実味を欠いている、と非難した。

＊一九〇〇年に『ニューヨーク・イブニング・ポスト』紙と『ネーション』誌を父から受け継いだ。一八年、第一次大戦への参戦に反対する論陣を張ったため読者を失い、新聞は売却に追い込まれた。三〇年代は『ネーション』でニューディール政策に賛同する論陣を展開、多くの進歩主義者の支持を得たが、第二次大戦勃発後、軍備増強

や連合国への支援を含む戦争関与に不賛成の立場をとった。

一九二〇年の時点ではウィルソン氏と共に国際連盟と新たな国際主義を支持していたフランクリン・D・ルーズベルトは今や、国家主義者や孤立主義者の陣営に転向した。彼は国際連盟に背を向け、また、ヨーロッパは債務を返済しなければならないと主張している。彼は、今日のアメリカ国民の感情の趨勢がヨーロッパから離れていることを認識しているようだ。そしてニューヨークの農民共済組合向けの演説を額面通りに受け取るならば、彼は、大統領候補として票を獲得することを期待して、この高まりをみせている国家主義の感情に迎合するつもりのようだ。今日の連盟は「ウッドロウ・ウィルソンが思い描いた連盟ではありません」と彼は述べた。「合衆国が加盟していたならば、ウィルソンの思い描いたような連盟になっていたかもしれません」。しかし、われわれが加盟しなかったため「連盟はこれまでの年月、創設者が思い描いた路線に沿って発展してきませんでした」。従って「私はアメリカの連盟加盟を支持しません」。いったいこれは何を意味するのか。明らかにルーズベルト知事はかつて自分が支持した国際主義を勇敢に守り抜く勇気がない、ということ以外のなにものでもない。戦争債務についての彼の態度は同様に非現実的である。彼は「世界金融の現況において……賢明だと考えられるのであれば」ヨーロッパ諸国に支払い猶予を許すが、それでも「返済がいつ開始され、その額がいくらになるのかについての合意を強く求めるべき」という。彼の演説のハイライトは、スムート・ホーリー関税*を公然と非難した点であり、彼はこの関税がこの国の生活コストを増大させていると正しく指摘した。しかし、このアメリカの関税を引き下げることを勧告することや、自身が大統領になったならば、そのときには関税を引き下げるための努力する、と公約する代わりに、国際的な関税会議が開催されることを漠然と推奨するにとどめたのだった[29]。

＊大恐慌を受けて国内産業保護のためフーバー政権下で一九三〇年に成立した関税法。農作物など二万品目以上の輸入関税を平均五〇％引き上げた。報復措置として多くの国々が米国商品に高い関税をかけたため、世界貿易が停滞、恐慌を深刻化させたといわれている。

その後、同じ一九三二年にヘンリー・F・プリングル＊は『ネーション』誌に掲載された「フランクリン・D・ルーズベルト――楽隊車に乗って＊＊」というタイトルの記事で、妥協について語るとともに、ウィリアム・ランドルフ・ハースト氏の要求とそれに対する農民共済組合向け演説でのルーズベルト知事の回答の関係について、次のように述べた。

＊伝記作家、セオドア・ルーズベルトの伝記でピューリッツァー賞。
＊＊支持や勢いを増している有利な側という意味もある。

妥協する癖は大きくなっていくものだ。知性のある政治家は、最初は、予想される結果がその妥協を正当化するときにのみ、譲歩するものだ。しばらくすると、本当はその必要がほとんどないときも、頭を垂れるようになる。そのうち常にそうするようになる。たとえばフランクリン・D・ルーズベルトは、ここ何年もの間、国際連盟と結び付けて考えられることはなかった。その厄介な問題の重荷はニュートン・D・ベイカーが担ってきたのであり、合衆国に加盟を強要しないとした彼の公式発言はまず正当なものであったと考えられる。しかし、この二月一日の晩にオールバニの知事の机には一通の手紙があった。それはウィリアム・ランドルフ・ハーストが連盟についての言及を求めた手紙だった。確かにハーストは自身の所有するすべての新聞にその手紙を掲載した。しかし、彼の政治的影響力が漸減しているのもまた、確かなのである。もし、ルーズベルトが意見を述べることを拒否していたならば、問題は即座に忘れ去られていただろう。しかしながら、ハーストの手紙を受け取った翌日の晩に、ルーズベルトはアメリカの連盟加盟を支持しないと公表したのだった。

本当のところ、フランクリン・ルーズベルトは、過去において自らがその下に参加していた大義の旗印を引き下してしまい、空に向かって新たな旗印を広げることをしない人物なのだ。……[30]

『ニュー・リパブリック』誌は「民主党の軽騎兵たち」というタイトルで、大統領就任という大志を抱く民主党候補者たちが最近、講じた措置について論評した中で、ベイカー氏とルーズベルト知事について、おなじみの政治家のトリックを演じている人物たちとして扱った。

いずれも有力な民主党大統領候補として取り沙汰されてきた三人の男たちが最近、それぞれの立候補を前進させるための措置を講じた。国際連盟を常に推奨することによってウィルソン大統領に対する個人的な誓約であったはずの約束をずっと果たし続けてきたニュートン・D・ベイカーは突然、現実的になり、連盟は当然ながら今年の選挙戦の争点ではない、と発表した。これを受けてフランクリン・ルーズベルト知事は、ベイカー氏によって与えられた刺激に不安を感じたのか、ベイカー氏の主張に同調し、連盟をいっそう激しく否定した。その否定は、政治的プロパガンダとしてではなく、純粋に事実として称賛に値した。彼の説明はこうだ。国際連盟はウィルソン氏が心に描いた連盟ではない。もし、そうであったならば、彼は依然として連盟を支持していた。連盟はいま、利己的なヨーロッパの国々に支配されており、アメリカはこれに近づいてはならないのだ。そう述べたうえで、ルーズベルト知事は、合衆国が国際的な役割を担ったり、国際主義を標榜したりすることに反対するリトル・アメリカン*としての立場を決定的に自分のものにしようとするかのごとく、戦争債務は完済されなければならない、と付け加えたのだ――それは彼が提案するように、仮にそのために関税が引き下げられたとしても、決して実現できないし、実現しないことなのだということを、彼も、知性ある現実主義者として知っているはずなのに、である。

＊世界問題に介入せずアメリカ大陸の問題にのみ専心すべきという伝統的な「小アメリカ主義者」（非介入主義、孤立主義）の意味と思われる。リトル・アメリカンという言葉は一九一七年制作の無声映画にもある。愛国的映画のひとつで、第一次大戦下のフランスに単身渡った主人公の若い女性が人道的な観点からフランス軍にドイツ軍の情報を流していたのが発覚、銃殺されそうになったところを、かつてアメリカで彼女に求婚していたドイツ軍人に助けられた。さらにふたりはフランス軍の攻撃に救われて、戦地から平和なアメリカに帰国がかなうという内容である。非介入主義の結果としての平和国家アメリカを称揚する当時の時代的雰囲気がよくあらわれている。

……ルーズベルトとベイカー両氏の声明は政治家のおなじみの芸当のいい例だ――八方美人に振る舞い、孤立主義者には孤立主義にみせ、反対陣営には国際主義者で協調的だとみせようとする……[31]。

一九三二年二月二日に国際連盟を拒絶したルーズベルト知事の発言は、思慮深くてまじめな国際主義支持者の間に、すさまじい音をたてながら落ちてきた。彼らは、知事が表明した信念の政治的側面に強い懸念を抱きつつ、知事が自分の新たな立場を裏付けようとして展開した議論を特に、論破しようと努めた。知事の論点に対する彼らの主張を説明した代表的なものに、一九三六年に国際司法裁判所判事に選ばれ、そして国際連盟と国際協調の擁護者であったマンリー・O・ハドソン*が、一九三二年二月十日付の『ニューヨーク・タイムズ』紙宛ての手紙で示したものがある。

＊ミズーリ州生まれ。専門は国際公法。ハーバード大学教授、国際司法裁判所判事。第二次大戦後、国連国際法委員会委員長などを歴任した。

ニューヨーク州の農民共済組合向けに行われたルーズベルト知事の演説は、わが国の外交政策に関心を抱いている多くのアメリカ人に深い失望をもたらしたに違いない。政策綱領としても、知事の演説には建設的な提案がまったく含まれていない。その代りに、国際協力の分野で合衆国がすでに進めてきた事柄について、時計の針を戻すような否定的態度を示したのだ。

自らの翻心を説明するために、ルーズベルト知事は「今日の連盟はウッドロウ・ウィルソンが思い描いた連盟ではない」。それは「これまでの年月、創設者が思い描いた路線に沿って発展してこなかった」と述べた。仮にこれが真実であったとしても、彼の立場を正当化できるものではない。ウィルソン氏がすべてのことを知りうる全知であったならば、彼は戦後の展開を予知することができただろうが。

「これまでの年月のなかであまりにもしばしば、国際連盟の主たる役割は世界平和という明白で確かな目標の実現ではなかった」とルーズベルト知事は語った。国際連盟の主たる役割が世界平和を守ることでなかったことは、決してない。この一〇年にわたり、連盟はわれわれの平和的解決のための法律を完成させようと取り組んできた。連盟は数多くの紛争で機能してきたが、そのすべてがヨーロッパ諸国間の問題ということではなかった。何カ月もの間、連盟理事会は極東に平和を確保する方策を熱心に模索してきた。ルーズベルト知事も、よもや理事会がそのように努力してきたことを認めないということはないだろう。知事はわが国政府のコロコロと変わる態度を是認するのか。たとえば上海で、わが国政府は単独で行動すべきだと彼は本当に信じているのか。あるいは現在もしているように他の諸国と協力する場合、連盟の外で協力したほうがより効果的だとでも。「アメリカが連盟に加盟しても、戦争を防ぐというもっとも高貴な目的を達成することにはならない」とルーズベルト知事は述べた。彼は国際連盟が創設した国際司法裁判所には言及していない。一九二八年に国際連盟総会が採択した国際紛争平和的処理に関する一般議定書*についても触れていない。これらの実績は「根本的なアメリカの理想に基づいて」いないのか。

*一九二八年九月二十六日に国際連盟総会で採択された議定書。これにより国際紛争を平和的に解決するために紛争当事国を含めた委員会が設置され、関係当事国の間で「調停」を行われることになった。戦後の一九四九年、国際連合総会で改定議定書が採択され、現在に至っている。議定書は調停、司法的解決、仲裁解決、一般規定の四章全四十七カ条からなっている。外交手続で解決できなかったすべての紛争は「調停」に付され、調停が不調に終わったものは仲裁裁判所に付託される。仲裁裁判所に付託された以外のすべての「当事国が互いに権利を争う紛争」は国際司法裁判所に付託されることになった。

ルーズベルト知事は、合衆国政府が現在どれほど国際連盟のさまざまな活動に参加しているかについてもまったく評価していない。わが国の政府は一〇年間にわたって徐々に、苦労して、合衆国が〔連盟本部のある」ジュネーブでの活動に大きな役割を果たせる手法を編み出してきたのだ。

ルーズベルト知事はまた、なんら建設的な政策も提案していない。彼は「世界に今日、もっとも必要なのは、われわれが尊敬される国家の、他国にとっての手本となるような国家政策」だとする。彼の政策が国際連盟に加盟している五五カ国全部に採択されたとしよう。論理上、そうした国々は国際連盟を見捨てるべきだということになる。どうしたら、合衆国が世界の日々のニーズに応じるために組織化された国際協力を推進すること以上に、良い〝手本〟となれようか。

ルーズベルト知事は「世界の他の国々との通商会議」を思い描いていて、その会議で「他の国々がわれわれに歩み寄って来て、自分たちの手の内をさらけ出す」と想定している。そうした会議が過去数年間、ジュネーブで何度も開催されてきたこと、しかも合衆国がそのいくつかに参加したこと、そしてそのような会議で策定された条約に合衆国が署名し批准さえしていることを、彼は認識していないようである。

彼は、われわれが「わが国に対する債務者の会議をヨーロッパではなく、この地で招集し、それを了解させるべきだ」と望むことを期待している。彼は、農民たちに「ある国に影響を及ぼす経済的、政治的状況が多くの国々にも影響するような世界の住人」であることを自覚させている。それでいて、われわれが共通の国際的責任を分担することによって、そのような状況に対応するために他の国々と協力する可能性については、否定しているのだ。

ルーズベルト知事は「世界国家という船は……一致団結して行動することによって安全に家路をたどることができる」と述べている。彼は「経済協力を通じて、この国は自国の産業も、世界の産業も、蘇らせることができる」と考えている。それでいて、彼は「アメリカのもっとも高邁な精神は、われわれが初代大統領、ワシントンの諸原則を厳守して、国際関係における自由を維持することを求めている」と述べているのだ。どうやら、二十世紀のニーズに応えるためのわれわれの協力は、十八世紀の発想によって鎖でつながれているに違いない(32)。

ハースト氏の暗躍

国際主義をめぐる混乱が続いていた一九三二年一月、ハースト氏の所有するニューヨークの新聞各紙は民主党の運命をテーマに議論を続けた。一九三二年一月二十八日付の『ニューヨーク・イブニング・ジャーナル』紙で、インディアナ州出身の著名な政治記者、クロード・バウワーズ*が、国際連盟問題に関連して「党としては、この問題は、古代エジプトの王様が死んでいるのと同じくらい、死んでいる」と述べ、そのうえで、彼の見るところの中核的問題すなわち国内経済の危機を強調した。「もし、当代の民主党員たちが賢明であるならば、今日の経済諸問題の解決策となんら関係のない、物議をかもすようなテーマを政党綱領に盛り込むことはしないだろう。結局のところ、政治家たちは争点をつくることはできないのだ。彼らは、誰も考えていない、意にも介していない、話題にすることもない項目を政党綱領に盛り込むことはできる。それが現代の選挙綱領の欠陥のひとつなのである。……何百万人という人々が、パンを買えるかどうか、家賃が払えずに家族が立ち退かされるのではないか、といったことを危惧しているときに、人々の関心を学術的な問題に向けようというのはまったくのナンセンスだ。今度の民主党の選挙綱領は簡潔かつ前向きであるべきであり、経済問題と、根本的に重要な政治問題のみに、限定されるべきなのである……」[33]。

＊ルーズベルト政権下でスペインとチリ大使を歴任。『ニューヨーク・ワールド』紙や『ニューヨーク・ジャーナル』紙などでも政治の論説委員やコラムニストを務めた。

国際連盟を拒否したルーズベルト知事の行動をめぐる議論が吹き荒れているさなか、『ニューヨーク・アメリカン』紙は、民主党が「どの、あるいはどんな人物を大統領にまつりあげるか」を決められないでいる、と厳しく非難することで火に油を注ぎ、「ウィルソン主義者」がいまだに候補者として検討されているのは不思議だと驚きを示した。「驚くべきは、ウィルソン政権の愚行の膨大なツケを、国家がいまだに払い続けているというのに、多くの民主党員がなんと国際連盟派のウィルソン主義の人間を候補者にするという選択肢を実際に支持しているということだ。そのなかでも、もっともよく名前の挙がるのは、この国は自分の面倒をみることができない、連盟に加盟して他の国々の決定に従って統治されるべきだという説に傾倒している面々なのである。信じがたいことだが、それが事実だ[34]」。

「ベイカー氏の日本製品ボイコットは〝戦争への確実な道〟」というタイトルのもと、『ニューヨーク・アメリカン』紙は一九三二年二月二十五日、ベイカー氏は国際連盟を政争の具として拒否したばかりであるにもかかわらず、国際主義ドクトリンを追求しようとしている国際主義者だ、と同氏を攻撃することに徹した社説を掲載した。ハースト氏はそれでも飽き足らず、まさに信念として国際主義を心底、否定し、そして孤立主義の基本理念を実現するために全力を尽くすことを要求した。ベイカー氏はボイコットという手段に訴えることで、日本を強く戒めようという考えに賛同の意を、つい先日示したばかりであり、この外交分野における新しい試みに対して『ニューヨーク・アメリカン』紙の社説は次のように主張したのだった。

ニュートン・D・ベイカー氏はいま、一九三二年選挙のために神出鬼没の怪人よろしく忍び足で動き回れる新しい国際連盟ゴム靴を履いているが、それも、彼が国際主義であるという本性を隠すことはできていない。

日本製品のボイコットを連邦議会に要求する一団に加わることで、彼は真実の姿をさらけだしている。打算的な理由のために国際連盟をしぶしぶ諦めた他の国際主義者たちと同様に、彼も依然として、外国の紛争に関わりたいという情熱に支配されている。

彼らはあまりにも徹底的にウィルソン主義のドクトリンにどっぷりつかってしまっていて、政治的苦境に陥った程度のことでは、その思想を抜き切ることはできないのだ。

それゆえに、ベイカー氏も先日、国際連盟問題で意見を撤回して以来、初めて到来した外交問題に干渉する機会を逃さず、合衆国政府に対して、そのとるべき措置を速やかに提案しているのだが、その措置とは、上院でもっとも健全な考え方の人々の意見によれば、**戦争宣言にも等しいものなのだ**。

合衆国政府が国際連盟に従うことをアメリカ世論が望むようになるまで合衆国の連盟入りを求めない、と宣言した舌の根も乾かぬうちに、彼が署名し、大統領に示した請願書は、戦争を引き起こしかねない日本製品のボイコットに賛成するものであり、彼自身の発言によれば、アメリカの世論が連盟への加盟に自発的に賛成するようになるまで待つ意向を彼は示していたはずなのに、まさにその世論に彼が意図的に影響を及ぼそうとしていることを露呈するものである……。

一九三二年四月二十四日の段階でもなおハースト氏は署名入りの論説「どっちもどっち」[*]で、アルフレッド・E・スミスとルーズベルト氏の双方に哀悼の意を示した。ハースト氏はスミス氏が最近のスピーチでルーズベルト氏を攻撃したことを激しく攻め立てた。また、ルーズベルト氏が国際主義を標榜した選挙綱領を掲げて副大統領候補として出馬した一九二〇年選挙では、スミス氏自身が国際主義者であったと非難し、ルーズベルト氏がニューヨーク州知事に立候補した一九二八年当時も、スミス氏は彼を支持していたと攻撃したのだった。ハースト氏はさらに、スミス氏が「ヨーロッパの債務取り消しを求める国際銀行家の方針」に賛同していると糾弾した。

＊原文「A Plague o' Both Your Houses」（「両家に災いを」）はシェークスピア作『ロミオとジュリエット』第三幕第一場でロミオの友人マキューシオがモンタギュー家とキャピュレット家の争いに関わって死ぬ場面での台詞。転じて「どっちもどっち」「どっちもくたばれ」などの意に使われる。

こうして次の党大会で民主党の大統領候補に指名される候補者からスミス氏を排除したうえで、ハースト氏はルーズベルト知事に対して以下のような警告を付け加えた。

他方、ルーズベルト氏は今年、国際連盟を否定したが、国際司法裁判所は否定していない。ハースト系新聞各紙は、彼が連盟を否定したのはうそ偽りではない、あるいは少なくとも時宜を得ているとして受け入れたが、ほとんどの新聞や雑誌は、政治家としての全キャリアを通じて熱狂的な外国の味方だった人物がどうして大統領選挙のまさに直前に突然、ジョージ・ワシントンの理念を採用し、愛国心あふれるアメリカ精神に心から染まるようなことがあり得るのか、理解し難いとしている。

従って、スミス氏が依然として国際銀行家たちの債務取り消し政策を支持している一方で、ルーズベルト氏は合衆国を国際司法裁判所という裏口から外国の紛争に関与させようとする巧妙な政策のみを支持しているというのが、スミス氏とルーズベルト氏の対立の真の原因ではおそらくないだろう……。

ルーズベルト氏は名も無いアメリカ人を意識しているのだ。

彼はアメリカ精神をも意識していてもおかしくない。それは彼にとって同じく未知のものなのだ。

そしてまた、彼は経済学の基本原理にも関心を寄せるようになるかもしれない。これも彼にとっては同様に未知のもののようだ。

名も無いアメリカ人は、国際司法裁判所という抜け穴から外国の紛争の種にこの国を巻き込もうとするルーズベルト氏の計画から利益を得ることはない。

名も無いアメリカ人は、外国の債務が取り消された分を、無名有名を問わずアメリカ人が税負担の増加で補うなか、外国の債務を取り消そうというスミス氏の計画から利益を得ることはない。

しかし、八〇〇万人に職を与え、そうすることで繁栄を取り戻すきっかけをつくれば、国中が恩恵を受けることになる……。

ブロードウェイやバワリー街*のろくでもない政治屋たちが、自分たちの些細な政策や取るに足りない野心をめぐってたたかっている間にも、月日は過ぎていく。民主党のチャンスも、月日の経過とともに過ぎていく。

*ブロードウェイはニューヨーク市のマンハッタンを南北に走る大通り。その中ほどにある劇場や歓楽街を指すこともある。バワリー街はマンハッタン南端の地区。酒場などが多く、いざこざが絶えない地区として有名。ここ

ではこのあたりでたむろしている人間とさして変わらない三流以下の政治屋たちを指している。

どっちもどっちだ。

民主党は真のリーダーを――そしてまた、真の民主主義を――必要としているのだ。(35)

この刺激的な社説が『ニューヨーク・アメリカン』紙に掲載されてからほぼ二週間後、ルーズベルト知事を支持する主要人物のひとり、ジョセフ・P・ケネディ*がカリフォルニアでハースト氏に接触したことが判明した。その頃にはすでにハースト氏・ガーナー氏・マカドゥー氏連合が、大会に出席する九〇人の代議員――うち四六人はテキサス州の代議員、残りの四四人はカリフォルニア州の代議員――を抑えていることが明らかになっていた。代議員たちの票は、表向きにはもはや党の候補者指名を獲得する可能性がまったくなっていたガーナー氏に割り当てられていた。彼らはその票をどちらに割り振るかによって、シカゴでのルーズベルト氏の命運をおそらく左右することができただろう。

＊マサチューセッツ州生まれ。暗殺されたジョン・F・ケネディ大統領の父。カトリック系およびアイルランド系移民の実力者であり、一九三〇年代には金融、造船、映画産業などで手腕をふるったやり手の資本家として名をはせていた。第一次大戦中に造船所幹部として海軍次官補だったフランクリン・ルーズベルトと親しくなり、ルーズベルトの初の大統領選挙では候補指名獲得の立役者となった。その後、証券取引委員会初代委員長や駐英大使に任じられた。しかし、対英政策をめぐる意見の相違などから両者の関係は徐々に冷え込み、ケネディは武器貸与法に反対している。

一九三二年五月八日付のジョージア州ウォームスプリングスからの特電で『ニューヨーク・タイムズ』紙

は、ケネディ氏がルーズベルト知事のゲストとして週末を同地で過ごしたと伝え、両者の話し合いについて以下のように報じた。

ケネディ氏の来訪は当地［ウォームスプリングス］で多少の注目を集めた。というのは彼がカリフォルニア州の出張から直行してきたからで、この出張中に彼はウィリアム・ランドルフ・ハーストを訪問していた。ハースト氏はカリフォルニアの代議員団をガーナー下院議長支持に傾けたブームの火付け役のひとりだった。議長が勝利した後、彼の陣営の幹部たちがその票をどうするかは全体の結果を左右するほどの重大な関心事となった。

ルーズベルト陣営は、ガーナー票が〝ルーズベルトを止めろ〟運動でスミス前知事を支持しているグループと連携することはなく、独立して取り扱われるだろうとの見解を示した。この問題がルーズベルト知事とケネディ氏の会話で持ち上がった否かについて、かなりの好奇心が寄せられたものの、結論としてはわかっていない。[36]

ハースト氏がルーズベルト知事に公然と要求を突き付けた後、ルーズベルト知事が国際連盟を否定したことがシカゴでの民主党大会の結果にどの程度影響を及ぼしたかは憶測するしかなく、また、憶測であり続けるしかない。また、そのことが選挙に及ぼした影響も測ることはできない。その行為が依然として連盟の価値を信じ、アメリカの連盟入りを信じ、ウィルソン大統領が説いた理想を信じていた忠実な支持者らに強い衝撃を与えたのは間違いない。しかし、そうした人々の一端をなしていた知事の路線に忠実な党員たちは、その行為の重要性を矮小化できた。たとえばそうした人物のひとりであったバージニア大学のジェームズ・ハート教授は、この問題に言及して次のように述べた。「彼［ルーズベルト氏］は選挙キャンペーン中、外交問題についてほとんど言及しなかった。大統領候補の指名を受ける前に国際連盟に反対する控えめな発言をしたことによってハースト氏のお眼鏡に適ったらしいとはいえ。ウィルソン派民主党員の一部には、彼の演説はウッドロウ・ウィルソンを水で薄めたような趣があった」[37]。以上は少なくとも事態をもっとも好意的かつもっとも穏やかな言葉で説明したものだった。

ルーズベルト知事のシカゴでの勝利の内幕とされる解説が、一九四四年にウェンデル・ウィルキー氏の「民主党の孤立主義への貢献」と題された、簡潔だが、重要な文章によって国民に示された[38]。ウィルキー氏によれば、彼と他の〝ベイカー支持派〟は「暗い孤立主義の二〇年代を通じて常に世界協調のために戦ってきたほぼ唯一の指導者」であるベイカー氏が指名を勝ち取ることを願って、一九三二年のシカゴの党大会で、ルーズベルト知事とアルフレッド・E・スミス氏との間に膠着状態をつくりだそうとした。しかし、彼らの努力は徒労に終わった、とウィルキー氏は説明した。「またしても、われわれは敗北した。ガーナーとマカドゥーとハーストとジョー・ケネディとジム・ファーレイが団結したからであり、そして世界協調という大義ほど彼らにとって関心のないテーマはなかったからだ」。いずれにしろ、民主党大会が一九三二年に開催された時点では、ルーズベルト知事の支持者たちは決して勝利を確信してはいなかったものの、ごくわずかな「苦悶を伴う」確信の持てない期間ののち、彼らは「ガーナーとマカドゥーとハーストとジョー・ケネディとジム・ファーレイ」の支援を得て、なんとか知事を指名することに成功したのだった。

大統領選挙キャンペーンの戦略を立てるに際して、ルーズベルト氏は国際連盟については二度と触れないことに決めた。彼はハースト氏の条件をそのままのんだのであり、それで十分だとみなされたのだった。外交問題を回避するというこの決断に関して、知事側近のひとりであったレイモンド・モーリーの証言がある。彼は著書 *After Seven Years*(『七年が過ぎて』)で、選挙戦の詳細についてこう述べた。「なお熟考したあと、ルーズベルトは国際関係についてスピーチを行うという考えを脇に置くことに決めた。共和党は細心の注意を払ってこの問題を回避していた。秋の間、この問題への国民の関心は低かった。問題をとり上げる必要はないように思われた。この問題についてのルーズベルトの見解だと私が理解していた内容を宣言すれば、それによって稼げる浮動票よりも多くの浮動票を失う公算が大きかった。彼の外交問題に関する見解が非常に人気を博したであろう西部と中西部では、彼はすでに勝利を確信していた。彼の政策に驚いて飛びのいてしまったであろう東部のグループを遠ざけても、なんの得にもならなかった」(六二頁)。

ルーズベルト氏の『公文書と演説集』第一巻に掲載されている選挙戦中のスピーチを調べると、モーリー氏の戦略についての説明を裏付けるものとなっていた。国際連盟はこの巻の(一五七頁に二月二日の連盟を否定するスピーチについて部分的に説明した文章で言及されているものの)索引には挙げられておらず、ルーズベルト氏が選挙キャンペーン中にこの問題に触れたことはどうやらなかったようだ。彼は連盟をテーマにしたスピーチをすることはなく、連盟または集団安全保障の原則に対する姿勢に関係してくる外交の局面についてスピーチをすることもなかった。『公文書と演説集』第一巻におさめられているスピーチを一行一行精査しても、西部を含めた全国のもっとも断固とした孤立主義者たちの怒りを買うような言葉はいっさいみつからず、合衆国は連盟と連携すべきだといまだに信じている市民の心を慰め、彼らに力を与えるような言葉もまったくなかった。索引には国際司法裁判所への言及もまた、なかった。

党の大統領候補指名獲得選挙と大統領選挙を戦う中で、ルーズベルト氏は党の慣例によって神聖化された流儀にのっとって、偉大なるリーダー、ウッドロウ・ウィルソンに敬意を表した。だが、それは国際連盟の提唱者としてのウッドロウ・ウィルソンに対してではなかった。一九三二年四月、バージニア州リッチモンドでのスピーチで、彼はウィルソン氏によるジョージ・ワシントンについての著作*の一節を引用した（五九二―五九三頁）。同じ月に行ったミネソタ州セント・ポールでの演説では、フェデラリスト〔連邦主義者〕を『調和を有し利益に基づく意識的な団結というものを理解している』グループ」としたウィルソン氏のコメントを引用した（六二八頁）。シカゴでの指名受諾演説ではルーズベルト氏はこう宣言した。「われらの最高司令官であるウッドロウ・ウィルソンの偉大なる不屈の、飽くなき、進歩的な魂が、その肉体は滅びようとも、われわれのなすことすべてにいまなお宿っていることを自覚しようではありませんか」（六四八頁）。サンフランシスコのコモンウェルス・クラブ**への演説では、産業の大連合という問題についてウィルソン氏の権威に訴え、富の集中に関していえば「もし、ウィルソン氏が八年間を国際問題ではなく、国内問題に専念できていたならば、われわれは今日、まったく違った情勢にあったかもしれないのだ」と付け加えた（七四九―七五一頁）。しかし、ウィルソン大統領が一意専心して支持していた国際主義や国際連盟について、ルーズベルト氏は、選挙民への訴えの中で一度たりとも、ほんのわずかな共感さえも示さなかった。

＊ *George Washington*, Harper & Brothers publisher, 1903.
＊＊設立が一九〇三年と全米でもっとも古くて大きい非営利組織の公共問題フォーラム。会員制ですべての人々に門戸が開かれている。

大統領選挙期間中にルーズベルト氏が外交に関連する問題に触れたのは、保護関税の問題に限定されていた。一九三二年選挙の民主党政綱は、一九二八年の党政綱で承認されていて、しかも党の指名候補者だったアルフレッド・E・スミスによって支持されていた〝保護主義〟を糾弾していた。一九三二年政綱の関税についての項目は、かなり明確な表現で、当時有効だった共和党の設定した関税がかなり極端に下方修正されるだろうと国民が予想するのも当然の内容となっていた。しかしながら、選挙キャンペーン中のスピーチで、ルーズベルト氏は別の路線をとり、輸入品に対する関税率が即時軽減されると信じていた民主党員を大いに悔しがらせた。確かに、彼はスムート・ホーリー法をさげすむ発言をした。しかし、彼は連邦議会の立法措置によって税率をすぐに調整するとも言わなかった。それどころか、彼は互恵的利益の原則に基づいて他国と交渉する手段に訴えることを主張したのだった。彼は、貿易障壁を直接かつ即時に引き下げる――すべての品目の税率を少なくとも一律一〇%カットする――と約束することを自分に強制しようとした、コーデル・ハル氏をはじめとする人々の努力を一蹴したのだった。[39]

ルーズベルトの経済政策

選挙戦が熱を帯びるにつれて、また、彼が現行の関税を非難していることが広く知られるようになるにつれて、ルーズベルト氏は、どの関税を相互協定によって引き下げようというのか、具体的に示すよう求められた。共和党が設定した関税率は「法外に高すぎる」と述べた中西部におけるある演説の後には、農民や農産物加工業者から具体的な説明を、特に農産物に関して求める何百通もの電報が雨あられと舞い込んだ。工業地帯である東部と北東部からは、工業製品に対する税率をどう削減するつもりなのかについてかなりの数の問い合わせが来た。

選挙戦も後半の十月二十五日、ボルティモア〔メリーランド州〕で、ルーズベルト氏は西部からの要求にこう答えた。「もちろん農産物に対する関税を引き下げる話をするのはばかげたことだ。……私は関税を農業に効果のあるものとすることによって、また、農産物の価格を引き上げることによって、農業部門の購買力を回復させる努力をすると約束しました。農産物に対する現行の関税で、過度に高い税率がかかっているとは認識していません。そのような関税を引き下げるつもりはありません」。数日後、ボストンで、彼は農民を再び安心させるとともに製造業者にも多少の保証を与えた。「私はアメリカの農業もアメリカの産業も引き続き保護することに賛同します――皆さん、私の対抗勢力のウソにだまされてはいけません。私は現行以上の保護を与えることに賛同します。私は農家に付加利益を、関税という利益を与え、関税が農産物に効果あるものにする施策を支持するものであり、今後も支持していくものであります[40]」。

ルーズベルト氏が詳細に論じた唯一の外交問題の側面――アメリカ人の繁栄のために、そして諸外国とのよりよい関係構築のために関税を引き下げること――についての演説を注意深く読み込んでみると、それはウィルソン学派の国際主義者に満足感をもたらす内容ではなかった。ウィルソン大統領の十四カ条の平和原則の第三条は次の通りだ。「和平に賛同し、平和の維持のため協力する諸国すべての間における、できうる限りすべての経済障壁を除去し、平等な貿易条件を確立すること」。国家主義的通商競争は、ウィルソン氏の見解によれば、戦争の潜在的な〝原因〟のひとつであった。そして平等な貿易条件は、国際連盟が提供する平和の主要な目的のひとつであり、保証のひとつであった。しかし、一九三二年のルーズベルト氏の選挙戦の終盤には、この種の経済的国際主義は国際連盟の話そのものとともに放棄されてしまっていた。ルーズベルト氏は、国際的自由貿易を通じて世界平和を確立しようとするコブデン―ブライト―ハル*の計画が彼の政策にはまったく含まれないものであり、十一月の選挙で彼が勝利しても支持されることはない、とはっきりと明確にしたのであった。

*英政治家のリチャード・コブデン、ジョン・ブライト、そして米政治家コーデル・ハル（後のルーズベルト政権の国務長官）の三人を指している。いずれも自由貿易論者として名高い。特にコブデンとブライトが主導した一八六〇年の英仏通商条約とハルがけん引した一九三四年の米国互恵通商協定法の制定は、後の関税及び貿易一般協定（GATT）や世界貿易機関（WTO）につながる国際自由貿易体制への一里塚と目される。

ルーズベルト氏の大統領選挙キャンペーンがまさに上記のような戦略に基づいて進められるのにつれて、ウィリアム・ランドルフ・ハースト系の新聞各紙の報道はますます熱狂的になり、選挙日の前日には手放しの賛歌をもって締めくくられた。シカゴでルーズベルト知事とガーナー下院議長が正・副大統領の候補者として指名された直後に、ハースト氏は署名入りの社説で、ふたりに対して次のように心からの支持を表明した。

フランクリン・D・ルーズベルトは偉大な合衆国大統領になるでしょう。ジョン・N・ガーナーは素晴らしい副大統領に、そして上院議長*になるでしょう。

*合衆国憲法で副大統領は上院議長を兼務することが規定されている。

ふたりとも長年にわたって公的な仕事を成功裏にこなし、誠実に公職を務めてきたのでこうした地位に大いにふさわしい。

このようなふたりが公職者の指導的な地位に就くことは、わが国にとって多大な利益をもたらすであろう――公共の利益に奉仕することを希求する民主的な精神を持つばかりでなく、それを遂行した経験と証明済みの能力を持つ彼らが。

ルーズベルト知事とガーナー下院議長は現在の状況に、そして今後起こりうるあらゆる状況に、すぐれた能力ばかりでなく、立法府と行政府の手法や方式に関する生涯にわたる経験をもって対応するだろう。……

ルーズベルト知事とガーナー議長はふたりとも公共問題の有能な整備士であり、権威ある当局の地位に就任すれば、止まってしまっている国家のエンジンを修理して、再びスムーズに動くようにするまでに長くはかからないだろう。

もとより、彼らに必要となる唯一の報酬、すなわち国民の支持を与えるにあたって、けちけちする必要はない。

ルーズベルト知事は行政能力に長けているという実践的な証拠として、自身の成し遂げてきた実績を提示できる。それはニューヨーク州知事の業績として、グローバー・クリーブランド*以来、最も卓越したものだ……。


*ニュージャージー州生まれ。一八八三年から二年間、第二八代ニューヨーク州知事。知事時代に断行した超党派の市政改革が全国的にも支持されて、第二二（一八八五―八九年）と第二四代（一八九三―九七年）大統領。連続でない二期、大統領を務めた史上唯一の大統領。民主党。

ルーズベルト知事は、たとえどんな職にあっても、クーリッジ大統領[*]がそうであったように、落ち着いて細心の注意をもって職務に取り組むことに長けている。彼はまた、著名な、いとこのセオドア・ルーズベルト[**]のように、セオドア・ルーズベルトの際だった特徴として描写されてきたもの――国民の福利に影響する問題で間違いなく正しくある能力――を持っているのである。

＊カルビン・クーリッジ第三〇代大統領（一九二三―二九年）。マサチューセッツ州生まれ。ウォーレン・ハーディング政権下で第二九代副大統領。一九二三年八月二日、ハーディング大統領が遊説先のサンフランシスコで急死したため憲法の規定に基づき翌四日に大統領に昇格。二四年選挙に現職大統領として出馬、当選を果たした。任期中の期間はアメリカ資本主義の空前の繁栄期に当たるといわれている。共和党。

＊＊ニューヨーク州生まれ。海軍次官、同州知事を経て第二五、第二六代大統領（一九〇一―〇九年）。共和党。

フランクリン・D・ルーズベルトは、セオドア・ルーズベルトと同じように、正しいことをしようと希求していることにおいて〝正しい〟のみならず、正しいことは何かという直観と経験知においても〝正しい〟のである。……

「言葉は、行動によって裏打ちされたときに、そして行動に裏打ちされて初めて、価値を持つのだ」。セオドア・ルーズベルトはこう述べた。

フランクリン・D・ルーズベルトとジョン・N・ガーナーの愛国的な発言は、かれらの愛国的功績によって裏打ちされているのだ。(41)

二日後の一九三二年七月五日、『ニューヨーク・アメリカン』紙は、ルーズベルト氏を、経済危機に対処する能力を持った人物として、また「正直で誠実なビジネスマンや金融業者」にとって安心な人物であり、「合衆国国民」にとって安心な人物であると称賛した。

ルーズベルトは安心できる候補者か。

この質問は、民主党大統領候補者に指名された同氏の高名ないとこに関して、ウォール街で以前は響き渡っていた同じような質問をそのまま繰り返したようなものだ。

この質問に納得のいく回答を得るには、まず、誰にとって「安心」なのか、という反論があるかもしれない。

大統領に選ばれたとして、フランクリン・D・ルーズベルト知事の大統領としての行動は、それが過去の言動と一致するならば、冷酷で危険を顧みない投機家や仕手筋、怪しげな業者あるいは公共施設を私物化しようとする欲の皮の突っ張った電力業界の悪党どもにとっては安心しきっていられるものにはならないだろう。

ルーズベルト知事の『忘れられてきた人』のラジオ・スピーチ*が示唆するところによれば、フーバー大統領のように、仕事のない貧しい人々に〝徹底した個人主義〟のドクトリンを説く一方で、資本家に資金が流れるよう父親のような優しい温情をかける人々にとっては、知事はのんきに安心していられる相手ではなく、自分たちといい気になって同調してくれる人物でもないだろう。

＊一九三二年四月七日、党の大統領候補者の指名を目指している期間中にニューヨーク州の州都オールバニで、民主党全国委員会向けに行われたラジオ演説を指す。第一次大戦で徴兵によって全国民を動員して勝利したのと同様に、当時の経済危機には経済的ピラミッドの最下層にある、忘れられてきた人たちの購買力を上げることなど

で対処すべきだと訴えた。

しかし、正直で誠実な実業家や資本家にとっては、彼が建設的な意味で、そして励みになるような形で、安心な人物であることを、ルーズベルト知事の実績と選挙綱領の何もかもがはっきりと示している。……

大統領選挙が迫るにつれて経済および労働問題が選挙運動のもっとも有力なテーマとなっている。有権者が賢明に判別することを欲するならば、ルーズベルトとフーバーの両氏が経済危機にどう対応したかを評価するために、これまでの実績を検証するだろう。……

ふたりの見通しを検証する機会を与えられた今、これまでの実績をみれば、ルーズベルト氏がフーバー氏よりはるかに右寄りであることがはっきりと示されている。

危機下にあっては、無能ゆえに失敗する人物ではなく、その真価が証明されている人物に頼るのが賢明である。

フランクリン・D・ルーズベルトは、合衆国国民にとって安心できる人物なのである。(42)

国際問題の三つの争点——債務取り消し、関税見直し、海軍拡大

選挙戦が進むにつれて、ハースト氏の『ニューヨーク・アメリカン』紙は、国際問題に関係する争点のうち三つのテーマについてのルーズベルト知事の立場を称賛した。三つのテーマとは、第一次世界大戦時に連合諸国が合衆国政府に対して負った債務の取り消し、関税の見直し、そしてアメリカ海軍の拡大であった。

これらのうち第一の問題――債務の取り消し――は十一月の選挙で、ルーズベルト氏が勝利した場合、必ずや直面することになるもので、そうなれば債務の取り消しが阻止されることをハースト氏は喜んだ。「民主党の選挙綱領はそのような債務の取り消しに反対すると宣言している。民主党の大統領候補者フランクリン・D・ルーズベルト氏はそのような債務取り消しに反対すると宣言している」[43]。

当時適用されていた高い保護関税を攻撃する言葉を、ルーズベルト知事がトーンダウンさせる以前の一九三二年八月四日、ハースト氏の『ニューヨーク・アメリカン』紙は知事が示唆した「関税政策の徹底した見直し」を喜んだ。そして同紙は、それを満足げに、外国政府が合衆国に負っている債務の回収と結びつけた。

フランクリン・D・ルーズベルトは、ローザンヌ会議*で合意された国際関係における経済の健全化に向けた進展についてアメリカの立場からの解釈を提示した。

*第一次世界大戦におけるドイツの賠償金の実質的な支払い停止が合意された国際会議。一九三二年六月十六日から七月九日までスイスのローザンヌで開催された。英仏日伊などは合意の条件として、第一次大戦中にアメリカに負った債務の全廃ないし減額を訴えたが、米議会は認めず、協定は批准されなかった。

より友好的な経済交流を再開するための打開策を提案しつつ、ルーズベルト知事はいまだに弁済されていない世界大戦の損失をアメリカ政府がすべて引き受けるという案にはっきりと反対している。大国による債務の返済拒否に賛成する新たなプロパガンダに支援と安心感を与える代わりに、ルーズベルト知事は、債務国が債務を弁済し、信用を維持できるようにする現実的な方針を提案したのだった。

この問題についての知事の発言は、心強い内容で、その意見が通れば、世界中で信用のルネッサンス

〔復活・再生〕が始まるにちがいない。

世界的に不況が蔓延している中で国際的な資金移転に伴う困難を認識しつつ、規範を設定する担い手である民主党員の彼は、関税政策の徹底した見直しを提案しており、それは諸国間の通商を復活させるだろう。

ルーズベルト氏は、予言者のような英知をもって語ったのであり、この国はこの問題において彼に従うべきなのである。(44)

ルーズベルト知事が外国政府との相互取引の観点から関税率の改定を表明すると、『ニューヨーク・アメリカン』紙はその方策に無条件で拍手を送った。

ふたりの主たる大統領候補者は関税問題で決定的に意見が異なっている。

フランクリン・ルーズベルトはワシントン州シアトルでの演説で政府に挑んだ。……

このようにルーズベルト氏は確固たる信念をもって互恵主義の原則を支持している。それはハースト系の新聞が何十年も主張してきたことだ。彼は関税を設定するにあたって、ヤンキーらしい抜け目のなさと販売促進の原則を取り込んだ。これに対してグランディ関税*は輸出貿易を破壊し、外国の顧客の反感を買う傾向があった。

＊スムート・ホーリー法関税のこと。法案の主たるロビイストだった、上院議員でありペンシルベニア州製造業者協会会長でもあったジョセフ・グランディの名を冠してこう呼ばれる。

ハースト系の新聞各紙は見境なく関税を引き下げるのではなく、他国から付与される貿易特権や特恵に応じてアメリカの関税を引き下げるよう主張しているのだ。……ルーズベルト氏は、有益な互恵的外国貿易を可能にするために関税率表を見直す取り組みに、合衆国が率先して乗り出し、指導的役割を果たすべきだと力説している。

他方、スタグフレーション*に直面しているフーバー氏は現状を維持することを主張している。

*不況（通常、需要が低下することに伴って物価も低下する）と物価の持続的上昇が併存する状態をいう。

現状維持を主張する政策は申し分のない状況下では妥当な政策だった。景気を確実に回復させるのに積極的な行動が必要なときにはそれは十分な政策ではない。[45]

長年にわたり、大国間の海軍軍拡競争を阻もうとする共和党に強硬に反対し、日本との間で起こるかもしれない戦争を視野に入れた〝大海軍〟構想を主張してきたハースト氏の『ニューヨーク・アメリカン』紙は、フーバー政権がアメリカ国民の海軍を「破壊」したと攻撃するとともに、「民主党の勝利はアメリカ海軍を保全し、そして造船業者たちに仕事を提供することになる」とのタイトルの下、民主党公認候補を当選させるよう要請した。「ルーズベルトとガーナーは、残存するアメリカ海軍を保全するとともに旧式になった艦船を置き換えるという、アメリカの国防にとってもっとも頼りになる片腕に力を取り戻すための仕事で、アメリカの何千人もの失業中の賃金労働者に職を与えるのに決して早すぎることはないタイミングで就任するだろう[46]」。

二週間後に再び、このテーマがとり上げられ、『ニューヨーク・アメリカン』紙は「ルーズベルトのリーダーシップでアメリカは歴史的な海軍政策を取り戻すだろう」と国民に請け負った。

今日のセオドア・ルーズベルトの誕生日は海軍の日とされているが、この記念日はアメリカ国民にとって新しい意味を持つようになった。

セオドア・ルーズベルトは「小さな海軍」の人ではなかった。彼の政策は常に強力な海軍を求めるものだった。常に「もっとも強力な海軍に匹敵する」海軍を求めるわが国の歴史的な海軍政策は、彼の政策から発展したのだ。

この政策は連邦議会によって制定され、条約によって再確認され、アメリカ国民によって選挙で繰り返し支持されてきた。しかし、フーバー政権下で、われわれの健全で愛国的な政策は、実体のない平和主義を支持するために反故にされてしまったのだ。……

この軽視と海軍劣化の恥ずべき時代は三月に、アメリカ国民がもうひとりのルーズベルトをホワイトハウスに送りこむとき、終わりを迎える。

若いころに政界入りして以来、フランクリン・D・ルーズベルトは自身の著名な親戚にならって、「平和をもっとも確実に保障するもの」として強力な海軍を維持するという、ぜひとも果たすべき義務を同胞に力説してきた。

今年の海軍の日に、わが国民はアメリカ海軍が兵員と艦艇の両面において着実に減っていく事態に終止符を打ち、あらゆるクラスの戦艦において最強の海軍国と完全に同等の能力を回復するための作業を始める決意に満ちている。

今後四年間、この高尚な目的を達成するために、アメリカ国民は大統領としての、そして軍の最高司令官としてのフランクリン・D・ルーズベルトの鮮やかな指導力のもと、新たな精神と新たな愛国心をもって、セオドア・ルーズベルトの誕生日を海軍の日として祝うことになるのだ(47)。

一九三二年十一月六日、ルーズベルト知事が選挙運動を終え、投票日が迫ると、ハースト氏は署名入りの社説で、直接的かつ明確な言葉でもって知事をアメリカ国民に推奨した。


……フランクリン・D・ルーズベルトは、ウィルソン政権下で海軍次官になったほどの実力者だ。

彼は、一九二〇年、副大統領候補として民主党に指名されたほどの実力者だ。

彼は、一九二八年、民主党の大統領候補を指名したほどの実力者だ。

彼は、その年、ニューヨーク州知事に当選したほどの実力者だ。大統領選挙で民主党が同州を落としたにもかかわらず、である。

彼は、一九三〇年、ニューヨーク州知事候補者に再び指名され、そして七〇万票以上を獲得、当選したほどの実力者だ。

彼は、一九三二年にシカゴで開催された民主党大会で、大多数の諸州の代議員が彼を合衆国大統領候補として指名したほどの実力者だ。

彼は、常に、国民に対して、正直であり、率直で、そして誠実であった。

彼は、常に、信条に忠実であり、自身の誓約を守ってきた。

彼は、常に、建設的であり、国民の利益をもっともよく守るようなかたちで常に保守的であった。彼が、長年、公職についていておこなった取り組みで、建設的で、保守的でなかったものがあっただろうか。……

もし、あなたがたが自分たちを不況から引っ張り出し、今後とも自分たちの利益を守ってくれる大統領を選びたいと思っているならば、ウォール街が望む人物ではなく、フランクリン・D・ルーズベルトに投票すべきである――有能で、良心的で、保守的な――国民の信頼に常に忠実な彼に。(48)

共和党候補フーバーとスティムソン

興味深い事情の変化によって、一九三二年大統領選挙の共和党候補だったフーバー大統領が一般に――特にハースト系の新聞によって――国際主義者として描かれていたのに対して、ルーズベルト知事は正真正銘のアメリカ人として描写されていた。一九三二年の大統領選挙で、共和党とフーバー氏は、国際連盟への加盟を拒否するという選挙綱領の誓約を確かに堅持した一方で、科学的、人道的および経済的な分野では軍備削減を含めて国際連盟と協力することを提案していた。しかし、選挙戦が始まる前に、また、選挙戦の最中に、フーバー大統領の政権は、あるいは少なくともヘンリー・L・スティムソン国務長官は、国際連盟との政治協力の問題を避けて通っていた。これに対して、国際主義を支持する人たちは、一九二〇年の頑固な孤立主義者たちのほうが一九三二年にあっては民主党よりも国際主義者だ、と主張していた。(49)

このフーバー政権時代の共和党外交政策の転換は特殊事情によるものであった。共和党は一八九八年のスペインとの戦争*以降、極東での帝国主義を主として扇動してきた。彼らは「門戸開放**」として知られる形でのアメリカによる中国への介入を採用した。民主党が、こうした帝国主義はアメリカ共和国にとっての悲劇の予兆だとしてこれに痛烈に抗議していたにもかかわらず[50]、共和党の諸政権は極東において投資家が市場と投資機会と通商上の優位を求めて争うことを奨励し、外交上の支援を与えることに邁進してきた。彼らは合衆国の産業化が進展するにつれて、そして製造業に機械化工程を取り入れた日本がアメリカ企業と競合してアジア大陸に商品の販売先を求める動きを強めるのに伴って、ますます熱心にこの方針を追求していった。

＊一八九八年、キューバの独立戦争に介入し、合衆国がスペインと戦った戦争。スペインが敗北、その結果、カリブ海やフィリピン、グアムなど太平洋にあるスペイン植民地の管理権をアメリカが獲得した。アメリカはこの年、ハワイも併合、伝統的な孤立主義政策をかなぐり捨てて、東アジア進出を目論む帝国主義勢力として躍り出た。

＊＊マッキンリー政権とセオドア・ルーズベルト政権下で国務長官を務めたジョン・ヘイが一八九九年、英仏日などの列強国に対して、中国の主権尊重、領土保全、中国内港湾の自由使用などを求めた対中国政策を指した。ヨーロッパ列強による中国分割に遅れたアメリカが、中国での市場獲得を目指したものである。

合衆国と日本との間で増大する軋轢は、連邦議会が一九二四年、合衆国から日本人移民を排除する法律*を制定した際のやり方によって一段と高まり、時間の経過とともに暴発に向かって急速に進んでいった。一九三一年、日本の軍国主義者たちは満州で中国軍と衝突したあと、この地域を掌握し、翌年には傀儡国家の満州国に一変させた。この傀儡国家は旧中国帝国の年若い皇帝、ヘンリー・プー・イー〔愛新覚羅溥儀、清王朝第十二代かつ最後の皇帝〕が傀儡政権の独裁者として率いていた。こうした〝事件〟はさまざまな理由から直接、フーバー政権を刺激した。

＊一九二四年七月一日に施行された移民法。移民の年間受け入れ上限数を一八九〇年の国勢調査時にアメリカに住

んでいた各国出身者数を基準にその二％以下にするとした。一八九〇年以降に大規模移民が始まった東欧や南欧出身者、アジア出身者を厳しく制限することを目的とした。アジア移民は全面的に禁止する条項が設けられた。結果的に当時、アジア系移民の大半を占めていた日本人が排除されることになり、日本では排日移民法と呼ばれ、対米感情が一気に悪化、日米開戦の一因ともなった。

フーバー大統領とスティムソン国務長官は、ふたりとも、アジア問題に関する特別の知識を習得していた。フーバー氏は一八九五年から一九一三年まで中国やインド、その他の地域で企業活動を振興することに従事していた。ハーディングとクーリッジの両政権下の商務長官として、彼は外国との貿易を推進するための政府機関を拡充した。不健全な資金調達に対して警告を発する一方で、彼は外国での通商と投資機会を求めるアメリカの資本家の〝合法的な〟意欲とみなされたものを支援していた。フーバー政権の国務長官、スティムソン氏は〝ドル外交〟時代のタフト政権の陸軍長官であり、フィリピン総統であった。

一八九五年から一九一三年までの長い間、国内にいなかったことから、フーバー氏は、自身の政治心情がどうであれ、共和党の帝国主義的政策にじかに携わってはいなかったし、その政策に公的に関わることはなかった。いずれにしても、一九三二年の段階で、この問題についての彼の個人的な意見は明らかにされないままだった。他方、スティムソン国務長官は国際平和の唱道者として盛んに宣伝されていたけれども、実際のところはセオドア・ルーズベルト—ロッジ—マハン—ベバリッジ派[*51]の帝国主義者だった。彼は極東での〝強力な〟政策を主張、フィリピン諸島の独立に対して猛烈に反対していた。

＊ロッジはヘンリー・カボット・ロッジ。第一章の訳注（一八頁）を参照。上院外交委員長時代に膨張路線を主張。マハンはアルフレッド・T・マハン。合衆国海軍の軍人、戦略研究家。海軍力が国家や歴史を動かす決定的要素

の一つであると強調、世界的にも大きな影響を与えた。ベバリッジはアルバート・J・ベバリッジ。歴史家、上院議員。

領土と島々に関する上院委員会が一九三〇年に開催したフィリピン独立法案*についての聴聞会で、スティムソン氏はフィリピンの独立を阻む根拠として帝国主義の古典的な理由を挙げた。「私が反対するのは、第一に、それがフィリピン国民にわざわいをもたらすと信じているからです。第二に、私が反対する理由は、フィリピン諸島においても極東においても、それが合衆国の利益にわざわいをもたらすと信じているからです。第三に、私が反対する理由は、極東に利害関係を有し、また、主権を行使している諸国――当然ながらイギリス、フランス、オランダを含む帝国主義の国々――の現況に関連して、必然的にかの地域に不安定な情勢を総じて生み出すことになると信じているからです[52]」。

＊一八九八年十二月、スペインとの戦争に勝利したアメリカはフィリピンを植民地化したが、その後、フィリピンでは独立運動がたびたび起きた。一九三〇年代には米国内でもフィリピン分離論が浮上。①フィリピンからの安価な砂糖とタバコの輸入で国内産業が圧迫された②低賃金のフィリピン人労働者の流入を労働界が恐れた――などのためで、三三年にヘア・ホーズ・カッティング独立法が成立した。ところが、フィリピン側はアメリカが引き続き海軍基地を支配することを問題視し、これを拒否。するとルーズベルト大統領が新たな法律の策定を勧告、三四年、特定海軍基地を除く米軍基地の撤去を盛り込んだタイディングス・マクダフィー法が議会で承認された。フィリピンもこれを受け入れ、四六年七月四日に独立することが決まった。その後、太平洋戦争の勃発でフィリピンは一時日本の支配下に入ったものの、戦後はアメリカの傘下に戻り、四六年には同法の規定通りに独立を果たした。

フーバー大統領もまた同様に、一九三二年十二月に連邦議会によって最終的に可決された法案で計画されていたフィリピンの独立には反対していた。ただし、その理由はまったく違っていた。公的な記録による限り、彼は過去において、政府という機関に後押しされた戦争を最後の手段とする帝国主義を支持したことはなかった。問題の法案は当時、下院で多数派を形成し、共和党の反乱分子と協調して上院を支配していた民主党主導で提案され、推進されていた。それは自由の名のもとでなされた気高い宣誓を伴っていたものの、フィリピンとの競合を阻むものとして農業関係者や労働者の利益団体に特に支持されていた。

最終的にまとめられたフィリピン独立法案は、いずれにせよ議論の余地のあるものだった。それは極東における合衆国の帝国主義的利益をきっぱりと清算するための明解な提案では決してなかった。法案で示された形でのフィリピン独立に関して、フーバー大統領は伝統的な〝孤立主義〟派によって維持されてきた立場をとった。それは一九〇〇年以来の帝国主義的冒険を非難し、フィリピンは独立を許されるべきであり、分離は「完全かつ絶対的」なものでなければならず、合衆国はその地に海軍基地をいっさい保有せず、従ってフィリピン諸島の防衛に責任を負うべきではないとするものだった(53)。

しかし、政策としてのアメリカの帝国主義に対するフーバー大統領の姿勢が何であったにせよ、スティムソン氏が彼の国務長官だった。そしてスティムソン氏が一九三一年から三二年にかけての満州問題に対処するうえで陣頭に立った。誰にも負けない粘り強さで、彼は国際連盟や、特に極東に「死活的な利益」を有している大国としての、また、国連のメンバーとしてのイギリスとフランスを含むすべての陣営から、日本を引き離し、窮地に追い込もうという自身の計画への支持を熱心に求めた。彼はイギリスやフランスの政府と連絡をとり始め、そして、おそらくはフーバー政権の代表として、支援を求めて一九三二年四月にジュネーブに行ったのだった。かの地で、彼は国際主義者たちから熱烈に歓迎された。彼がそこに現れたことは、あたかも合衆国が連盟との政治的協調にいずれ方針転換することへの伏線であるかのようにとり扱われたのだった。

スティムソン国務長官の連盟訪問について、当時、国際連盟事務局のアメリカ人メンバーだったアーサー・スウィートサーが次のように述べている。「アメリカの変わりつつあった姿勢を象徴するような出来事が四月にあった。国際連盟史上初めて、合衆国国務長官が連盟本部の中に入り、静かにそして非公式に、連盟会議に同席したのだった。スティムソン氏はただ、オースティン・チェンバレン卿、アリスティード・ブリアン、グスタフ・シュトレーゼマン*をはじめとするそれぞれの政府の外交政策を担当する多くの人々の先例に従ったにすぎなかった(54)」。実際のところ、スティムソン国務長官は次のように公表することで自身の訪問についてのこうした解釈にいくばくかの裏付けを与えた。「そのような直接的な接触が国際問題分野におけるわれわれの最高の利益を促進するうえでもっとも役立つとともに、関係国政府とそうした問題を指揮している人々との間のよりよき理解に寄与するのです(55)」。

＊オースティン・チェンバレン卿は英バーミンガム出身、英蔵相などを経て第二次ボールドウィン内閣で外相。アリスティード・ブリアンは仏ナント市生まれ、一九〇九年以降数度にわたりフランス首相。グスタフ・シュトレーゼマンは独ベルリン出身、首相、外相を歴任。いずれも一九二六年、ロカルノ条約の成功でノーベル平和賞を受賞した。

しかし、イギリスとフランスはスティムソン国務長官の接近に冷淡だった。両国は体よく中立路線を進んだのだった。国際連盟は、ある調査を行ったあと、スティムソン氏の希望に沿った好戦的行動の危険を冒すことを最終的に拒否した。合衆国海軍司令部は当時保有していたアメリカ海軍の艦隊が十分ではないと認識しており、その時点では日本との戦争に消極的だった。それでもなお、アメリカの国際主義者たちは、スティムソン国務長官の行動に合衆国がまさに国際連盟の一員にならんとする兆しが見てとれると主張した。実を言うと、彼は、その他の要望とともに、アジアでのアメリカの利益にも同等の支持を、それも二十世紀初めに帝国主義が暴発していた時代にジョン・ヘイ国務長官がとった歴史的な「各国との協調」方式によって、得ようとしていたのだった。

満州問題の直接の結果として起きた唯一のことといえば、合衆国が一九三二年一月七日に公式声明を発表したことだった。この声明は一部の人々によって「フーバー・ドクトリン」と呼ばれ、国務長官の友人たちには「スティムソン・ドクトリン」と呼ばれた[56]。手短に言えば、それは、中国における合衆国あるいは合衆国国民の条約上の諸権利に違反した、あるいは門戸開放政策、一九二三年の九カ国条約、ほとんどすべての国家が政策手段としての戦争を放棄した（ただし、特にフランスとイギリスが重大な制約をつけた）一九二八年のケロッグ・ブリアン条約に反して生まれた、いかなる状況、合意、あるいは条約の合法性を、もしくはその正当性を、合衆国は認めないし、受け入れることはないという宣言だった[57]。不承認ドクトリンを宣言するという国務省がとったこの行動は、国際主義者たちによって、自分たちの方針に近づいてくる動きとして、そして合衆国の国際主義の新たな形あるいは局面――確かに、強硬ではないが、将来有望であり、奨励されるべきもの――として歓迎された。

こうしてスティムソン長官の宣言と外交工作は、一九三二年の時点において共和党が民主党よりも国際主義的であったという告発あるいは主張に一定の根拠を与えた。しかし、「大恐慌」として知られる失業と貧困と苦悩の泥沼に落ち込んで、にっちもさっちもいかなくなっていたアメリカ人にとって、スティムソン国務長官の〝新しい〟国際主義は救済を約束するものではなかった。いずれにしても、アメリカ人はその当時、満州〝事件〟をめぐって日本と戦争をする気分にはなかった。民主党員のうちの筋金入りの国際主義者たちも、ルーズベルト知事が国際連盟を拒否したことへの不満を募らせるあまりに、一九三二年十一月の選挙で大々的に党を離脱する決意を固めていたわけではなかった。この結論は少なくとも、選挙の日、ルーズベルト知事が連邦の四八州のうち四二州の選挙区を押さえたという事実によって裏付けられているようだ。

第六章　孤立政策を支持する——一九三三年

大統領候補としてのルーズベルト氏は選挙期間中、外交政策について何かを語るのを随意に回避することができた。しかし、選挙で勝利してからは、特に、一九三三年三月四日に大統領に就任してからは、彼は外交政策に関して避け難い四つの問題に直面した。そのうちの三つは、孤立主義と国際主義の教義を含んでいる、あるいは含むよう仕向けられていた。四つ目の問題は、国際主義のおもむきを漂わせつつも、ことの発端と実際の結論からして、主に帝国主義の問題であった。それらの問題はすべて、ルーズベルト大統領と側近たちが合衆国内の経済回復と改革を目指して策定した国家的行動計画に具体的に影響するものであり、それゆえに大統領の政治および社会哲学の本質を試すこととなった。

議論の中心にはひとつの難題があった——生産を急激に引き上げ、アメリカ製品の市場を拡大して、長い間アメリカ経済を悩ませてきた周期的な不況を克服する手段を、合衆国は主として国内の改革措置に求めたらいいのか、それとも外国政府との何らかの交渉や合意というプロセスを通じた外国市場の拡張に求めるべきなのか。ルーズベルト氏と側近たちの視点からすると、そこに問題の核心があった。

共和党指導部は長い間、黄金の壺――拡大を続ける市場――は帝国主義という虹の先にあると主張していた。保守派の民主党員は長い間、自由貿易と関税削減が尽きることのない繁栄への道だと提言してきた。フーバー大統領は、最近の大不況はヨーロッパの騒乱に源を発しており、合衆国の経済回復には国際分野で特定の行動を起こすことが必要だとずっと主張していた。それに対してルーズベルト大統領と〝ブレイントラスト〟は、繁栄のためのこうした便法は歴史によって粉砕されたものとみなして、国際分野で何が行われようとも、合衆国が経済不況を克服し、繁栄を定着させるには、主としてそして断固として、国内対策に依存しなければならないとの意見だった。

＊虹の先が接する場所に黄金の入った壺があるという伝説から「思いもかけない大金、報酬、財宝、幸運」あるいは「見果てぬ夢」などを指す。

債務問題への対処

ルーズベルト氏が突き付けられた外交上の喫緊の課題のひとつは、第一次世界大戦での合衆国の同盟国が連邦政府に負った債務に関しての決断だった。これらの借金の大半は戦争が終結したあとに公式に認められ、長期債券に借り換えられた。債務国は債券に記載された条件で、債務の支払いを一九三一年十二月下旬まで続けていた。このとき、連邦議会がフーバー大統領の要請を受けて一年間のモラトリアム〔支払猶予〕を認めることによって、ヨーロッパ経済の逼迫を緩和しようとしたのだった。しかしながら、一九三二年十二月にモラトリアムの満了期限を迎えると、支払いをめぐるさまざまな問題があらためて浮上した。フランスはその時点で期日を迎えていた債務を支払わなかった。そして全面的な債務不履行が間近に迫っていた。一見、単に財政と誠意の問題にすぎないように見えて、この債務問題には事実上あるいは明確な目的があって、外交政策の基本構想に深く関わっていた。アメリカでもヨーロッパでも、国際主義者は、合衆国の関税法が債務の支払いを不可能にしており、債務の取り消し、あるいは抜本的な債務削減を、関税率の引き下げと併せて実施することが国内外の経済回復に不可欠であると主張していた。さらに連合国を支持するアメリカ人が、債務の取り消しは連合国に対する公正な措置――合衆国が民主主義と自由を自ら防衛しようと決心するまで、これら共通の大義のために連合国が犠牲にした血と財産に対する遅ればせながらの正当な評価――だと主張していた。孤立主義者にとっては、そして実際のところ、ほとんどの上院議員や下院議員にとって、共和党員であれ民主党員であれ、そのような意見は受け入れがたいものだった。先の戦争とヴェルサイユの和解を大帝国主義戦争の苦い結果であると今や思っているアメリカ人にとっては、なおのこと、そうだった。(1)

戦争債務を取り消しにしよう、あるいは少なくともごくわずかな額に減らそうとする運動の背後には、強力な経済上の利害と、そして国際主義の気運があった。アメリカの銀行家たちは、共和党が政権を担っていた間に何十億ドルもの外国債券を証券市場で売り出していた。それらのなかにはドイツの中央政府や地方政府の公債やドイツの産業界の債券も含まれていた。そしてアメリカの投資家たち――個人投資家、銀行、機関投資家――は、かなりの損失をこうむる危機にさらされていた。ひょっとすると、彼らはリスクを負って投資した全額を失う恐れもあった。合衆国政府に対する戦争債務が削減されたならば、ヨーロッパで軍備支出が削減されたならば、アメリカの銀行や投資家たちに対するその他の債務の利息や分割払いの返済金を回収できる見通しはずっと明るくなるのだった。だからヨーロッパ経済（と呼べるとするならば）の構造が縮小するのに巻き込まれた多くの銀行家や投資家は、政府に対する戦争債務を取り消させ、負担を背負うコストを合衆国の納税者に転嫁することに熱心だった。彼らの利害をともに反映していた代理人や報道機関は、国際主義者とともに、連邦議会がそうした債務を全額取り消すことによって、あるいは債務をごくわずかな額に削減することによって、債務問題を解決した場合にのみ繁栄を取り戻せるのだという意見を醸成することに熱心に取り組んでいた。そうすればヨーロッパ人がアメリカ製品を大量に買い始めることができ、アメリカ産業の両輪を高速で回転させることができる、という主張がなされたのだった。

外国の債務問題についてのこうした立場に、ルーズベルト氏と彼の顧問団は十分に精通していた。ルーズベルト氏は一九三二年二月二日に行われた全米農民共済組合での演説で、国際連盟と同じように、そうした立場を拒否した。彼は債務者に配慮する意向を示す一方で、債務を取り消したり、大幅に削減したりすることには反対していた。加えて、彼は選挙期間中、高い関税率を一括して大幅に引き下げるという伝統的な手法で保護関税を一掃しようとした、コーデル・ハル国務長官の提案を採用することを拒んでいた。

大統領に選出された選挙の数日後、戦争債務問題は、フーバー大統領からの手紙によって、ルーズベルト知事のもとに急遽、持ち込まれた。一九三二年十一月十二日付で、ホワイトハウスで書かれたこの手紙は、この問題についてワシントンで面談したいという内容であった。この知事への書簡のなかで、フーバー大統領はこの問題について、国際主義者を完全に満足させる、とまではいかなかったとしても、喜ばせる立場をとっていた。確かに、彼は債務を取り消すことには賛成はしていないと書いていた。彼の個人的な意見がどうであったにせよ、連邦議会の両院がともにそのような提案には、それがいかなるものであれ、敵意をむき出しにしていたことを考えれば、大統領が債務取り消しを支持したとしても、何の役にも立たなかっただろう。

しかし、フーバー大統領はルーズベルト知事に「わが国の労働者や農家がつくりだす生産物の市場を拡大させるという、［現金による］完全弁済以外の形での実体的補償を行うとしている債務国の提案を、われわれは受け入れるべきであります」と力説した。大統領はまた、債務問題と軍縮問題とを結びつけて、次のように記した。「世界の軍備を大幅に削減することは、わが国の、そして世界の負担と危険を取り除くことになるものでありますが、これもこの問題に関わっているのです」。フーバー氏はさらに、彼が連邦議会に対して、この問題を研究する債務委員会を設置するよう勧告していたことを知事に伝えた。この方法は、彼が連邦議会から引き出せる唯一の譲歩だったのかもしれない。いずれにしろ、フーバー大統領は、この措置を通じて、債務問題解決の手筈を整えることを期待したのだった(2)。

ルーズベルト知事と彼の顧問たちには、フーバー大統領が何を期待しているのかについてかなり明確な考えがあった。それは新政権が国際主義の政策にコミットするという構想であった。レイモンド・モーリーは後に、フーバー提案が浮かび上がらせた問題を巡ってルーズベルト氏と彼が話し合ったことを書いており、それによると、彼らにとって状況は〝こんな感じ〟だったようだ。

世界大戦は、一九一七年の前も後も、われわれが行った連合国に対する何十億ドルもの貸し付けと信用供与によってその資金の大部分がまかなわれた。戦争が終わると連合国側は、少なくともわれわれに借りたお金を返済できるだけの金額を、ドイツから賠償金という形で取り立てることを提案してきた。

この法外な債務をドイツが弁済できるはずがなかった。たとえ連合国の商品と競合する製品を輸出することが許可されたにしても、である。それと同時にわれわれは、ヨーロッパの生産が戦前のレベルに達し、それを超えるにつれて、わが国の農家や鉱工業生産者が今後も外国に市場拡大を求めることはできないということに気づいていた。そのようなわけで、われわれはヨーロッパに対してわれわれの製品を買うための資金を、あるいは言うなれば、ヨーロッパがわれわれに対する債務を返済するための資金を貸し付けていいいたのだった。

このお粗末な構造は、われわれが外国向けの貸し付けや外債の発行を止めるや否や、もろくも崩れ始めた。この崩壊の余波はヨーロッパにおける政治的、経済的危機と、それまで広く普及していた国際経済システムの破綻をもたらした。

そのような破綻は文明の終焉を意味するに違いないと信じていた人々、金本位制度と自由貿易の理念をゆるぎない正統主義の双子の神と仰いでいた人々——国際的な銀行家、わが国の大多数のエコノミスト、国際関係や経済の分野をちょっとかじったことのある東部の大学の卒業生のほとんど——は、この問題に救済策を見出す取り組みに乗り出した。総じて彼らは賠償金と戦争債務の問題で意見の一致をみた。これら（あらゆる——公的・民間——債務のうち、まさにこれら）の債務が取り消されれば、もしくはヨーロッパ全般の軍縮あるいはイギリスの金本位制への復帰その他と引き換えに帳消しにされるならば、われわれはわれわれが抱えているもろもろの問題の原因を根絶することができるだろうと彼らは宣言していた。大西洋沿岸の諸州では——少なくとも学界と、そしておそらくは〝知的な〟人々の間では——この打開策を支持する勢力があまりに強大だったため、これを受け入れないことは、実際、社会的に恥ずかしいことだった。これらの州やヨーロッパではこうした主張は声高に擁護されればされるほど、ますます熱心に信じられるようになった。こうした主張にたやすくだまされると見込まれたカモ、つまり大多数のアメリカ国民のみが、頑なにそれらを鵜呑みにすることを拒絶したのだった。(3)

このような状況分析をしたうえで、ルーズベルト知事とモーリー氏はホワイトハウスに行き、フーバー大統領とオグデン・ミルズ財務長官*と会談した。この会談でも、その後に発表した報道機関向けの声明でも、ルーズベルト氏は債務負担を軽減する、あるいはそのような方向に向かうかもしれない活動を始めるための委員会を設置するというフーバー氏の考えに、支持を表明しなかった。彼は、フーバー氏に対して、債務国が提案する措置はすべて十分に検討されるべきである、と述べたが、会談においても、それに関する報道機関向けの声明においても、彼は国際的な銀行家や大多数のアメリカのエコノミスト、そして国際主義の擁護者たちにはほんの少しの安らぎすら与えなかった。

＊共和党議員、財務次官などを経て一九三二年二月、フーバー政権の財務長官に就任。金本位制と財政均衡を支持、ルーズベルト政権のニューディール政策の強力な反対者となった。

ルーズベルト氏の声明について、側近のレイモンド・モーリー氏は後に次のように書いた。「債務問題はさておき、この声明は非常に重要だった。というのも、それはルーズベルトが自身の外交政策と国際主義者の政策の違いを示すために打った、初めての顕著な一手だったからだ。それは連盟の擁護派、制裁主義の支持者そして対外融資の再開を望んでいた人々に、ルーズベルトは国際問題についてハーバート・フーバーやヘンリー・スティムソンとは全く異なる立場をとることになるだろう、と知らしめた。それはニューディールが、わが国をイギリスとフランスとの政治および経済同盟――世界の治安を維持し、国際情勢の現状を維持し、戦争の脅威によって平和の強制を目論むそれ――の一員にしようとする人々の考えを拒絶する、という警告だった。……ルーズベルト氏の十一月二十三日の声明を受けて、東部の新聞に掲載された反発は強烈だった(4)」。

戦争債務とそれに関連する問題をめぐるフーバー大統領とのその後の交渉でも、また、大統領に就任したあとも、ルーズベルト氏は、債務取り消しが国家の経済回復には不可欠だとする国際主義者の主張に対する自らの敵意に変化があったと明らかにすることはなかった。彼は、以前に約束したように、債券の条件などの変更を求める債務国の提案に耳を傾けて、諸国家が友好的に協力することへの希望を大切にした。しかし、その後一九三三年の春と夏に行われた債務交渉は何の成果も生まなかった。連邦議会は引き続き、頑なに債務取り消しを拒否していた。ルーズベルト大統領は自身の国内景気回復のための法案を連邦議会の両院で通過させることができた。言い換えれば、彼の指導力は並外れていた。それでいて債務取り消しによって回復を図るという計画を、彼がほんのわずかでも信じていたとしても、同じ信仰に連邦議会を改宗させるための明白な努力というものを彼が行うことはなかった。

軍縮会議への対応

大統領に選任されたのちにルーズベルト氏が直面した外交カレンダー上の二番目の案件は、当時、ジュネーブで開催されていた軍縮会議で、アメリカがどのような政策を追求すべきか、という問題だった。国際連盟の主導で、ヴェルサイユ条約で宣言された誓約を遅ればせながら遂行するために、この国際会議は一九三二年二月に召集された。フーバー大統領が派遣した合衆国代表団は、その年を通じて会議の議事進行に協力していた。

この会議は、はじめから集団安全保障をめぐる政治的議論で混乱していた。というのは会議に参加した諸国のうち数カ国、特にフランスが、想定される侵略国、特にドイツから守ってもらえるという保障なしには、軍備を実際に削減することに賛成しようとしなかったからだ。その結果として、ジュネーブで問題が浮上した。それは、軍縮で合意が得られた場合に、共同で設置した委員会が指定したすべての侵略国に対して制裁を科し、さらに必要とあれば、軍事力を行使することをすべての締約国に義務付ける国際条約に、合衆国が加わるかどうか、ということだった。国際主義者にとって、これは合衆国に、平和の名のもとに、国際連盟規約と同じような盟約——侵略国を指定し、経済的なものであれ、差別的なものであれ、軍事的なものであれ、力でもって抑制するための盟約——に署名させる好機のように映った。同様にヨーロッパやアジアの紛争に政治的に巻き込まれることに反対していたアメリカ国民は、〝軍縮〟に関係するすべての駆け引きを懐疑的に思っていた。

一九三二年十二月、合衆国大統領に就任する数週間前、ルーズベルト氏は軍縮会議にどのように対処すべきかについて検討するよう求められた。軍縮会議のアメリカ代表団のひとりで、ウッドロウ・ウィルソン学派の国際主義者であり、ヨーロッパから帰国したばかりだったノーマン・デービス*が、その月の下旬、長時間に及ぶ複数回の話し合いで、ルーズベルト氏にその問題を真正面から提示した。知事がそのとき、デービス氏に約束した事柄の内容は、何らかの約束がなされたと仮定しての話だが、記録に残されていないようだ。

しかし、諸国が軍備の大幅な、または全面的な削減に合意した場合には、想定される侵略国から諸国を守るための何らかの集団行動にアメリカが加わることを期待するよう、知事が個人的にデービス氏を励ましたのではないか、と推論するに足る根拠はある。

＊キューバでの銀行事業などで財産を築いた実業家、ウィルソン政権下で官界に転じ財務次官補や国務次官を歴任した。

いくつかの断片的な証拠がこの推論の正当性を示している。たとえば一九三三年一月十一日、ルーズベルト氏は選挙期間中に自身のために働いてくれていた顧問らに相談することなしに、フーバー大統領が一九三三年一月十日に連邦議会に提出した教書を支持するとの声明を出した。その教書とは、軍事的な目的のために武器を船舶で輸送することを、自由裁量で制限あるいは禁止できる権限を大統領に付与する法律の策定を求めたものだった。そのような措置は「軍事衝突を防ごうとして、そうした犠牲を払おうとしている国々と、せめて同一歩調を合衆国にとらせることを、特例的に、大統領府ができるようにするものである」[5]とフーバー大統領は主張した。

だが、ルーズベルト大統領は就任後、ヨーロッパで名指しされている侵略国に対する武器の輸出禁止を大統領府に義務付けるような法案を、連邦議会に強く要請しなかった。しかしながら、一九三三年三月、大統領はジュネーブの軍縮会議でアメリカ代表団を率いる特使にノーマン・デービス氏を指名した。一九三三年五月初め、イギリスのラムゼイ・マクドナルド首相は、四月のワシントンでのルーズベルト大統領との長時間に及ぶ会談後、ロンドンで、合衆国は一定の条件の下で、不戦の協議条約＊に参加する意思があるとほのめかす声明を発表した。ノーマン・デービスはジュネーブでのアメリカ代表団のトップとして、それと類似した声明を出して、英首相に続いた。

＊ルーズベルト大統領、マクドナルド英首相、エリオ前仏首相が中心となり、侵略戦争に対する共同保障を確立するため、不戦条約を強化する形でアメリカが協力することが検討された。一九三二年五月二日付の『大阪毎日新聞』「不戦条約の強化説」、同五月六—八日付の『大阪朝日新聞』「不戦条約の強化」など参照。

一連の出来事を受けて、アメリカの国際主義者は、日本に圧力を加えるという点で今や帝国主義的感情と平行していた、合衆国の平和を求める国民感情を、〝軍縮〟交渉という道を通じて、侵略国を〝集団的〟行動によって討伐することへの積極的な取り組みに転化できる、と信じるに至った。さしあたり、これが国際主義者にとって、もっとも有望な試みだった。確かに、一九三二年二月二日のスピーチで、ルーズベルト氏は公然と、かつ明確に、連盟に参加することとヨーロッパの権力政治に巻き込まれることに反対すると宣言していた。また、大統領選挙の期間中は、国際主義寄りの素振りだけでもみせてほしいという懇請を、ことごとく無視してきた。しかし、正面突破が絶望的であることを承知していたアメリカの国際主義のリーダーたちは、新たな方針を選択した。それは、合衆国が軍縮に関連して他国との「協議条約」に参加するならば、「集団安全保障」の基本原則は実現され、同時にドイツと日本を抑えられる、というものだった。しかも、ルーズベルト氏によってなされた、あるいは彼の名前でなされたいくつかの一般的な発言が、新たな方針を主張する人々に、大統領が自分たちを支持していると信じ込ませたのだった。

ルーズベルト大統領が一九三二年二月の時点で拒絶したことを一九三三年五月に否定し、合衆国に〝集団安全保障〟政策を採用させるという期待は、しかしながら、疑問の余地をまったく残さない指針によってまもなく一掃された。彼が依然として二月二日の公約を支持していたことが、一九三三年五月十日の「外国との協議条約―軍縮―外国の債務と［ロンドンでの］経済会議」についての記者会見で、強い口調で、明らかにされたのだった。(6)

記者会見は次の質問で始まった。「あなたはラムゼイ・マクドナルドが昨日行ったスピーチの記事を読みましたか。彼はわれわれが協議条約に参加することですでに合意に達していると述べています」。大統領はこう答えた。「注意したまえ。彼を間違って引用してはいけない。正しく理解してほしい」。

多少の軽妙なやり取りの後、ルーズベルト大統領はニューヨークの新聞朝刊に掲載されたマクドナルド首相の声明を読み上げた。

合衆国政府が、軍縮会議が多少なりとも納得のいく結果を生むならば、協議条約に参加すると合意したことによって、彼らにはヨーロッパを鎮静化するためにさらなる役割を担う覚悟があるとお伝えできるのは非常にうれしいことであります。これによりヨーロッパの安全保障と、戦争の脅威にさらされている諸国の安全が、一層確保されることになるでしょう。

これはかなり大幅な前進です。口火を切ったのはスティムソン国務長官です。彼は職を辞する前に、中立というものを再定義する必要性について、勇気ある発言をしました。現行政府は、一段と踏み込んで、自らの義務をかなり明確かつ正式なものにする考えを表明しました。……(7)

英首相の声明についてコメントする中で、ルーズベルト大統領は、合衆国が集団安全保障を目指して「かなり大幅な前進」をしたという考えを軽んじてみせたうえで、合衆国の独立を制限することに反対であることを、疑いの余地がないほど明白にした。大統領は、民主党は間違いなく、そして共和党も、協議条約を支持してきた。そして協議のための何らかの組織が設置されたならば、合衆国は協議できる相手がいることを大いに喜ぶだろうと述べた。ただし、協議とは「いかなる形でも、合衆国の足かせとなるものではなく……われわれは事実が明らかになった後に自らの行動を決定する権利を決して――決して――制限するものではありません。……他の国々が何を考えているかに関してワシントンに報告がきて、そのうえで、われわれはまったく自由に、いかようにも、望むとおりに行動できるのです。言い換えれば、たまたま協議条約の話し合いに同席したアメリカ人にわれわれが従わなければならないことはないのです。彼は本国に報告するのです」とジャーナリストたちに通告したのだった。

ここで記者のひとりが口をはさんだ。そして以下のような対話がなされた。

質問　大統領、協議条約の問題は国際連盟とわれわれとの関係とほとんど同じである、と私には思われます。

大統領　それはまったく別物です。そのように関連付けて比較してはいけません。

質問　ですが、われわれは常に、必要ができた場合には協議するが、何ら義務は負わない――協議する義務はない――との立場をとってきました。この新しい取り決めでは、われわれは協議する義務を負うのでしょうか。

統領　率直に言って、われわれは協議の場に同席し、そして相談することになるでしょう。要するに、特に驚くような話ではまったくないのです。

質問　しかし、そのような組織がすでに存在していますが。

大統領　そうですね。別の言い方をすれば、これは政策の大きな変化のように聞こえますが、政策はほとんど変わっていないということなのです。どのみちやることになることをやりますという意思表示なのです。

合衆国の覚悟についてのマクドナルド英首相の発言に関する上記のコメントは〝オフレコ〟であった。つまり、ジャーナリストの参考までに供されたもので、大統領の同意なしには大統領の言葉として引用できないものであった。

しかし、大統領は、国際主義者が当時、大統領とわが国に迫っていたように、戦争を非合法化するためのケロッグ・ブリアン条約*を実行することを合衆国に義務付けるような、いかなる協議条約にも同意しないと断言するにあたって、疑いの余地を残さないほど明確であった。また大統領が、これに関連してであれ、ほかの何かに関連してであれ、アメリカの外交政策に関する公式な発言のなかで、スティムソン・ドクトリンやほかのいかなるものであれ、〝集団安全保障〟の強制を求める国際主義を支持する、とほんのわずかでもほのめかすようなこともなかった。

＊一九二八年パリで締結された戦争放棄に関する条約。提唱したケロッグ米国務長官とブリアン仏外相の名をとってこう呼ばれるほか、パリ不戦条約ともいう。国際紛争を解決する手段としての戦争を放棄すること、紛争は平和的手段で解決することを宣言した。しかし、合衆国をはじめとして自衛のための戦争は許されるという立場をとる国も多く、また、植民地や勢力圏で国益が侵された場合に軍事力を行使することが自衛にあたるかどうかといった明確な定義もされなかった。さらに条約に違反した国に対する制裁規定もなかったことなどから、戦争を

回避する有効な手段とはならなかった。

ルーズベルト大統領が侵略国を抑圧する手助けをする義務を合衆国に負わせることに消極的であることは、失敗に終わった軍縮会議との彼の直接的な関係においても、極めてはっきりとあらわれていた。一九三三年五月十二日、ヒトラー総統が、軍縮会議を非難し、それに抵抗するよう呼びかける演説を行うためにドイツ帝国議会を招集していたことが判明し、軍縮会議は破綻の危機に直面するに至った。ジュネーブのイギリス、フランス、アメリカの代表団は、軍縮会議の決裂を恐れて、大統領が断固たる宣言をする以外に、ドイツの総統の強硬姿勢を真の意味で抑えることはできない、と決意した。しかし、五月十六日に行われたルーズベルト大統領の「諸国への訴え」は、この窮地において、アメリカが集団保障システムに正式に協力するという明確な誓いを大統領がたてるかもしれないという国際主義者たちの希望に引導を渡した。フランスでも、イギリスでも、そして合衆国内でも、大統領の訴えにはそのような保証がまったく含まれていないと受け止められたのだった。

「諸国への訴え」のなかで、ルーズベルト大統領は、侵略の脅威と関連づけて過剰な軍備に言及、合衆国は実効性のある軍備削減に参加する用意があると宣言するとともに、疑念の余地のない不可侵条約の締結を呼びかけた。そして他のどんな国に対しても「どんな性格の軍隊であろうとも、国境を越えて軍を派遣しない」ことに諸国間で合意するよう訴えた。しかし、こうした訴えや軍備負担を削減するために協調する申し出を行うにあたって、大統領は国際連盟とヨーロッパの政治紛争に巻き込まれることを拒否した一九三二年二月二日の宣言を覆す、あるいは大幅に修正する意向はまったく示さなかった。むしろその逆で、彼は独立――合衆国にとっての判断と行動の自由――の政策を忠実に守ったのだった。

もし、「訴え」がこの点について、ごくわずかな疑問の余地を残していたとしても、それはまもなく、軍縮会議の合衆国代表団トップであったノーマン・デービスがぶち上げた別の観測気球がたどった運命によって取り除かれた。「訴え」がなされた六日後にデービス氏は、仮に、ジュネーブで何らかの軍備を制限する合意が成立するならば、合衆国は戦争の恐れがある場合には他国と協議し、そして仮に、罪を犯した側について判断が一致したならば、平和を取り戻すための他の国々による集団的努力を合衆国が妨げることはないと提案した[8]。

当時、上院は、世界の平和をまさに乱そうとしている国あるいはすでにかき乱していた国に対して、軍需品の輸出禁止を課すことができる権限を、大統領に付与するための決議案を通過させるのに手間取っていた。国際主義者はそこに、合衆国を集団安全保障のスキームに組み入れるための新たなチャンスを見た。デービスの提案と、平和の破壊者に対する軍需品の輸出を禁止する権限を大統領に認める決議の組み合わせによって、合衆国は、侵略国と指定された国の政府に制裁を科すにあたって国際連盟や諸国家の協調体制と協力する義務を負うようになるかもしれないのだった。だが、この苦心して作り上げた計画は水泡に帰した。

デービス氏の提案はさまざまな条件を突き付けられて、その中身は薄められてしまったが、そうなってもまだ、ルーズベルト大統領の支持はほとんど得られなかった。さらに上院は、武器輸出禁止を「侵略国」に適用するだけではなく、侵略国に冒され、国際紛争に巻き込まれたすべての当事国に適用するよう決議案を修正することによって、この問題について、否定的な見解を表明したのだった。

ヒトラーが、ドイツを軍縮会議から離脱させ、そして国際協調が急激に衰退し始めると、デービス氏は、合衆国はヨーロッパのいかなる国家とも政治的に提携していないし、また、ヨーロッパで続けられている政治交渉に参加するつもりはない、と発表した。ワシントンでは、ハル国務長官が、軍縮問題が政治的和解に代わって再び検討の対象となるまで、合衆国は軍縮会議に超然とした態度をとり続けるという趣旨の公式声明を出すことによって、孤立主義者たちを安心させた。このようにヨーロッパと合衆国の国際主義者たちは、ルーズベルト政権が、国際連盟に加盟することによって外国の紛争に巻き込まれるのと、たとえほんのわずかでも似たような事態に陥ることに、強く反対していることをはっきりと警告されたのだった。

ドイツや日本に対する諸国家の協調行動の計画に合衆国が参画することが、軍縮会議を成功させることになったかどうかは、実際のところ、純粋に推測にすぎない問題だ。いよいよというときに、どの国が、何カ国が、特に大英帝国が、そのような同盟に加わったかどうか——このこともまた、推測の域を出ない。歴史には単にこう記録されている。軍縮に関するジュネーブ会議に際して、ルーズベルト大統領は、他の諸国とともに侵略者を名指ししたり、その侵略者に対して、必要とあれば軍事力を含む実効的な措置を講じたりする義務を合衆国に課したであろう、いかなるスキームも承諾しなかった。そうして軍縮会議は一九三三年とその後数年間にわたって、ただただ、だらだらと続き、やがてエネルギーを失い、消滅したのだった。

世界経済金融会議への対応

ルーズベルト氏は、彼が命じてそうなったわけではない、いくつかの出来事によって、外交についての三番目の問題に直面することとなった。国際連盟の肝いりで招集され、まもなくロンドンで開催されることになっていた次の世界経済金融会議で、合衆国が追求すべき政策について意見を述べる必要があったのだ。一九三二年十一月にはかなり準備が進んでいたこの会議は、その動機と目的において、外交官と専門家からなる世界会議の力で平和という大義を推進し、かつ地球上の国々を苦しめていた経済不況を、克服できないまでも実質的に緩和できる、と考える国際主義者や、諸国家間の協力関係を促進させようとする人々の信念を表していた。フーバー大統領は、国際連盟の招待をすでに受け入れており、会議の議題——この文書は最終的に、これまで以上に大規模な外国貿易によって経済を救おうという国際主義のドクトリンを盛り込んだものとなった——を起草する作業に参加するアメリカ政府の代表団を、連邦議会の承認を得て、任命済みであった。

世界経済会議に関していえば、ルーズベルト氏は国際主義的な計画に対して、最初は支持しない素振りを見せていたが、ついにはこの企画に敵意をむき出しにした。一九三二年十二月、フーバー大統領が彼に経済会議を企画する役目を共有するよう促し、そのために彼の党の人間——たとえばオーウェン・D・ヤングあるいはハウス大佐のような人物——をひとりないし複数指名するよう勧め、彼の関心を惹こうとした。ルーズベルト氏と彼の側近たちは、世界経済会議の議題が、合衆国やその他の地域の〝回復〟にあたって伝統的な手法——貿易障壁の引き下げ、健全な通貨、金融調節、物価の安定など——に基づく経済的国際主義を明らかに支持していることを良く知っていた[9]。

しかし、ルーズベルト氏は、大統領に就任する以前に、企画されている経済会議にいかなる公的責任を負うことも拒否した。会議の議題にのぼっていた国際主義的な主張に言及して、モーリー氏は後に次のように書いている。「われわれはそれが真実だとはどうしても信じられなかった。……もし、フランクリン・ルーズベルトが仮にも何らかの哲学を持っていたといえるならば、その哲学は、経済回復に向けた国際的な協調行動が成功するには国内における景気回復が始まっていることが大前提だ、という根源的な信念に基づいていた。彼はわれわれの不況が国際的な措置によって克服され得るなどとは信じていなかった。まして債務の削減あるいは国際貿易の販路をごく一部開放することが不況を完全に一掃するなどとは、もちろん信じていなかった[10]」。この全般的な問題について語るなかでモーリー氏はこう主張した。「経済再生計画の要は国内であり、国内でなければならないということでわれわれは一致していた……ラルフ・ロービー、レックス・タグウェル、アドルフ・バーリー[*]は……伝統的な国際主義に反対することで私と一致していた[11]」。

＊ラルフ・ウエスト・ロービーはコロンビア大学の経済学者。レックスフォード・タグウェルも経済学者で、第一次世界大戦後に米国領となったプエルトリコ知事、シカゴ大学教授などを歴任した。アドルフ・バーリーは外交官。いずれもルーズベルト氏の政策集団であった「ブレイントラスト」のメンバー。

一九三三年三月四日、大統領に就任したルーズベルト大統領が、国際主義や国際会議には合衆国の経済回復を約束する力があると依然どこかで信じていると考えるアメリカ国民がいたならば、彼らは同年六月に開催される予定だったロンドンの経済会議に関する大統領の公式な行動や声明に徹底的に幻滅させられたに違いない。大統領が、前政権が約束したこの会議に参加する義務を継承したのは確かだし、アメリカ代表団のトップにコブデン・ブライト派の自由貿易主義者であり、ウッドロウ・ウィルソン派の国際主義者として知られていたコーデル・ハル国務長官を選んだのも、間違いない。だが、大統領は、ハル氏を彼とは考え方が異なるか、もしくは対立するか、あるいは意見がはっきりしないような他の代表者たちと一緒に行動させたのだった。そして大統領の彼らへの指示は、さまざまな解釈の余地があったとはいえ、こと約束に関しては確かに言質を与えていなかったのだった。加えて、会議がもたつき出すと、大統領はそれを成功に導くよう実質的な手助けをすることはなかった。成功という言葉が何を意味していたにせよ、である。

それどころか、会議が白熱して議論が活発に交わされていたころ、アメリカ代表団は他の国々の代表団にしつこくせがまれて、国際金融分野でせめてひとつは簡単な計画案に大統領の承認が得られないか、と大統領宛てのメッセージをまとめた。このメッセージは経済会議の開会後、大統領の個人代理人としてロンドンに派遣されたモーリー氏が出席したいくつかの会議でその草案が作られた。大統領に送られた計画案は、モーリー氏が後に説明したように、「もっとも狂信的な孤立主義者」にも反対されないような表現で書かれていた。それは「まったく害のない」ものだった、と彼は付け加えた。もともとの文章の表現に彼自身が加えた修正は、オリジナルの文章の活き活きとした勢いを奪ったにすぎなかったとモーリー氏は思った。彼は、計画に対する大統領の承認はすぐにおりるだろうし、そうなれば、ロンドンでの「警戒と不安の二週間に終わりを告げることになる」にちがいないと完全に確信していた。

かなりの時間をかけて大統領が返書を送ってきた。事実上、それによってロンドン会議は中断され、国際合意に向けたあらゆる計画はすべてもっとも穏やかな金融措置に関するものさえも、葬られたのだった。この返書のトーンは、その内容に劣らず、アメリカ代表団と会議に参加していたすべての国々に——実際のところ、世界中の国際主義者に——衝撃を与えた。

ルーズベルト大統領は、会議はその大きな目的をなおざりにし、弥縫策で時間を浪費していると非難したうえで、さらに合衆国の名において国家主義のドクトリンを宣言したのだった。「国内の経済システムが健全であることの方が、他国通貨との関係によって変動する自国通貨の価値よりも、国家の安寧にとっては重要な要件である」。そして大統領は、合衆国は「いわゆる国際的な銀行家たちの、古くからの盲目的な崇拝」

を拒否し、自国の通貨政策は自国のニーズと利益に基づいて計画していると会議に通告したのだった。この辛辣なメッセージの中で唯一の慰めとなったのは、諸国間の貿易に対する禁輸措置を緩和する重要性について記した短い一節だった。[12]

衝撃のあまりに呆然となったロンドン会議は、まもなく散会となった。開会にあたって膨らんだ夢は、罵詈雑言が飛び交う中、消滅してしまった。合衆国は国内政策を通じて経済回復を図るとの通告は、このようにして国際主義者に発せられたのだった。

極東問題への対応

大統領に選出された後、ルーズベルト氏が直面した外交問題の四番目のジレンマは、極東におけるアメリカの政策の問題であった。それを具体的に言うと、フーバー大統領の国務長官であったヘンリー・L・スティムソンが形成した政策の問題であった。[13] この問題はそもそも一八九八年以降、共和党の後援のもと極東で促進された帝国主義的構想の流れをくむものだった。しかし、アメリカの国際主義者は、スティムソン長官の作戦のなかに、日本の帝国主義を食い止めるために合衆国を国際連盟に加盟させるよう仕向けるか、あるいは連盟を利用するよう合衆国を誘導することによって、ケロッグ・ブリアン平和条約を実行に移すチャンスを見出していた。そうすると、合衆国は国際連盟と、あるいは連盟を運営している諸大国と、密接に連携しなければならなくなる可能性があった。[14] スティムソン氏の戦略の国際主義的な含みを考えれば、極東問題はルーズベルト氏に難問を提起していた。彼はそれに巧みに対処した。

極東政策としてのスティムソン・ドクトリンについてのルーズベルト氏の決断は、フーバー大統領との協議中に下されたのではなかった。それはスティムソン長官本人との非公式な内々の会談で採用されたのだ。一九三三年一月九日、ルーズベルト大統領はハイドパーク*で長官と昼食を共にした。この面談に大統領が自身の私的アドバイザー、レイモンド・モーリーを呼ばなかったというのは特筆すべきことである。モーリー氏はこの問題について彼なりの考えを持っており、フーバー大統領との交渉に積極的に関与していた。

＊ニューヨーク州南東部のダッチェス郡にある街で、ルーズベルト大統領の自宅があった。現在は記念館となっている。

モーリー氏は、スティムソン・ドクトリンを、アメリカ共和国にとって間違いなく危険なものとみなしており、合衆国の政策としてこのドクトリンを採用することに強く反対していた。モーリー氏の意見では、スティムソン・ドクトリンを容認することは「共同制裁を是認することを意味することであり、外国の戦争において『中立派』として一方を、あるいは他方を、輸出禁止や類似の手段で差別すべきという誤った理論を是認することを意味した」。モーリー氏の見解ではまた「フーバー・スティムソン路線に黙々と従うことは、伝統的なアメリカの中立の考え方、つまり静観、不偏不党、外国の紛争への非関与を否定すること」を意味していた。それは「……極東に大きな戦争――イギリスがスティムソンに同調することを拒否しなかったならば、合衆国とイギリスが日本と戦わなければならなくなっていたかもしれない戦争――を招いていたであろう政策を支持するものだった(15)」。

フーバー大統領の名前が当時、一般的にスティムソン・ドクトリンと結び付けて考えられていただけに、特にモーリー氏によってそのように喧伝されていただけに、ルーズベルト氏とスティムソン国務長官が一九三九年一月九日に達した合意の重要性を理解するには、フーバー大統領がこのハイドパーク会談に全く参加していなかったこと、そしてスティムソン氏が考案したような不承認ドクトリンには反対していたことを念頭に置いておかなければならない。スティムソン国務長官の構想には、経済制裁[16]を課すこと、制裁を強制するにあたって可能なら他の国々と緊密に協力すること、これと相まって制裁が失敗に終わった場合、ほぼ確実にもたらされる結果――戦争を受け入れる意思が含まれていた。別の言い方をすれば、スティムソン・ドクトリンは一九四一年に実際に試されたときに証明したことを、一九三三年時点で、正確に意味していたのだった。

フーバー大統領にとって、スティムソン氏の不承認ドクトリンの構想は不愉快なものだった。大統領とスティムソン国務長官がその問題をめぐって公然と決別することはなかったものの、フーバー大統領は経済制裁やその他の強制手段には断固反対していた。彼は、不承認ドクトリンは道義的な説得つまり人類の道徳観や道義的判断に訴える場合にのみ、利用されるべきものだとみなしていた。[17] ウィリアム・マイヤーズ教授*が後に、モーリー氏の回顧録から引用したこの部分について述べたように「モーリー氏のこの発言は多くの記録が示してきたように、フーバー大統領の諸政策や考えとはまったく逆であったということはこれ以上ないくらいはっきりと言っておかなければならない。スティムソン国務長官の心中がどうであったかは別として」。[18]

＊プリンストン大学教授、フーバー大統領の外交政策についての研究書がある歴史学者。本章の注（16）を参照。

一九三一年末の閣議で読み上げたメモの中で、フーバー大統領は自身の計画を詳しく説明していた。「われわれの紛争に関する政策はまさに平和交渉のプロセスをやり尽くすことなのです。しかし、そうしたプロセスを熟考するにあたり、仮にそうした努力が水泡に帰した暁には、戦争を究極の措置として検討するかどうかを決断しなければなりません。中国に対するわれわれの義務や、われわれ自身の利益、われわれの尊厳のために、われわれが「満州紛争に関連する」これらの問題をめぐって、戦争を始める必要はないのです。「日本による」これらの行為はアメリカ人の自由、わが国民の経済的あるいは道義的な将来を危険にさらすことはないのです。そのような事態に陥らない限り、私はアメリカ国民の生命を犠牲にするつもりは決してないのです。もし、理由としてそれでは不十分というのであれば、戦争に訴えるということは、文明がもはやすっかり弱体化しているときに、長期にわたって戦いが続くことを意味するのです。そのような戦争は海軍の作戦だけで勝利できるものではないのです。中国人を武装し、訓練してやらなければなりません。われわれは、気が付けば世界中の猜疑心を刺激するような形で中国に関与していることになるでしょう。……われわれには、諸々の条約を合意のうえで守らせる、あるいは廃止させるために、戦争以外のあらゆる影響力を行使する道義的義務があるのです」。他国との協力を道義的な圧力、交渉、調停に限ると語った後、フーバー大統領は以下のように述べて話を締めくくった。「しかし、それが限界なのです。われわれは他国と協同して戦争に向かうことはないし、いかなる制裁にも、経済的な制裁であろうと軍事的な制裁であろうと、加担しない。なぜならば、それは戦争へと続く道だからです」。(19)

　フーバー大統領は、自らが内閣にかくも明確かつ適切に示した、こうしたアメリカの外交政策の基本原則を大きく損なうことなく、日本との戦争にほぼ間違いなくつながるスティムソン国務長官の制裁と抑圧の計画を遂行することは、それゆえに、できなかった。もし、フーバー氏が恐慌という波乱がさらに高まっていくなかで、最後の手段として、戦争に訴え、その結果必然的にもたらされる、そして彼の再選の見通しを明るくする、好景気を実現させることによって荒波から逃れたいという誘惑にかられていたとしても、彼は一度もそのような素振りを公然と見せることはなかった。それどころか、大統領は自身の内閣に対するメッセージで「戦争へと続く道」と表現した制裁やその他の手段に、国務長官が傾倒していることを承知しており、国務長官を密かに抑えつけていたのだった。そしてフーバー大統領の政権が終わるまで、彼の方針がぶれることはなかった。

ルーズベルト氏が一九三三年一月九日、極東情勢に関して会談したのはスティムソン長官とであり、フーバー大統領とではなかった。会談のお膳立ては、ある著名な民主党員が仲立ちして整えた。この民主党員はルーズベルト氏が大統領になった後、憲法下の高い地位に指名された[20]。スティムソン長官がハイドパークに行ったことをフーバー大統領が承知し是認していたことは、合理的に考えてかなり確かなことである。というのは、結局無駄に終わったが、フーバー大統領はしばらく前から、特定の外交政策に関して継続性を維持するためにルーズベルト知事と折り合いをつけたいと熱心に動いていたからだ。しかし、国務長官がルーズベルト氏に対してハイドパークで、フーバー大統領の不承認ドクトリンを示したという証拠はない。それどころか、示さなかったという証拠がある。つまり、国務長官が自らのドクトリンを示したという証拠である。

スティムソン国務長官は当時、満州問題に関してイギリス政府から受けたすげない拒絶に心を痛めていた。また、日本に対する経済制裁の適用を拒否したうえに、〝事件〟をリットン委員会*による報告書のなかに葬り去ってしまった国際連盟の仕打ちにも苦しんでいた。フーバー大統領が、国務長官が支持する制裁は戦争へと続く道に進み出すことを意味すると主張し、中国における合衆国の通商上の利益は極東の戦争でアメリカ人の血を流すことを正当化するものではないと譲らなかったために、国務長官がはじめから苛立っていたということもまた、疑いの余地はない。もし、歴史に確かなことがあるとすれば、それはスティムソン長官が、たとえその結果戦争となる公算が高くても、日本が制裁その他の作用形態によって責任を問われるのを見たいという強い願望を、一九三三年一月九日より前には決して諦めてはいなかった、ということだ。スティムソン氏とルーズベルト氏が当日、五時間にわたって外交問題を検討し、スティムソン氏の制裁プログラムをまったく考慮せずに、何らかの合意に達したなどというのはあまりにあり得ないことで、証拠がどうのこうのという次元を超えてしまっている。

＊一九三二年一月、満州事変を検証するため国連が発足させた調査委員会。英伯爵ヴィクター・リットンが団長を務めた。同年三月から三カ月にわたって日本や中国などを訪問、現地調査を行った後、十月、世界に向かって報告書を公表した。その骨子は、満州事変は日本の侵略行為であり、自衛とは認定できないというものだった。しかし、満州での日本の権益は認められ、日本と協力する自治政権が成立することは容認できるとしていた。また、日本軍は満州から撤退すべきだが、南満州鉄道沿線は除外された。報告書は必ずしも日本に全面的に不利なものではなかったが、日本の軍部は、侵略行為と断定されたことで満州国も否認されたものとして強く反発、国内で反連盟感情を煽った。連盟は一九カ国委員会が報告書を改めて審査、最終的に日本の侵略行為を認定した。満州からの撤兵を勧告する決議案が三三年二月の国際連盟総会に送られた。決議案には日本のみが反対、シャム（現在のタイ）が棄権したものの他の四二カ国すべてが賛成し可決された。日本の国際的孤立は一段と明確となり、日本の代表団長、松岡洋右（後の外相）は総会会場から引き上げ、日本は三月二十七日、連盟脱退を通告した。

この妥当な推論のほかにも、スティムソン国務長官が一月九日にハイドパークで持ち出し、ルーズベルト氏が検討し受け入れたのは、フーバー氏のドクトリンではなく、スティムソン・ドクトリンであったという極めて信頼性の高い、否定しがたい証拠がある。ここでいう証拠には、まず、ルーズベルト氏がその数日後、報道機関に〝オフレコ〟で話した内容が含まれている。その発言はハイドパークで何があったのかについてのルーズベルト氏の説明を伝えた、『ニューヨーク・タイムズ』紙の記事に引用されていた。[21]

さらに確認する手段として、モーリー氏が著書『七年が過ぎて』に記したこの問題についての彼の覚書もある。モーリー氏が、不承認ドクトリンには制裁やその他の強制措置を含まれるものだという見解で、フーバー大統領はスティムソン長官と意見を同じくしていたという誤った印象を持っていたのは事実だ。また、モーリー氏が、外交政策に関するフーバー政権のその他の交渉に関わっていたとはいえ、彼が一月九日の会談には参加していなかったというのも事実である。しかし、モーリー氏はその当時、いわゆる不承認のフーバー・スティムソン・ドクトリンがルーズベルト氏によって採用され、適用されれば、「極東に大きな戦争をもたらすことになる」という断固たる意見の持ち主だった。そしてモーリー氏は一月九日にハイドパークで行われた昼食会談の数日後、タグウェル氏とともにルーズベルト氏と話し合ったとき、ルーズベルト氏がその折、スティムソン長官版の不承認ドクトリンを採用することを実際に約束した、と確信したのだった。[22]

その日、ルーズベルト大統領との会談の終わりに、国民への情報を求める報道機関の代表団に迎えられたスティムソン長官は、「素晴らしいランチ」を楽しんだと述べて、記者たちの質問をかわした。しかし、用心深い外交用語で綴られたワシントン特派員による一九三三年一月十六日付の記事によると、スティムソン長官は事実上、長官とルーズベルト氏が実のところ、一九三三年一月九日の会談で大きな決断をした、と言明したという。一九三三年一月十六日付の特電は、極東有事の際に合衆国が宣言した不承認政策が、スティムソン国務長官の指示のもと、海外にいるアメリカの外交官を通じて、ヨーロッパの外交当局や国際連盟にあらためて伝えられ、しかも同様の情報が最近、国務省を訪れた外国使節にも口頭で伝えられたと国民に知らされた。ここまではフーバー政権としての行為と見受けられた。[23]

しかしながら、スティムソン国務長官の発言は、単に自身の見解を表明したという以上のことを意味していた。それを報じた記事はさらに続けて、ルーズベルト氏がスティムソン政策――実施されれば、きっと極東での戦争へとつながる政策――に間違いなく言質を与えたことを、遠回しな表現ながら、示唆したのだった。[24]『タイムズ』紙の一月十六日のワシントン特派員の記事から引用した以下のくだりは、一月九日に行われたスティムソン長官とのハイドパークでの会談でルーズベルト氏が請け負った責務の性格を示している。

ルーズベルト次期大統領には満州に関する政府の政策を変える意向はまったくない、と当地［ワシントン］では見られている。そして十分な情報に基づく推論によれば、国務長官は、合衆国はパリ条約に違反する手段でもたらされたいかなる条約や状況も承認することはないというドクトリンをあらためて宣言する前にこのことを確かめたということである。

ルーズベルト政権はフーバー・スティムソンの極東政策を継続しないつもりだと海外で繰り返しうわさされていることが、合衆国の将来の方針に不透明感をもたらしており、それゆえに満州問題をめぐるこの国の立場を弱めがちであったことは明白である。政府はこうした印象を薄めることを望んでいた。……

この政策が有効であることを示した通知が最近、ロンドンのメロン大使やパリのエッヂ大使、ヨーロッパ各国の首都に派遣されている在外公館の長、ならびに在ジュネーブのアメリカ領事プレンティス・ギルバートに送られた。そして彼ら外交官は「もし、尋ねられたならば」合衆国の立場は変わっていないと説明するよう指示された。

> 国務省は今日、こうしたことが行われたのは合衆国が態度を緩和させているという記事が出たためだと説明した。外交筋の間では、やっかいな満州問題についての会合を目前に控えた一九カ国委員会にアメリカの立場をあらためて思い出させる必要があるとスティムソン長官が思った、との意見が一般的だった。……
>
> 国務省は、フーバー大統領がメロン駐英米大使に対して、合衆国は国際連盟が日中問題の処理に時間を浪費しすぎたと考えており、しかもあらゆる懐柔策が失敗したのであるから、連盟は規約に従って行動すべきだと思っている、とイギリス外務省に伝えるよう指示したとした本日付のロンドンでの報道をきっぱりと否定した。(25)

スティムソン長官の発表があった翌日の一九三三年一月十七日、報道機関に問われて、ルーズベルト氏は、スティムソン・ドクトリンに対する自身の立場を明らかにした。彼は実際に、それを自身のドクトリンとして承継したのだろうか。

『ニューヨーク・タイムズ』紙に掲載された、スティムソン氏の声明についてのルーズベルト氏のインタビューのニュース〝ストーリー〟は二部構成となっていた。その第一部は、ルーズベルト氏がジョン・ヘイからヘンリー・L・スティムソンに至るまでの歴代の帝国主義の国務長官によってさまざまな形で追求されてきた極東政策に賛同していると、オフレコながら、その筋の内意を得たかのように描いているようだった。この部分はふたつの節に分かれていた。

ふたつの節の間に挟まれる形で、ルーズベルト氏の短い発言が直接引用されていた。そのなかで、ルーズベルト氏はスティムソン氏の極東政策を現時点でははっきりと支持することは避けたうえで、同政策を暗に承認しているとも解釈できるような、しかしながら、それだけをとらえれば、同政策とはほとんどあるいはまったく関係がないような一般論にふけっていた。

『タイムズ』紙の記事の第二部は、不承認ドクトリンの範疇を超えて、ルーズベルト氏がスティムソン長官の極東政策全般を、日本も締約国であった海軍軍縮条約を修正する可能性も含めて是認したと間違いなく示唆していた。

一九三三年一月十七日の『ニューヨーク・タイムズ』紙によるこのインタビュー記事は、この問題に直接的にどのような影響を及ぼすかという点からも、そして報道機関や国際問題に対処するにあたってのルーズベルト氏の手法を示しているという観点からも、おおいに注目するに値する。

> フランクリン・D・ルーズベルト次期大統領は昨日、自身が大統領に就任した後も合衆国の極東政策が変わることはないと示唆した。
>
> 彼がフーバー政権の極東政策を承継すると示唆したのは、スティムソン国務長官が、日中間の紛争で、合衆国は不承認政策を継続するとヨーロッパの利害関係国政府に通告したとのワシントン発の報道について記者団から質問を受けてのことだった。
>
> 市内の六五丁目イーストサイド四九番にある自宅の書斎に座って、ルーズベルト氏は記者から鉛筆を借りた。そして一週間前のスティムソン国務長官との面談で現政権の極東政策を支持することに同意したかどうか、との質問に答えて、ひとつの声明をしたためた。その声明とは以下の通りである。

「特定の外国の情勢に関するいかなる声明も当然、合衆国国務長官から出されなければなりません」

「しかしながら私は、アメリカの外交政策は国際条約の尊厳を維持するものでなければならないと言明するのにまったくやぶさかではありません。そのことは諸国家間のすべての関係が依って立つべき根本理念であります」

ルーズベルト氏は、中国に対する「門戸開放」政策を継承するという宣言であると解釈されたこの声明を、さらに詳しく説明するために、スティムソン国務長官との会話の詳細を明らかにしたり、これを戦債問題にもあてはめて語ったりすることは拒否した。次期大統領は言いたいことは以上だ、と述べた。……

今やルーズベルト氏は、ケロッグ・ブリアン不戦条約に違反する手段で日本が獲得したものを承認しないというフーバー大統領の立場を支持したばかりでなく、門戸開放政策と中国の国家としての一体性を保証する九カ国条約を順守することへのこだわりを支持したとみられている。

さらにワシントン会議で締約されたすべての条約は、同時に行われた交渉の事情と相互に依存するものであり、また、九カ国条約の地位に何らかの変更があることによって四カ国太平洋条約と海軍条約は影響を受ける可能性があるという、スティムソン国務長官がボーラ上院議員に一九三二年二月二十四日付の手紙で示した見解をルーズベルト氏が受け入れたと理解されている。[27]

スティムソン氏との合意に関するインタビュー記事が出た翌日、ルーズベルト氏は側近のモーリー氏とタグウェル氏から、極東についてのスティムソン・ドクトリンをなぜ、受け入れたのか、と問われた。ルーズベルト氏は、言質を与えるのに先立ち、彼らに事前に相談していなかったのだった。二人が驚いたことには、ルーズベルト氏は自分の祖先が中国貿易に従事していたという事実のみを回想し、「私はこれまでずっと中国人に心から同情してきた。日本についてスティムソンに協力しないと考える方がおかしいだろう[28]」と付け加えた。モーリー氏とタグウェル氏は、この決断を悲劇的な間違いだとみなしたが、もはや決断は下された後だった。

ルーズベルト氏自身が一九三三年一月十七日に出した条約の尊厳を守ることについての短い声明では、スティムソン・ドクトリンについては一言も触れていなかった。従ってそれは、表面上は、ドクトリンをそのまま承認するものではないとみなすこともできた。だが、スティムソン長官が出した先の声明との関連で考えれば、それは日本に対処するにあたって彼のドクトリンを支持するという約束の存在を暗示していた。モーリー氏とタグウェル氏が予期したように、この内々の約束は後にまっとうされた——一九四一年から一九四五年の間に。

いずれにしろ、ルーズベルト氏自身の一月十七日の発言そのものは、道義的な領域の範疇にあるものとみなされ、孤立主義者の間で大きな警戒心を呼び起こすことはなかった。モーリー氏が意見を述べたように「それ自体はまったく重要ではなかった」。実際、満州で日本を阻止しようというスティムソン長官の方針は、国際連盟との協力を目指す彼の公然の努力や集団的な支持をとりつけたいという彼の思いにもかかわらず、合衆国の帝国主義的利害に適っていたのだった。

そのうえ、ルーズベルト氏は帝国主義とその仕組みになじみがないわけではなかった。彼は一九一三年から一九二〇年までの間、海軍省次官だった——ウィルソン大統領の下、メキシコ、サントドミンゴ、ハイチに対して古典的な帝国主義スタイルの海軍作戦を担った海軍省の、である。実際、副大統領候補として出馬した一九二〇年の選挙キャンペーン中、ルーズベルト氏はアメリカの支配をカリブ海に拡大することに貢献した自身の業績のいくつかを誇らしげに挙げていた。[29] それゆえに一九三三年一月十七日、彼が「条約の尊厳」に言及したとき、原則に例外を認めているのだと理解されてもおかしくなかった。[30] いずれにせよ、一九三三年一月九日にスティムソン長官は心の中にずっと描いてきた大きな目的を達成した。時が来れば、彼は自身の計画を実現するためにルーズベルト氏と協力するのだった。[31]

もし、国際問題の大家からみれば、スティムソン・ドクトリンに関する一九三三年一月十七日のルーズベルト氏の声明が、彼が大統領として日本に対して直ちに強硬策に打って出るかもしれないことを示唆していたとしても、彼が一九三三年のその後の時点で、そのような意図を持っていることを国民に対してわずかでもほのめかすことはなかった。その年のルーズベルト大統領の『公文書』の索引には、満州も満州国も載っていない。日本は三カ所にしか記載がない。日本についての最初の言及は、一九三三年春に日本の代表団が「世界経済の現状を議論するため」訪問したことについて触れたもので、他の国の政府代表による同様の訪問についてとともに記されている。ふたつ目の記述は、一九三三年五月十六日に大統領の「軍縮による平和の訴え」を送付した国々のリストの中に日本が記載されていた。三カ所目は、大統領と石井子爵*との間の対話についてである。

*外交官の石井菊次郎。第二次大隈内閣で外相だった石井は一九一七年十一月、ワシントンで国務長官のロバート・ランシングと会談、石井・ランシング協定を締結した。これは中国における日本の特殊権益の承認と中国の領土保全・門戸開放・機会均等などを約束し、米国の中国政策の一般原則と日本の特殊権益との間の妥協を図った協

定として注目された。二三年、ワシントン海軍軍縮会議で調印された九カ国条約で同協定は廃棄された。

これらの言及の三つ目――石井子爵との会談――だけが、公式的な意味合い以上の性質を持っており、会談についての記述は、合衆国と日本との関係が友好的であった、との印象を与えた。大統領と子爵は、すべての国々に共通の懸案事項である経済問題を解決するために、現実に則した手段をとることについての考え方が一致していたことを「確認できてよかった」と述べた。また、彼らは、世界の平和と繁栄に向けた強固な礎を築くために協力し合うという精神の下で、極東の国々が大いに貢献することを願った。経済と政治の健全性に必要な〝多くの〟手段についても、ふたりの意見は〝ほぼ一致〟した。ふたりは協調と期待の精神の下で、世界経済会議と軍縮会議が開催されることを待ち望んでいた(32)。

ルーズベルト大統領は、日本とその傀儡国家である満州国に関して不承認政策を継続したものの、一九三三年の一年間を通じ、その政策を「実行する」意向であるという趣旨の声明を公表することはなかった。外交問題の思慮深い研究者であるジョン・M・マシューズは、不承認政策を実行するために制裁を活用すれば「おそらく、われわれを戦争に巻き込むことになっていただろう」と指摘したうえで、同年末の段階で「ルーズベルト政権の極東における根本的な政策は依然として明らかにされていない」と書いた(33)。すでに国際連盟から脱退する意思を通告していた日本は、満州から撤退する兆しはみせなかった。しかし、連盟も、ヨーロッパのどの大国も、日本を撤退させるために軍事力を行使することはなかった。そしてルーズベルト大統領も、日本に対して極端な行動に、単独であろうとイギリスや連盟と共同であろうと、出ることを検討している様子はみせなかった。

国際司法裁判所

一九三三年に――債務問題や軍縮会議、ロンドン経済会議、スティムソン・ドクトリンに関連する問題以外の――外交政策のその他の局面に具体的に取り組むにあたって、ルーズベルト大統領が国際主義者たちに希望を与えるようなことはなかった。政権の初期段階で、大統領は、アメリカがこまごまとした制約を課す留保条件つきで国際司法裁判所を支持するかどうかという問題について、行動を起こすことを先送りしていた。この提案は長い間、保留されていた課題であった。クーリッジ大統領とフーバー大統領はこの提案を支持していた。ガチガチの国際主義者のみが反対していた。国際主義者にとってこれは、世界的な協力に向けて示しうる最低限の意思表示であるかのように思われた。彼らは合衆国上院による最終的な手続きを迅速にすませるため、ただちに支援するようルーズベルト氏に期待していた。彼らの期待は実を結ばなかった。

一九三三年三月二十九日の記者会見で、あるジャーナリストが大統領にこう尋ねた。「ちょっと外交問題についてお話を伺いたいのですが。上院外交委員会はアメリカが国際司法裁判所を支持するかどうかを決める手続きに入った、と聞いています。それはあなたが望んだからでしょうか。今国会での上院の決議を希望されているかどうか、教えていただけますか」。大統領はこう答えた。「たとえオフレコであっても言えませんね。憶測してください。……」[34]。

また、ルーズベルト氏が大統領選挙期間中に大いに強調していた国際関係に関わる唯一の措置を進める手続きも、一九三四年まで先送りされた。それは互恵通商条約の交渉を通じて関税障壁を緩和することであった。ルーズベルト大統領は、一九三四年六月十二日になってはじめて互恵関税法――ハル氏が一九三二年に望んだ関税率の一律カットに代わるそれ――に署名した。一九三四年の中ごろまでに、自国の景気回復を目指すルーズベルト大統領の偉大な国内政策のほぼすべてが法制化された。重要な事柄が優先して処理され、そしてついに外国貿易に取り組むべき時期がやってきたのだった。しかし、最終的に策定された一九三四年の通商協定法*は、ウィルソン大統領の十四カ条原則の第三項にある自由で平等な貿易の規定に準じたものでは決してなかった。(35)

＊米製品の輸出市場を回復することを目指し制定された。貿易相手国の〝譲歩〟と引き換えに、スムート・ホーリー法（一九三〇年）のもとで記録的な高さになっていたアメリカの関税率を最大で五〇％引き下げる通商協定権を三年間、大統領に付与することを規定した。連邦議会の批准を必要としない行政協定だった。同法はその後、数回にわたって改正され、第二次世界大戦後もアメリカの対外経済政策の柱として継続された。世界的にブロック経済化の趨勢が鮮明になりだした当時に打ち出されたこの輸出振興策は、南米市場を排他的な輸出市場にしようとしたドル・ブロック政策そのものとの評価がある一方、圧倒的な競争優位にあったアメリカの輸出産業を一段と発展させるために、南米市場を通り越して世界全体の関税障壁の撤廃や市場開放を迫った、〝強者の論理〟による自由貿易政策だとの見方もある。

一九三三年十一月にソ連を承認した際にも、ルーズベルト大統領はウィルソン大統領の方針を踏襲しなかった。ウィルソン氏は、その政治的形態と経済的制度がアメリカの平和、倫理観、礼節の概念と一致しない政府を、非合法的な存在であるとしていた。ロシアとの外交関係を復活させるにあたって、ルーズベルト大統領のなかでは間違いなく、多くの現実的な配慮が重視された。ハーディング大統領、クーリッジ大統領、フーバー大統領ですら、ウィルソン大統領が追求した不承認政策を継続しながら、アメリカ企業の利益のためにロシアとの貿易をひそかに奨励していたところがあった。一九三三年、不況のどん底にあったアメリカ産業界にとっては、どんなにわずかな貿易でも、あればあるだけ必要だと考えられていた。さらにいえば、ルーズベルト大統領は極東のスティムソン・ドクトリンに共感していたため、ロシア経済が回復すれば、強大化しつつある日本に対する最高の対抗勢力になることが容易に理解できた。

約一六年にわたって国際法上、非合法的存在としていたロシアを承認したことで、ルーズベルト大統領は、アメリカ共和国が成立してから一世紀以上もの間、合衆国政府が追求してきた方針に回帰したのだった。その方針とはつまり、政治形態や経済体制を問わず、設立された政府を承認するというものだ。従って、この点において、彼の行動はジョージ・ワシントンの前例――一九一九年まで「孤立主義」と呼ばれることのなかったそれ――に即していた。いずれにしても、それはいわゆる国際主義に貢献するものではなかった[36]。

一九三三年という一年の間に、ルーズベルト大統領はほかにふたつの出来事との関連で、合衆国のための自身の外交政策を表明した。彼は三月四日の就任演説でこう宣言した。「世界政策の分野では、私はこの国を善隣政策に専心させたい。……ここでいう隣人とは、隣人たちで構成される世界において隣人たちに対する自国の義務を重んじるとともに、隣人たちとの協定の尊厳を重んじるような隣人であります」。

一九三三年の年末近くになって、ルーズベルト大統領は合衆国が追求すべき政策として帝国主義を事実上、少なくとも西半球においては放棄した。帝国主義は記憶に残る一九〇〇年の大統領選挙*以来、民主党では反対されていた。ウィルソン大統領時代のラテンアメリカでは、その路線からそれたところがあったとはいえ。一九二八年に、そしてその後も何度か、ルーズベルト大統領は帝国主義を名目上あるいは実質的に強く非難した。一九三三年十二月、彼は次のように宣言した。「今後の合衆国の明確な政策は」アメリカ大陸の他の共和国の問題への「武力介入に反対する政策である」[37]。

＊一九〇〇年大統領選挙は一八九六年選挙に続き、共和党のウィリアム・マッキンリー（現職）と民主党のウィリアム・ブライアンとの間で争われた。景気が活況を呈していたことや九八年の米西戦争に勝利したことで、現職の圧倒的勝利に終わった。ブライアンは選挙期間中、劣勢を跳ね返すために、共和党政権下で遂行された米西戦争はキューバやフィリピンを解放したもののアメリカがスペインにとって代わっただけの帝国主義であるとして激しく批判した。

さらに、ルーズベルト大統領は、良き友人ヘンリー・L・スティムソンがフーバー大統領時代に盛んに反対していたフィリピン独立運動を奨励することによって、帝国主義についての自らの発言を実践しようとしているように見受けられた。一九三三年十月、フィリピン議会が一九三三年一月に成立したヘア・ホーズ・カッティング独立法*の諸規定を受け入れるのを拒否した後、ルーズベルト大統領は提起された問題をあらためて吟味し、フィリピン独立を実行に移すために新たな法律を成立させるべきであると勧告する教書を、一九三四年三月に連邦議会に送った。このように民主党の古い公約が実行寸前に至ったかのようにみえた。スティムソン氏が一九三一年の時点において頑なに主張していたように、もし、これが極東における帝国主義的状況を攪乱することを意味するならば、騒動の種がついに地平線上にぼんやりと現れたのだった[38]。

＊フィリピン独立を認めようとした法律。詳細は第五章の訳注（一六八頁）を参照。

一九三三年、経済回復のための国内プログラムにひたすら集中することで、そしてまた外交政策についての様々な宣言を通じて、ルーズベルト大統領は国際主義との決別を示唆した。政権の発足初日から一九三三年末までの期間、大統領は国内経済に関する諸法案を策定し、連邦議会を通過させ、発効させることに自身のエネルギーのほとんどを注いだ。換言すれば、彼は貿易障壁を低くすることや、帝国主義者の便法を通じて〝余剰物資〟のはけ口を求めること、どこかの国際会議で採択された構想に依存するのではなく、単独行動によって、合衆国内の公共の福祉を増進させることに一生懸命努力したのだった。

この記述は、*The Year of Crisis, 1933*（『危機の時代、一九三三年』）というタイトルの、大統領の監督下で公刊された彼の『公文書』第二巻に裏付けられている。この作品の資料のひとつひとつ、一行一行を読んで、この辛く苦しい何カ月もの期間にわたって、彼がいかに国内の景気を回復させるための国内措置にしっかりと関心を集中させていたかを悟ることができない人などいない。この記述を裏付けるさらなる証拠は、*On Our Way*（『われわれの方途について』）という、その年の大統領の構想と取り組みの大統領自身による国民への報告書がもたらしてくれる。この本の全一三章のうち一二の章は国内問題を取り扱っており、外交問題を扱っているのはわずか一章のみだ。

『公文書』の一九三三年に関する資料は、外交問題を取り扱っているごく一部のくだり、しかもその重要な論点はそれ以前のページですでに言及されてしまっているくだりを除けば、すべて大統領が、心情的にも理性的にも、合衆国の利益、資源、産業、福祉を何よりも大事にしていた人物であったことを明らかにしている。また、アメリカ国民は彼らがはまり込んでしまった失業、貧困、そして退廃から合衆国政府の支援のもと、自ら抜け出すことができる、しかも彼らはそれを国際会議の力を借りずに実現できるという、大統領の一貫した主張と大統領の国民の能力への信頼を明らかにしている。[39]

一九三三年三月四日のルーズベルト大統領の就任演説は、高らかな宣言で始まった。「きょうは国家にとって神聖な日であります」[40]。就任演説には、国際的な会議や交渉、通商上の処置に救いを求めることをアメリカ国民に要請する文章は一文もなかった。演説は、初めから終わりまで「われわれの共通の問題に規律をもって取り組む」ことをアメリカ国民に呼びかけ、また、その国家的事業に指導力を発揮することを約束する内容となっていた。大統領は「われわれの国際貿易上の関係」が「非常に重要である」ことを認めつつ、「今この時点において、そしてまた、その必要性において」それは「健全な国家経済を確立することに比べれば、二次的な事柄である。私は、実際に役に立つ政策として重要な事柄から先に取り組むことを選びます。国際的な経済再調整によって世界貿易を回復させる努力を決して惜しみませんが、国内の非常事態はその成果を待ち続けることはできないのです」と主張した。

このくだりが、心情的に孤立主義だと攻撃されるであろうことに気付いていたかのように、大統領は直後のくだりで自身の見解を詳細に説明した。「国内経済を回復するためのこれらの具体的措置の指針となる基本的な考えは、国家主義的な考えに限定されるものではありません。それは、最初に考慮すべきものとして、アメリカ合衆国の国内および海外領地のさまざまな相互依存を強調——古くて永遠に重要なアメリカの開拓者精神の顕現を認識——することなのです。それが回復への道なのです。それがもっとも障害の少ない道なのです。回復が持続することをもっとも確実に保証するのです[41]」。

景気回復に向けたルーズベルト大統領の国内措置は、諸外国との協力を無視しただけではなかった。それらの国内措置のなかでも最も重要な、産業、農業、失業、通貨の問題に関する措置は、国家を国際貿易や国際金融の衝撃、変動、操作から隔絶することを規定あるいは前提としていた。多くの場合、この隔絶策は、新しく導入された措置や、その補助的な規則に明白に盛り込まれていた。そうでなければ、それは既存の、変更されることなく据え置かれた法律に裏付けられていた。総じてこれらの措置は、ルーズベルト大統領が決断したコースから彼を転向させようとしていた国際主義者が支持する経済理論や実務の重要な特徴すべてと、真っ向から対立していた。

あらたな〝隔絶策〟のひとつの例を挙げると、一九三三年の産業復興法*がある。この法律の第三項は、大統領が自主的に、あるいはこの法律の諸条件を受け入れたすべての労働、産業、商業団体からの申し入れを受けて、外国製品あるいは複数の外国製品の輸入がこの法律の下で定められている一時間あたりの賃金価格の諸規則を守ることを困難にしているかどうかについて調査するよう、関税委員会に指示できると規定していた。そうして事実を認定したのち、大統領は、この時間・賃金・価格に関する附則を含む国内規則を守るのに必要とみなす範囲で、そうした外国製品あるいは複数の外国製品に対して輸入制限を課すよう指示することができた。この法律のこの条項に基づいて、ルーズベルト大統領はかなりの数の品目について一九三〇年の関税法で課された関税を引き上げた。つまり、大統領はそのような製品の輸入に対して、関税法によって課された関税に加えて特別な納付金を課したのだった。産業復興法もまた、アメリカ大陸への砂糖輸入には割り当てを定めていた。(42)

＊正式には全国産業復興法（ＮＩＲＡ）。ニューディール政策の柱として一九三三年に制定された、産業振興および労働者保護立法を指す。価格と賃金の下落を止めることによって産業を復興させることを目指した。具体的には、それぞれの産業の企業団体に協定（公正行為コード）を結ばせ、価格と賃金の安定化を図った。また、企業を指導する機関として全国復興局（ＮＲＡ）を設立、最低賃金や労働時間（週四〇時間制）を定めた。また、雇用を創出するために公共事業局（ＰＷＡ）を設立、道路、学校、病院などの公共事業を活発に推進した。さらに労働者の権利を保護し労働組合の結成や団体交渉権を認めた。しかし、ＮＩＲＡによる政策は、大恐慌から脱出するためとはいえ伝統的な自由主義原則に反するうえに大企業による独占を助長する——などとの批判が全国的に巻

き起こった。最高裁判所は三五年五月、ＮＩＲＡは経済活動の自由を明記する憲法規定に違反するなどとして違憲判断を下し、無効を宣言。このため廃案に追い込まれたが、ルーズベルト大統領はＮＩＲＡの中から最低賃金、最高労働時間、団体交渉、若年労働の禁止に関する項目を残し、全国労働関係法（通称ワグナー法）を制定させた。

国際連盟との一貫した距離

一九三三年を通して、ルーズベルト大統領が国際連盟そのものについて語ったのはたった一度だけだった。それは一九三三年十二月二十八日にウッドロウ・ウィルソン財団で演説したときのことだ。この演説への言及を除けば、一九三三年版の『公文書』の索引には連盟に関連する項目は二つしかない。ひとつは、いわゆる「協議条約」と国際連盟[43]に言及したものであり、もうひとつは、チャコ地方*におけるボリビアとパラグアイ両国間の平和のために国際連盟が払った努力に関する言及である。[44]大統領によるいずれの発言にも、合衆国は集団的行動によって侵略者の鎮圧に参加すべきである、あるいは国際連盟のメンバーになるべきである、という考えに共感したところはまったくなかった。

＊一九三二年から三八年にかけて、南米パラグアイ川西にあるグラン・チャコ地方の帰属をめぐり、ボリビアとパラグアイとの間で行なわれた戦争。アメリカなどの仲介の結果、パラグアイはグラン・チャコ全域の支配権を獲得、一方、ボリビアはパラグアイ川への河川交通アクセス権を得たが、この戦争で両国は疲弊、軍部の革命などにつながった。

ウッドロウ・ウィルソン財団での演説でも、ルーズベルト大統領は一九三三年十二月九日のスピーチで表明したアメリカの連盟加盟に反対する立場を一切変えなかった。それどころか、大統領は反対の立場をあらためて断言した。この演説の中でルーズベルト氏はウッドロウ・ウィルソン大統領が実施した国内政策と、この半球の他の国々とよりよい関係を構築するためにウィルソン氏が果たした役割について、かなり詳しく述べたうえで、世界の外交問題全般に話を向けた。「しかしながら、より広い世界という現場では、一連の出来事が、残念ながら、ウッドロウ・ウィルソンの究極の目標に向かって、というよりも、むしろそれから遠ざかる方向へと、最近ではつながっているのです」と大統領は述べた。

こうした趨勢の逆転はどうして生じたのか。この疑問に対して、ルーズベルト大統領は、アメリカの連盟への加盟反対派が長いこと力説してきたふたつの点を指摘した。

第一に、彼は世界の人々に責任はないとして、政治家に責めを負わせたのだった。

「浅薄な観察者は、この失敗を、ナショナリズム精神が台頭しているせいにする。しかし、そうすることで、その人は間違った意味でのナショナリズム、より狭義の、限定的な意味でのナショナリズムがあると暗示しているのです。それぞれの国の圧倒的多数の大衆自身によって支持されているような類のナショナリズムがあると暗示しているのです」。

「私は、世界の人々についてのこの描写に異議を唱えます」。

「世界の平和が脅威にさらされている責任は、世界の人々にあるのではなく、世界の人々の政治指導者にあるのです」。

第二に、ルーズベルト大統領は、一九一九年のパリで舞台を牛耳ってその年のいわゆる合意をまとめた政治家たちの多くを一刀両断に切り捨てた。しかも、一九一九年から二〇年にかけてヴェルサイユ条約の批准に反対した上院議員たちが使った言葉と似たような言葉で一蹴したのだった。大統領はこう宣言した。

「……一五年前、世界の大多数の人々の想像力は、未来に戦争をなくそうというウィルソン大統領の彼ら――そうした大多数の人々――に対する気高い訴えを受けて、かつてないほど刺激されました。その訴えは、人々にとっては非常に重要でしたが、一九一九年にいわゆる平和条約をまとめるためにパリに集まった、いわゆる為政者の多くの想像力や心にはまったく響かなかったのです。私はそれをこの目で見ました。私はそれをこの耳で聞きました。国際連盟の誕生に、政治的な利益、個人の名声、国威の発揚が付随し、初期段階から連盟を不利な立場においたのでした」。

とはいえ、このときルーズベルト大統領は、一九三三年一二月二日のスピーチで連盟について述べたときほどには容赦ない発言はしなかった。三二年二月の演説では彼はこう述べていた。「連盟はこれまでの年月、創設者が思い描いた路線に沿って発展してきませんでした。また、主要な加盟国が、軍備にかかる巨額の資金を合法的な貿易や予算均衡、債務の支払いに向けようという意向を示すこともありませんでした」。一九三三年十二月二十八日、彼は国際連盟に多少の敬意を示し、その政治的な側面とその社会的あるいは経済的な協調ならびに福祉に関する活動を区別したのだった。

「……直接的に連盟の仲介によって、あるいは連盟が唱道する精神によって間接的に、世界の諸国家はこれまでの数年間に自分たちの違いを調停するのに旧い方法ではなく、より良い何らかのやり方を模索する取り組みを前進させてきました」と彼はいまや主張したのだった。

「連盟は公共の会合場所を提供しました。連盟は国際的な議論に寄与する組織を提供しました。そしてみなさんも私も知っている非常に多くの実際の事例において、連盟は労働、健康、通商、教育を促進しました。

最後にはなりましたが、重要性においては決して劣らない点として、連盟は大小の国家間の数多くの大小の紛争を実際に解決する手助けをしてきたのです。……国際連盟は不可侵条約や軍縮合意を広めることを奨励しており、それによって世界平和という構造を支える柱となっているのであり、そうあり続けなければならないのです」。

では、そのような状況下で合衆国の連盟との関係はどうあるべきなのか。ルーズベルト大統領はこの問いに正面切って答えた。「わが国は加盟国ではなく、加盟を検討することもしていません。わが国は基本的に、政治的な問題を除くあらゆる問題について連盟に協力しています。そしてまた、世界の政治的指導者や特権階級、帝国主義的な動機に支えられた考えや利益とは区別されるところの、世界の人々の考えや利益を明らかに代弁するすべての問題についても、連盟と協力しているのです」。

連盟と権力政治についての立場を明確にしたうえで、ルーズベルト大統領は自身の建設的な計画を詳しく説明した。彼は、世界の人口の九〇%の人々は自国の領土を定めている国境線に満足しており、残りの一〇%の人々がこれに同意して、そのうえで平和政策を守るならば、軍備を削減しても構わないと考えている、と主張。これを根拠に大統領は、すべての国々が短期間のうちにあらゆる攻撃的兵器を廃絶し、自国のどの軍隊にも他国の領土侵略を認めないと誓うよう提案した。もし、圧倒的多数の国々がそうした合意に署名するならば、ヒツジはヤギと区別されると*ルーズベルト氏は強く主張したのだった。

＊この表現は聖書のマタイ伝から。ヒツジは善人（有能な人）、ヤギは悪人（無能な人）で、その両者は区別される、という意味。

しかし、そのようにして平和の誓いをたてた国々は、「攻撃的兵器」の製造と維持を阻止するために自国の軍備に対する国際機関による査察を認めるべきだ、と提言したものの、大統領はヤギをヒツジから、つまり平和を愛好する諸国家から侵略者を分離した後の活動を担う機構については何の提案もしなかった。軍縮会議とロンドン経済会議について、大統領はそれまでの数カ月間、従ってきた路線を厳密に守り通した。すなわち合衆国は平和を求める、軍備の削減に同意する、平和を維持するために協議する努力をするという路線だ。だが、大統領は、合衆国が連盟の政治活動に多少なりとも参加することを勧告するとも、侵略者を特定し経済制裁や軍事力をもって抑圧するいかなる諸国家連合に加担することを推奨するとも、ほのめかしさえしなかった。

要するに、一九三三年十二月二十八日にルーズベルト大統領は、「ケロッグ・ブリアン条約」を実践しようとしていた、あるいは合衆国を連盟に加盟させようと努力していたアメリカ市民を勇気づけるようなことは何も言わなかったのだった。

その大略において、ルーズベルト大統領が一九三三年に行った数々の公式な発言には、ハースト氏が国際連盟ならびにヨーロッパとの政治的関与を拒絶するよう求めたのを受けて彼が一九三二年二月二日に宣言した外交政策から、逸脱したことを示すものはひとつもなかったのだ。

国際主義者はこのことを十分に承知していた。『アメリカ年鑑』のための「合衆国と国際連盟」に関するその年の報告書で「ジュネーブ・リサーチ・センター*の会員たち」は、連盟と「アメリカの協力関係」を力説することによって、自分たちの理念のために利用できるものはすべて利用しようとした。しかし、結局のところ、彼らは自らの敗北をしぶしぶ認めざるをえなかった。もっとも熱意をもって語られたくだりでさえ、彼らは曖昧な表現に訴えるしかなかった。「アメリカの連盟との協力関係が一九三三年『ほど重要で、緊密で、多様だった』ことはない、と連盟総会の議長が言うことができたのは驚くには当たらない。基本原理や法律上の関係には何ら変化はなかったのだが、通常の、有用な協力は強化・拡大されたのだった。これは特定の意図的な取り組みによってそうなった、というよりは、さまざまな要因が重なったことによるところが大きかった。ひとつには、さまざまな危機が、それも重大な危機が、頻発したことがあった。またひとつには、連盟の広範にわたる影響力があり、その手段が便利だったこともあった。さらにまた、合衆国政府が心理的により自由であったこともひとつの要因だった」[45]。

＊第一次世界大戦後、国際連盟や国際労働機関をはじめとする国際機構が集中する都市として発展したジュネーブの、公式発表以外の情報を定期的に入手したいというニーズがアメリカで高まったのを受けて、一九三〇年に設置された独立機関。現地に派遣されていたジャーナリストや大学教授、産業界の代表などが中心となって設立された。

ジュネーブ・リサーチ・センターの会員たちは、彼らの帳簿の貸し方に記載されたすべての項目を列挙したうえで、借り方の相殺項目に注意を向けた。彼らはこう書いている。「しかしながら『誤った、人を誤解させるような数々の報道』があったがゆえに、ハル国務長官は九月十九日、政府は『国際連盟との政治的関係を、どんな形であれ、変化させることは検討していない』と言明したのであった」。会員たちはまた、ルーズベルト大統領が十二月二十八日にウッドロウ・ウィルソン財団で演説した中で提示した留保条件を引用した。「わが国は［国際連盟の］加盟国ではなく、加盟を検討することもしていません。わが国は基本的に、政治的な問題を除くあらゆる問題について連盟に協力しています。そしてまた、世界の政治的指導者や特権階級、帝国主義的な動機による考えや利益とは区別されるところの、世界の人々の考えや利益を明らかに支持するようなすべての問題についても連盟と協力しているのです」。以上が、ルーズベルト大統領が国際主義者全般に、とりわけ帝国主義的性向のある国際主義者に向けて発した警告であった。

このように、一九三三年という年は、不干渉、中立、そして合衆国にとっての平和を追求する外交政策が再確認されるとともに、強化されて終わったのだった。

第六章の注記

フーバー大統領の『公文書』の資料とは別に、フーバー大統領の不承認ドクトリンに関する見解とは異なるものとして、スティムソン国務長官が経済制裁を課すことによって不承認ドクトリンを実施することの正当性を強く信じていたことを裏付ける証拠が存在する。スティムソン国務長官が一九三二年にジュネーブにいた際（第五章、注（53）〔二六九頁〕以降の本文を参照）、ウィリアム・R・キャッスル*国務次官が五月四日、ワシントンで開催された国際正義についてのアメリカ会議で演説し、制裁の問題について触れた。この演説はアメリカ平和協会**が発行している『ワールド・アフェアーズ』誌の一九三二年六月号に掲載された。それによると、キャッスル氏は、平和的手段によって紛争を解決するとの誓約を破る国家に対して戦争を行う義務を締約国に課す修正を加えることで「〔ケロッグ〕条約を強化」しようという提案を、アメリカの伝統を守るために拒否した。キャッスル氏は、戦争を防ぐための戦争という考えは明らかに矛盾しているとみなしていた。彼はまた、誓約に違反した国家を問責する道義的措置として、輸出禁止あるいは公式のボイコットといった制裁を用いるべきだという考えも拒否した。彼は「この考えもまた［フーバー］政権によって反対されたものであり、反対するもっとも大きな理由は、公式のボイコットはほとんど確実に戦争につながる行為だからだ」と述べた。

＊ハワイ生まれの外交官。一九二七年、フーバー政権下で国務次官補に就任。二九年十二月、翌年のロンドン海軍軍縮会議を控えて日本との交渉を進めるために駐日大使に起用される。約五カ月間、東京に滞在、日本との合意に向けて交渉を行った。帰国後の三〇年六月、再び国務次官補。三一年四月、国務次官に就任した。

＊＊アメリカ平和協会は一八二八年に設立された平和主義者の団体。もともとは合衆国各州間で戦争反対を訴えるためにできた組織だったが、一八六〇年の南北戦争については、南部連合国の犯した犯罪に対する北部の正当な政治行動とみなしたため反対しなかったという。

一九四六年一月、筆者が、キャッスル氏に宛てた質問に答えて、彼はこの演説を行う前にフーバー大統領にこれを見せて、大統領がこれを承認した、と回答してきた。

一九三二年五月五日、キャッスル氏は、やはりフーバー大統領の承認を得て、アトランティックシティ〔ニュージャージー州〕のメソジスト教徒の大会で演説し、ケロッグ条約を実施するためにボイコットのような制裁を用いることに反対の立場をあらためて述べた。ヨーロッパから帰国したスティムソン国務長官はキャッスル氏に対して、アトランタシティでの演説は軽率であり、禁輸問題に関して自分の立場を失わせるものだとみなしていると伝えた。

第七章　孤立主義[1]の路線を守り通す――一九三四～三六年

一九三四年のルーズベルト

一九三四年、世界の地平線上では戦雲が次第に深くたれこめていったけれども、ルーズベルト大統領は、外国の戦争に巻き込まれない、という路線を忠実に歩んでいた。大統領が一月に連邦議会に提出する定例の年頭教書の内容は、ほぼすべてが国内の経済回復の進捗状況に充てられた。外交問題については、わずかに二つか三つの段落を割いただけだった。

大統領は「世界情勢に関して完全に楽観的な状況」を連邦議会に示すことはできないと認めた。彼が語ったところによれば、この半球の外では、目前に迫る侵略、あるいは将来の侵略に対する恐怖、巨大な軍備支出、そして貿易障壁を積み上げてきたことが「平和あるいは貿易協定に向けた大きな進展」を阻んでいた。戦争債務に関して、大統領は「他の国々の政府や国民がこの国の政府や国民に負っている」債務について後に報告できることへの期待を表明した。大統領は数カ国が前年に行った少額の支払いについて言及し、また、フィンランドは債務を完済した、と特筆した。

では、こうした状況下で、合衆国が追求すべき政策とはいったい何だったのか。ルーズベルト大統領は、ヨーロッパに政治的に巻き込まれることには反対であるが、一定の条件のもとで協力する準備はある、と告げたのだった。「合衆国はヨーロッパの政治協定に加わることはできない。けれども軍備を即時削減することと貿易障壁を引き下げることとを目指す世界的な実効性のある取り組みには、いついかなる時でも、協力する準備がある、ということを私は明確にしてきました(2)」。

一九三四年を対象としたルーズベルト大統領の『公文書』第三巻は、国際問題に関する記述は実にわずかで、そのことは同書のサブタイトル「回復と改革の前進」にも正確に描写されている。索引に国際連盟が登場するのは、国際連盟からウルグアイが脱退したことに関する記述の一項目のみである。六月の特別教書で、大統領は戦争債務の支払い問題について連邦議会に報告したが、債務を帳消し、あるいは実質的に削減するよう勧告するかどうかということについては、彼はいかなる意向も明かさなかった。もし、債務国が借金を弁済しなければ、合衆国国民がその負担を引き受けなければならなくなること、そしてこの国の国民は債務国が借金を弁済せずに自国の資源を何に使っているのか注視している、と彼は債務国に念押しした。彼は、こうした戦債とヨーロッパの賠償問題を結びつけるような構想はすべて受け入れることを拒否し、債務国に対して、債務の弁済を果たすためには当然、相当な犠牲を払うことが求められると告げるとともに、こうした債務は神聖で尊重されるべきものと考えるよう要請したのだった(3)。

一九三四年の一年間を通じて、大統領は諸外国と互恵関税をめぐる交渉をするにあたって、自らの選挙公約に基づいて行動した（前章の注（34）〔二〇七頁〕以降の本文を参照）。三月二日、大統領は連邦議会に対して、諸外国と商業協定を結ぶ権限と「現行の関税と輸入規制をアメリカの農業と産業の利益になるように修正する」権限を行政府に与えるよう求めた。大統領は、国内経済が完全かつ恒久的に復活できるかどうかは、国際貿易が盛り返し、強化されることにも「幾分かは」かかっているとはっきりと述べた一方で、次のような根本的な留保条件をつけた。「この国が充実した国民生活を維持するのに不可欠な多様性とバランスを国内に持つことが重要であり、国家は国防に死活的に重要な活動を継続しなければなりません。そしてこうした目標がいっときの利益のために犠牲にされることがあってはならないのです」。大統領は、全国産業復興法のもとで国内の物価、労働時間、賃金水準を維持しようと努めていたことを思い出したかのように、いかなる互恵関税交渉においても、関税率を引き下げる場合にはそうした要件に「十分注意」が払われることを連邦議会に保証したのだった(4)。

貿易障壁を低くすることが世界的な結束への第一歩であるとみなす国際主義者にとって、大統領の教書は何の気休めももたらさなかった。そこには、コーデル・ハルが一九三二年にしきりに促していたような、関税を引き下げればアメリカ経済が繁栄し、生活水準が世界中で向上し、平和という大義が前進するという説に基づいた、関税率を一律カットするというきっぱりした提案はなかった。教書には、海外の商売敵《がたき》と慎重な交渉を始めることによって、アメリカの農業または産業、あるいはその両方を保護、強化する計画以上の内容は何もなかった。この教書によって二重の保証をもらった連邦議会は、互恵関税法*あるいは貿易協定法として知られる法案を可決することでそれに応えた。この法案は一九三四年六月十二日に大統領が署名し、成立した。

＊一九三〇年に成立したスムート・ホーリー法の影響で世界恐慌が一段と悪化した事態を打開するため、三四年、ルーズベルト政権下で互恵関税法が成立。連邦議会の事前承認なしに大統領に関税を調整する（引き下げる）権限と、無条件の最恵国待遇主義に基づいて大統領が各国と通商協定を結んで互恵的に関税を引き下げる権限を与えた。これにより、伝統的に高関税による国内保護政策を推進してきたアメリカの貿易政策が大きく転換するきっかけとなったといわれる。

この法律を運営するにあたって、大統領は慎重だった。関税率が劇的に引き下げられることはなかった。実際、全体をならしてみれば、がっちりと保護された権益に警鐘を鳴らすような税率の引き下げはほとんどなかった。(5) この法律を導入した成果について一九三八年に中間報告を行った大統領は、同法の条件に基づいて交渉された貿易協定は「わが国の外国貿易を大幅に増加させた」との考えを表明した。そのように述べたうえで、初めて、大統領は平和主義者にわずかな慰めを与えた。彼は目に見える恩恵について語った後、こう述べたのだった。「しかも、より偉大でより遠大な、目に見えない効果――つまり平和の精神と諸国間の友好的な関係の高揚という観点で測られるそれ――も得られた(6)」。

表面上、貿易協定法は純然たる経済文書のようにみえたが、それはやがて、ヨーロッパとアジアの政治問題をめぐる、合衆国とイギリスとの間における外交上の小競り合いのひとつの道具となっていった。この法律に、大統領も国務長官も、大英帝国の関税特恵という壁にくい込んで、これを突破して、もちろん綿花を含めた合衆国の大英帝国に対する貿易量を増やすことを可能にするクサビを見出していた。他方、イギリスは英連邦諸国の辺境にある国々の感情を損ねることには気が進まないながら、合衆国と貿易協定を結ぶことはアングロ・サクソン同士が協調関係に入った象徴としてドイツや日本に対して有効だ、と認識していた。時が経過するにつれて、「互恵通商」の政治的および外交的局面がロンドンとワシントンの観測筋にはますます明白になっていった[7]。しかし、この法律が一九三四年に可決されたとき、互恵的「貿易交渉」に伴う主な政治上の効用をすべて予見できたのは、その分野に精通した達人だけだった。

国際主義者が一九三四年のアメリカ外交政策の記録を入念に調べても、ルーズベルト大統領が一九三二年二月に公表した国際連盟を拒絶する方針から後戻りしようとしている兆候を見出すことはできなかった。確かに、わずかばかりの〝道義上の前進〟を報告することはできた。合衆国の代表者が軍縮会議の新たな会合に参加していた(この会合では目に見える成果は何もなかった)。合衆国は国際労働機関に参加していた(しかし、そのことは終わりのない議論、統計の収集、調査、報告書の刊行に参加したという程度の意味しかなかったし、まして合衆国が参加したといっても、国際主義や集団安全保障に関する約束には、たとえどんなものであれ、一切関与していなかった)。

技術分野および人道面での取り組みにおける国際連盟との協力は、それまでの共和党政権下で定着した路線に沿って継続されていた。イギリスと日本との間では、海軍軍備の制限を継続するための合意に向けた努力がなされていた。しかしその結果は、一九三〇年成立のロンドン海軍軍縮条約*の期限満了とともにワシントン条約**も一九三六年十二月三十一日付をもって打ち切るとの日本政府からの通告だった。外交政策協会***のウィリアム・T・ストーンは、その年の実績を簡潔にこう要約した。「一九三四年は、世界恐慌が一九二九年に始まって以来明確になった国家的自給自足体制を構築しようとする傾向が続いたことが、特徴的な年だった[8]」。

＊一九二二年に成立したワシントン海軍軍縮条約の期限が一九三〇年一月に切れたため、その更新と補助艦制限問題について日本、アメリカ、イギリス、フランス、イタリアの五大国間での海軍軍縮会議がロンドンで開催された。

仏伊は途中で脱落、日米英三カ国のみで協定が成立した。同時にワシントン条約の延長にも合意した。ロンドン条約では、先のワシントン条約で定められた戦艦など主力艦の建造停止期間を五年間(一九三六年まで)延長、補助艦は英米一〇に対して日本は六・九七とするなどの比率が定められた。前年に世界恐慌が始まり、三カ国とも軍事費削減が迫られていたため、一応交渉はまとまったが、問題を残した。特に、当時の日本では、軍縮を推進した浜口雄幸首相と若槻礼次郎外相に対する軍部・右翼からの「軟弱外交」などとの非難が一段と強まった。その一環として、いわゆる「統帥権干犯問題」(政府が軍備について外国と協定を結ぶことは天皇の統帥権を犯すものであるという主張)も起こり、調印を強行した浜口首相が右翼によって狙撃される事件が起きた。その後、日本は第二次軍縮会議の予備交渉が不調に終わったことなどもあって、三六年一月、期限満期(同年末)をもって離脱すると通告。その後、イタリアも離脱を決意したため、最終的には英米仏の三カ国のみで三六年三月、第二次ロンドン海軍軍縮条約が締結された。同条約には「エスカレーター条項」が設けられた。具体的には、ワシントン海軍軍縮条約を批准した国で三七年四月一日までに第二次ロンドン軍縮条約を調印しない国があった場合(日本)には、様々な制限を緩和するというもので、三八年に発動された。

＊＊日本、イギリス、アメリカ、フランス、イタリアの五大国間で一九二二年に締結された海軍軍縮条約。戦艦など主力艦の建造を一〇年間停止、その保有比率は英米が各一〇に対して日本が六、仏伊が三・三四となった。これにより日本は一九〇七年から進めていた「八・八艦隊」(戦艦・巡洋艦それぞれ八隻を中心とした艦隊編制)計画を断念した。

＊＊＊一九一八年に、ニューヨーク市で「リーグ・オブ・フリー・ネイションズ・アソシエーション」(自由諸国協会連盟)として設立された民間団体。もともとはウィルソン大統領の国際協調主義を支持するための団体として発足した。

それでもなおジュネーブ・リサーチ・センターの会員たちは、案の定、合衆国で国際主義が強まっているという、ごくわずかな証拠を掘り起こし、その発見を公表した。「一九三四年におけるアメリカの国連との関係は、連盟の力と活力の高まりと、アメリカの外国政策が一九二〇年代の孤立主義の時代からゆっくりと転換したというふたつの要因の結果として強化された」[9]。彼らは連盟の非政治的活動へのアメリカの協力をもてはやし、「知的協力」についての項では、カーネギー国際平和財団のジェームズ・T・ショットウェル教授が、連盟の教育と知的協力委員会の活動に〝非公式に〟積極的な役割を果たしたことを報告した[10]。それなのにジュネーブの会員たちは、アメリカは中立を守り、連盟の権力政治的しがらみに巻き込まれない、というルーズベルト大統領が一九三三年二月二日に説明したドクトリンから彼が逸脱した発言なり、行動なりをひとつとして挙げることはなかったし、できなかった。

ルーズベルト政権は、確かに、満州国[11]の承認を拒否する政策を継続してはいたが、日本を威圧することを目的とした他の国々との協力関係や集団安全保障計画を構築する意向を発表することはなかった。ジョン・M・マシューズが、政権は「日本に対する世界の否定的な世論をひとつにまとめるうえで主導的な役割を担う意向はまったく[12]」示さなかったと述べたとき、彼はこの年の戦術を正しく表していた。ハル国務長官は一九三四年、スティムソン長官の一九三二年の例にならって、満州国から日本を排除するために連盟あるいはその強力な加盟諸国の支援を求めてジュネーブへ旅することはなかった。

ハル国務長官は、国際倫理違反や「契約の神聖」が犯されたこと、「国際条約の義務」が無視されたこと、そして世界の各地で他の国々の政府が興じている好戦的な脅迫などについて、自身はスピーチで言及するにとどめた[13]。しかし、最終的にどのような行動がとられるのかという観点からそれらが何を示唆していたにせよ、こうしたスピーチが、たとえ不承認ドクトリンと関連づけて考えられたとしても、外国の戦争に巻き込まれないし、参加しないという政権の公式宣言からの転換をほのめかすものとしてアメリカの一般大衆に伝わることはなかった[14]。

一九三五年のルーズベルト

一九三五年のルーズベルト大統領の数々の声明は、アメリカの平和を守り、外国の政治問題に巻き込まれることを回避し、国内施策によって自国の回復を推進することに彼が専念していることをあらためて裏付けた。大統領の『公文書』第四巻は「裁判所が違憲判決」*という国内問題をサブタイトルとしていた。この巻は、平和や外交問題についての記述が一九三四年を対象とする第三巻よりも多い一方で、国際連盟への加盟や、同じ様に国際的な性格をもつ活動への関与を回避するという大統領の決意について、より明確な証拠を提供している。

ルーズベルト大統領のニューディール政策に対しては反発も多く、数多くの訴訟が起こされ、最高裁判所は一九三五―三六年にかけてニューディール立法に次々と違憲判決を下した。以下、第八章の訳注（二四七頁の）を参照。

一九三五年一月四日の年頭教書で、大統領は、海外の時代遅れの妬みや時代遅れの情熱、そして「軍事力や権力のための新たな闘争」について語るとともに、それらとアメリカ精神を対比してみせた。「しかしながら、わが国の他の国々に対する平和的で、善隣的な態度は、理解され、評価されるようになってきていると思われます。……わが国と他国が平和的でない関係に陥るという懸念には根拠がありません」。そして話を国内問題に転じて、大統領は一九三四年に口にしたある発言をあらためて述べた。「わが国の数々の目標のうち、私にとっては、この国の男性、女性、子供たちの安全が最優先なのです」(15)。

一九三五年一月、上院は、ウィルソン政権から継承された国際主義の最後の断片――国際連盟の全面的な後援を受けて設立された国際司法裁判所への合衆国の参画を規定する決議案――について、自発的に、最終的な議論を始めた。この問題は何年もの間、だらだらと続いていた。決議案はひどい苦痛を伴う交渉を経て、重要な点については留保条件が課され、合衆国の主権を損なう可能性のある文言が一切含まれなくなるまで、その内容は薄められた。クーリッジ大統領とフーバー大統領はかつて、国際司法裁判所に参画するという構想がそもそもは民主党の発案だったにもかかわらず、共和党の政策綱領の宣言を根拠にこれを承認した。さまざまな組織、たとえば婦人有権者連盟などが、国際司法裁判所をアメリカが支持することを強く求める請願書を持って上院に押し寄せた。決議案を採択することが本質的に党派的だとみなす根拠は何ひとつなかった。さらにいえば、上院には民主党員が六八人いた――それは党が分裂するような事態が起きても、共和党の助けを借りずに決議を可決するのに十分な数だった。国際司法裁判所の支持者は勝利を予期していた。

上院外交委員会は一月九日、決議案に新たな留保条件を加えたうえで、一四対七でこれを批准するよう勧告した。しかし、この計画に対する反対の嵐が吹き荒れていた。チャールズ・E・カフリン神父*はラジオを通じて決議案を痛烈に非難した。また、ウィリアム・ランドルフ・ハーストは、全米各地の戦略的中核地に張り巡らした彼の支配下にある新聞を通じて、それを批判した。従って、ルーズベルト大統領が行動を起こそうと決断した時、この問題は〝熱い〟議論に発展していた。一九三五年一月十六日、大統領は国際司法裁判所を支持する決議案を可決するよう促す特別教書を上院に送付した。

＊カトリック教会の司祭。ラジオを通じて大衆の支持を集めた最初の人物のひとり。大恐慌の時代に貧困層を中心に四千万人が毎週、カフリン神父の放送を聞いたとも言われ、一時政界でも絶大な勢力を握った。当初はルーズベルトとニューディールを支持したが、のちに反対に回った。

この教書で、大統領は議案について、その非党派的性格に注意を喚起し、それは「明らかに健全で、徹底的にアメリカ的な政策」を示すものだと語った。さらに彼は、この国家間協定について「私は上院が近いうちに合衆国の参画を提言し、それに同意することを期待しています」とも述べた。大統領は「参画の目的を不首尾に終わらせたり、阻害したりしないような形で、上院は承認を与える」よう勧告した。彼は「そうした行動を起こすことによって、合衆国の主権が少しでも損なわれたり、脅かされたりすることはありません」とはっきりと宣言したのだった。(16)

大統領の要請にもかかわらず、上院の反対派は、その多くは民主党員だったが、少しも揺るがなかった。批准賛成派は、大統領が一九三三年の有名な〝一〇〇日間〟*に連邦議会内の反対派をいかにたやすく同調させてきたかを思い起こしつつ、いまこそ大統領は国際司法裁判所を支持する決議案を〝不可欠な〟法案に指定し、民主党上院議員たちに必要な命令を下すべきである、と主張した。(17) しかし、どうやら大統領はそうはしなかったようだ。あるいは、もし、そうしていたのであれば、彼の命令は背かれたことになる。というのは一九三五年一月二十九日、国際司法裁判所の問題は賛成五二票、反対三六票――可決に必要な三分の二に数票足らず、否決されたからだ。

＊大恐慌下で政権を発足させたルーズベルト大統領は、一九三三年三月四日に就任式を済ませるとすぐに行動を開始した。まず翌営業日の六日から全国の銀行を閉鎖、特別議会を招集して九日には緊急銀行救済法を議会で成立させ、銀行の財務調査を行い、その結果に応じて公的資本を注入することなどを定めた。さらに六月中旬までに、いわゆるニューディール政策の重要法案を一〇本以上も通過させ、失業者支援のため州や地方自治体を援助する連邦緊急救済局（ＦＥＲＡ）、若者の失業対策として軍隊のキャンプでの雇用を提供する市民保全部隊制度（ＣＣＣ）、農民に経済的救済を提供する農業調整局（ＡＡＡ）、失業対策事業兼公共計画事業としてのテネシー川

流域開発公社（TVA）、熟練建設労働者の雇用対策としての公共事業局（PWA）、公正な競争確保と労働者の権利保護のための全国復興局（NRA）、貯蓄銀行預金を五千ドルまで保証する連邦預金保険公社（FDIC）などを相次いで創設した。経済危機下で議会が協力的だったことに加えて、銀行休業で取り付け騒ぎが収束に向かうなどしたため、メディアの論調も好意的だった。したがって発足当初の期間は、大統領と議会、世論とのハネムーン（蜜月）期間とも言われた。なお一〇〇日とは特別議会の会期に言及したものだったが、その後、新政権の初期の成果を測る目安として政権交代後の一〇〇日間が注目されるようになった。この期間、議会やマスメディアは新政権が本格軌道に乗るまでの時間的猶予を与え、国民もそうした雰囲気を追認しているといわれる。

イタリアとエチオピアとの紛争が戦争への道をかなり前進してしまったのち、ルーズベルト大統領は一九三五年八月一日、声明を発表した。そのなかで、大統領はこの紛争に関する連盟理事会の審議の様子に言及して、簡単にこう述べた。「友好的解決が見出され、平和が維持されることを願っている合衆国の国民と政府の想いを表明したい」[18]と。イタリア・エチオピア戦争*が勃発すると、大統領は成立したばかりの中立法に基づき、武器の出荷を禁止すると宣言した。その数日後の一九三五年十月三十日、大統領は公式声明を発表、戦争で金儲けをしようとする者に対する警告を発し、次のように宣告した。「この政府は、かの紛争には巻き込まれないと決意しており、また、平和が回復され、維持されることを切望している」[19]。

＊一九三五年十月に勃発した第二次エチオピア戦争。十九世紀後半の第一次戦争で敗れたイタリアが、エチオピアに再び侵攻、全土を占領した。国際連盟はイタリアに対して連盟規約第十六条（制裁）を初めて発動したものの、石油など戦略物資は外され、実効的な経済制裁は行われなかった。孤立したイタリアはその後、ドイツ、日本に近づき、枢軸国を形成する道をたどった。

ルーズベルト大統領は、一九三五年に起きた外国の紛争や戦争にこの国を巻き込むことに反対であるとの決意について、さまざまな間接的な言及を行っただけではなかった。いくどか彼はその決意を、特に強い調子で表明した。一九三五年八月三十一日に中立法を承認した際、大統領はこの法案の柔軟性に欠ける条項を非難する発言をした。だが、彼は国民に向けて「この政府の政策は間違いなく、平和を維持すること、そして、われわれを戦争へと導くいかなる紛争にも巻き込まれないようにすることに全力を尽くすことなのです」と告げたのだった。(20)

一九三五年八月三十一日の報道機関向けの発表資料のなかでルーズベルト大統領は、外国の戦争において合衆国の中立を維持するという武器禁輸条項の目的に異議を唱えることはしなかった。それどころか、大統領は「この目的は全面的によいものだ」と述べた。さらに、この条項の硬直性について批判的に述べた際、彼は、国際主義者や制裁主義者が主張するように、同じ交戦当事国でも扱いに差をつけて武器を輸出することで片方の戦争当事国を支援する一方、もう片方には制裁を課すための裁量権を大統領が持つべきであるという理由で、条項を変更するよう主張することはしなかった。彼は中立政策の支持者らが主張の拠り所としていた大前提を受け入れたのだった。というのも彼は次のように断言したからだ。「外国諸国間の戦争に引きずり込まれるのを回避することが、この政府の政策なのです」と。彼はまた、こうも主張した。将来の偶発的事件を予見するのが困難であるからこそ「この全面的に硬直した条項が、われわれを戦争に巻き込まないようにするどころか、われわれを戦争に引きずり込む事態が発生することも考えられるのです」。平和の促進を掲げる、似たような考えを持つ他国の政府と協力する政策について語ったときには、大統領は、孤立主義者の制約的条項を政策に加えたのだった。それは「あらゆる平和的手段でもって、巻き込まれることないしに」というものだった。(21)

それから約一カ月後、特定の外国の問題が公式に持ち込まれたためというのでは全くなしに、ルーズベルト大統領は自発的に、「熾烈な外国の戦争」には干渉しないという政策をあらためて確認することに特に骨を折ったようだった。一九三五年十月二日のサンディエゴ博覧会での演説で、大統領は海外での戦争の危険性について述べた。そして次のように国民に厳かに請け合った。「こうした不安にかかわらず、アメリカ国民が懸念すべき事柄はただひとつだけです――アメリカ国民が語れるのはただひとつの想いのみです。それは海外の大陸で何が起ころうとも、アメリカ合衆国は、その昔、建国の父たちがこの国がそうあり続けることを祈ったように――巻き込まれることなく、自由で――あり続けるべきであり、あり続けなければならないのです。この国は他者を征服することを望んではいません。われわれは帝国主義的意図を持っていません。日ごとにそして年ごとに、われわれは隣国との平和により完全な自信を確立しつつあるのです。……われわれは平和を熱心に希求するばかりでなく、わが国と世界との平和を危うくする、そのような危険は回避するという強い決心によって、突き動かされているのです[22]」。

戦争へとつながるような関わりあいには巻き込まれない、という決意は、ルーズベルト大統領によって一九三五年十月十七日、現代問題についての婦人会議へのメッセージであらためて表明された。「海外では国家間の不和が依然として蔓延しており、そのような世界の問題に立ち向かうにあたって、安全な平和を維持することに対する女性の旺盛な思いやりにも協力をあおぐべきなのです。われわれのような国にあって、不和を助長する勢力を発見し、阻止するには、常に警戒していなければならないのです。戦争に至る道にわれわれを押し進めるような、そうした紛争にアメリカが巻き込まれないようにするために、私は自らの役割を果たす、と誓いました。私はいつ、いかなる時も、この問題についての健全で、正常な、そして何より完全

にアメリカ国民の意思による世論の影響を受け続けていると感じていたいのです」と彼は述べた。(23)

一九三五年十一月十一日、第一次世界大戦停戦記念日に行われたアーリントン国立墓地での演説で、ルーズベルト大統領は、海外での好戦的な出来事や野望に言及したあと、「われわれは自分たちの周りに壁をつくり、砂の中に頭を隠すことはできないし、けっしてそうしてはならないのだ」と述べた。だが、この公理から、彼が国際主義的な結論を引き出すことはなかった。それどころか、彼はこの国を平和に捧げ、若者に戦争の魅惑に惑わされないよう警告した。そして自衛をあくまで自衛に限定したのだった。大統領は「アメリカ合衆国の最大の目標は戦争に引きずり込まれないことです。……わが国の学校に通う児童たちも、わが国の大学を経て生産的な人生を営もうとしている若い世代の男性も女性も、われわれ［古い世代の人間］とは違って、戦争の意味することについて、直接的な知識を持っていません。彼らには戦争の魅惑に対する免疫がありません。武器工場や戦場での栄光や英雄的行為の陰にある、国内での辛い生活の単調さや苦労から逃れられる機会に、心を動かされないのです。幸いなことに、アメリカの若者たちが、全体としては、そうした幻想に陥っていない証拠がいたるところにあります。彼らは、新たな戦争の結果として生じるかもしれない昂揚感と繁栄は――それを生き抜く人々にとって――、われわれが過去に経験したことのないほど広範な経済的、社会的な崩壊にわれわれを導くに違いないということを知っているのです」と述べたのだった。

「われわれは国際平和を強調し、その実現に向けて、全力で前進しなければなりません」と宣言したあと、大統領はこうも付け加えた。「こうした取り組みのなかで、アメリカは自分自身を守らなければならないし、守るのであります。いかなる状況下であっても、この自己防衛の政策が自己防衛の域を超えることはありません。あなたがたの政府である現政権に関する限り、アメリカによる侵略はあり得ないことなのです。……

もし、国家としてわれわれが模範を示すことによって、諸国家からなる共同体の平和で幸福な生活に貢献できるならば、われわれが進んできた道は無駄ではなかったということになるでしょう。……アメリカは今後も平和の道筋を探し求め、国の内外で模範を示すことによって、人々の間で善意が戻ってくるのを促そうという祈りにおいて、過去と現在は一体になるのです[24]」。

国際主義者の間では、外国の紛争に介入することに反対する、このような大統領の宣言は、しばしば愚かなこと、あるいは不健全なこととされた。彼らの主張によると、合衆国はヨーロッパとアジアで起こる主要な紛争に関わらずにいるべきではないし、いられるものでもない。それゆえに、と彼らは続けて、アメリカの平和努力は、合衆国と国際連盟あるいはその他の諸国家間の協調体との緊密で正式な、そして警戒を怠らない協力を通じてそうした戦争を防ぐことに向けられるべきである、と指摘するのだった。しかし、ルーズベルト大統領は、合衆国は自国民の安全を第一に考えなければならないし、政治的に巻き込まれることを避けなければならない。戦争には加わるべきでなく、加わってはならないと述べてきた。サンディエゴで十月二日、大統領は、戦争の危険性を前にして、合衆国はそれらに巻き込まれず、自由であり続けるべきだし、あり続けなければならないと明言していた。そう宣言することで、彼は自らの立場を明確にジョージ・ワシントンに与する側に置いたのだった。そのワシントンの離任演説は、孤立主義者にとって、アメリカ外交政策のもっとも重要な文書だった――そしてそれは国際主義者から見れば、危険な文書だった。

大統領が国際連盟への政治的関与を避け、戦争への道を回避すると繰り返し断言したことに大いに突き動かされた国際主義者たちは、前向きな言い回しでもって、それに異議を唱えた。たとえば、彼らのリーダーのひとりであるオールバニのG・アシュトン・オールドハム司教が、一九三五年十月、大統領を非難した。

英国で生まれ、合衆国で教育を受けた司教は、英語圏連合のメンバーであり、アメリカ清教徒団の一員であり、母国との関係をことに心配をしていた。司教は平和運動に積極的に関わっていた。彼は外交問題評議会、外交政策協会、国際平和のための世界同盟、キリスト教会と世界平和連盟のメンバーだった。ルーズベルト大統領への手紙の中で、オールドハム司教は、もし合衆国が超然として無関心のままでいるのならば、五二カ国の努力は無に帰するだろうと述べた――それは合衆国が連盟のメンバーに、あるいはその種の政府間連合のメンバーにならなければ、世界の平和愛好諸国が平和を維持することはできないという趣旨の国際主義者の決まり文句だった。

オールドハム司教の手紙は大統領に問題を提起した。大統領は、アメリカの平和を守るための最善の備えは"すべての火事"を未然に防ぐ措置をとることであるという見解に賛同した。彼は司教に次のように伝えた。多くの場合、合衆国はそのような措置をとってきた。自分が大統領となってからの合衆国が超然と無関心であるということはなかった。そして多くの点で、これまでのところ他の国々がとってきた行動以上のことを自分はしてきた、と。大統領は、しかしながら、「最近の法律やその他数多くの手段であらわされたり、報道や集会や陳情書や手紙を通じて表明されている、疑う余地のないわが国民の負託を、つまり合衆国が「イタリアとエチオピアとの」紛争に引きずり込まれることがあってはならないということを、まっさきに考えるのが、自分の義務になっている」とオールドハム司教に説いた。そして大統領は、今後もふたつの役割を演じ続けること――火事を消そうとすることと戦争に巻き込まれないようにすること――をオールドハム司教に保証し、この個人的な手紙を締め括ったのだった。(25)

ルーズベルト大統領の外交政策についての公的な、そして公式の発言に基づいて、『カレント・ヒストリー』

誌の共同編集者フランシス・ブラウンは一九三五年一年間の国際問題を正しく回顧して、次のように報じた。「ヨーロッパに対するアメリカの態度は一九三五年を通じて、かの大陸の不穏な出来事に巻き込まれまいとする強い願いに支配されていた。この年はこれに始まり、これに終わった」。ブラウン氏が述べたところによると、そうした態度は「面倒に巻き込まれる同盟」に反対した建国の父たちの助言があったためではなく、他の国と積極的に協力することを望まない気分を維持するためでもなく、国内問題に激しく没頭しているためでもなかった。その一因は先の世界大戦に幻滅したことにあった。「それは記憶のうえでのことだけではなかった。戦後に起きたさまざまな出来事が多くのアメリカ人に、指導者側にも指導される側にも、国際連盟が……不当な平和を強要する征服者連盟と大差ないことを確信させたのだった[26]」。

一九三六年のルーズベルト

一九三六年には、ルーズベルト大統領が一九三三年に突きつけられた国際関係における特殊な問題のうち三つ、つまり戦争債務、軍縮会議と世界経済会議は事実上、消失していた。極東では、満州国問題が国務省にとって困惑の源泉として未解決のままだった。ハル国務長官は、国際道義について公の場で演説をした折々に、この問題について詳細に並べ立てることはなかったけれども、遠回しに言及した。だが、ヨーロッパ諸国の政府はほとんど関心を示さなかったし、彼らにはこの問題をめぐって戦争を始めようという意思はなかったのこと、なかった。その一方で、ヨーロッパの国際関係はますます悪化していた。イタリアはエチオピアで残忍な戦争を始めていた。ヒトラーはすでに専制的権力を掌握しており、ユダヤ人や社会主義者、共産主義者、自由主義者を迫害するという生涯の取り組みをかなり推し進めており、国際連盟からすでに脱退し、ヴェルサイユ条約に反してドイツの再軍備を進めていた。イギリスは、フランスの事前同意なしに、これもヴェルサイユ条約に反してヒトラーと海軍条約を結んでいた。ヨーロッパ諸国の政府は、フレデリック・シューマン*の *Europe on the Eve*（『大戦前夜のヨーロッパ』）で、辛辣に、そして皮肉っぽく描かれたように、大国も小国も、権力と安全を求め、壮絶な闘争を始めていた。

*ナチス・ドイツとソビエトを専門とするアメリカの歴史家であり国際政治学者。シカゴ大学やウィリアムズ大学教授などを歴任。書名は正確には *Europe on the Eve: the Crises of Diplomacy, 1933-1939*, Hale, 1939（『大戦前夜のヨーロッパ——外交の危機　一九三三—一九三九』）。

一九三六年になって月日が過ぎるほどに、ヨーロッパで全面戦争が起きる危険性はますます顕著になっていった。ヒトラーの軍隊は、ヴェルサイユ条約を無視して、ラインラント地方を再占領した。スペインの共和国政府に対するファランジスト党の反抗は燃え上がって広まり、遠く、広範囲に不安をもたらした。イタリアとドイツはベルリン—ローマ枢軸を形成した。日本とドイツは反コミンテルン同盟を成立させた——これにイタリアが翌年、加わった。その間、イギリス政府はフランスとロシアと手を結んでヒトラーに対抗する果敢な戦線を組む代わりに、ヒトラーのソ連に対する計画を実際に煽ろうとしていた、とは言わないまでも、ヒトラーと暫定協定を結ぼうとしていた。ルーズベルト大統領が道義的説得による和平工作としてそれまでに講じた措置も、講じている最中だった措置も、ひとつとして旧世界の外交の緊張状態や紛争を目に見えて軽減する効果は生み出していなかった。

こうしたことを知るアメリカ市民で、海の向こうで荒れ狂う暴力に無関心でいられる者はいなかった。一九三六年を通じて、ルーズベルト大統領は一度ならず、世界情勢の憂慮すべき混乱について、おごそかにそして大々的に語ったものの、ヨーロッパとアジアにおいて政治的に巻き込まれることや、両大陸の戦争に関わることは回避するという従前からの誓約を捨てたことを示唆するような宣言はしなかった。この年に行われたこの問題についての大統領の公の場での演説はすべて、世界における戦争の危険性に幾度も言及しながらも、一九三三年三月二日以来、彼が追求してきた不干渉政策の路線に則ったものだった。

一九三六年一月三日の連邦議会への教書の中で大統領は、ヨーロッパとアジアにおける戦争の危険性について三ページ以上も費やしたうえで、権力を求めて狂ったように争う時代が再びやってくるかもしれないとの懸念を表明した。彼はこう述べた。「われわれは、われわれがそんな時代の入り口に立っていないことを願っています」。そしてすぐにこう宣言した。「しかし、もし、そうした時代に直面しなければならないならば、合衆国とアメリカ大陸の他の国々が果たせる役割はひとつしかありません。それは、争いを煽るようなことは一切しない、秩序だった中立を保つこと、争いや攻撃から自らを守れるだけの十分な防衛力を備えること、他の諸国に平和と善意を取り戻すよう説得するような模範を示し、あらゆる正当な励ましと支援を提供することによって果たせるものです[27]」。

その年の半ば近い一九三六年六月十二日のテキサス州ダラスでの演説で、ルーズベルト大統領は、世界を取り巻く危険についての認識を示したうえで、非介入主義のドクトリンをあらためて述べた。「先にお話ししたように、世界を取り巻く数々の問題が何であるか、われわれは十分によく理解していると思われます。われわれは、たぶん、彼らの問題にある種の共感を覚えています。われわれは彼らをできるだけ助けたい。けれども近年、彼らもそうした助けが道義的な支援に限定されること、そしてわれわれが彼らの今後のトラブルに巻き込まれるようなことはないということをよく理解するようになったのです」[28]。

一九三六年六月二十七日、フィラデルフィアで大統領候補として再度の指名を受け入れた際、ルーズベルト氏は演説の焦点を国内問題と、自身の政権が最近国内で挙げた成果と、今後の課題に完全に絞った。外交政策については、彼は一顧だにしなかったが、話をこう締めくくった。「われわれのこの世界の、他の土地には、かつて自由のために生き、戦ったものの、戦いを継続することに疲れてしまったと思われる人々がいます。彼らは自由という伝統を生活という幻想のために売ってしまったのです。彼らは彼らのものであった民主主義を放棄してしまったのです。私は、われわれの成功のみが、彼らが遠い昔に持っていた希望をかきたてることができると信じて疑いません。彼らはここアメリカで、われわれが偉大な戦争に勝利していることを知り始めています。この戦いは欠乏や貧窮、経済崩壊との戦いに限られたものではありません。この戦争はそれより大きな戦いです。それは民主主義の存続を賭けた戦いなのです。われわれは、われわれ自身と世界のために、偉大で貴い統治形態を救うために、戦っているのです」[29]。

大統領再選を目指す選挙キャンペーン期間中、大統領はごくまれにしか、外交政策の問題に立ち入ることはせず、詳しく論じたのはたった一回だけ――一九三六年八月十四日のシャトークアでの演説のみだった。それ以外のすべての演説では、大統領は国内問題とそれまで進めてきた国内改革の取り組みをさらに前進させる必要性を強調したのだった。大統領の選挙期間中の演説と一九三六年一年間の公文書が、大統領の当時の希望と目的をそっくりそのまま明らかにしているとすれば、アメリカにおける文明世界の建設こそが徹頭徹尾、彼の全身全霊の決意なのであった。さらに大統領は、ヨーロッパの紛争に政治的に巻き込まれることを避け、合衆国の平和を維持することへの決意を示した。

シャトークアでの演説で、大統領は国際情勢とそれに関連する自身の政策についてあまねく論じた。大統領は「世界情勢」の危険性に対する懸念を表明することから始めた。彼は、この半球で善隣政策を実施するために自身の政権下でとられた数々の措置を振り返った。海の彼方で、このところ神聖な義務に反する数々の行為が行われていることについて長々と論じた。アメリカが軍備の削減、海軍の装備制限の継続そして国際連盟の「人道分野」に協力していることを強調した。戦争を引き起こす国はアメリカ国民の共感を失うことになると宣言した。そうして彼は、海外で全面戦争が起きた場合、金儲けや「フールズゴールド」[*]を追い求めて、あるいは「アメリカがもう一度、世界の貿易を牛耳るようになる」ことを期待して、「われわれの中立を破ろう、あるいはこれを免れよう」とする大勢のアメリカ人が出現するであろうことに対して、国民におごそかに警鐘を鳴らした。

＊黄鉄鉱、二硫化鉄。金に似た色のため、金に見間違われることがある。転じて見かけ倒しのものという意味もある。

外国の差し迫った危難と戦争に関する自分自身の考えと政策と措置について言えば、ルーズベルト大統領は中立と不干渉の路線を堅持した。彼はこう語った。

われわれは、外国の戦争にわれわれを巻き込みかねない政治的コミットメントを受け入れません。われわれは国際連盟の政治行動と関わりを持つことを避けています。……

われわれは自分たちを戦争から完全に隔絶しようと欲している以外は、決して孤立主義者ではありません。それでも、戦争がこの地上に存在するかぎり、もっとも熱心に平和を希求している国家でさえ戦争に引きずり込まれかねない危険性があることを、われわれは覚えていなければなりません。

私は戦争を目の当たりにしました。陸上の戦争も、海上の戦争も、目の当たりにしました。傷口から血が流れ出しているのを目の当たりにしました。毒ガスを吸い込んで咳き込む兵士を目の当たりにしました。泥の中に倒れている死体を目の当たりにしました。いくつもの街が破壊されているのを目の当たりにしました。二〇〇人の兵士が足をひきずりながら、疲れ切った様子で戦線を離れるのを目の当たりにしました――四八時間前に前線に向かった千人の連隊の生き残りでした。子供たちが飢えに苦しむのを目の当たりにしました。母親たち、妻たちの苦悩を目の当たりにしました。私は戦争を憎悪します。

私はこれまで数えきれないぐらいの時間を費やして、どうしたらこの国から戦争を締め出しておけるのかを考え、そのための計画を練ってきました。そして、今後もそのために何時間も費やすことになるでしょう。……

合衆国の連邦議会は、戦争が起きた場合にアメリカの中立を守るための防衛手段を講じる一定の権限を私に付与しました。

憲法の下、われわれの国際関係を指揮する優先的権限が付与されている合衆国大統領は、こうしてわが国の中立を維持するための新たな武器を与えられたのです。

しかしながら――私の長い経験から申し上げますと――、アメリカの中立が実質的に維持されるかどうかは、過去においてそうであったように、今日も、ときの大統領と国務長官の職にある者の英知と決断にかかっているのです。……

われわれが中立法によってどれほど確かな裏付けを得ていようと、あらゆる偶発的な出来事を対象とする法律を制定することはできないということを覚えておかなければなりません。なぜなら、未来のすべての出来事がどのように展開しうるかを想定することは不可能だからです。

考え得るありとあらゆる将来の見通しを考慮したとしても、国際関係には必然的に広大な未知の領域があるのです。そうした領域を安全に航行していけるかどうかは、わが国の外交政策を指揮する者たちの知識、経験そして英知にかかっているのです。平和は、そうした者たちの日々の決断にかかっているのです。

事が起こった後に見出すのは非常に簡単なのに、事が起こる前に授かるのはとても難しい英知をもって、われわれは遅まきながら、一九一四年の第一次世界大戦にヨーロッパを至らしめ、その後わが国を含む多くの国々を巻き込むことにつながった悲劇的な小さな決断の連鎖を遡ることができるようになりました。

戦争に巻き込まれずにいることは可能なのです。事態を監視し、決断を下す者たちが、その日その日の小さな決断が間違いなく戦争に至らないように、できるだけ十分に詳細な理解を国際関係について持っていれば。そして同時に、彼らが、自分の利益のために、あるいは浅はかなために、われわれに戦争を始めさせてしまうような者どもに「ノー」と言える勇気をもっていれば。……。(30)

ニューヨーク市で、ルーズベルト大統領はアメリカに平和をもたらすことを高らかに宣言し、再選に向けた一九三六年の選挙キャンペーンを締めくくった。自身の政権が掲げる国内政策の目標をあらためて総括したあと、彼は言明した。「これらはすべて――こうした目標はすべて――国内の平和を希求するものです。われわれの行動はすべて、われわれの理想はすべて、他の国々との平和を希求するものです。今日、戦争が戦われており、また別の戦争が始まるという噂もあります。われわれはそれらに一切、巻き込まれたくないのです。……みなさんがよくご承知の通り、戦争で儲かる立場にある人々はこの選挙戦でわれわれの側にはついていません。『地上には平和あれ、人類に善意あれ』* ――民主主義はこのメッセージを墨守しなければなりません。……それが平和への道なのです[31]」

＊新約聖書のルカの福音書、第二章一四節。イエス・キリストの誕生を告げる天使の言葉。Glory to God in the highest, and on earth peace, goodwill toward men.「いと高きところの神に栄光あれ、地上には平和と人類に善意あれ」。

外交政策協会のウィリアム・T・ストーン副会長は、その年の実績を根拠に、一九三六年のアメリカの外交政策を総括して、次のように述べた。「ヨーロッパの不穏な出来事に巻き込まれることは回避したいという願望が、一九三六年を通じて、アメリカの政策を支配し続けた。イタリア―エチオピア戦争から三月のラインラント危機、スペイン内戦へと急変する事態にヨーロッパが押し流されていく中で、ルーズベルト政権は厳格な中立路線を維持しようと奮闘した。……アメリカの世論は圧倒的に孤立主義であり続けた。……。［ヨーロッパで］新たに発生した大きな危機はアメリカの孤立主義の度合いをあらためて強化することにつながった。

三月七日、事前通告なしに、ヒトラー総統はヴェルサイユ条約で非武装化されていたラインラントをドイツ軍部隊が占領した、と発表した。……ロンドンやジュネーブで開催された連盟理事会の会議につきものだった外交関係の緊張の時代を通じて、合衆国は超然とした態度を厳格に堅持した。そしてこの国がロンドンやジュネーブでの会議に参加すべきだという提案がヨーロッパから示されることは、非公式な参加についてすら、なかったのだった[32]」。

第八章　〝転換〟と〝回帰〟——一九三七〜三八年

一九三七年、波乱の中での第二期

国内外で起きた数々の波乱が、一九三七年という年のたどった道を特徴づけた。ワシントンでは、一九三六年の年末にすでにはっきりと認識されていた緊張の高まりが、一九三七年には月を追ってやわらぐというよりはむしろ増幅し続けて、年の終わりを迎えた。ニューディール政策として知られるルーズベルト大統領の国内改革プログラムは、事実上、完成をみていた。少なくとも直近の最高裁判所の諸判断が許容した範囲においては。* 一九三七年二月五日、大統領は司法府を再編する計画を連邦議会に提出し、そのために突如として激しい対立を、党内のみならず全国規模で引き起こした。そんな大嵐が吹き荒れるなか、外交問題にしろ、国内問題にしろ、その他の問題はいくぶん埋没してしまっていた。こうした混沌とした状況は一九三七年八月、連邦議会が大統領のいわゆる「パッキング・ザ・シュープリーム・コート」** 計画に致命的な一撃を与えるまで続いた。

＊連邦最高裁判所は当初、不動産抵当債務のモラトリアム（支払い猶予）措置を定めたミネソタ州の法律やニューヨーク州の乳価規制法を合憲と認めるなど、州レベルのニューディール色の強い政策に寛容な判断を示していた。しかし、政府が企業や私人の経済活動に直接介入するのはアメリカの伝統的な自由主義に反するという反発も強く、上訴が増えるにつれて違憲判決も増えていった。一九三五年一月には、州割当法に違反して生産された石油の州外・国外への輸出を禁止する行政命令権を大統領に与える産業復興法の条項について、最高裁は不当な権限の委任にあたるとして違憲と判断、さらに六月には、同法のもとで労働時間や賃金等を連邦政府が規制するのも立法権の侵害であり、違憲かつ無効だとする判決を下した。これにより、ニューディールの主要政策のひとつであった産業復興法は事実上、骨抜きにされた。また最高裁は三六年一月、農業調整法について、加工業者に加工税を課し、農民に補償を行うのは憲法が認める一般の幸福のための課税にあたらないとして違憲とした。三六年六月までの約一年半の間に、実に一〇件中八件のニューディール関連事案が最高裁で違憲判決を受けた。

＊＊憲法に基づき設立された唯一の裁判所である合衆国最高裁判所は、主席判事と八人の陪席判事で構成されている。いずれも大統領が上院の同意と助言に基づき任命するが、その定数は憲法の規定にはなく一八六九年の立法措置で決められていた。本人が死去するか引退するまでその地位を保証され、弾劾裁判以外の理由では解任されない。事実上の終身制である。最高裁がニューディール関連の立法措置を次々と違憲と断定したことに反発してルーズベルトは再選を果たした一九三七年に最高裁判事が七十歳に達して辞任しない場合は大統領が新しい判事を最大で計一五人まで任命できるという内容の法律を制定するよう議会に要請。判事の増員を図って違憲判決を覆そうとした。これがパッキング・ザ・シュープリーム・コート計画だ。議会は上下両院とも民主党が多数派を占めていたにもかかわらず、司法の独立ひいては三権分立の理念を損なうとして法案を否決。一方で最高裁は選挙で大統領の圧倒的人気を目の当たりにした中間派の判事が意見を変えたこともあって、その後、ニューディール立法に合憲判決を出すようになった。

この司法府の再編をめぐる対立が決着するや否や、というタイミングで、大統領のニューディール政策が掲げていた経済の回復と安定の約束は、一九二九年秋の金融大恐慌に迫る勢いと恐ろしさで襲ってきた金融破綻に直面した。経済の専門家としてS・S・ヒューブナー*は次のように正しく報じた。「しかしながら、八月に続く三カ月間に、金融市場は崩壊としか言いようがない相場の下落を経験した。九月、十月、十一月の［株価］下落は、急激だったばかりでなく、あらゆる分野の銘柄に影響を及ぼすほど、広範なものだった。実際、記録をめくっても三カ月間という非常に短い期間にこれ以上大幅な下落の例はほとんどない。……一九三七年の最後の第3四半期には悪いニュースがあまりにもたくさん重なり、投資家や投機筋の信頼感を損なってしまった。大層深刻な労働争議がこの国のほぼすべての基本産業で持ち上がり、結果として関係者全員に莫大な金銭的損失を招くとともに、広範な生産の秩序崩壊をもたらした」[1]。

＊経済学者、ペンシルバニア大学ウォートン校教授、生命保険教育の父とも呼ばれる。

経済崩壊の激震は、その範囲の大きさにおいて、ルーズベルト大統領と彼の顧問たちに衝撃を与えた。失業問題はその規模と影響の大きさにおいて、憂慮すべき事態であり続けた。労働者階級の動揺はますます激しさを増していった。金融界の憎悪はさらに高まっていった。政権から見れば、連邦政府支出の拡大がビジネスを回復させるための刺激策として再び必要になると思われた。このことはニューディール政策を支持するニューディーラーの多くにさえ、しばらく前から一時的な嘆かわしい便法とみなされていた〝赤字財政〟が続くことを意味していた。疑念が大統領と彼の顧問たちに向けられた。あるいは彼らが彼らの信奉した特殊な手段を通じて回復を求めたのは間違いであり、そのいきあたりばったりの取り組みも、終わりにきているのではないのか、と。いずれにせよ、一九三七年秋には、ニューディール政策の見通しは思わしくなくなっており、その落胆ぶりはワシントンの政府関係筋全員に影響を及ぼしていた。一九三三年の壮大な夢はもはや、忠実な民主党員の間にさえも、揺るぎない楽観主義を呼び起こすことはなかった。

国内の見通しが暗かったとはいえ、海外の情勢はさらに暗澹たるものだった。一九三七年が明けたとき、スペインでは内戦が激しさを増していた。ドイツとイタリアは、共和国政府と戦う反乱軍を支援するために軍隊を派遣していた。ロシアは共和国派の人民戦線軍に援助の手を差し伸べていた。そして合衆国を含む多くの国々から義勇兵が、スペイン人、ドイツ人、イタリア人のファシストとの戦いに加わるためスペインに押し寄せていた。実際のところ、この闘争はまるで、ファシズム陣営と、それに対抗する共産主義者、自由主義者、社会主義者、民主主義者からなる〝統一戦線〟との間で繰り広げられることになる、ヨーロッパの来るべき戦争の舞台稽古の様相を呈していた。七月には日本が中国に対して、宣戦布告をせずに戦争を始めた。そうして日本は再びアジアを炎上させ、同地域の西洋諸国の利益すべてを脅かしていったのだった。

一方、ヨーロッパの動乱と新たに起こった日中戦争に関連した外交工作は、世界の大使館を騒然とさせ続けるとともに、アメリカの報道機関に戦争のセンセーショナルなニュースと戦争のうわさを供給した。〝内部情報を入手する立場にない、状勢を見ているだけの者たちも、ヒトラーは戦争を意味し、彼を〝宥め〟ようと努力が払われたにもかかわらず、彼は準備が整えば一気に戦争に打って出るだろう、とほぼ確信していた。(2)

しかしながら、一九三七年の最初の九カ月間の公式声明に関する限り、ルーズベルト大統領は、一九三二年の二月以来何度も繰り返してきた、海外の大国間の政治的駆け引きには、それが国際連盟の加盟国であろうとなかろうと巻き込まれない、という政策からの転換を国民に表明することはなかった。また彼は、同じようにしばしば繰り返してきた、戦争が始まっても合衆国は参戦せずにいられるし、参戦すべきではない、という見解を翻すこともなかった。

一九三七年一月の、大統領としての二期目の就任演説には、外交問題についての言葉やアメリカが参戦する可能性についての発言は一言もなかった。それどころか、就任演説は、いまだに解決されていない国内の諸問題にしっかりと取り組む決意を示していた。これらの問題は、大統領自身の言葉で次のように提起された。「国民の三分の一が衣食住にこと欠いています」。一九三七年三月四日に開かれた民主党の大統領選での勝利を祝う夕食会で行った演説で、大統領は一九四一年一月二十日*には自分の後を継ぐ後継大統領に「無傷の国家、平和な国家、繁栄する国家、市民に奉仕するにあたってどのような権限を有しているのか明確に認識している国家、人類にとっての現代のニーズを満たすべく着実に前進するために、そうした権限を最大限活用する準備が整っている国家……」[3]を譲り渡したいとの希望を表明した。

＊次期大統領の就任式予定日。

しかし、ルーズベルト大統領は、ヨーロッパの政治問題への不干渉政策を転換したと公に宣言することはなかった一方で、連邦議会のメンバーや民間の観測筋から見ると、ヨーロッパやアジアの紛争に介入するために中立政策を放棄することを決意しているかのように思える多くの行動をとった。本稿はそうした行動のすべてを検証する場ではない。しかも、すべての大国の外交公文書が公表されるまでは、そうした行動の様々な形態や、それがどのような副次的な影響をもたらしたかをつかむことはできないのだ。それも、それらの外交文書がいつの日か公表されることがあれば、の話である。しかしながら、いくつかの事例は、大統領の講じた諸々の措置が活字として出版された大統領の政策表明とは異なって、合衆国を〝戦争に至る道〟に押し流しているのではないかという懸念が高まっている理由を示している。

その年の初めにルーズベルト政権がスペイン内戦に関してとった特定の措置が、大統領の政策の試金石となった。政権がいくつかの関係において、ロンドンの不介入委員会――イギリス政府の指導の下、スペイン内戦を〝局地化すること〟すなわち内戦が全面戦争に拡大しないようにするというさまざまな目的に応用できる組織――と連携していることは知られていた。一九三六年夏、スペインの党派対立が突然、内戦に暴発した際、国務省は厳密な中立の原則を超えて、法律の規定を逸脱した。つまり、アメリカ市民がスペインの交戦当事者に武器を販売するのを思いとどまらせようとしたのだった。国務省は、このとき有効だった中立法の禁輸規定が内戦には適用されないことを知っていたにもかかわらず、当時、アメリカ合衆国政府が公式に承認していたスペイン共和国政府を含むスペイン国内の交戦者に武器を輸出しないよう、アメリカ市民に警告し続けていた。一九三七年一月、ルーズベルト大統領は〝武器、弾薬、戦争必需品〟の禁輸を内戦にも――実質的にスペイン共和国に反旗を翻したファシストの反乱軍と同様にスペイン共和国政府に対しても――適用することを認める特別法の制定を連邦議会に求めることで、武器の輸出を妨げることを〝合法〟化しようとした。一九三七年一月九日、この法案は、大統領によって署名され、法律となった。

表面上、新たな武器輸出禁止法は不干渉の様相を呈していた。しかし、実はこの法律は、それにとどまらなかった。第一に、この法律はスペイン共和国政府に打撃を与えた。なぜならドイツとイタリアが、その悪名が広く知れ渡るほど共和国政府に対抗して反乱を起こしていたスペインのファシストたちに軍需品を供給し、さらに軍隊を投入して彼らを支援していたからであった。第二に、この法律は、中立国は戦争が勃発した後になって合法的な交戦当事者にとって実質的に不公平な形で法律を変えるべきではないという、国際法上確立されたルールを犯していた。第三に、この法律は、合衆国とスペインとの間で一九〇二年に成立したマドリッド条約*の条項に違反していた。第四に、この法律はイギリスの思うつぼだった。当時、イギリスはスペイン内戦には名目上、中立の立場をとっていたが、実際には正統な政府として承認されていたスペイン政府に不利な一連の施策をとっていた。第五に、この法律が実際にスペインの共和国政府の崩壊を助けたかどうかは別として、その後、同国ではファランジスト党とファシスト反乱軍が勝利、フランシスコ・フランコが独裁者に就任し、そのフランコを、ルーズベルト大統領は公式に承認したのだが、その承認は、大統領が民主主義の原則への執着を公言してはばからなかったことに照らして考えると、驚くほど速やかに与えられたのであった。(4)

＊一八九八年のスペイン領キューバの独立運動にアメリカが介入し、勝利を収めた米西戦争後に結ばれた貿易友好協定。第三条は両国の市民ならびに臣民の完全かつ最大限の通商と航行の自由をうたっている。

ルーズベルト大統領が外国の紛争に干渉する方向に転換したとみられるもうひとつ別の実例は、一九三七年七月七日に始まった日中戦争との関係で示された。一九三七年五月一日に発効した中立法は、海外で戦争状態が存在していることを、大統領が認識したとき、武器やその他の軍需物資の輸出を禁止する義務を、大統領に負わせていた。戦争のように見え、事実戦争であった事態が、七月七日以降も中国で猛威を振るい続けていた。大統領はそれを戦争であると認識し、アメリカの中立を宣言するとともに東洋の交戦諸国に対する弾薬やその他の軍需物資の販売を禁止するものと多方面で予想されていた。しかし、ルーズベルト大統領は輸出禁止条項を適用しようとしなかった。そして一九三七年七月、国務省は、世界六〇カ国の政府に対して諸条約と国際法の尊厳についての宣言書を交付した。こうして国務省は、記憶力の良い国民に対して、大統領が一九三三年一月にそれとなく同意したスティムソン・ドクトリンを、政権が〝実行する〟準備を進めていることを示唆したのだった。(5)

複数の新聞や雑誌が、スペイン内戦と日中戦争に対するルーズベルト大統領の決定は、彼が紛争には巻き込まれないという政策を放棄するつもりであることを明らかにするものだ、と論じた。アメリカの外交政策の新しい路線と見受けられるものに対する国民の憂慮を認識していた、国際問題専門の月刊誌『イベンツ』の編集者スペンサー・ブロッドニーは、「ルーズベルトはわれわれを戦争に巻き込まずにおくであろうか」とのテーマで寄稿するよう私に依頼してきた。これに応じて私は『イベンツ』誌の一九三七年七月号に掲載された論説を執筆した。一九三六年から三七年にかけての冬、私はワシントンに滞在しており、この国家の首都で優勢な意見の趨勢というものをできるかぎり綿密に追っていたのだった。大統領の意図に変化があったことを示唆しているようにみられた昨今のいくつかの傾向を簡単に論評したうえで、私は次のように結論づけた。「これらの考察を総括すると、アメリカ国民は、ルーズベルト大統領がこの国をヨーロッパの戦争に陥れるのを、そしてその際にはウィルソン大統領がこの国をヨーロッパの戦争に追い込んだときよりもよほどあっという間にそうするのを、目の当たりにする準備をしておいたらよいだろう」。

この論説に続けて、私はもう一本原稿を七月に執筆し、これは『イベンツ』誌八月号に掲載された。二本目の論説で、私はヨーロッパで起きていた不吉な出来事に言及した後、こう書いた。「大西洋の反対側では合衆国が、やはり軍備を急速に整え、アメリカ大陸以外の〝どこか〟に四〇〇万人の部隊を陸揚げする計画をたてている。総体としては、ルーズベルト大統領が公然と確約を与えたり、深く関わったりしたことはない。しかし、彼が戦争に共鳴しているのはあまりに広く知られており、証拠資料も必要ないほどだ。合衆国内にもまた、戦争に共鳴する構造がある。その構成要員は連合国の国際連盟を支持する職業非戦論者から、戦争はこの国にとって良いことだと考える保守層、そして〝ロシアの民主主義を救う〟ことに夢中になっているスターリン主義者にまで及んでいる[6]」。

ブロッドニー氏は、私のあずかり知らぬところで、氏本人の判断で、私の二本の論説のコピーをルーズベルト大統領に送った。その際に彼は一通の手紙を同封し、大統領が「もし、疑念や不審のある問題について、アメリカ国民を安心させられるような声明を国民向けに発表」すれば、それは国民への大いなる奉仕となるでしょう、と持ち掛けた。それに答えて、スティーブン・アーリー大統領秘書官はブロッドニー氏にこう告げてきた。「大統領はあなたが書いてくださったお手紙に感謝しています」。そして次のように付け加えた。「ご参考までに大統領が行ったふたつの演説を同封します。ひとつはニューヨークのシャトークアで行ったもので、もうひとつはカリフォルニアのサンディエゴで行ったものです」。ブロッドニー氏に送られてきたコピーには「外国の戦争や外国の複雑に絡み合った問題に巻き込まれないようにするための国家としての決意」を論じているくだりに印がつけられていた。アーリー氏はまた、「大統領のこうした正式かつ公式な声明は、依然として、あなたが書いてこられた問題についての彼の見解をはっきりと、間違いなく表明しているのです」とブロッドニー氏に保証したのだった。(7)

十月五日、シカゴでの「隔離演説」

こうして一九三七年八月、ルーズベルト大統領は、直接的な質問に答えて、彼が一九三二年二月二日以来、公の場での演説で非常にしばしば、特にシャトークアとサンディエゴでの演説ではこのうえなく積極的かつ明確に強調した不干渉政策を、引き続き順守していることを保証したのだった。

数週間が経過した。そうして一九三七年十月五日、大統領はシカゴで突然、決定的に厳粛なトーンで世界情勢についての演説を行ったなかで、合衆国の中立のドクトリンを放棄し、集団安全保障――国際主義の基本原則――の考えを支持したのだった。大統領は「現在の恐怖と国際的な無法の支配」について情感を込めて語り、より恐ろしい出来事が起こるだろうと予言し、そのような状況下でアメリカは情けを期待することも、攻撃を免れることもできないのだと断言した。そして、平和と自由と安全を大切に思っている世界の人口の九割のために、侵略者に対抗して統一行動をとるよう訴えた。

海外で繰り広げられている激しい戦争で生命や財産が破壊されている最近の状況について論評し、迫りくる恐怖についてのある作家の記述を引用した後、ルーズベルト大統領は次のように述べた。

もし、こうしたことが世界の他の地域でも起こるならば、アメリカは免れるだろう、アメリカは情けをかけてもらえることを期待できるだろう、西半球は攻撃されることなく平穏かつ平和裏に文明の真髄と倫理を維持できるだろう、と、誰ひとりとして想像してはなりません。

もし、そのような時代が来るならば「軍事力によって安全を得ることはできません、権威が助けてくれることもありません、科学に答えを見出すことはできません。文化が咲かせた、ありとあらゆる花が踏みにじられ、全人類が大いなる混沌のなかで打ちのめされるまで嵐は吹き荒れるでしょう」。

もし、そのような時代が来ないならば――もし、われわれが安堵の息をつき、恐れることなく、友好的に暮らすことができる世界を実現しようとするならば――、平和を愛好する諸国は平和を保障できる唯一の礎である法律と諸原則を守るために、協調して努力しなければならないのです。

平和を愛好する諸国は、単に孤立や中立を守ることでは逃れることなどできない、今日の国際的な無秩序状態と不安定を生んでいる条約違反や人間の本能を無視した行為に、一致協力して反対しなければならないのです。

己が自由であることを大切に思い、隣人にも等しく自由で平和に生きる権利を認め、これを尊重する人々は、平和と正義と信頼が世界中に広まるように、法と道義の原則の勝利を目指して一致協力しなければなりません。

誓われた言葉、署名された条約の価値に対する信頼を取り戻さなければなりません。国家の道義が個人の道義に劣らず、不可欠であるという事実が認識されなければなりません。

先日、ある司教が、次のような書簡を送ってくれました。

　昨今、無力な市民、特に女子供が戦争の恐怖にさらされるのが当たり前になっていることに対して、正常な人間性を代表して、ぜひ主張されなければならないことがあるように私には思われます。そのような抗議は、現実主義者を自称する多くの人々には無益なこととみなされるかもしれません。ですが、人類には現在の無用の苦痛をおぞましく思う気持ちがあふれており、それゆえに、そのような残酷な行為を将来減らすための十分な勢力が動員できる、ということはないでしょうか。

文明がこの野蛮に対して結集し、抗議して、その効果があらわれるには、とんでもないことではありますが、二〇年かかるかもしれないとはいえ、力強い声が多くあがることがそうした日の到来を早めるのは間違いないでしょう。

現代世界は、技術的にも道義的にも、緊密に結びついて相互に依存しているところがあるので、どんな国も、世界の自国以外の場所で起きた経済的、政治的な激変から自らを完全に隔絶することは不可能なのです。そのような変化が広がり続け、鎮まる気配がない場合は、特にそうです。

一国のなかであっても、国家間のことであっても、全員が順守する法律と倫理規範のもとでなければ、安定も平和も存在し得ないのです。国際的無秩序は平和の礎をことごとく破壊してしまいます。それは、大国であれ小国であれ、あらゆる国家の現在の、あるいは未来の安全を脅かすのです。

それゆえに、国際条約の尊厳が回復され、国際的な道義が維持される状態が取り戻されることは、合衆国国民にとって極めて重要な利益であり、関心事なのであります。

今日の世界の圧倒的多数の人々も、国家も、平和に暮らしたいと願っています。

彼らは貿易障壁の撤廃を求めています。

彼らは人命や有益な資産を破壊するための軍用機や爆弾、機関銃、大砲を必死に製造するよりも、工業や農業やビジネスに精を出し、富を生む財貨を生産して財産を増やしたいと願っています。……。

世界の人口の九割の人々の平和と自由と安全は、あらゆる国際的な秩序や法律を破壊すると脅している残りの一割の人々によって、危険にさらされています。何世紀にもわたって、広く受け入れられてきた道徳規範や法に基づく平和な暮らしを望んでいる九割の人々は必ず、自分たちの意志を通すための何らかの方法を見出さなければならないし、見出せるのです。

事態は間違いなく、全人類が懸念しているところであります。ここで問題となっているのは、特定の条約の具体的な条項に対する違反にとどまらないのです。それらは戦争に関わる、平和に関わる、国際法に関わる、そして何より人道性の原則に関わる問題なのです。確かに、諸々の合意、特に国際連盟規約やケロッグ・ブリアン条約、そして九カ国条約に対する違反も、問題の一部であります。ですが、これは世界の経済、世界の安全、世界の人道性に関わる問題なのです。
世界の道徳心が、不当な行為や、正当な根拠に基づく不満を取り除く重要性を認識しなければならないのは間違いありません。ですが、それと同時に、条約の尊厳を守ること、他者の権利と自由を尊重すること、国際的な侵略行為に終止符を打つことが、きわめて基本的に重要であることを世界の道徳心に気付かせなければなりません。

世界の無法状態という疫病が広がっているのは、不幸にも、事実のようであります。

肉体を蝕む伝染病が広がり始めた場合、地域の共同体は、共同体の健康を感染の拡大から守るため、病人を隔離することを是認し、協力します。

平和の政策を追求する、それが私の決意です。戦争への関与を回避するために、あらゆる実現可能な措置をとる、それが私の決意です。この現代という時代に、経験を重ねてきたにもかかわらず、自分たちに実質的な害を及ぼしたわけでもない、しかも、弱小で自国を十分に守ることもできないような、そんな他国の領土を、神聖な諸条約に違反して、侵略し、侵害し、そうして全世界を戦争に陥れる危険を冒すほど愚劣で冷酷になれる国があるなどということはあり得ないはずなのです。なのに、世界の平和、そしてわが国も含む、あらゆる国家の、幸福と安全が今日、まさにそうした事態に脅かされているのです。

自制することを、他者の自由と権利を尊重することを拒否する国家は、決して長期にわたって強い国であり続けることはできないし、他の国々の信頼と尊敬をつなぎとめておくこともできません。他国との不和を調整し、他国に対して大いなる忍耐力を発揮し、他国の権利に配慮を示すことによって、尊厳や名声を失う国家など決してありません。

宣戦布告がなされていようがいまいが、戦争とは伝染するものです。そもそもの対立が起こった場所から遠く離れた諸国や諸国民を呑み込んでしまうこともあるのです。われわれは戦争には参加しない、と固く決意していますが、それでも、戦争の悲惨な影響や戦争に巻き込まれる危険からわが身を守ることはできないのです。われわれは戦争に巻き込まれるリスクを最小限に抑えるようなさまざまな施策を講じていますが、信頼も安全も崩壊してしまった無秩序な世界において、完全な防護を実現することはできないのです。

文明が存続するには、平和の君[*]の道理が回復されなければなりません。諸国家間の信頼が取り戻されなければなりません。

＊旧約聖書イザヤ九章より。イエス・キリストを指す。

そしてなによりも、他国との合意や他者の権利を犯したがっている国があっても、彼らがそのような道を進むことを思いとどまるように、平和を愛する国々の平和を求める意志が主張されなければなりません。平和を維持するための積極的な取り組みがなされなければなりません。アメリカは戦争を憎みます。アメリカは平和を望んでいます。

それゆえに、アメリカは平和を追求する取り組みに積極的に参加するのであります(8)。


シカゴでの〝隔離演説〟は、何の前触れもなく、突然に、国民を襲った。国際主義者たちは、この演説は大統領がついに、合衆国の名において、ヨーロッパやアジア諸国の政治と軍事活動には巻き込まれないし、干渉しない、という原則をきっぱりと拒絶して、侵略国――ドイツ、イタリア、日本――を特定して、それらの国々に対して、集団行動で臨む〝平和を愛好する〟諸国と全面的に協調する側に、自らを置いた決定的証拠だとして、大喜びで歓迎した。孤立主義者は、この解釈に同意したうえで、大統領を激しい言葉で批判した。彼らは、大統領がこれまで何度も国民に繰り返してきた誓いを破ったと責めるとともに、彼は〝戦争への道〟に踏み出した、と非難したのだった。孤立主義者は、大統領が戦争の不安を引き起こすことによって、国内の〝失策〟から注意をそらそうとしていると主張した。大西洋岸から太平洋岸に至るまで、激しい論争が沸き起こり、説明を要求する声が全米で聞かれた。

ルーズベルト大統領は、シカゴでの演説の直後から起こった激しい抗議を不愉快に感じた。ほぼ四年後の一九四一年七月十日、大統領は、このときの隔離提案について、次のように書いている。「残念ながら、この提案は見向きもされなかった――目を向けたのはむしろ、提案に敵対的だったり反対だったりする人たちだった……それは戦争を挑発していると罵られた。国際問題への介入を試みていると非難された。ありもしない戦争の危険を神経質に『ベッドの下まで』探って求めている、という嘲笑すら受けた」[9]。シカゴ演説が行われた翌日の一九三七年十月六日、大統領は記者会見で、ジャーナリストたちと対面した。このとき彼は、自らが呼び起こしてしまった賛否の議論の噴出に当惑しているようだった[10]。

記者会見で隔離演説の話題が切り出されるや否や、ルーズベルト大統領は公表されることを前提として話すことを拒否、〝オフレコ〟でしか話せないとしたうえで、〝背景説明〟としても何も話すつもりはない、と付け加えた。大統領は、隔離に関してどのような方策を念頭に置いているのか、そしてその計画と中立法の間にどのよう折り合いをつけたのか、説明するよう求められた。彼の答えは、シカゴ演説の最後の行の引用だった。

「それゆえに、アメリカは平和を追求する取り組みに積極的に参加するのであります」。

質問を押し通そうとして、ひとりの記者が尋ねた。「しかし、あなたは平和を愛好する諸国は、自分たちの意志を通すための方法を見出さなければならないし見出せるのですとも言いました」。大統領のコメントは「それで？」だった。次のような質疑応答が交わされた。

質　問　そして、お話は、私の解釈では、道義上の義憤以上のことについて、なされたものでありました。つまり、協調的な取り組みに向けて準備を整えるという――

大統領　それで？

質　問　すでに何か計画されているのでしょうか。もう手は打たれたのですか。

大統領　いいや、ただ、スピーチをしただけだよ。

質　問　そうですね、でも、どうやって折り合いをつけるのですか。それは中立の否認であるという事実をお認めになられ――

大統領　一瞬たりともしない。それは中立の概念の拡大かもしれない。

質　問　それは記事に書いてもいいですか。

大統領　すべてオフレコだ。

それから大統領は、隔離ドクトリンは「いずれにしろ経済制裁」を意味するのではないかと問われた。大統領はこの質問を受け流してこう述べた。「いいや、必ずしもそうではない。いいかい、〝制裁〟とはひどい言葉だ。そういうのは問題外だ」[11]。この線では何ら進展が得られなかった質問者は、別の線を追ってみた。「わかりました。そのように呼ぶのはやめましょう。平和愛好諸国側の協調行動と呼びましょう。これが活用されるのでしょうか」。大統領は「……われわれは平和につながる何らかの道を探し求めている」とはぐらかした。記者はそこで、平和愛好諸国の会議が持たれる可能性があるかどうかを問い、大統領に次のように告げられた。「いいや、会議なんて問題外だ。会議なんてしてもなんの成果もあがらない……われわれはプログラムをつくろうとしているのだ」。

隔離ドクトリンを実現するための方策として、大統領がどのような実際的な行動や措置を思い描いているのか、できれば突き止めたいと決心していた質問者は、次のような議論を始めた。

質問　何らかのプログラムで合意に達すれば、現行の中立法を全面的に見直さなければならないということに、まずならざるを得ないのではありませんか。

大統領　必ずしも、そんなことはないだろう。それが興味深いところだ。

質問　非常に興味深いことです。

質問　大統領の示された輪郭と中立法の間には何の矛盾もないとおっしゃっていました。私には、それらが対極にある、と思われるのでして、そのように断言されても、よく呑み込めないのです。

大統領　よく考えてくれよ、アーネスト。*

＊国際問題ジャーナリスト、アーネスト・リンドリー。開戦に至った内幕を描いた *How War Came*（『戦争はいかに

して始まったか』）の共著者。ルーズベルトの伝記も書いている。

質　問　何年もの間［考えてきました］。それらは対極にあると思われます。ひとつの国家群と協調するつもりなら、どうして中立でいられるのですか。

大統領　「協調する」とはどういう意味なのか。条約か。

質　問　必ずしもそうではありません。平和愛好諸国側がとる行動のことです。

大統領　まだ一度も試されていない方法が世界にはたくさんあるよ。

質　問　しかし、とにかく、中立的な態度を示されてはいません――「侵略者を隔離する」とか「世界の他の国々」とか。

大統領　君になぞを解く手がかりを与えることはできない。君が考え出すしかないよ。私は私で考えがある。

しばし横道にそれた後、あるジャーナリストが単刀直入な質問をした。『隔離』は制裁ですか」。大統領は「ノー」と答えた。また別の単刀直入な質問がぶつけられた。「なんらかの威圧行動を除外されるおつもりですか。制裁は威圧です」。大統領は答えた。「まさに、それが違いだ」。大統領の隔離のドクトリンは単に道義上のアピールの範疇にすぎないということを認めざるを得ない立場に追い込もうとするかのように、ジャーナリストのひとりがたたみかけた。「では、道義的領域に留めておいたほうがいいということですか」[12]。大統領はお墨付きを与えるのを拒否した。というのも彼はこう答えたからだ。「いいや、まさに実際的領域もあり得るさ」。この言葉をもって記者会見は打ち切られた。ジャーナリストたちは、そのなかのひとりがほどなく、上記のやりとりを書いた人物に語ったように、「うやむや」なまま置き去りにされたのだった。[13]

記者会見がもたらしたのは混乱であったようにみえたにしろ、大統領が発したふたつのコメントは、彼に何か明確な目論みがあることをほのめかしていた。ひとつめの発言はこうだ。「まだ一度も試されていない方法が世界にはたくさんあるよ」。ふたつ目は、大統領が何らかの計画を念頭に置いているという趣旨の発言だった。「君になぞを解く手がかりを与えることはできない。君が考え出すしかないよ。私は私で考えがある」（傍点筆者）。

これが、ルーズベルト大統領とハル国務長官が、この国を中立法に表明されている孤立主義から、侵略者の対極としての平和愛好諸国と明白に連携する方向に転換させる必要がある、と決断した瞬間だったのだろうか。[14]もし、そうであったならば、一九三七年十月の時点では、そのことを伝える情報は、国民に一切、与えられなかった。さらにいえば、一九三七年十月六日以降、何度も、大統領と国務長官はともに、合衆国の中立と、他国の問題に巻き込まれないというドクトリンを順守すると繰り返し国民に訴えたのだった。[15]

「隔離演説」へのさまざまな解釈

一九三七年十月五日以降何日間も、ジャーナリストたちは隔離演説の文言を研究し、それが何らかの新たな政策――それまで維持されてきた中立政策からの転換を必然的に示すような何らかの行動原則――ではないかという観点から、その意味を解明しようと努めた。『ニューヨーク・タイムズ』紙は一九三七年十月七日、大統領はシカゴ演説を「詳しく説明することを断固として拒否した」と報じた。同日付の『ニューヨーク・

ヘラルド・トリビューン』紙は、隔離演説の数節は「平和の予防措置としての中立政策の実効性に疑念を呈し、侵略国を集団で『隔離する』ことを提案したものである」との見解を載せた。ただし同紙は次のように記した。大統領の「補佐官」のひとりは「議会の政策からの明確な逸脱」だと認めたとはいえ、大統領に近い消息筋から収集されたそのような情報は「混沌とした心象」を残したのみであった。『ヘラルド・トリビューン』紙は同時に、別の「消息筋」の発言として、大統領は平和愛好諸国と連携しながら合衆国の中立を維持するスキーム——効果的な抑止力を働かせつつ「経済あるいは軍事制裁」に巻き込まれることは回避するためのスキーム——を念頭に置いていた、と伝えた。

一九三七年十月九日、『ヘラルド・トリビューン』紙の記者が、大統領の意図、または計画、あるいは「方法」の謎かけを解く手がかりについて、ひとつの可能性を提示した。この記事は、大統領は「手の内を見せず、何かを隠している、そして……わざと多くを推測に委ねている」と評し、大統領が与えた「ヒント」のうちいくつかは、他の重要な国々が日本に経済制裁を適用するのと併せて、日本に不利になるように中立法を利用しようと計画していることを示唆する、と解釈していた。やはり「大統領のヒント」に基づく、また別の推測は、ルーズベルト大統領は戦争が行われている地域全体に、それがどこの地域であるかはともかく、中立法の原則を適用するにあたって、特定の外国政府に与するかもしれない、というものだった。もし、これがまさに大統領が一九三七年十月六日に臨んだ記者会見の際、彼の念頭にあった〝方法〟だったとするならば、それは水の泡と消えた。

ワシントンではうわさが飛び交っていた。政権関係者の口は重かった。長期的見地に立ったシカゴ演説の意味について、諸々の仮説が不安のうちに交わされていた。大統領がまもなく、隔離の計画を詳細に説明して混乱を払拭するに違いない、との期待がはばかられることなく表明されていた。[16] 外交と戦争の歴史に精通している観測筋の間では、侵略国に対抗して、それ以外の国々と事実上、協力することは、合衆国を政治的紛争に巻き込み、ほぼ間違いなく、戦争に至る道へと導くことになる、と広く認識されていた。

一九三七年十月九日、『ニューヨーク・タイムズ』紙は一面の記事で、ルーズベルト大統領が前日、「徹底的な議論」を閣僚や外交問題の首席顧問らと行い、彼らが極東の危機を「平和のための国際協調というアメリカの新しい政策に照らして」検討した、との事実を明らかにした。しかし、ホワイトハウスと国務省は今後の段取りについて、何か考案されたことがあったとしても、「一切、発表」したがらなかった。そのような状況下で、国際連盟と合衆国が日本を非難したため、「問題の状況」は不安定なままだ、と『ニューヨーク・タイムズ』紙は報じた。

大方の予想に反して、ルーズベルト大統領は特別議会の召集を宣言した直後の十月十二日の〝炉辺談話〟で、シカゴ演説について具体的な説明を提供することは一切しなかった。大統領は〝談話〟のほぼすべてを国内問題にあてた。放送の終わり近くになって、大統領は一九二二年に結ばれた九カ国条約の締約諸国による来たる会議に触れて、アメリカもこれに参加すると述べ、そして「日本と中国を含むすべての締約国と協力するわれわれの目的」について語った。そのような協力は「世界中の至るところで平和に向かうための方策を探し求めるなかで、われわれが追求しうる道のひとつの」例である、と大統領は説明した。そのうえで彼は、国際関係における良識について、簡単なコメントを付け加えた。

大統領が、危機時に結局何をすべきだと提案しているのかを知りたがっている国民の好奇心を満足させようと試みることに費やしたのは、〝炉辺談話〟のなかのたった一節だけだった。しかも、その一節すら、参考になる情報というよりも、むしろ役に立たない内容だった。大統領は「一方で、思い起こしてください。一九一三年から一九二一年まで、私は個人的に世界の出来事にかなり近い立場にあり、その間に私は何をすべきかについて多くを学んだ一方で、何をすべきでないかについても多くを学んだのです」と述べたのだった。

この発言はウィルソン政権時代、海軍次官として勤務したときのことに言及したものであり、このため大統領はウィルソン大統領とまったく同じ道を歩むべきだとは考えていないという意味に解釈することができた。しかし、この見方は消極的な推論だった。ルーズベルト大統領の積極的な行動計画は、彼が計画を立案していたとしても、国民には秘匿されたままだった。

中国で日本を阻止する取り組みやヨーロッパ諸国と連携することが結局は戦争に至りはしないか、と心配しているかもしれないアメリカの同胞をなだめるかのように、大統領は次のように述べて〝炉辺談話〟を締めくくった。「アメリカ人の常識、その知性は、私の［シカゴでの］発言、つまり『アメリカは戦争を憎みます。アメリカは平和を望んでいます。それゆえに、アメリカは平和を追求する取り組みに積極的に参加するのであります』と述べたことに賛同しているのです(17)」。

大統領のラジオ放送は、外交における大統領の意図と目的についての憶測を鎮静化させるどころか、新たな疑念と問題を呼び起こした。ワシントン発のある記事によると、「外交筋の間」では大統領の炉辺談話にシカゴ演説からの後退はみられないものの、「いくつかの理由のために、大統領はそのトーンを弱めた」というのが一致した見方だった。「大統領はシカゴ演説でやきもきしていたこの国の人々を安心させたかった」のであり、加えて安心させたかったのが「他国の政府、特に日本だった。それゆえに大統領はわざと外国の問題への言及を最小限にとどめた。……彼の意向は、特に九カ国条約の会議がおそらく、連邦議会が開会するころに開かれているだろうから、連邦議会の行動を促す、あるいは扇動するようなことは何もしないということのようだ」と考えられたのだった。[18]

経験豊かなジャーナリストで〝外交筋〟の面々をはじめとする内部情報筋と常に密に接触しているアーサー・クロック*は、炉辺談話の内容は何の説明にもなっていない、と感じた。この問題についてコメントしたクロック氏は、シカゴ演説で「ルーズベルト氏は条約を破った国を対象とする『隔離』に言及したことによって、自国民も、外国の人々も、煙に巻いた」としたうえで、十月十二日の放送で大統領が「この不安をかきたてるような言葉を使ったことについて、はっきりとした説明をするだろうという期待も一部には」あったと明言した。この期待が実現することはなかった。「炉辺談話で大統領は、新聞がすでに明らかにしていたこと――つまり合衆国には九カ国条約に加盟している他の国々と会談する用意ができているということ――を表明するだけで満足したのであった。合衆国が指導する平和行進について大統領がほかに語ったことは、彼がシカゴでラジオを通じてすでに伝えていた内容の、はるかに穏やかな言葉遣いによる、繰り返しにすぎなかった」。[19]

*著名な政治記者。地方紙を経て『ニューヨーク・タイムズ』紙のワシントン特派員、支局長を務めた。ピューリッツァー賞を三回受賞。著書には『回想――目撃してきたアメリカ史』(早川書房、一九七〇年)などがある。

ジャーナリストたちは、大統領がこの国を戦争に巻き込む公算の高い強硬な手段に訴えずに、どのようにして強大国を「隔離」できると考えているのかを知りたいと切望していた、という点において、同胞たる多くの市民よりも、その思いが強かったということもなかったが、彼らには他の人々にはない、連邦議会議員

1989年11月創立　1990年4月創刊

一九九五年二月二七日第三種郵便物認可　二〇一八年一月一五日発行（毎月一回一五日発行）

月刊
機
2018
1
No. 310

発行所　株式会社 藤原書店©
〒一六二―〇〇四一　東京都新宿区早稲田鶴巻町五二三
電話　〇三・五二七二・〇三〇一（代）
FAX　〇三・五二七二・〇四五〇
◎本冊子表示の価格は消費税抜きの価格です。

編集兼発行人
藤原良雄
頒価 100円

大好評を博した幻の名著『ルーズベルトの責任』上・下の姉妹版、遂に完訳！

アメリカの「戦争責任」を問う

――一九三〇年代のアメリカ外交を徹底検証――

チャールズ・A・ビーアド

▲チャールズ・A・ビーアド（1874-1948）

一九四六年八月、当代一級の現代史家チャールズ・ビーアド博士は、第一次大戦後、国際連盟加盟を拒否した「孤立主義」のアメリカが、第二次大戦参戦に転じたのはなぜかを問い、三〇年代のアメリカ外交政策の公式資料を徹底検証し、「戦争責任」は何処にあったのかという火付けの本書を出版。発売忽ち大反響があり、米国で大ベストセラーとなる。その続編として、『ルーズベルトの責任』が四八年四月に出版された。その出版半年足らずで他界した。このビーアドの二書は、日本でこれまで翻訳紹介されてこなかった。

編集部

● 一月号目次 ●

「戦争責任」問題の複雑さ

第二次世界大戦を引き起こした責任が実のところ、上院の〝邪悪な人々〟にあろうとなかろうと、条約を批准するのに上院の三分の二の賛成を必要とする憲法の〝非民主主義〟条項にあろうとなかろうと、提案されたヴェルサイユ条約の留保条件を受け入れるのをウィルソン大統領が拒否したことにあろうとなかろうと、条約批准問題を党派問題にしてしまった大統領の決意にあろうとなかろうと、国民全般の孤立主義に対する〝無知〟で〝ひとりよがり〟な支持にあろうとなかろうと、ヨーロッパやアジアの紛争にあらためて巻き込まれることに反対した〝世論の大半〟に、〝国〟に、〝合衆国〟に、そして〝アメリカ〟にあろうとなかろうと、多種多様な告発は確かに一九一九年以降の合衆国のどこかにその過失責任があったことを申し立てていた。

ここに大国史上に例をみない、外交政策の形成と政府の行動に関するさまざまな申し立てが複雑に絡み合って存在している状況がある。偉大な社会の大勢の人々が、その社会に、あるいはその社会の一部の人々に、もしくはその社会の何かに、またはその社会で起こった何らかの出来事に、世界戦争を引き起こした責任を負わせているのだ。それは地球上の諸国家間にあるアメリカ共和国の運命と宿命とに密接に関わってくる史上類のない歴史的現象であり、知的ならびに道義的な影響を伴う立憲政府のまさに本質に及ぶ起源と意図の問題を、アメリカ市民に指し示しているものなのだ。あまりにも多くのアメリカ市民がこの悪事の原因を自国に求めたのはいったいどうしてなのか。またどうしてそのようなことが起こり得たのだろうか。彼らが最終的に外国には罪はないとして、合衆国に、あるいは合衆国内の誰かに、または何かしらに責任を負わせ、アメリカ国民を自分たちの代議政府と対立させるような説を誘発し、それを受け入れることになったのはどうしてなのか。またどうしてそのようなことが起こり得たのか。憲法の下でわれわれはどのように統治されているのかという問題がいまなお検討に値するというのならば、徹底的な検証が求められるべき歴史と政治学の根本的な問題がここに提起されているのだ。

侵略国側の責任？

この説を正確に系統立てて説明しよ
とすると直面するもうひとつの困難
第二次世界大戦の責任を合衆国に

にすらない、質問をする機会というものがあった。そして一九三七年十月十五日の記者会見で、再び、彼らは実際に質問したのだった。[20]

この記者会見で大統領は、この国が紛争の調停に乗り出すことになると炉辺談話から推測するのは「妥当」か、と問われた。大統領は「自分はそう言った」と答えた。しかし、彼はその発言について詳しく説明することはしなかった。また「外国の情勢に関するその他すべての質問について、ルーズベルト氏は何ら情報価値のない答えを返すのが適当であるとみなした……」。大統領はシカゴ演説に盛り込まれた、以前の政策からの転換とみられる路線に沿って、中立法を改正するよう連邦議会に求めるのか、と問われた。彼の答えは「その問題について話せない」[21]だった。

『ニューヨーク・タイムズ』紙が報じた一九三七年十月十五日の記者会見についての記事のこれ以外の部分も、この国が追求しているはずの外交政策について、確かな情報は一切伝えていなかった。

そして大統領は、語気をやや強めて、記者たちに対して、合衆国の外交政策についてのどんな予測も全くの当て推量に違いないということを、彼らが人々にわかるように説明してくれることを希望していると述べ、自分自身でさえそれがどのようなものになるのか分からない、と強調した。

しかしながら、ルーズベルト大統領が、条約を破った国や侵略国を事実上「隔離」しながら、この国を、政治的あるいは経済的な制裁にも実際の軍事威嚇行動にも関与させないような何らかの計画を念頭に置いている多少の気配もある。

その計画が一体どのようなものなのか、ルーズベルト氏は詳しく説明したことも、示唆したことすらないが、彼に近い複数の消息筋は大統領には彼が有効と考える計画があるとみている。

この計画には、大統領が先の大戦中にその一員であったウィルソン政権の追求した政策は一切含まれないであろうという推測が、火曜日の夜のラジオ演説で自身が同政権の一員として何をすべきでないかについて学んだ、と述べたことを記憶している一部の人々の間で出回っている。

ルーズベルト氏は、シカゴ演説で輪郭を示した「協調行動」による「隔離」政策が現在の中立法で規定されている連邦議会の中立政策と矛盾するとは考えていない気配があり、しかも、現行法は、どちらの側に罪があるかという判断にかかわらず、交戦国の取り扱いについて完全に公平であることを義務付けている、と大方の観測筋には映るのだが、大統領はこの現行法を一切修正せずに新しい政策の下で行動を起こすことができる、と考えている節さえある。

大統領をシカゴ演説以来、見守ってきた人たちの印象では、大統領は状況に対処する何らかの新しい方法――まだ一度も試されていない方法――をつかんだと感じている。だが、その方法が一体何であるのかについての手がかりはまったくなかった。(22)

『ニューヨーク・ヘラルド・トリビューン』紙に掲載された同じ記者会見に関する記事は、『タイムズ』紙が報じた内容に加えて若干の細かい点を伝えていた。大統領は、中国と日本との間を「調停する」彼の努力が失敗に終わった場合、どうするか、と質《ただ》された。これは、平和的な交渉が水泡に帰し、軍事力――自国のであれ、集団的であれ――が混乱の中での慌ただしい撤退に代わる唯一の手段だと考えられる場合の、大統領の次なる措置を明らかにしようとする鋭い質問だった。大統領は「これは『仮定の』質問であるし、なにより、アメリカの政策が将来、どうなるかについて今、誰が何を言おうとしても、まったくの、純然たる当て推量にすぎない」と述べた。このクライマックスにルーズベルト大統領は、質問者たちに対して「もし、自分が記者ならば、ニュースがないときに何かを書こうなどとせず、どこかに出かけてゴルフでもするね」[23]と言うことによって、さらなるヤマ場をつくってみせたのであった。

「隔離演説」は政策転換なのか

一九三七年十月五日の隔離演説の直後から、全米の日刊紙や週刊誌に掲載された議論のぶつかり合いのなかに、ある意見の対立と混乱が存在するのが明白だった。

国際主義者は、シカゴ演説は大統領が政策を間違いなく転換したことを明らかにするものだとして歓迎し、拍手喝采を送った。しかし、彼らは、大統領の新しい政策を〝実行に移す〟ための方法や手段を提案することに関しては慎重だったし、確信も持てなかった。彼らは概して、集団行動は侵略国と特定された政府に厳格に適用されれば有効だと力説した。だが、彼らには自信がなく、自分たちのドクトリンのもっとも重要な点——〝道義的〟あるいは〝経済的〟な制裁は、十分な軍事力によって、さらには必要とあれば、侵略国と特定された国との戦争によって裏打ちされないかぎり効果がないということ——を強調するのは控えた。

一部の国際主義者は、それでもなお、合衆国は自分たちの意思であるいは他の〝平和愛好〟諸国と一体となって、〝侵略者〟に対して道義的あるいは経済的制裁を科すことができるし、そうした制裁をもって対象とされた侵略国に打ち勝つことができなかった場合でも、戦争をするという義務を負うことはないし、戦争の危険を招くこともないと主張した。それゆえにこの立場をとった人々は、ルーズベルト大統領はこれまでに試されたことのない何らかの方法で、どのような窮地に陥っても合衆国を戦争に巻き込まずに、日中戦争を止められるかもしれないし、ヨーロッパでの戦争も防げるかもしれないという理屈で、隔離提案を称賛することができた。

こうした政策の概念――戦争のリスクを伴わない弾圧と差別――は、枢軸国と戦争状態にある諸国家を全面的に支援することを定めた武器貸与法との関連で、婦人有権者連盟のマーガレット・ウェルズ会長からルーズベルト大統領に宛てられた手紙の中で、後に示された[24]。

ウェルズ女史は大統領に次のように言明した。「外交政策についての婦人有権者連盟の立場は、ほぼ二〇年間、孤立が可能だという考えに一貫して反対してきました。なぜなら世界に戦争が存在する限り、戦争はわれわれを脅かすのです。ですから合衆国は、法と秩序に基づく何らかの集団的体制の構築に一役買うべきです。そうした体制が実現していないので、婦人有権者連盟は最近では『侵略の犠牲者に肩入れし、侵略者を差別することを容認する非交戦国としての外交政策』を支持してきました」。同じ手紙のなかでウェルズ女史はルーズベルト大統領にこう告げた。「大統領の政策が戦争に向けられたものではなく、その唯一の目的が戦争をわれわれから遠ざけることにあるということをご自身が保証してくださることが、私どもの支持の拠り所なのです」。

しかしながら、例によって、反戦ブロックのメンバーは、中道などないのだ、として、合衆国は戦争のリスクを絶対に背負うことなしに、国際法で認識されているところの中立から脱することはできないし、隔離のドクトリンが実際に適用されたならば、それはまさしく戦争への道を歩み出すことであり、それ以上でもそれ以下でもない、と主張した。従って、彼らは疑いようのない明快な表現で反対を述べたり、書いたりした。当時の世論はこぞって彼らに味方しているようにみえた。それまでの何カ月かに行われた各種世論調査によれば、国民の四分の三は新たな世界大戦に参戦することに反対していると報道されていた。実際、一九三七年四月には、世論調査に参加した人の七一％が、合衆国が第一次世界大戦に巻き込まれたのは過ちだったと考えている、と回答していた[25]。合衆国の中立を徹底的に支持していた人たちは、隔離演説を非難するとともに、それを適用しようとすることは日本や他の枢軸国との戦争への道を歩む以上のことである、それは事実上の戦争行為になる、と宣言したのだった。

この大論争の主要なグループは、それぞれ利害関係のある陣営からの支持を得ていた。モスクワの路線に従って活動を展開し、すべての〝ファシスト〟に対する〝人民戦線〟を構築することに従事していた共産主義者は、嬉々として国際主義者に合流し、隔離演説に喝采を送り、侵略者に対抗して行動を起こすことを要求した。一方、不干渉主義者の側には、ヒトラーとムッソリーニの大義にアメリカの支持を得ようと奔走していたドイツとイタリアの喧伝者がいた。また一部の有力な報道機関は、ヨーロッパに関しては孤立主義でありながら、アジアに関しては帝国主義で、日本との戦争を歓迎する気満々で論争を一段と激化させた。

ヨーロッパ大陸をひとつの国が支配するのを、それがどの国であれ防ぐために、合衆国はイギリスに合流しなければならないというドクトリンと国際主義の擁護者であった『ニューヨーク・タイムズ』紙は十月六日、隔離演説を盛大に歓迎した。『タイムズ』紙は「平和を実質的に保証できるのは、戦争そのものが勃発することを避け、条約の尊厳を守るため『協調して努力』すること以外ない」という大統領の結論は「論破できない」と宣言した。同紙は大統領に「具体的な行動」をとるつもりがあるのか、それとも一般原則を述べているだけなのか、という問題を「はっきりさせる」よう求めた。

その二日後、『タイムズ』紙は社説で、もし、「シカゴ演説で輪郭が示された新たな政策」が合衆国の政策になるのだとすれば、中立法は法令集から削除されるべきであり、大統領は連邦議会内の手ごわい敵と対決する覚悟をしなければならないし、世論という法廷の場で「協調行動」が必要だとする根拠を示す用意がなければならないし、この国の「名誉」と「開かれた国益」のために「偉大な世界大国」として、より大きな責任の分担を引き受けなければならないことを国民に納得してもらえるよう説得しなければならない」と大統領に告げた。[26]

国内各地で、隔離演説は同様の好意的な評価を得た。『ローリー・ニューズ・アンド・オブザーバー』紙は、隔離演説は「事実」を述べているにすぎないとするとともに、ウッドロウ・ウィルソンがかつて採っていた立場への回帰だとして喝采した。[27]『シンシナティー・インクワイアラー』紙は、大統領が「侵略行為に対して口だけではない、それ以上のことをすると決意している」ことを示す明らかな兆候だとして歓迎した。[28]『クリスチャン・サイエンス・モニター』紙からは祝いの言葉が送られた。いわく「アメリカ人が戦争に参加すべきとき、それは戦争が始まる前だ。そしてそれが戦争を避けるもっとも確実な方法である」。[29]『セント・ポール・パイオニア・プレス』紙は、演説は大統領が「孤立主義の政策」に反対したウッドロウ・ウィルソンの「見解」に「間違いなく」同調していることを示したとしてこれを称賛した。[30]サンフランシスコでは『クロニクル』紙が、隔離演説は孤立主義と中立主義に対する警告であるとして歓迎した。[31]称賛の大合唱に『ボルティモア・サン』紙も、礼賛を重ねた。[32]
『フォーリン・ポリシー・ブレティン』誌の一九三七年十月十五日号の最初のページで、ニューヨークにある外交政策協会のレイモンド・レズリー・ビュエル会長は「ルーズベルト、孤立主義を放棄」という見出しの下、隔離演説を称賛した。ビュエル氏は、この演説には孤立主義の哲学への拒絶があった、としたうえで、これは「新手の『道義上のジェスチャー』のつもり」だったのか、それとも「積極的な外交政策」によって裏付けられるのか、と問い尋ねた。彼はルーズベルト大統領に、「合法的に」可能な限り中立法を極東の戦争に適用しないよう助言し、そしてまた中立法が見込み通り近い将来に修正されなかった場合には、国際的禁輸措置をもたらすような形で国際連盟諸国の行動と中立条項を連携させて「日本の宣戦布告」に備えるべきだ、と進言した。ビュエル氏は、この方法によってのみ、合衆国は「日本の実質的な同盟国になることを回避」できる、と考えていた。

同日付の『フォーリン・ポリシー・ブレティン』誌の「ワシントン・ニューズ・レター」欄では、あるワシントンの観測筋が、国務省は「まるで風変わりで古風な不思議の国のアリスの世界に住んでいるかのような、気分のよい自己満足、非現実的な気分」から脱した、と述べた。明らかに満足げに、この観測筋は、新しい時代の予兆を歓迎した。「われわれはパワー・ポリティクスのゲームに参加している。これからは、好むと好まざるとにかかわらず、ゲームを戦わなければならないのだ。ゲームを上手に戦えるか、下手をするか、アメリカ国民にとっては重要な利害関係があるのだ」。

『ネーション』誌は、ルーズベルト大統領の隔離の訴えを心から支持するとともに、国民の反応が「驚くほど好意的」だったと歓喜した。同誌は主たる異論は「最後まで信念を曲げない孤立主義者とハースト系の新聞」から聞かれたと宣言し、大統領が条約破りと侵略に反対する道を「間違いなく」選択したという事実に喜びを表した。孤立主義者は侵略行為に対する集団的措置は「戦争につながるかもしれないという理由で」

これを嫌った、と指摘したうえで、『ネーション』誌は「そのような心配には合理的な根拠はない」と読者に請けあった。そして続けてこう記した。それどころか「日本は、中国での冒険にあまりに深入りしすぎていて、主要な大国と戦争することなど夢にも考えられないし、ましてやすべての民主主義諸国を相手に全面戦争を起こすことなどなおのこと考えられない。戦争の真の危険は、ルーズベルト氏が非常にはっきりと指摘したように、反対の方面にあるのだ[33]」。

『ネーション』誌の同じ号に寄稿したオスワルド・ギャリソン・ビラードは、ルーズベルト大統領が隔離演説の中で「日本とイタリアという言葉」を使わなかったことに遺憾の意を表明したが、ささいな過ちは大目に見て、次のように強く主張した。「彼がもう一歩も前進しなくても、彼はすでに世界にすばらしい貢献をしたのだ。彼の言葉は、どこで読まれても、リベラル主義者や平和愛好者に喝采されるだろう……」と。ついでながら、ビラード氏は何週間か前に大統領に電報を打ち、外交について正々堂々と意見を述べるよう促すとともに、「ウッドロウ・ウィルソン大統領が『パリでピースメーカー*』たちに屈したときに放棄してしまった世界の道義的指導者の立場を、再び引き受ける」よう要請したことを明らかにした。

＊戦争を調停する組織または仲裁人。

合衆国における「平和運動」の著名な指導者たちも、隔離演説を称賛する輪に加わった。たとえば外交政策協会の前会長で当時は『ニューヨーク・タイムズ』紙の編集委員だったジェームズ・G・マクドナルドは、隔離演説はルーズベルト大統領が国際主義へ回帰したしるしだとして歓呼して迎えた。マクドナルド氏は、どうやら何らかの特別な情報を握っていたようで「大統領の演説は何週間もかけて慎重に準備されたものであり、国務省が立案中の新しい外交政策を表すものとみなされるべきである」と断言した[34]。

コロンビア大学総長でカーネギー国際平和財団の理事長だったニコラス・マレー・バトラー博士は、隔離演説を称賛したうえで、世界秩序を維持するための国際警察の設置を求め、そうした力の行使は戦争を伴うという考えを激しく非難した。バトラー博士は、孤立主義の「愚かさ」を上回るのは彼らの「不道徳」のみだと断言して、反対派をさっさと切り捨てることで、意見の対立を、自分の側の英知と道徳と、対立する側の愚かさと不道徳という形で線引きしたのだった[35]。

アメリカ共産党の書記長、アール・ブラウダー*は、バトラー博士、マクドナルド氏、ビラード氏が隔離演説を高く評価し、称賛したのに倣い、これを歓呼して迎えた。当時、共産主義者は、〝ファシズム〟に対抗する〝人民戦線〟を構築するうえで〝ブルジョワジー〟分子と連携するというモスクワの路線を追求していた。ブラウダー氏も同様だった。彼はルーズベルト大統領が中立を拒絶したことを歓迎し、大統領が共産主義の問題は共産主義者に解決させてくれるならば、彼に「共産党の一〇〇%無条件の支持」を約束する、とした。ブラウダー氏は「われわれは過去においてルーズベルト氏の外交政策のもっとも辛口な批評家だった。彼の中立政策は中立ではなく、偽善的であり、戦争でファシスト国家を助けるような計画だった。いま、それが変わるのを見て、われわれは嬉しいのだ」と述べた[36]。

＊カンザス州出身の政治家。一九二一年に共産党に入党、党中央執行委員、三〇年にアメリカ共産党書記長に就任し、第二次世界大戦が終わるまでその座にあった。三六年と四〇年に大統領選挙に共産党の候補として出馬した。

ブラウダー氏の発言から二日後、共産主義者のオピニオン雑誌『ニュー・マスイズ』〔“New Masses”（新しい大衆）〕は、隔離演説は重要な宣言、すなわち「わが国が主要な世界大国に浮上して以来……第一級の歴史的な声明」だと称え、称賛の合唱をさらに盛り上げた。隔離演説は、アメリカの外交政策を、「孤立」と決別させ、「何らかの集団安全保障の形態」に向かわせたものであり、「この国は侵略による領土獲得を決して認めることはない」としたスティムソン・ドクトリンの路線を踏襲しているのだ、と。[37]

反対派の新聞や週刊誌の編集者たち、特に共和党系のメディアの編集者たちは、ルーズベルト大統領の隔離演説を批評する際、押し並べてふたつの点において、演説の支持者と意見を同じにしていた。つまり（1）演説はルーズベルト大統領がこれまで長期にわたって追求してきた中立と、外国の紛争には巻き込まれないという政策の拒絶を意味する、ということと、（2）隔離演説が単なる道徳的ジェスチャーとみなされない限り、国際主義者の原則に基づく積極的な行動を伴う、ということであった。こうした世論の公開討論の場で論争に参加していた人々は、しかしながら、大統領がどの程度の意欲をもって自身の言葉を実行するつもりでいるのか、という点と、仮に隔離のドクトリンがしかるべく実現されたとして、それが合衆国にとって平和を意味するのか、戦争を意味するのか、その可能性あるいは公算について、多かれ少なかれ、異なる意見を持っていたのだった。

遠い昔にチャールズ・A・デイナ*が発揮した皮肉っぽさを引き継いだ――ただし、彼のような圧倒的な技量は持ち合わせていなかった――『ニューヨーク・サン』紙は「それでいったい何なの、大統領」という見出しのもと、こう尋ねた。「ルーズベルト氏は、本当はどうするつもりなのか」と。『サン』紙は、大統領は安易な一般化をしがちであるとともに、詳細に踏み込むことを嫌がる傾向を示してきた、と主張したうえで、彼はある特定の国々の批判をまくしたてる一方で、合衆国は再び外国の戦争に巻き込まれることはないと決意していると宣言して息巻いている、と非難した。ここで社説の筆者は、この事態は悪ガキ相手に服従するよう金切り声をあげて命令しておきながら、同時に、自分は決して子供たちを鞭打たないと誓う、危機感に襲われた厳格な女教師を思い起こさせると述べた。「もちろん」と社説の筆者は続けた。大統領は「他国をレトリックで軽くたしなめるという簡単な方法で、合衆国がその政治道徳の基準を彼らに押し付けることができるとは思っていないだろう」[38]と。

＊南北戦争時代のジャーナリスト。『ニューヨーク・トリビューン』などを経て『ニューヨーク・サン』の編集者兼共同社主に。「犬が人にかみついてもニュースにはならないが、人が犬にかみつけばニュースになる」という業界の格言を広めた人物としても知られる。

それから約一週間後、『サン』紙はひとつの点について確信を持ったようだった。それは、大統領の演説は合衆国を外国の紛争には巻き込まないという保障としての「新たな中立策」を台無しにしてしまったのであり、この国は「中国の微妙な問題に本腰を入れて踏み込むことになりそうだ」ということだった。そのうえで『サン』紙は歴史の教訓を示した。いわく、ウッドロウ・ウィルソンが一九一六年に再選されたのは、主にわれわれを戦争に巻き込まなかったからであったが、翌年の四月に、われわれは戦争をしていた[39]。翌日、大統領の炉辺談話の後で、『サン』紙は読者にこう告げた。「現状の世界では、積極的に平和を模索することの危険性は、積極的に戦争を模索することと比べれば、低いというにすぎないようだ[40]」。『ニューヨーク・ヘラルド・トリビューン』紙は、シカゴ演説を論評するにあたって、『サン』紙と同じような立場をとった。大統領は溢れ出るレトリックに訴えているが、そうした美辞麗句を実行に移すための強硬な行動をとった場合に予想される結果を計算できていないと批判したのだった[41]。また同紙も、歴史に範を求めて、ウィルソン大統領の民主主義のための戦争がもたらした結末を回想した。

もし、ドイツ人が、ルーズベルト大統領に〝ウィルソンの失敗〟を容赦なく思い出させたとすれば、それは自業自得というものだ［と、『ヘラルド・トリビューン』紙は宣言した］。シカゴ演説は、アメリカが第一次世界大戦へ介入することを告げた二〇年前の熱のこもったあの演説から、ほとんど一字一句とられたものであってもおかしくなかった……。

そう、ウィルソン氏が弁舌をふるい、その結果として「世界を民主主義にとって安全にするため」に約一二万五〇〇〇人の命と二五〇億ドルもの資金を費やして、その首尾がいま、現代の世界に見られるのだ。そう、今度はルーズベルト氏が弁舌をふるった。それがどのような首尾におわるのか、誰にも分からない。分からないが、シカゴ演説がもし、何らかの意味を持つならば（現代の大統領の発言など、意味があるのかどうか、常に多少の疑問がつきまとう）、それはアメリカの政策をウィルソン路線に沿って方向転換すること、そしてこの世に平和を強いるという困難な仕事に、アメリカ人の生命と財宝をふたたび差し出すことを意味するのは明白なのである。

大統領は、これは間違いないことだが、まるっきりそのように意図したわけではないだろう。なぜなら、彼の言葉は慎重な曖昧さで守られていたからだ。しかし、ドイツと日本の反応は、念には念をいれて練り上げられた曖昧な表現でさえ、実際にはいかに役に立たないかを示すのに十分である。……ウィルソン氏の初期の政策のエッセンスは、戦争の痛みとリスクを受け入れずに、わが国独自の尺度に基づく平和を振興するという、ふたつの道の間で満足のいく妥協点を求めることにあった。ルーズベルト大統領の政策のエッセンスは、シカゴで語られたところによれば、同じことのようである。「国際条約の尊厳が回復され、国際的な道義が維持される状態が取り戻されることは、合衆国国民にとって極めて重要な関心事なのであります」。しかしながら、これは戦わずして達成されなければならない、ということなのだ。この「極めて重要な関心事」を守るために、最初の段階ではわれわれは道義的な勧告しか提起してはならず、その効果がなかった場合に、何らかの封鎖あるいはボイコットを実施するかもしれないということなのだ。これはたやすく、比較的痛みのない、魅力的な見通しである。

しかし、同じ仕事に二度目に取りかかるまえに……勧告とボイコットがともに、この「極めて重要な」利益を保全し損なった場合に、いったい何が起こるのかを考えてみる価値はある。そうなってから、それは、われわれの知ったことではなかったし、結局のところ、利益は実際にはそれほど「極めて重要」でもなかった、とわれわれは言えるだろうか。

連盟の加盟国を絶望的な冒険に駆り立てておきながら、その結末が血なまぐさくなりそうだとなったとき、われわれは手を引くことができるのだろうか。それは難しいだろうし、それに大統領の突然の外交政策の転換を、あまり大きな声ではやしたてる前に、そうした「極めて重要な」利益とは実際のところ、いったい何であるのか、そして実際のところ、現実にいったいどれほど極めて重要でありそうなのかを、完全に正しく理解しておいたほうがよいかもしれない(42)。

予想通り、『シカゴ・トリビューン』紙は隔離演説を糾弾した。同紙は大統領が、合衆国をメキシコとの戦争に、さらには第一次世界大戦に引きずり込んだウッドロウ・ウィルソンの政策を採用した、と非難した――「戦後、アメリカ国民が徹底的に拒否した政策」を、である。同紙は、日本がたやすく膝を屈することはないだろうし、ボイコットの脅威は日本人の愛国心に火をつけるだけだろう。ボイコットが効果をあげなければ、大統領は「では次に何をすべきか」という問題に直面することになるだろう、と強く主張した。さらに同紙は、ウィルソン大統領がかつて戦争以外にとる道がない状況に直面したことを、ルーズベルト大統領に思い出させたうえで、次のように尋ねた。「ルーズベルト氏の政策は、彼もまた、武力に訴える以外にとる道がないような裁きの日*を招くのではないだろうか」[43]。

＊原文は coming of the day、新約聖書ペテロ第二の手紙、三章一二節より。来る神の日（または主の日）。

ボストンが民主党の大票田であることから、隔離演説を実行するとなれば、この都市の世論は重要だった。『ボストン・ヘラルド』紙は一九三七年十月六日、ウィルソン大統領の経験に言及したあと、警告するように、こう書いた。「しかし、大統領閣下、今度はアメリカ人は、それら［シカゴ演説で言及された『まさに文明の礎』］を救うために、駆り立てられて、衝動的に海を越えて三千マイルも彼方に行くことはしません。十字軍に加わらなければならないなら、どうぞ、そうなさい。しかし、何百万人ものアメリカの母親たちのために、大統領の十字軍は、アメリカ大陸の境界内にとどめておくべきです」。

『ニュー・リパブリック』誌の編集者たちは、当時、孤立主義を奉じており、隔離演説を近現代史と長期的展望の観点から論じた。演説がまじめな意図をもってなされたものだとすれば、中立政策の放棄と、大統領が怖れていると言っていた世界大戦そのものに発展しないわけがない道の追求を意味する、というのが彼らの意見だった。彼らによれば、侵略者に対する道徳的訓戒は無駄に終わるだろうし、平和愛好諸国の同盟だけが「長期的かつ血まみれの戦争の末に」こうした侵略者たちを打ち負かすことができるのだった[44]。

かつてルーズベルト大統領の政治と行政分野の顧問を務めていたレイモンド・モーリーにとって、隔離演説は「合衆国にとっての新しい外交政策」を予言したものだった。彼は「シカゴ・ドクトリンは駐仏米大使のウィリアム・C・ブリット*が生みの親のひとりとして部分的に策定したものだ、ということを示唆する事実が数多くある」と言明するとともに、新しい政策は「強要された平和によって世界を再建しようという取り組みにおいて、唐突にリーダーシップを掌握すること」を目指している、と主張した。ルーズベルト大統領とハル国務長官が国際法を守る道義上の義務についてその重要性を強調してきたため、モーリー氏は、ふたりがやはり守らなければならない法律がほかにもひとつある、それはすなわち一九三七年の中立法だ、と彼らに念を押したのだった。(45)

＊ペンシルベニア州生まれの外交官、政治家。ルーズベルト大統領の側近のひとり。一九三三年に同大統領がソ連を承認した後、最初の駐ソ米大使に任命された。三六年から四〇年まで駐仏米大使。初期は親ソ派だったが、晩年は反共主義者になったといわれる。

『アメリカン・マーキュリー』誌の編集者は、シカゴでの隔離パフォーマンスは、一種の政治的トリックかもしれないと疑いつつ、いずれにしてもそれは「危険極まりない」ものであり、アメリカの外交政策が明らかに逆転したことを意味するに違いないと感じていた。彼はそれまでの経緯に言及して、ルーズベルト大統領は「明らかに、ほとんど大げさなまでに、不介入、他人の問題には関わらないこと、中立、戦争には干渉しないこと、その他もろもろを支持していた」のに、ここにきてシカゴで「これまでの実績をあまりに急転回させたものだから、靴のつま先がまだ反対方向を向いたままだった」と述べた。(46)

外交政策に変化なし

一九三七年の残りの日々、すなわち十月五日から十二月三十一日までの期間、ルーズベルト大統領は、一九三二年二月二日から隔離演説を行ったその日まで、彼が説明してきた外交政策に変化があったことを示す公式発表を行うことはなく、公式の行動もとらなかった。大統領の考えと目的の表徴《ひょうちょう》に関する限り、合衆国のための彼の外交政策は一九三二年当時の政策と変わらず、同じだった。そして大統領が突然、隔離ドクトリンを実行に移すだろうと予期していたアメリカ市民たちは、政権の友も敵も一様に、予想を裏切られたのだった。仮にシカゴ演説の意図が実際に新たな外交政策の発表だったにせよ、その年の終わりには、大統領は長期にわたって主張してきた孤立主義の立場に立ち返ってしまったようだった。

中国情勢を検討するためにベルギー政府が開催を求めた九カ国条約締約国によるブリュッセル会議に、ノーマン・デービスを派遣するに際して、ルーズベルト大統領は公式発表を行い、合衆国は引き続き、何の義務も負っていない、と国民に保証した。大統領は声明でこう述べた。「デービス氏は、もちろん、わが政府が他国の政府に対して何ら義務を負っていない状態で会議に参加します」[47]。ブリュッセルで他の諸大国が、合衆国と同様に、日本に対する協調行動に、どのような形であれ参加することを一切拒否し、会議が閉会すると、大統領はこの不首尾を受け入れ、隔離ドクトリンに沿った抗議を公に行うことはなかった。[48]

ルーズベルト大統領が一九三七年十一月十五日の特別議会に送った教書は、国内法に関する問題にまるっきり限定されていた。教書には、外交政策についての説明はなく、中立法の修正要請もなかった。[49]

日本の戦闘機が一九三七年十二月十二日、中国・揚子江上の合衆国海軍砲艦パネー号を攻撃すると、大統領は日本政府の謝罪を要求し、謝罪と請求した補償金の小切手を受け取ることに甘んじた(50)。

アルフレッド・M・ランドン知事*との電報のやり取りの中で、大統領は一九三七年十二月二十一日、こう述べた。「長い歴史を通じて、われわれアメリカ人は、好むと好まざるとにかかわらず、他の国々と国民からなる広大な世界の一員であるという事実に目をつぶれば、究極の安全が保障されるという意見を、ことごとく拒否してきた」。しかし、大統領はこの前提から隔離ドクトリンに即した結論を導き出すことはしなかった。彼は単にこう付け加えただけだった。「従って、われわれは普遍的平和という究極の目標達成に寄与する行動規範を維持するために、多少の協調をしたり、あまつさえリーダーシップを発揮したりする義務があるのです(51)」。

＊ペンシルベニア州で生まれたが、その後、カンザス州に移住。一九三三年から三七年まで同州知事を務め、財政の立て直しに尽力した。当初はルーズベルト大統領のニューディール政策、とりわけ社会保障諸政策を支持していたが、連邦政府の財政赤字が増加したことや、政府の効率性の悪さを批判し、反ルーズベルト陣営に加わるようになった。三六年大統領選挙で共和党から出馬、ルーズベルトに大敗した。

一九三七年も終盤にさしかかったが、特定の侵略国に対して集団行動をとることを支持する人々は、ルーズベルト大統領が隔離ドクトリンを実際に適用することを検討している証拠を何ひとつ見つけることができないようだった。それどころか、彼らはドクトリンの実行に失敗したことを嘆き、そのようなことになった責任の大半を「孤立主義者」、「平和主義者」、「盲目的平和グループ」、中立法の擁護者、イギリスの評論家、そしてアメリカが軍隊を持っている理由は自国を防衛するためだなどと頑なに主張する「目先のことしか見えない人々」のせいにした。

たとえば一九三七年十一月三十日、『ニューヨーク・タイムズ』紙は社説で「アメリカの孤高」を激しく非難した。同紙は「合衆国は世界の問題において指導力を失った」と言明し、独裁者や条約の破約国は、この国が「実際に侵略されたということがなければ、どんな理由があっても」世界平和を守るための実効力ある運動を起こしたり、これに参加したりすることはないと確信するようになった、と断言した。このようなことになったのは「連邦議会の『孤立主義者』や『平和主義者』、そして彼らのやかましい支持者たちに主に責任がある」。社説はさらに続いた。大統領は先日、虐殺や侵略の罪を犯した政府を「隔離すること」を求めたが、「平和主義や孤立主義のグループ」がその線で積極的な行動をとることに反対し、そうすることによって、そうした人類の敵を助けたのだ。

しかし、「わが国の政治家と世論の指導者たち」が「盲目的平和グループ」に対する恐怖を払拭し、平和の敵に対抗して偉大な民主主義諸国は「結束する」と外国のトラブルメーカーに警告すれば、彼らは「平和におおいに手を貸すことできる」と『タイムズ』紙の編集者たちは主張したのだった。そうすれば、無力な隣国を暴力で奪う国々や民主主義の敵も、「合衆国がその責任を放棄してその偉大さと自由を危うくするほど臆病にも、愚劣にもなりさがっていないことを理解するだろう」と『タイムズ』の編集者たちは期待した。

平和の唱道を生業にしている人々は『ニューヨーク・タイムズ』紙の見解を共有していた。たとえばクラーク・アイケルバーガー*の責任編集の下、国際連盟協会が発行していた『クロニクル・オブ・ワールド・アフェアーズ』誌は一九三七年十二月号で、ルーズベルト政権がブリュッセル会議で日本に対し強硬手段をとるよう強く促すことを拒否した、と非難した。『クロニクル』誌は、この挫折の主たる責任は、国際的行動領域における「イギリスの瀕死状態」と、道義的説得以上の行動計画がアメリカにまったくないことにある、とした。もし、合衆国が日本に対する強硬手段を求めて強気の立場をとっていたならば、「イギリスはハッタリ」をきかせることができただろうし、「合衆国は何も失わなかったであろう」と社説の筆者は主張した。アメリカはなぜ、その務めを怠ったのか。「問題は、そのような取り組みのための計画が、実用的なものであろうとなかろうと、まったく策定されていないことにあるようだ。このように言うのは不当かもしれないが、どう見てもワシントンには『無為に時を過ごして、何かことが起こるのを待っている』連中がいるらしい」。

＊国際関係の専門家。第一次大戦時に陸軍伍長、シャトークアの講師などを経てその後、国際連盟協会理事に就任。

もし、『クロニクル』誌が提案したように、合衆国がブリュッセル会議で隔離原則に基づいて集団行動を正々堂々と支持していれば、イギリスは「ハッタリをかけた」かもしれない。しかしながら、隔離演説についての英報道機関のコメントから判断すると、イギリス人は大統領が演説に基づいて実際に行動を起こすかどうかを疑っていたし、それも、大統領が本気でそれを望んでいたとして、という前提つきであった。しかもアメリカ国民は、大統領に追従して国際連盟に加盟することも、侵略国を特定して彼らが脅しに屈するのを拒んだ場合に彼らに対して武力を行使するという集団的協約に参加することも決してないと、イギリスは確信していた。

隔離演説についての『ロンドン・タイムズ』紙、『デイリー・テレグラフ』紙、『デイリー・エクスプレス』紙の見解は、『フォートナイトリー』誌一九三七年十二月号がいわば隠喩的なユーモアをこらして、かなりうまく要約していた。ルーズベルト大統領のいわゆる政策の方向転換をとり上げて『フォートナイトリー』誌はこう記した。「アメリカ国民は、最愛の娘に、古き良き方法でなら泳いでいい、と許可したが、それより踏み込んだ行為は一切、認めていない。つまり彼女は水辺に近づいてはいけない、いやいや、ヒッコリーの木の枝に服をかけることさえ、してはならないのだ。当面は一種の外交上のストリップティーズ*しか、許されていないのだ。アメリカの積極的な介入は、リー女史の芸術と同じく、より幸せな時代までお預けなのだ」。いくつかの点で、この予言は正確だった。確かに積極的な介入はお預けだったが、時代が「より幸せ」だったかどうかは、来たる歴史の審判をあおがなければならない。

＊焦らすようにゆっくりと着衣を脱ぐパフォーマンス。これを一九三〇年代にアメリカで広めて一世を風靡したストリッパーが、本文の一行あとに出てくるリー女史ことジプシー・ローズ・リー。ユーモアと機知に富んだ演技が人気で、社交界にも招かれ、三七年八月にはハリウッド映画デビューも果たした。回顧録に基づいた映画もつくられた。

アメリカの外交政策がほんのわずかでも変針しまいか、と常に油断なく見張っているジュネーブ・リサーチ・センターの会員たちは、一九三七年について公開されている記録を徹底的に調査したうえで、合衆国政府は、この一年の間には孤立主義のドクトリンを変えることはなかった、と報告せざるを得ないと感じた。彼らは「合衆国は世界の問題に一層真剣な関心を持つようになっていった」こと、そして条約や国際法を尊重するというアメリカの理念が国際連盟のそれと一致していることを指摘した。彼らは大統領の隔離演説を歓迎し、ワシントンとジュネーブの真摯な協力について「目的の類似性」を明らかにしているものだと感謝をこめて語った。

しかし、記録からできる限りの解釈を引き出してしまうと、会員たちは、連盟の政治活動と合衆国との関係に何の変化もなかったことを認めた。彼らは、二つの組織間の「目的の類似性」は「なんら具体的な形をとらなかった……それぞれが追求していた異なる方法論が変化していることを示唆するものでもなかった。連盟は引き続き、協議や交渉、評価のための組織であり続け、さらには執行のための組織ですらあった。一方、合衆国はパリ条約と中立法のあやふやな義務を除き、関与しない状態を維持していた」と書いた[52]。両者の関係は「より堅固になる傾向にあった」ものの「原則や義務が変わることはなかった」。真摯な協力はあったが「この協力には深刻な溝が存在した……それはアメリカが連盟に加盟していなかったせいだった。何より問題だったのは、アメリカが連盟の総会と理事会という、連盟のあまたの活動をともに主導し、承認するふたつの重要な組織に加わっていなかったことだ。アメリカの関与は、それゆえ、主導権と統制権の双方において、完全に有効というわけではなかった。それは詰まるところ、アメリカと連盟の双方にとって不都合であった。……一国家の不参加としてもっとも目立つアメリカの未加盟ゆえに、国際司法裁判所へのアメリカの支持も不在のままである[53]」。

海軍の増強

一九三八年の新年が明けると、隔離演説をめぐる議論は次第に静かになっていったようだった。日が移っても、ホワイトハウスの沈黙は破られなかった。国際主義者も孤立主義者もともに、大統領が一九三七年十月五日にシカゴで提起した問題は終わったものとみなしているようだった。つまり大統領は計画を実行に移すために何ら措置を講じるつもりはない、とみられていた。一九三八年一月三日、連邦議会に送付した年頭教書の中で、大統領はアメリカの平和への愛に言及した一方で、彼の新たな外交政策については、そういうものが存在したとして、何も語らなかった。ただ、拡大しつつある海外の対立や無秩序状態について、合衆国の関心事として、注意を喚起した。

同じ月の後日、一九三八年一月二十八日、ルーズベルト大統領は連邦議会に海軍の増強と「戦時に不当な利益をむさぼることを禁じること、そして起こりうる戦争における負担の平等化」を図った法律を求める特別教書を送付した。表面上、この教書は特に重要なものにはみえなかった。提案された海軍軍事費の増加は一九三三年以来、随時行われてきた海軍歳出の増加と驚くほど乖離しているというほど大きいものではなかった。「戦争から利益をあげられないようにする」ためのスキームは、第一次世界大戦時に巨大な暴利をむさぼる行為があったことが判明して以来、連邦議会内でしばしばとり上げられていた。さらに「戦時における負担の平等化」もまた、「民主的な公正と平等の手段」としての徴兵制あるいはユニバーサル・サービス*との関連で、アメリカ在郷軍人会と連邦議会議員が長い間議論してきたものだった。さて一月二十八日には、ルーズベルト大統領は、戦争で暴利をむさぼることを規制し、戦争負担を平等化するための法律を策定する時がきたと確信していると述べるにとどめた。

＊全国民が社会奉仕または兵役を通じて、国防に貢献するという考え方。全員で義務を分担することから民主的かつ公平平等であるうえ、国としての一体感を高揚できる、とされる。

しかし、隔離演説の反響が首都でいまだに繰り返し鳴り響いていたという事実ゆえに、そして大統領が勧告した特定の行動と大統領が使用した特定の言い回しゆえに、連邦議会に対する大統領の訴えは、用心深い批評家たちから、海軍を増強し、巨大な陸軍を持つことを可能にする規定をつくることによって隔離原則に財政上の裏付けを与える、あるいはそれを実行に移すという意図の表れだ、と受け取られた。いずれにしても、教書が公表された直後から、断固とした反対派が、大統領の諸提案はヨーロッパとアジアのパワー・ポリティクスに介入することを含む、ある種の「平和の探求」であるというレッテルを貼り、非難し始めた。

ルーズベルト大統領による新たな法律制定の要求と、それをめぐって起こった連邦議会内外での対立を取り巻く状況のすべてをここに記すのは適当ではない。それをするとなると、当時のより完全な歴史を書くことになる。ただ、反対派が特に重視した点がひとつあった。それは、大統領がなぜ、今この時期に、これらの新たな軍備法案を要求したのか、ということだった。次年度の軍備計画は、かなり以前からすでに連邦議会で検討されていた。新たな教書が出された一月二十八日の一週間前、下院は、平時に採択された海軍予算としては史上もっとも大きな歳出案を可決していた――それは海軍省が出したすべての要求を実質的に認めた法案だった。なぜ、追加要求はなされたのか。なぜ、それまで先送りにされていて、なぜ突然、提案されたのか。一九三七年が幕を閉じた後に、この突然の行動を正当化するどのような出来事があったというのか。以上が、教書が連邦議会に送られた直後から、海軍と陸軍の法案について公聴会や討論会が開かれた何カ月もの間、教書を実行に移すことを想定して持ち上がった疑問だった。

大統領勧告にまつわる政治的意味合いをすべて解説するには、勧告についての数百ページに及ぶ議会での公聴会や議論の記録を見直さなければならない。しかし、できるだけ簡潔に言えば、軍艦を増やす要求は、アメリカの半球での防衛手段を求めたものというよりも、遠洋での戦闘手段を求めたものと解釈された。また「負担の平等化」は国民皆兵制――それは自国防衛のためには不必要であり、一九一七年と一八年にそうであったように、外国の戦争で遠征軍が作戦を行うためのものと広くみなされた行為――による巨大な軍隊の設立を意味すると解釈されたのだった。

外国の紛争に介入することに反対する人々の間で不信を呼び起こした大統領教書の文言は、さらなる軍備増強を求めることを正当化する文節の中にあった。その勧告を行ったのは「他の国々が追加的な陸海軍の軍備を世界の平和と安全に対する脅威を伴う形で蓄積しているからというのが、具体的な、そして唯一の理由であります……平和に向けたあらゆる努力を促進することがわれわれの明確な義務であります。それが、まさに一連の勧告の目的なのであります。そのような防護は侵略ではなく防衛によって図るものであり、今後もそうあり続けるのです」と大統領は主張したのだった。

教書のこれらの文言は、シカゴで大統領が、合衆国は来るべき戦争の恐怖を免れることを期待できないし、平和は侵略者の隔離あるいは侵略者に対する集団行動を通じて模索されなければならない、と宣言したことと関連付けて、大統領が教書を書いた際に隔離という案を念頭に置いていた証拠だとみなされた。大統領を批判する人たちは、大統領がこうした勧告を、合衆国の平和と安全に対する脅威のためではなく、唯一、具体的に、世界の平和と安全に対する脅威のために行ったと執拗に、繰り返し、指摘した。そしてまた彼らは大統領が平和に向けたあらゆる努力を促進することがわれわれの明確な義務であると規定して、それと同時にわが国を防衛することを副次的に付け足した、と同じくらい粘り強く、猛烈に批判したのだった。

大統領が提案したこの計画を下院海軍委員会で詳しく説明し、擁護するにあたって、大統領がスポークスマンとして選んだウィリアム・D・リーヒー海軍大将は[*]、審議の早い段階で次のように述べた。「現在の世界の政治情勢は、ヨーロッパにおいても極東においても、一九一八年以降のいつ、いかなるときよりも切迫しており、事態が好転する兆しも見当たりません。中国における深刻な対立は、その結果として、合衆国や第三国の国家主権と利益にもかかわる数多くの重大事件を引き起こしました。スペイン内戦は衰えをみせることなく継続しており、ヨーロッパの全面戦争の脅威は常に存在するのです」。この長い説明の終盤に入って初めて、リーヒー大将はアメリカ大陸の海洋で活用するために軍備を増強する必要性を示唆し、外国が中南米の共和国各国を占領する可能性について口にした。同じ聴聞会でその後、大将は合衆国がより大規模な海軍を建設することを正当化するものとして、ドイツとイタリアと日本の作戦活動について相当詳しく論じた。

＊米西戦争、第一次大戦に従軍後、海軍作戦部長、プエルトリコ知事を経て一九四〇年、ルーズベルト大統領によって、ヒトラーに屈服した後の駐仏大使に任命された。四二年に海軍に戻り、最高司令官付き参謀長に就任。四四年に初の海軍元帥となった。

リーヒー大将が大軍備を擁護するための政治的議論を展開し始めてほどなく、海軍委員会の共和党議員が「隔離」ドクトリンと「この法案に至った大統領教書」との関係について詳しく説明するよう求め、外交政策の問題を持ち出した。大将は、海軍省は政策には全く関与していないし、自身も「将来の政策がどうなるかはまったくわからない」と答えて質問をかわした。

その後、同じ聴聞会で、隔離ドクトリンと戦艦の関係の問題が繰り返し、下院委員会の議員や、委員会に出席した証人によって取り上げられた。さらに、極東でアメリカがパワー・ポリティクスを行使するという問題自体が、遠洋で作戦活動を行えるよう設計された戦艦との関連で持ち出され、議論の範囲が広がった。実際、法案は隔離と帝国主義を示唆すると主張して抗議する人々のせいで、その運命があまりに危うくなったため、委員会のカール・ヴィンソン[*]委員長がホワイトハウスに出向き、ルーズベルト大統領とともに大統領の外交政策を法案との関連で再検討することとなった。大統領は新たな海軍法案を、一九三二年二月二日から一九三七年十月五日の〝隔離〟演説の日まで繰り返し保証していた、紛争に巻き込まれず、干渉しないという政策からの転換を示すものとみなしていたのだろうか。

＊ジョージア州生まれ。一九一四年の初当選以来、六五年に引退するまで同州選出の民主党下院議員として海軍力の増強に貢献したことで知られる。長年にわたる海軍への功績が称えられて、原子力空母「カール・ヴィンソン」（八二年就役）の艦名として、その名を残している。

この委員長と大統領との会談後、海軍委員会の多数派の議員たちが、政策についての次の長文の宣言を挿入することで、新たな海軍法案の本文を修正した。「合衆国の基本的な海軍政策は、わが国の安全を保障し、攻撃のためではなく、海軍が両大洋の海岸線を同時に並行して守れるようにすることによって本土を防御し、パナマ運河やアラスカ、ハワイその他のわが国の領有する島々を防護し、海外におけるわが国民と通商を保護し、国家としての十全性を確保し、そしてわが国の諸政策を裏付けられると保障するのに十分強力な海軍を維持することである、と宣言する」。この宣言には他にも文言が加えられており、そこには国際的合意に基づくさらなる海軍軍縮の可能性に言及した条項も含まれていた。(54) これらの修正は反対派にとっては決して満足できるものではなかったが、少なくともアメリカの海軍政策を、ルーズベルト大統領の海軍教書に示唆された「世界の平和と安全」の維持と促進に代わって、「国益」の防御と促進に限定した。

海軍法案に関する聴聞会の最後に、海軍委員会の少数派の議員――三人の共和党議員とひとりの民主党議員――のひとりが、大統領のプログラムを支持した多数派の報告書に異議を唱えた。(55) 三人の共和党議員は彼らの報告書のなかで、海軍法案は防衛法案ではなく、その目的は大統領の隔離政策を実行することにある、とするとともに、国民はこの政策をすでに拒否しているし、イギリスもまた、その実施のために大統領に協力することをすでに拒否している、と主張した。とりわけ極東問題に言及した三人の少数派は、大統領の目的が「アジアでのパワー・ポリティクスを追求する」ことにあり、法案に加えられた修正は「あらゆる状況に使える隔離政策とアジアでの介入政策のたくらみを露呈し、時代遅れのイギリスとマハンの海洋国家ドクトリンを支持する」ものだ、と主張した。「この法案は白紙委任状だ」と題した要約の中で、少数派は簡潔にこう断言した。「この法案が可決されれば、大統領は連邦議会が閉会したあとに、あらゆる状況に使える隔離政策とアジアでの介入主義政策を適用する全面的権限を持つことになる」。

海軍法案について下院と上院で広範に及ぶ議論が行われた中で、軍備法案と外交政策の関係は、海軍法案史上、滅多にないほどの精査の対象とされた。政府の支持者は、海軍法案は攻撃ではなく、防衛のためのものであり、少数派が主張するような隔離ドクトリンの実施やその他の外国の戦争に介入するための計画の実行を意図したものではない、との主張を堅持した。相対する陣営は、ルーズベルト大統領の隔離及び介入主義の政策を詳細に分析、批判し、戦争の危険性はそのような政策を追求した場合につきものだ、と主張する機会を逃さなかった。

連邦議会で長期にわたる議論が交わされた後、海軍予算案は可決された。しかし、法律が施行されてからの大統領と連邦議会と海軍省の行動は、法案の反対派に、自分たちの主張、すなわちこの法案が隔離、介入主義、帝国主義の諸政策を支持する——換言すれば、大統領に外国の紛争で使える道具を与える——ことを意図したものだという見解が、それを否定する人々の主張に反して、正しかったことを確信させた。少数派は初めから、法案の技術的特徴が彼らの主張を裏付けていると力説してきた。下院の少数派報告書は、一九三四年のヴィンソン・トランメル法*に基づき連邦議会はすでに四〇億ドルの軍艦建造計画を承認していたし、今後（一九四三年まで）の五年間で九隻の戦艦――「海軍専門家がアメリカを防衛するのに必要だと認めた規模と能力を持った九隻の戦艦（建造中の二艦のほかに）――を新たに建造することがすでに法律で認められていると指摘した。こうした状況下で、法案反対派はこう尋ねた。「海軍はすでに認可された三隻の戦艦を建造する準備がいまだに出来ていないのに、連邦議会がなぜ、七五〇〇万ドルかけてさらに三隻の戦艦を建造することを認めねばならないのか」。

＊一九三四年に成立した第一次海軍拡張法。下院のカール・ヴィンソン氏と上院のパーク・トランメル氏が共同で提案したためにこう呼ばれる。ワシントン、ロンドンの軍縮条約の下で最大限の拡充を図ったもので、旧式艦の代替艦として五年間で計一〇二隻を建造することが認められた。予算見込み額に関して、推進派は総額七億五〇〇〇万ドル、反対派が一〇億ドルなどと試算した。海軍拡張法は大恐慌からの経済復興を目論むニューディール政策の公共事業としての側面もあった。

この主張に反論して、一九三八年、新たな海軍法案がまだ審議中であったころ、法案支持派は、法案で対象とされた戦艦は連邦議会が予算を採択すれば、すぐに建造が始められると主張した。それなのに、大統領が求めた海軍法案が連邦議会を通過しても、議会がただちに法案で認められた戦艦の建造費用を割り当てることはなかった。

それどころか、一九三八年六月二十五日に承認された一九三八年六月末と翌三九年六月末までのふたつの財政年度の補正予算*は、一九三四年五月二十七日に承認された法律によってすでに認められていた、二隻の戦艦の建造を始めるための資金を手当てしたにすぎなかった。ここで割り当てられた資金は、一九三七年にすでに予算化されていた二隻の戦艦と一九三八年初めに予算化されたもう二隻に加え、新たに二隻の戦艦の建造費用を賄うことになっていた。ルーズベルト大統領が要求し確保した新しい海軍法に基づいて、即座に行動を起こせなかったことは、反対派にこの法律が、言われているような〝防衛法〟ではなく、〝外交政策〟法だと、そしてまた、外交上の〝ハッタリ〟法であり、戦争の危険をはらんでいると一段と確信させることにつながった。

＊原文の Deficiency Act（または Deficiency Appropriation Act）は本予算で賄えない債務を支払うために組まれる補充予算。本来は本予算を超過することを禁じた Antideficiency Act（予算不足防止法）違反に対応するために編成されるもので、追加的に予算を組む Supplemental Appropriation（補正予算）と区別されていたが、一九六〇年代以降、議会の運用上は Supplemental Appropriation（補正予算）に一本化されている。

ルーズベルト大統領は一九三八年一月二十八日の教書で要求した海軍法の施行には成功したけれども、連邦議会は、大統領が記者会見で〝動員化〟法案と説明した〝平等化〟法を制定したいという大統領の希望に従うことは拒否した。連邦議会は戦争で利益をあげられなくし、国民皆兵制を確立するための徹底した法案を通過させることを望まなかった。この問題についての熱烈と言っていいくらいに真剣な議論が、委員会の公聴会や連邦議会、報道の中で行われた。非難と反論の応酬があった。[56] 反対派はユニバーサル・サービスに隠された意図はひとつだけ、すなわち外国の戦争に派遣する遠征軍を準備することだと主張した。彼らは、強大な軍隊は、純粋に防衛目的のためにはいまは必要ないものだと力説した。相対する陣営は、平等化や動員計画に関連したそのような意図は決してないと、その存在を猛然と否定した。この法案を提起した意味や価値がなんだったのであれ、連邦議会はそれを実施するための法案を成立させることなく閉会した。

結局のところ、〝大海軍〟法案は連邦議会によって可決された。戦争動員計画は委員会で廃案となった。政府計画の支持派は軍艦の建造費を増大させる勧告を採択するにあたって、彼らの念頭には防衛しかなく、集団安全保障も、隔離も、外国の政治紛争への介入も考えていないと二重に保証していた。ルーズベルト大統領は、この論争に関連して、彼の支持者たちが断言した内容から外れるような声明は出さなかった。もろもろを加味した最終的な結果として、多くのアメリカ人は、混乱の季節に不安をかきたてられたにしても、大統領が依然として合衆国の防衛、安全、中立、平和を支持しているという明確な印象を持ったままだった。もし、ルーズベルト大統領が一九三八年一月二十八日の海軍教書を書いたとき、自身の外交政策を多少なりとも転換させていたにしても、国民的大議論の果てに、政策は元に戻されたのだった。

それから一九三八年の年末までの間、ルーズベルト大統領は確かに、一九三二年二月二日に表明し、以来頻繁に繰り返し述べてきた、海外で政治的なかかわり合いは持たず、政治的干渉も行わないとするドクトリンを変えたとみなされるような公式声明は、ほかに発表しなかった。大統領は折に触れ、国民に対して、ヨーロッパとアジアにおいて戦争の危険性がますます増大していると注意を喚起し、自身は依然として平和を模索していることを知らせることはしていた。彼は一九三八年九月二十七日、「戦争の脅威を平和的に解決するための方策」を見出すために、チェコスロバキアとドイツ、イギリス、フランスに書簡を送った。同じ日に大統領は、ヒトラー総統にも同じような文脈で書簡を送付した(57)。

ただし、これらの書簡のなかで、大統領は「合衆国は一切、政治的関わりを持たない」こと、そして合衆国の伝統的な政策は「国際紛争の平和的手段による解決の促進」であると宣言した。いずれも本質的に道義的アピールの範疇であり、脅しではなかった。平和的手段による紛争の解決についての言及は、単に共和党と民主党が何十年も唱えてきた思いを繰り返したものにすぎなかった。それは集団安全保障や制裁あるいは威圧の唱道とは程遠いものだった。また大統領は当時行われていた連邦議会選挙に関連した演説でも、一九三七年十月五日の隔離演説や一九三八年一月二十八日の海軍教書が自身にもたらしたような嵐を新たに引き起こす可能性のある発言はしなかった。

国際主義者の観点からすると、一九三八年にルーズベルト政権が示したアメリカの外交政策についての発表や行動は事実上、完全な敗北だった。その年を評価するにあたって、ジュネーブ・センターの会員たちは、同年の台帳の貸し方に、ワシントンが彼らの擁護する国際主義の方を向く素振りがあった、とすら記載できなかった。彼らは「ベルンにあるアメリカ公使館を通じて」伝達された書簡について嬉々として記載した。この書簡は、国際連盟にニューヨークで開催される世界博覧会に出展するよう誘致したもので、展示会を準備するにあたってとられた措置などについても書かれていた。彼らは、合衆国と連盟との間には技術や労働や人道の面での共感から生まれた協力関係があったこと、そして追加事項として、合衆国の平和を愛する理念が連盟のそれと類似していることを満足げに記した。

その年のルーズベルト政権の公式声明や行動の中に、国際主義に真に利益をもたらすものを見出そうとする努力は、ジュネーブの会員たちに最大限の創意工夫を強いた。冒頭で、彼らはルーズベルト政権が自分たちの方向に動くことができなかった言い訳をこしらえた。「一九三八年という危機的な年に、合衆国が連盟の通常の取り組みに、かつてほど大きな役割を果たす機会はなかった」。しかし、この不幸な出来事についての彼らの不完全な説明は、ヨーロッパ諸国もまた、何らかの極めて重要な問題のために、連盟の外で活動していたことを示していた。つまり、会員たちは、ルーズベルト政権が「連盟の通常の取り組み」に参加する機会がなかった原因は、「そのような問題には連盟の外で対処する傾向がますます強まった」という事実に、多少なりとも起因する、としたのだった。それは「たとえば、スペインの場合は部分的に、チェコスロバキアの件は完全に——*」。

＊一九三六—三九年のスペイン内戦では政府側がソ連の、軍部側がドイツとイタリアの支援を受けていた。スペイン政府は連盟に対して、三六年九月に独伊による不介入原則違反を報告し、三八年五月には連盟の不干渉政策の停止を訴えたが、連盟は事実上、動かなかった。一方、チェコスロバキアでは三八年九月に、ドイツと国境を接したズデーテン地方が英仏独伊の首脳会談（ミュンヘン会談）でドイツに割譲されることが決まった。

アメリカの連盟軽視について、このような言い訳を申し立てたうえで、ジュネーブ・センターの会員たちは、合衆国が「連盟の根本的な価値観に全面的に賛同していた」もろもろの証拠なるものに希望を見出した。だが、この「全面的に賛同」していた結果が連盟に対する、それまでのように敬意を払う以上の政治的アプローチにつながった、と報告することはできなかった。

実際、彼らは「全面的な賛同」と実践の不一致に驚いたようだった。というのも、彼らが次のように叫んだからだ。「しかしながら、驚いたことに、このような考え方に全面的に共感し、かなり進んだ協力を現実にしているにもかかわらず、両者間の関係をよりよくすることに関しては、限定的に再考することについてすら、極めて慎重な提案しかなかった。……合衆国内の少なからぬ集団が、この国が外部の出来事に間違いなく危険にさらされているとまではいかなくても、世界のなかでも落ち着かない、危なっかしい場所になったと感じ始めていた。……しかしながら、こうしたことは一切、政府の国際連盟に対する姿勢に強く反映されることはなかったし、また、どんなに不完全であろうとも、国際的な平和と協力の促進に尽力する国際機関と、より自由でより効果的に協力する方法の提案としてあらわれることもなかった(58)」。

要するに、ジュネーブの会員たちが一九三八年に合衆国の外交政策が変化した可能性のある点として報告しようと試みた内容は、極めてあいまいなものだった。合衆国と国際連盟の「関係をよりよくすることに関しては、限定的に再考することについてすら、極めて慎重な提案しかなかった」。「合衆国内の少なからぬ集団」が事態に落ち着かなさを感じ始めていたが、そのような落ち着かなさも、他のどんな要因も「政府の国際連盟に対する姿勢に強く反映されることはなかった」。また、合衆国が連盟と「より自由でより効果的に協力する方法の提案」をすることもなかった。このように、ジュネーブの会員たちが実際に見出すことができた限りにおいては、ルーズベルト大統領は一九三八年末の時点で、一九三二年二月の農民共済組合向けの演説で示した外交政策の立場と同じ立場に立っていたのだった。

第九章　中立・平和・不干渉の再確認——一九三九年

合衆国をとりまく「脅威」

一九三七年十月五日の隔離演説を特徴づけた激しさでもって、ルーズベルト大統領は一九三九年一月四日、連邦議会に対して「われわれのまわり」で猛威を振るっている宣戦布告のない戦争と「われわれのまわり」に見られる新たな侵略の脅威について語った。この機会に、長々と、大統領は連邦議会に戦争の危険がますます高まっている、と警告したのだった。大統領はこう述べた。「外国からの嵐が、アメリカ人に絶対必要な三つの制度を、いつものごとく今も、直接的に脅かそうとしています。その第一は信仰です。これは残りのふたつ——民主主義と国際的な誠意——の源であります。……世界の敬虔な民主主義諸国は……われわれの姉妹国に対する侵略行為——おのずとわれわれすべてを弱体化させる行為——に対して、実質的な抗議もせずに、永久に見過ごすことはできないのです」。その瞬間、大統領は次の段階に踏み出すかのように見えた。

つまり、侵略国を人類の敵として、実質的に隔離する取り組みに加わるよう再び民主主義諸国に呼び掛けるとともに、新しい外交政策が必要だ、と訴えるのかと思われた。

しかし、仮にそうすることを腹案として持っていたにしても、大統領はこのあまりに重要な決断を下す瀬戸際で踏み止まり、そしてヨーロッパとアジアの紛争に軍事力をもって介入することを回避する外交政策を捨てることはなかった。大統領は続けた。敬虔な民主主義諸国は「明らかに現実的で平和的な路線に沿って進まなければならないのです。しかし、われわれが侵略行為を阻止するために軍事力をもって介入することを正当に拒否しているという事実があるからといって、われわれが侵略などまったく行われていないかのように行動しなければならないということではないのです。……われわれ国民の総意としての思いを侵略国政府にはっきりと認識させることのできる方法が、戦争以外にも、それも単なる言葉よりも強力で効果的な方法が、たくさんあるのです。少なくともわれわれは侵略者を奨励したり、支援したり、あるいはその士気を高めたりするような行為を、および行為の欠如によってそのような効果を生むことを、避けることができるし、避けるべきなのです」。

では、ルーズベルト大統領は連邦議会にどのような実際的行動を勧告したのだろうか。大統領は、中立法を変更することもあり得る、とほのめかしたのだった。というのも彼は、われわれはわが国の中立法が「不平等かつ不公平に作用している――実は侵略者を助け、犠牲者には援助を認めていない――可能性がある」ことを学んだ、と言明したからだ。大統領はまた、国を防衛するためにはもっと大規模な備えが必要だ、と強調した。とはいえ、彼は中立法の撤廃は要請しなかったし、合衆国が侵略者に対して行動を起こすようなその他の方策も要請しなかった(1)。

もし、一月四日の一般教書は、大統領が合衆国にとって適切な外交政策とは何であるかの考えを修正したことを示唆した、と解釈する者がいたとしても、その解釈はすぐに否定された。というのも一九三九年二月三日の記者会見で、大統領は、自分の外交政策は変わっていないと述べて、その内容をあらためて表明したからだ。その場にいたひとりのジャーナリストが「外交政策が理解しづらいという人々がいるようですが」と述べ、「近い将来に声明か、スピーチか、炉辺談話のなかで、基本の基本、政策のイロハについて具体的にお話しされるおつもりはおありですか」と大統領に尋ねた。これに対して大統領は、合衆国の外交政策は連邦議会への教書の中で「徹底的に」網羅されており、それも「あらゆる点で完全かつ十分に網羅されて」おり、そこには新しい点は何もないが、上院議員や下院議員、新聞社のオーナーを含む非常に多くの人たちが、事実を「故意に」ねじ曲げて伝えているのだ、と答えた。それから大統領は、目の前の机にあった八〜一〇紙の新聞に言及して、「失礼のない言い方をすれば」これらは誤った印象を与えている、と述べた。そのうえで大統領は彼の会議室に集まったジャーナリストたちに、次の決まり文句を列挙したのだった。

外交政策は変わっていないし、今後も変わらない。もし、政策について比較的シンプルな声明が欲しいというなら、あげよう……

第一に、われわれは、われわれを面倒に巻き込むような同盟には一切、反対する。これは言うまでもないことだが。

第二に、われわれは、すべての人——わが国を含むあらゆる国——が参加できる世界貿易が維持されることを支持している。

第三に、われわれは、軍事力を削減あるいは制限するためのすべての、あらゆる取り組みに全面的に賛同する。

第四に、国家として――アメリカ国民として――われわれは、世界のすべての国が政治的、経済的、社会的な独立を平和的に保持することに賛同する。

いいかな、いまのは実に、実にシンプルだ。新しい点などまるで、何もない。アメリカ国民は気づき始めている。自分たちが読んだり、聞いたりしたことが、立法府の扇動者の連中が発信したものであれ、新聞社オーナーの扇動者の連中が発信したものであれ、いずれも単なるたわごと――た・わ・ご・と――たわごと、だったことを。そしてこうした扇動者たちが、アメリカ人の無知や偏見、不安に訴えて、アメリカらしくない行動をとっていることを。……

さて、秘密主義の問題についてだが、これもまた一〇〇％〝たわごと〟だ。[2]

一九三九年二月三日の記者会見での大統領の返答が、平和と中立と不干渉の政策に関して、どこか正確さに欠けるところがあったとしても、その不足分は、年が進むにつれて補って余りあるほど埋め合わされた。春から夏にかけて、ヨーロッパ諸国が全面戦争に発展しかねない過熱した交渉を行っていた一方で、アメリカでは中立と不干渉が全国的な大論争の中心となっていた。名目上、この論争は中立法の修正案をめぐって起こったもので、特に大統領が海外で戦争状態が存在することを〝見つけた〟場合に、すべての交戦国に対して、武器、軍需品、戦争必需品の販売を禁じる条項を削除するという案が問題となっていた。実際には、集団安全保障に相対するものとしての外国の紛争に干渉しないという古くからの問題が論争の中心にあった。

〝隔離〟という主題では、目標に向けて一歩も進めないことを今や確信していた多くの国際主義者は、多方面からの支援を受けて、軍需品の輸出禁止措置を撤廃することに努力を集中させた。彼らは、もし、大統領が対外関係を自由に統制でき、もし、イギリスやフランスやその他の民主主義諸国に対する軍需品の販売を禁輸措置の対象から除外できれば、枢軸諸国は侵略計画を転換するかも、あるいは転換せざるを得なくなるかもしれず、あるいはどのみち戦争が勃発した場合には少なくとも不利な状況に置かれるのだ、として自分たちの計画の正当性を主張した。これに対して孤立主義者は、大統領が対外関係を操作したことが、軍需品の貿易と相まって合衆国を一九一七年に世界大戦に追いやった最大の原因であり、一九三九年に軍需品の禁輸措置を撤廃することは事実上、この国を、すでにその到来が予期されている新たな世界戦争に関わらせる新たなからくりにすぎないのだと確信していた。

中立法修正案への下院での賛否

中立法をめぐる論争は、ルーズベルト政権がとった直接的な行動によって、議論の中心に押し上げられ、強調された。

一九三九年五月、下院外交委員会の委員長代理であったソル・ブルームは、ハル国務長官の強い勧告のもと、下院に中立法の修正と戦時に適用される海外の交戦国への武器、軍需品、その他の戦争必需品の禁輸措置の撤廃を求める〝中立決議案〟を提出した。ブルーム決議案は外交委員会に付託され、公聴会が開かれ、やがて決議案は討論と立法化を行うべく下院に報告された。しかし、下院は決議案を可決する前に、武器輸出禁止条項が法案に盛り込まれるべきだと断固主張し、かくしてハル長官の計画を頓挫させた。下院で挫折するというこの窮地に、ハル長官は上院に救いを求めたが、それも無駄におわった。というのは、中立法案を付託された上院委員会が投票の結果、僅差で中立法の修正に関する採決を延期したからだった。[3]

ブルーム下院議員が提出した政府案を援護する議論として、次のような主張が展開された。中立法の禁輸条項は、大統領が外交を運営するうえで自由に行動できなくするもので、海外で全面戦争が起きるのを防ごうとし、もし全面戦争となっても合衆国は巻き込まれずにいられるようにしようとする大統領の努力を妨げるものだ、と。実際、交戦国への軍需品販売を禁止する条項の撤廃を支持して下院で展開された主な主張をまとめた概要は、まさに〝中立法に修正を加えることによって合衆国の中立と平和を促進するための嘆願〟という表題をつけることができる。一九三九年六月に下院で行われた議論から引用したいくつかの実例が、一連の訴えの本質を明確にしている。[4]

ノースキャロライナ州選出、民主党、W・O・バーギン下院議員

合衆国は平和を望んでいます。そのことに疑問の余地はありません。この思いは政党や人種、信条にかかわらず、わが国民全員の心にあると信じています。われわれは戦争を合衆国から締め出しておきたいと望んでいますし、戦争を世界から締め出しておきたいと望んでいます。こうした意志、あるいは平和の願いは公職にあるすべての人々――上はルーズベルト大統領から下は末端の役人に至るまで――の考えに浸透している、と確信しています。この下院の人間は誰ひとり、こうした思いを持たずに、いかなる法律にも投票することはない、と思っています。過去の試練のときに大統領がとった行動は、戦争

の潮流がアメリカ以外の世界で広がるのを阻止した有力な要因であったと信じています。……

ハル国務長官と同様に、私も、われわれが作ることのできるどんな法律も、われわれを戦争に巻き込まずにおける、と保証できるものではないということを理解しています。われわれにできることと言えば、われわれの法律が、第一に、そもそも戦争が起こる可能性を最小化するように――これが戦争に巻き込まれずにいるための唯一の真に安全な道なのです――、そして第二に、戦争が起きてしまったなら、それに巻き込まれずにいられるように、責任を持って対処することなのです。（八一七八頁）

テキサス州選出、民主党、ルーサー・A・ジョンソン下院議員

……私は輸出禁止措置を撤廃することに賛成です。なぜなら、それが戦争を防ぐのに役立つと信じるからです。……われわれが中立法を可決したとき、私は武器の輸出禁止は戦争を防ぐことはないが、他の国を動かす効果はあるだろう、と言いました。私は他の国々がわれわれの例にならって同様の法律を成立させると期待していましたが、彼らはそうはしませんでした。

この下院に申し上げます。現状の事態に鑑みて、この法律を法令集に残しておくことは、戦争を思いとどまらせることにはならず、戦争が起きる原因をつくることによって戦争を奨励することになるのです。……（八三二四頁）

カリフォルニア州選出、民主党、E・V・アイザック下院議員

これから申し上げることを聞いていただくにあたり、下院議員のみなさんには、アメリカ国民がわが国を戦争に巻き込まないという明確な目的のために何らかの中立法を求めている、強く求めているという事実を、心に留めておいていただきたいのです。私は下院外交委員会が早々と一九三五年に公聴会を開催し、中立法案を通過させた唯一の理由は、一九一四年のときのように世界で撃ち合いが再び始まった場合に、国際法以外に頼れる何かを持っておきたいというアメリカ国民の要求があったからだ、と確信しています。現在の法律は一九三五年の法律の進化版なのです。われわれはこの法律に、私が反対したそして今後も必ず反対し続ける、部分的な輸出禁止規定を盛り込みました。部分的な輸出禁止は必ず中立でなくなります。なぜなら同じ境遇にある国はふたつとないのですから。……

現在の法律をもってわれわれが中立であることにはなりません。それで世界の国々が平和を保つことにはなりませんし、それゆえに、われわれはこの法律にこの機能を持たせることによって、平和を維持し、結果として、この国を戦争に巻き込まずにいる、と誤解させているという点において、われわれはアメリカ国民に対する義務を怠っているのです。確かに、われわれは戦争に巻き込まれずにやってきましたが、私の意見では、それは、われわれの大統領がとった行動の結果として、そうあれたのです。大統領は、そう望めば、戦争に参加する、ありとあらゆる機会がありましたが、彼はそれを望んでこなかったのです。みなさんにはこの点に注目していただきたいのです。彼はそれを望んでこなかったのです。われわれの大統領はわれわれを戦争に導いているという話をよく聞きますが。彼はすでに六、七年、政権の座にあり、その間ずっと諸国は、アジアでも、転じてヨーロッパでも、戦争状態にあるか、互いにいがみ合っていましたが、彼は一度も、参戦をいささかも口実に使うことはありませんでした。大統領は、世界の目に映るアメリカ共和国の尊厳を保とうとして、私の意見では、そうすることに成功しましたが、ここにきて、あなたがたは、一部の小国に自国を防衛する権利を与えないことによって、大統領が自由に行動できないようにしているのです。

（八一三四頁—八一三五頁）

カリフォルニア州選出、民主党、L・E・ガイヤー下院議員

……私の意見では、この法案が通過すれば、ヨーロッパにおける戦争の危険はいくらか減ることになり、世界中の平和に貢献するでしょう。思うに、ブルーム法案がこうした効果をもたらすであろうことを最もよく示す証拠は、今日、兵員を動員し、戦争の準備を進めている国の報道に見出せます。アメリカ国民とあらゆる土地の平和愛好者たちは、この法案の成立を、平和への一歩前進だとして、歓迎するでしょう。しかし、ローマやベルリンは、それを一種の「戦争を挑発する行為だ」と金切り声で叫んでおり、ヒトラーとムッソリーニは統制下にある報道機関を通じてわれわれにブルーム法案を否決するように言っているのです。みなさんはどちら側に票を投じるおつもりですか。アメリカ国民の側に、それとも、ファシズムの戦争君主の側ですか。

ブルーム法案は平和への一歩前進です。しかし、私の考えでは、ためらいがちな一歩です。できればこの国が戦争という狂気の冒険を準備している人々の行く手を阻む方向に、より毅然と、そしてより大胆に踏み出すのを、私は見たいと思っています。……

（八一七二頁）。

アラバマ州選出、民主党、ピート・ジャーマン下院議員

……両院の外交委員会は……すべての関係者が招かれた拡大聴聞会——公開の聴聞会——を開催しま

した。こうした公聴会の後、議員立法提案箱にひとつの法案が下院委員会の委員長代理によって提出されました。……その法案を誰が書いたのか、私は委員長代理に尋ねておりません。法案には委員長代理の名前が記されています。ですが、これは申し上げておきます。……国務長官か、と推察するのは自然なことであります。……そのような問題について、私は喜んでコーデル・ハル国務長官の提案に従います。われわれはいま、深刻な時代にあると懸念していますが、そのようなときにあってはなおさらです。……隠された目的のために戦争への道へとわれわれを故意に導くような合衆国国務長官や大統領がひとりたりともいたとは思えません。……いずれにしろ、この法案は、誰がこれを許可したにせよ、当委員会ではアメリカの平和に寄与するよい法案であると考えます。（八一四八頁—八一四九頁）

ニューヨーク州選出、共和党、J・W・ウォズワース下院議員

恒久法に、軍需品の輸出を禁止する、あの規定が存在することは危機の源泉である、と思います。心からこれが削除されることを希望します。

多くの人の考えとして、そして私は彼らの考えを尊重しますが、安全は中立法にあると信じられています。私は賛同できません。私は、合衆国国民の安全と平和は、いよいよとなったときに、アメリカにとって最善の行動をとる権利をアメリカ人が保持することにあると考えます。私がここで訴えたいのは行動の自由を確保することです。それだけなのです。われわれにとって最善の行動をとる自由、自由を奪うルールなどなしに、柔軟性のない規制もなしに、われわれが自尊心を保ち、平和のために最善の努力を払い、とにかく永遠に自由でいる。

中立法について、私はこのように感じています、ちょうど国際連盟規約について感じたように。……

（八一五八頁―八一五九頁）

中立法をいささかでも弱体化させること、特に交戦国への軍需品の販売を禁止する措置を撤廃することに反対して、重要な命題がブルーム法案をめぐる下院での議論のなかで何度も主張された。それは次のような命題であった。連合国に軍需品を販売し、融資を拡大していったことによって、合衆国は第一次世界大戦に――一歩一歩――巻き込まれていった。もし、軍需品の輸出禁止措置が撤廃され、軍需品の販売と融資の拡大が再開されれば、合衆国は同じ轍を踏んで次の全面戦争に――一歩一歩――巻き込まれていくだろう。合衆国がいかなる外国の戦争にも巻き込まれずにいられるようにするための最善の方法は、中立法を全面的に維持し、必要であればこれを強化し、ヨーロッパで全面戦争が起こったとしても、そのときには中立法下で宣言されている中立を固守することである。

この論法の実例は以下の通り。

ニューヨーク州選出、民主党、マーティン・J・ケネディ下院議員

このたび、私は徹底的な研究と十分な検討の結果、この決議案に反対することをすでに決意したと表明したいと思います。心の奥底から、私は今の決議案を採択するのは重大な誤りだと信じていますが、何かしら変えなければならないのであれば、この法律そのものを廃止した方がはるかにいいと思います。私の選挙区の人たちはこの決議案は戦争につながるものだ、と死ぬほど心配しています。この問題がなくとも、彼らが十分にたくさんの心配事を抱えているのは間違いないというのに。以上の理由から、私はこの決議案が採択されないよう願っています。
（八一七三頁）

マサチューセッツ州選出、共和党、G・H・ティンカム下院議員

私は教授になるため、そして歴史の著述家になるための教育を受けてきました。五〇年にわたるヨーロッパでの見聞と歴史を読んできた経験から、この法案が下院で承認され、最終的に法律になれば、それは合衆国にとっての戦争を意味する、と私は全面的に確信しています。……

この下院のみなさまに申し上げます。戦争の問題は今や、われわれの目前にあり、われわれは、二〇年前にそうしたように、誤った論拠で自らを欺き、絶対的に間違った立場をとるようなことをするわけにはいかないのです。
（八一六〇—八一六一頁）

ミシガン州選出、共和党、P・W・シェイファー下院議員

議長、アメリカ国民は、今、進行しつつある新たなヨーロッパの戦争に引きずり込まれることを欲していません。このブルーム法案は……中立という何着ものローブ*をまとった戦争促進法なのです。この法案はまさに国際的な銀行家や国際的な戦争屋、戦争成金たちが望んでいるものなのです。

*聖職者の祭服や裁判官の法服のように、体（ここでは実態）の線が隠れるような長くゆったりとした衣服。

現在の民主党政権は、「世界を民主主義にとって安全にする」とか「すべての戦争を終わらせるための戦争」という名のもとにアメリカを世界戦争に追い込んだのと同じ国際的諸勢力を、コントロールできているのです。アメリカの父親や母親たちは外国の火中の栗を拾ったり、血塗られた金で国際的な銀行家や軍需品の製造業者、戦争成金を儲けさせてやるために、自分たちの息子が外国の戦場で虐殺されたり、障害者にされたりすることを望んではいません。（八三二八頁）

オハイオ州選出、共和党、J・M・ボーリズ下院議員

この法案の真の問題は平和に至る方策に関しての根本的な違いから生じているのです。ヨーロッパでの勢力均衡を維持するために、われわれの力を脅しとして利用する、というのが大統領の政策です。これに対して、平和に至る道はわれわれが中立であること、いずれにも偏らないこと、友好的であり脅威にならないことというのがアメリカの伝統的な信念なのです。大統領の理屈はこうです。もし、われわれが、戦争が始まるのを阻止すれば、われわれは戦争に巻き込まれない。もし、われわれが、十分強力なハッタリをかければ、われわれは戦争が勃発するのを防ぐことができる。大統領は、六年前にわれわれを借金漬けにするつもりがなかったのと同じくらい、われわれを戦争へと導くつもりはないのです。しかし、われわれは学びました。立派な意図があろうが、たくさんお金を使えば、借金漬けになるのです。十分に脅しをかければ、戦争に巻き込まれるのです。戦争への道は脅しで舗装されているのです。

私にはこの政策を評価するにあたって、ふたつ批判があります。第一に、われわれの軍事力の脅威がヨーロッパでの戦争をやめさせるのに十分であるという保証がないということです。誰もその保証を与えることはできません。

第二に、もし、脅しが効かなかったなら、われわれは必然的に戦争をすることになります。われわれが一方にした約束に対する信頼、あるいは他方にかけた脅しに基づいて国際的な事件が起これば、ハッタリを現実にして、約束を裏付けなければ、というプレッシャーは抗いがたいものになるでしょう。もし、われわれが次の戦争に結局は参戦することは避けられない、と考えておられるなら、現状のままのブルーム法案に賛成票を投じればいいでしょう。

アメリカは、交戦国に武器を売るのは道徳的ではない、キリスト教精神に反する、戦争につながる、と信じるに至りました。国際法の専門家の大半が、武器の輸出禁止措置を残すことを支持しています。……ハル氏は、交戦国に武器を売ることと、交戦国が必要とする武器以外の物資を彼らに売ることの間に何ら違いを見出すことはできない、と言っています。それは彼が中立というものを、どこかの外国を助ける、あるいは妨害するものであると考えていて、自分たちを助けるものだとは考えていないからなのです。私は次の点を特に強調しておきます。われわれが、誰に対してであれ、武器を売ることを義務付けるような国際法の原則などないのです。（八一五一頁）

ケンタッキー州選出、共和党、J・M・ロビンソン下院議員

私はこのブルーム法案、いわゆる中立法案に反対です。この法案の主たる目的は、戦争をしている国々に武器、弾薬、軍需品を出荷することを禁止する条項が含まれている、現在の法律を廃止することにあります。このブルーム法案は、そうした武器、弾薬、戦争物資をこの国から戦争当事国に出荷することを可能にするのです。そうした行為は、まさに一九一七年のときと同じように、われわれを新たな戦争に巻き込むことになるでしょう。この法律は中立ではありません。この法律を執行する責任者であるルー

ズベルト大統領も中立ではありません。それゆえに、これは平和を促進するための中立法ではなく、新たな世界戦争を促進し、その戦争にわれわれを巻き込む法案なのです。

（八四八六頁）

中立法修正へのハル国務長官の声明

ハル国務長官の周旋を通じて模索された中立法の修正を連邦議会からとりつけることができなかったため、ルーズベルト大統領は一九三九年七月十四日、連邦議会へ送付した特別教書で、政府の施策を支持する行動をとるよう自ら訴えた。大統領教書の大部分は、この問題についてのコーデル・ハル国務長官の長い声明からなっており、大統領はそれについて「私の全面的な賛同を得ている」と述べていた。大統領自身は、法律の修正を求めたのは平和と安全と中立のためだと連邦議会に保証した。「しばらく前から、私にとっては極めて明白なことでありました。平和の大義のために、そしてアメリカの中立と安全に貢献するために、連邦議会がこの会期中に本当に必要な特定の行動をとることが極めて望ましいのです[5]」。

ハル国務長官の声明は、ルーズベルト大統領が教書の序文で、このように簡潔に記した意見と一致していた。ハル氏ははっきりと、そして力強く宣言した。「実質的にも原則としても、論争の両陣営は双方とも以下の点については合意している」。

1．双方とも、合衆国の最大の関心事は合衆国自身の平和と安全でなければならないという点で意見が一致している。

2．双方とも、他の国々の間で戦われている戦争に引きずり込まれるのを回避することが現政権の政策であるべきだという点で意見が一致している。

3．双方とも、この国はいついかなるときもわれわれを面倒に巻き込むような同盟を結んだり、あるいはそれに関わりを持ったりすることを回避すべきだという点で意見が一致している。

4．双方とも、外国で戦争が起こった場合にはこの国は厳正な中立を維持すべきであり、そして中立の枠組みに沿って、この国が戦争に引きずり込まれないようにするための政策を形成すべきだという点で意見が一致している(6)。

ここに、ごくわずかな数の簡潔で誤解しようのない言葉で、ハル国務長官はルーズベルト大統領からの明快なお墨付きをもらって、連邦議会と国民に対して、非関与、不干渉、中立、合衆国にとっての平和という、大統領自身が一九三二年二月二日以来しばしば主張してきたドクトリンを詳しく説明したのだった。これは国家主義者や、もっとも頑固な孤立主義者さえもが初めからとってきた立場であり、ハル国務長官があらためて政府はこの立場をとっていると正面切って確約した、まさにその瞬間も、とっていた立場そのものであった。

従って、原理的には、相争っている両陣営の主張は一致しているのだった。ハル国務長官の説明によれば、両陣営の主張の唯一の違いは、合衆国の究極の目的を達成するためにどの方法をとるか、ということだった。ハル国務長官自身は、中立法の改正と合衆国の利益のために外交問題を指揮するうえで、より大きな権限を大統領と国務長官に委ねることを求めて、長々と議論を展開した。それこそが論争の両陣営の双方が主張している目的——この国を戦争に巻き込まないこと——を実現する最良の方法なのだと、ハル国務長官は訴えた。

しかし、上院は頑なだった。大統領の提案を可決するのに必要な票は、民主党が大多数を占めていたにもかかわらず、まとめられなかった。ホワイトハウスでルーズベルト大統領と上院の両党幹部との間で行われた会談でも、手詰まり状態を打破することはできなかった。そうして連邦議会は軍需品の輸出禁止措置を法令集に残したまま、八月に閉会した(7)。

一九三九年九月一日、ドイツの独裁者で、当時はロシアの独裁者ヨシフ・スターリンと同盟関係にあったアドルフ・ヒトラーは、ポーランドへの侵攻を開始し、戦争に突入するよう死の大部隊に命令した。イギリスとフランスは、ドイツに宣戦布告することでこれに応えた。九月三日、ルーズベルト大統領はラジオを通じて国民に語りかけ、目前に差し迫った重大な危険について警告したうえで、彼が追求しようと考えている政策を国民に告げた。

何人たりとも、軽々しく、不当に、アメリカがヨーロッパの戦場に軍隊を派遣するなどと言ってはなりません。今現在、アメリカの中立を宣言する準備が進められています。この宣言は、たとえ法令集に中立法がなくても、なされていました。なぜなら、この宣言は国際法に適っており、アメリカの政策にも適っているからです。

この宣言に続いて、現行の中立法に則った宣言がなされます。私は確信しています、この先、われわれの中立を真の意味での中立にすることができる、と。……われわれは、戦争がアメリカ大陸にやってこないようにすることによって、われわれの暖炉の前からも戦争を遠ざけておくことを目指しています。というのも、われわれにはジョージ・ワシントン大統領の政権にさかのぼる歴史的前例がありま す。……

この国は中立国家であり続けますが、アメリカ人全員に思想のうえでも中立であり続けるよう求めることはできません。

私は、一度ならず何度も、自分が戦争を目の当たりにし戦争を憎悪する、とお話ししてきました。これは何度も繰り返して申し上げます。

私は、合衆国がこの戦争に巻き込まれずにいることを願っています。私はそうなるだろうと思っています。みなさんには、みなさんの政府のあらゆる努力がこの目的に向けられることを繰り返し保証し、重ねて請け合います。

私の力の及ぶ範囲でそれを防ぐことができる限り、合衆国の平和の灯りが消えることはありません。(8)

二日後の九月五日、大統領は中立宣言書を発布した。一般的な国際法に基づくものと、もうひとつ、武器と軍需品の輸出禁止を規定した一九三七年の中立法に基づいたものを。彼がたびたび繰り返してきた、さらに悲惨な戦争がやってくるだろうという予言は当たった。そのことはもはや議論の余地がなかった。しかし、合衆国の将来についてはどうだろうか。

一九三九年九月十三日、当時イギリスの海軍本部にあったウィンストン・チャーチルとの間で私信のやり取りをすでに始めていた(9)ルーズベルト大統領は、連邦議会に特別会期の開催を求めた。九月二十一日の連邦議会への教書で、大統領は、ハル国務長官が七月十四日に訴えた内容に沿って、軍需品の輸出禁止措置を撤廃すべきであるという議論を展開し、連邦議会と国民に再び、自分の一番の目標は合衆国の中立を守ることであり、この国を戦争に巻き込まないことである、と保証したのだった。

> はじめに上院と下院の全議員、行政府の人間全員が、大統領とその側近たちを含め、個人としても、公人としても等しく、無条件に、わが国の中立、安全、十全性を保護し、同時にわれわれを戦争に巻き込まないそのような措置を支持しているという前提にたってお話を進めさせていただきます。
>
> 私は、平和を達成するためにとるべき手段について私自身とは異なる考えを持つ人にも、平和への高貴な願いがあると認めるのにまったくやぶさかではないのであるからして、そうした異なる考えを持つ紳士諸君も、彼らが意見を異にする者たちにも等しく高尚な目的があると認めるに足るだけの度量の広さを示してくださる、と信じています。
>
> いかなる人も、いかなる社会層も、アメリカの未来の幸福を考えるに際して、自分たちだけが守られていると思い込んではなりません。なぜならば、党派や階級にかかわらず平和と愛国心のマントはわれわれすべてを包み込めるほど大きいからです。
>
> いかなるグループであっても、〝平和ブロック〟というレッテルを自分たちだけのものと思い込んではなりません。われわれは皆、それに属しているのです……
>
> 長年、われわれの外交政策の一番の目的は、この国と政府が諸国間の戦争を回避するのを助けるために最大限の努力を払うべきだということでありました。しかし、不幸にも、戦争が始まってしまったな

ら、そのときには政府と国民は戦争に引きずり込まれないようできる限りの努力をしなければならないのです。

政府の行政部門は、現在のおぞましい戦争を避けるのを助けるために、われわれの伝統的な非関与の政策の範囲内で出来る限りのことをしました。そのように努力しましたが、それは実りませんでした。したがってこの政府は、わが国が戦争に引きずり込まれないようにするために時間も努力も無駄にはできないのです。私の腹蔵のない見立てではわれわれのこうした努力は実ることでしょう……

私は、輸出禁止条項の撤廃を通じて、一層の整合性と国際法への回帰を実現しようとしています。私は歴史的かつ伝統的なアメリカの政策の再現を図ります。それは、輸出禁止と通商停止の諸法がもたらした惨めな中断の期間を除いて、われわれの立憲体制が存在し始めた当初から非常に有益であった政策です。

この政策に回帰することはわれわれを戦争に近づけるかもしれないと不当に言われてきました。国際平和の分野で働いてきた長年の経験に基づく私の不変の、深い、強い信念を申し上げますと、輸出禁止措置を撤廃することによって、合衆国はおそらく法律が現状のままであるよりも平和でいられるでしょう。このように申し上げるのは、禁輸措置の撤廃に伴い、この政府ははっきりと、明確に、アメリカ市民とアメリカ船籍の船舶に実際の紛争地帯の差し迫った危険には近づかないよう強く求めるからです……

現在の危険な時代は、われわれにこれっぽっちの党派心もない協力を求めます。われわれの行動はただひとつの冷静な思い――アメリカをこの戦争に巻き込まないというそれに導かれていなければなりません。

この精神に基づいて、上院と下院の二大政党の幹部には特別会期の閉会から通常の会期が始まる一九四〇年一月三日までの間、ワシントンにとどまるようお願いしています。彼らはそうすると請け合ってくれました。彼らとは外交問題で生じた出来事の経過について、ならびにこの分野において今後行動を起こす必要性――それが行政上の行為であれ、立法措置であれ――について、頻繁に相談するつもりです。

世界をおおっている影は速やかに去るかもしれないという希望をお伝えできればと思います。それはできないのです。さまざまな事実が、この先も暗い時代が待ち受けているかもしれない、と私に正直に述べることを強いるのです。惨事はわれわれがつくり出したものではありません。われわれのいかなる行動も、文明の根幹を脅かす勢力を生み出したわけではありません。けれども、われわれはいつのまにか根本的に影響を受けているのです。われわれの通商の流れは変化しつつあります。われわれの頭は新しい問題で一杯です。世界問題におけるわれわれの立場はすでに変わってしまったのです。

そのような状況下で、われわれの政策は、もっとも深甚な意味で、真のアメリカの利益を尊重するものでなければなりません。公正な考えに基づくものであれば、この利益は身勝手ではないのです。運命はまず、われわれをこの半球の姉妹諸国とともにヨーロッパ文化の共同承継者としました。宿命はいま、われわれにその文明の存続を守る砦を西洋世界に維持するのを助けるという役割を強いているようです。アメリカ大陸の平和、十全性、そして安全――これらは常に安定した憂いのない状態になければならないのです……。[10]

輸出禁止条項の修正への賛否——下院

連邦議会が軍需品の販売禁止の撤廃とその他の条項の採用を含む中立法の修正案を審議している中で、聞き覚えのある議論が形を変えながらあらためて述べられたり、繰り返されたりした。修正を支持する議論によれば、変更はこの国を戦争に巻き込まないため、法律をより有効にするものであり、またルーズベルト大統領が修正を主張する目的は合衆国の中立と平和を維持することにある、とされた。一部の修正、特に輸出禁止措置の撤廃に反対する議論としては、修正は戦争に至る道を進むことであり、そしてルーズベルト大統領は、一九一七年のウッドロウ・ウィルソン大統領と同じように、この国を戦争へと導いているのだ、と公然と言われた。

このようにルーズベルト大統領の政策を支持する人々とそれに反対する人々は、ひとつの基本原則で一致していた。つまり、合衆国の中立は維持されるべきであり、当時、激しく戦われていた戦争にこの国を巻き込んではいけないという原則だった。そして何週間にもわたって、彼らはこの原則をアメリカ市民の精神に叩き込んだ。

下院での議論のなかで表明された、中立法の修正を支持する、特に軍需品の輸出禁止措置の撤廃を支持する典型的な考えは以下の通りである。

テキサス州選出、民主党、ルーサー・A・ジョンソン下院議員

……わたしたちはたくさんの手紙を受け取っています。現在の法律を変更しないよう、そしてそうすることによってわれわれを戦争に巻き込まないよう要望する手紙です。〔しかし、〕もし、今の不完全な中立法が変更されないならば、あるいは修正されないならば、合衆国は間違いなく、この戦争に巻き込まれます、それも瞬く間に。

ルーズベルト大統領は、ヨーロッパで戦端が開かれたときに迅速に行動したことで称賛されるべきです。大統領はわれわれの利益をあらゆる方法で保護し、われわれが戦争に巻き込まれるのを防ぐのに適切な、完全な中立法を採択するため、連邦議会の特別会期を招集したのです。そのような法律が先の議会で成立しなかったのは、ルーズベルト大統領とハル国務長官の落ち度ではありません。連邦議会がそうした法案を先の会期中に通過させていれば、本会期が開催される必要はなく、いま、ヨーロッパで戦争が全く起きていない可能性もあったのです。……

一部の反対派は、ルーズベルト大統領が現在の不完全で不十分な中立法を変更することを提案しているゆえに、大統領がわれわれに戦争をさせようとしていると非難しています。こうした主張は、先の議会の会期中に、ルーズベルト大統領が法案を通過させようとしていたときに、同じ方々によってなされた非難に沿ったものであります。大統領が、戦争が差し迫っていて中立法が必要だと述べたとき、彼らは大統領を戦争屋と呼び、大統領が単に対立を煽っているのであって、戦争が起こる見込みなどまったくないと言っていたのです。戦争が勃発した今、大統領がわれわれを戦争に巻き込まないための法律を制定しようとしたら、彼らは大統領がそうするのは実にわれわれを戦争に巻き込まないためではなく、

戦争に追い込むためだと言っているのです。……。

今、審議されている決議案は改善策なのです。……私の判断では、それはわれわれを戦争に巻き込まないという点において、反対すべき要素はより少なく、効果はより大きいはずです。……

交戦国への武器の輸出を禁止するだけでわれわれが戦争に巻き込まれずにいられると考える人は、この問題について熟慮して検討したことがないのです。議長、断言します。武器の輸出禁止措置を保持すればわれわれは戦争に巻き込まれずにいられるというものではなく、それを撤廃すればわれわれは戦争に追い込まれるということでもないのです。……[11]

ニューヨーク州選出、民主党、ソル・ブルーム下院議員

すべての中立法の目的は、この国を戦争に巻き込まないということにありました。たとえどんなに多くの点が網羅されていようとも、たとえ何が盛り込まれていようとも、盛り込まれておらずとも、われわれが戦争に巻き込まれずにいられるために、法律ができることを達成できない法律はいい法律ではないのです。どんな国であれ、国家にできる最善のことといえば、現実に対処して、平和を維持するという目的のために、現実に応じて針路を決定することなのです。

こまかい点について意見の相違はあれど、連邦議会は戦争を回避しようという国民の決意を反映しています。……

下院共同決議第三〇六号が昨年六月に当院で可決されたとき、ヨーロッパは平和でありました。……その当時、武器や軍需品、そして戦争必需品の輸出禁止措置を撤廃することは、合衆国が引きずり込ま

れかねないような外国の戦争を助長してしまう傾向があるのではないか、と言われていました。……明らかに、多くの下院議員は、ヨーロッパの平和を維持するのに貢献しているという信念のもとに、禁輸措置を維持することに投票しました。……こうした議員にとって不幸なことに、そして世界にとっても不幸なことに、戦争は起きてしまいました。禁輸措置を維持したことが戦争を止めることにはなりませんでした。……

輸出禁止措置が、ヨーロッパで戦争が勃発するのを防ぐのに役立つのではないか、と期待する根拠があったとしても、そうした見込みはもはや存在しないのです。われわれは今、外国で現実に戦争が起きているという状況に立ち向かっているのです。われわれは引きずり込まれるのを回避しようとしています。われわれはすべてのアメリカ船舶と市民を、戦闘が行われている地域に近づけないようにしているのです。(12)

ノースキャロライナ州選出、民主党、R・L・ドートン下院議員

先の議会で、われわれは輸出禁止措置を削除することに反対した人たちから、この措置は戦争を防ぐものであり、これが維持されるかぎりヨーロッパに戦争は起きない、と言われました。その同じ人たちが、今度は、輸出禁止措置が据え置かれないかぎりわれわれの関与に至る第一歩となる、と言っているのです。彼らの最初の予想は、彼らの予言者としての名声を高める効果はありませんでしたし、彼らが反対したために、この重要な問題で行動を起こさないことになったわけですが、私の考えでは、それは間違いなくヨーロッパで戦争が勃発する要因となったのです。

この間、わが偉大な大統領と有能な国務長官はともに、ヨーロッパで戦争が起こりそうであると、そしてそれがほとんど前触れもなく始まるかもしれないと警告していました。彼らは、現在の役に立たない中立法を法令集から取り除き、この法案に沿ったもので置き換えることによって、備えを整えるようわれわれに呼び掛けていました。あらゆる社会階層の人々が、党利党略的な政策抜きに、そしてその他の大いに論議を呼んでいるあらゆる問題における立場にかかわらず、この意見に同意しました。……

結論として、重ねて申し上げますが、われわれ全員のもっぱらの願いはヨーロッパの戦争にわが国が巻き込まれないようにすることなのであります。わが偉大なる大統領と国務長官は、われわれよりも大きな公的責任を有し、そうした責任に関係してくるあらゆる局面についての、より多くの、より詳細な知識も持っています。その彼らが、この法案に概要が示されている政策を呼び掛け、勧告しているのです。

私の判断では、彼らの意見は、政治的党派や政治的な結びつきを問わず、圧倒的多数のアメリカ人の承認と支持を得ているのです。北から、南から、東から、西から、そうした支持の決定的な証拠が集まっています。そしてこの法案を成立させることが、アメリカ国民の平和と福祉と幸福を促進し、保護するための、現時点でもっとも安全なコースをたどることになるというのが、私が熟慮と慎重な検討を重ねたうえで確信しているところの信念なのであります。(13)

ニュージャージー州選出、民主党、メアリー・ノートン下院議員

……提案されている中立法が、われわれが自由であり続けるための、アメリカが平和であり続けるための手段となるというのが、私が確信しているところの信念であります。これは今も、そして今後も、私のもっとも切なる祈りであり続けるでしょう。

わが同僚たちに申し上げたいのは、世界戦争を体験したひとりとして、その恐怖をすべて目撃したひとりとして、われわれの息子たちのために休みなく働いてきたひとりとして、現在の中立法を廃止することが、われわれが戦争に巻き込まれずにいるための最善の方法であるというのが私の偽らざる確信でなかったならば、私は今日、この場で中立法を廃止するよう主張していません、ということであります。私は心から願っています。わが同僚たちが今日、われわれが中立であり続けられる最善の手段の問題にどのように投票するにせよ、この議会はその投票によって、アメリカの青年たちをヨーロッパの戦争で戦うために派遣することに同意することは決してない、と私とともにアメリカの女性たちに言ってくださる、と(14)。

ニューヨーク州選出、共和党、J・W・ウォズワース下院議員

しかしながら、わが国民の圧倒的多数は、現在起きている戦争にわれわれが関与せずにいられるようにするための法律を、そもそも法律がそういうことをできるならば、連邦議会が制定するものと期待している、というのは疑いようのないことです。私は、上院の法案はこの難しい問題に現実的な方法で取り組んでいる、と信じています。……上院は少なくともキャッシュ・アンド・キャリー*条項については、この難しい問題に現実的に取り組んでおり、また、法律がわれわれを戦争に巻き込まずにおくことができるのなら、この条項こそ、他の起草されうるどんな条項よりも、その方向に作用してくれることと信

じています……(15)

＊現金自国船輸送主義。通商を現金で行い、運搬は買い手が自国船で行うこと。

輸出禁止条項の修正要求をいい例とするルーズベルト大統領の外交政策に、反対する陣営が下院で提起した見解の例は、以下の議論の抜粋に示されている。

インディアナ州選出、民主党、ルイス・ルドロー下院議員

議長、わが国には戦争に関してふたつのイデオロギーがあります。そうしたイデオロギーは激しく衝突し、アメリカがそのどちらかを選択しなければならないような局面に至っています。もし、われわれが国家百年の計として、そのうちの、ときとしてバカにしているかのように〝孤立主義〟と呼ばれるけれども決して孤立ではない、ひとつのイデオロギーを採用すれば、世界と平和的な関係を保てると安心して期待していいでしょう。われわれがもうひとつのイデオロギー、つまり介入主義のイデオロギーをわれわれの方針として採用すれば、それがわれわれを戦争に引きずり込むことになるのは単に時間だけの問題でしょう。

孤立主義は誤った呼び方だ、と私は言ってきましたし、今でもその思いに変わりはありません。孤立主義のイデオロギーは、アメリカが自らを世界から孤立させるべきだと提案しているわけではありませんし、そのようなことは示唆すらしていないのです。それは単にヨーロッパの古戦場や地球の他のトラブルの絶えない外国の地域でたえまなく醸成されている戦争から、われわれを隔絶すべきである、と提

案しているにすぎないのです。これはわれわれが地理的に離れた土地にあるため、幸運にもできることなのです。……

いわゆるブルーム中立法案は……アメリカは戦争に巻き込まれてはいけない、というわが国民の総体としての希望に逆行しています。それは、介入主義者のイデオロギーの輝かしい実例なのです。それは、合衆国が特定の大国の側につき、他の大国に反対して団結することが、合衆国にとって得策だという理論に基づいているのです。それは、アメリカをパワー・ポリティクスに一気に、とことんまで追い込むでしょう。この法案を素直に擁護する人は、その人物がどれほどこれを熱烈に支持していたとしても、これが中立法案だと主張したことは一度もないのです。この法案の主唱者は、これがイギリスとフランスの利益にかなう法案であり、これによってアメリカは大英帝国とフランスが将来、戦おうと決めたあらゆる戦争で、その同盟国とならざるを得なくなることを率直に認めています。というのも、この法案は、合衆国を、大洋を支配する両国に物資とそうした物資の信用取引を提供する貯蔵庫あるいは保管庫に定めてしまうからです。……

われわれがゲームの結果に巨大な利害関係を持っていたら、戦争に巻き込まれずにいられることなどできません。われわれが安心で安全でいるのなら、われわれは戦争ではなく、平和に賭けなければならないのです。(16)……

アイオワ州選出、民主党、V・F・ハリントン下院議員

今日われわれが熟慮しなければならない問題はひとつだけです。それは、われわれが戦争に巻き込まれずにいられる最善の方法であります。この六月、下院は世界に向かってこう宣言しました。「われわれは、戦争に巻き込まれずにいる最善の方法が武器の禁輸措置を維持することだ、と考えている」と。われわれは、投票の結果、この措置を継続することにしました。この禁輸の原則は国家政策として四年間にわたって確立されてきたもので、われわれはわずか九〇日前にこれをあらためて支持したのです。

世界は当時、平和でした。今、諸国は戦争の渦中にあります。われわれが今、戦争が宣言された後にこの法律を変えようとすれば、われわれは非友好的な行為——そう、いうなれば侵略行為を犯すことになるのだ、と私は信じています。そして今日、巨大で悲惨な戦争が進行中でなかったとしても、私は禁輸措置に反対したでしょう。それが六月の時点での私の意見であり、今の私の意見でもあります。当時、法律を変えるとしたら？　イエス、と千回申し上げます。いま法律を変えるか？　ノー、と一万回言います。(17)

イリノイ州選出、共和党、E・M・ダークセン下院議員

武器の輸出禁止それ自体は重要ではない。それ自体がわれわれを戦争に巻き込むことはないし、あるいはわれわれを平和に堅く結び付けることもないと彼らは言っています。もし、それが真実であるならば、われわれはなぜ、それを廃止するためにこの場に召集されたのでしょうか。……もし、武器の輸出禁止措置が重要でないならば、これがわれわれを戦争に巻き込むことになる、と誰が主張するでしょうか。もし、武器の輸出禁止措置が重要でないならば、これが、われわれが今、享受している平和を打ち砕いてしまう、と誰が主張するでしょうか。もし、武器の輸出禁止措置が重要でないならば、なぜ、大

統領は国民と世界に向かって、これが重要ではないと宣言し、忙しい人の政策にふさわしく、それをただちに打ち捨ててしまわないのでしょうか。……

撤廃に向けた運動の勢いそのものによって、彼らは問題に威厳を与えるとともに、その他のどのような手段を使ってもできなかった形で、これは重要な問題なのだ、とアメリカ国民を納得させたのです。この議論そのものが答えになっています。……。私は、バーモント州選出のオースティン上院議員やネブラスカ州選出のバーク上院議員がこの問題について述べた際にみせた率直さは好ましいと思います。彼らの見解には、すべての建前がはぎとられていました。彼らは率直に、われわれが現在の紛争の一方の当事者を支援できるように武器の輸出禁止は撤廃されるべきだ、と断言したのです。……。これは中立の問題ではないのです。国際法のあらゆる概念とわが国の国務省の先例に基づいて、そうする法的権利があるか否かの問題ではないのです。雇用の振興の問題でも、国の防衛促進の問題でもないのです。国際法への回帰の問題でもないのです。禁輸措置が国際法違反だからでも、われわれの他国との平和的な関係を損なうからでもないのです。撤廃を求める根拠は、現在の紛争で実際に戦争に巻き込まれることなく、一方の当事者に可能なかぎりの支援と助力を提供する政策からなっているのです。そんなことがうまくできるでしょうか。ここでようやく、議論が始まるのです。禁輸措置の撤廃支持派は、この可能性に賭けようというのです。禁輸措置の撤廃反対派は、それがアメリカの若者に血の洗礼を浴びせる道に向かう第一歩だ、と確信しているのです。(18)

ミズーリ州選出、共和党、デューイ・ショート下院議員

議長、武器と軍需品と戦争必需品の輸出禁止措置の継続を望んでいるわれわれは、撤廃が直ちにわれわれを新たな戦争へと導く、と主張するものではありませんが、われわれは撤廃が最終的には干渉に至る道の第一歩になる、と、〝素人臭い〟考えそのままに、心から確信しているとともに、われわれの良心が説得力をもって、そう言っているのです。通常、戦いを引き起こすのは、最後の一撃ではなく、最初の一撃なのです。ウッドロウ・ウィルソンは高い理想をもった人であり、決してアメリカが先の世界大戦に引きずり込まれるのを望んでいたわけではありませんでしたが、わが国政府が初期にとった措置が多々の予測不可能な事態をもたらし、最終的にウィルソンを、彼の意思に反して、戦争に導いたのです。

先週の木曜日の晩、ルーズベルト氏はこう言いました。「合衆国は、以前も言いましたように、中立であり、戦争に巻き込まれるつもりはない[19]」と。議長、私は下院議員の皆々にこの「つもり」という言葉に注目していただきたいと思います。何といいましても、われわれの意図や動機は、われわれの行動がもたらす現実の、不可避な結果ほどには意味はないのです。繰り返します、議長、われわれの誰ひとりとして、この国が戦争に向かうことを望んではいないのです。……しかし、一定の措置を講じることによって――なお武器輸出禁止の撤廃はこうした措置のひとつでありますが――われわれは対立の中心に、容赦なく、そして必然的に、導かれることになるのです。このように正直に、誠実に確信しているわれわれが、われわれの意見に反対だという人に〝ペテン師〟というレッテルを貼られていいものでしょうか[20]。

ペンシルベニア州選出、共和党、J・W・ディッター下院議員

輸出禁止条項を撤回することに反対している人たちは、中立プログラムが平和への道であり、それによって〝われわれを面倒に巻き込むような同盟〟を回避するという、この共和国の草創期にわれわれに強く勧告された、長い伝統のある政策に適うものだと信じているのです。われわれは、そのようなプログラムは理想主義ではなく、現実主義に則ったものだと信じています。それは未来の実験に賭けることではなく、われわれの過去の経験に学ぶことなのです。それはわれわれが再び〝世界を民主主義にとって安全な場所にする〟あるいは〝戦争を終わらせるための戦争〟に参加するといった、熱狂的な企てを図ろうとしないよう律してくれるものなのです。……われわれは、ヨーロッパの戦争にわれわれが介入することが、災いを鎮めることにも、その原因を取り除くことにもならない、と確信しています。われわれは、国内におけるわれわれの義務の方が外国での責任よりもはるかに大きい、と信じています。われわれは、アメリカの平和は願うばかりのものではない、と信じています。それは計画的に達成されなければならないものなのです――そしてその計画は、すべての交戦国を公平に扱うことを基本としていなければならない、とわれわれは信じているのであります。[21]

修正への賛否――上院

以下の中立法の修正に関する上院での討論からの抜粋は、上院でルーズベルト大統領の提案を支持した人々が、この施策の目的はわが国を戦争に巻き込まないためであるとの基本原則をどのように表現したかを示している。

テキサス州選出、民主党、トム・コナリー上院議員

議長、われわれの目的は、その唯一の目的は、この悲惨な戦争に巻き込まれずにいることです。われわれにはこの戦争を引き起こした責任はありません。アメリカ国民が何らかの影響を持ち得たとしたなら、戦争など決して起きなかったのは間違いないのです。……

われわれは戦争に巻き込まれたくないのです。そのわれわれが追求すべき、もっとも実際的で、もっとも道理にかなった、もっとも明白な道は何か。議長、この共同決議案はいかなる立法機関が立案できる、いかなる法案よりも、最大限にその保証を与えるものだと私は考えます。それは犠牲を伴います。それはわれわれの船舶輸送を犠牲にし、わが国民に戦争史上いまだかつてどんな国民にも課されたことのないほどの犠牲を強います。……われわれはそれを進んで行っているのです。われわれはそれを国内法規としてやっているのです。参戦するか否かという問題に直面しなければならない事態に陥らないために、われわれはそうしているのです。われわれは参戦したくありません。そしてわれわれは、この法律によって、参戦せずに行けるところまで、可能な限り行くのです。[22]

ワシントン州選出、民主党、L・B・シュワレンバッハ上院議員

一見したところ、このように言うことは完全に論理的に見えます。「私は平和が正しいと信じている。

それゆえにわが国政府は、いかなる交戦国に対しても、武器、軍需品、戦争必需品の輸出を止めるべきである」。しかし、そのように行動することで、わが国政府が、少なくとも当局筋の一致した見方として、われわれがとりうる他のどんな政策やプロセスよりも、われわれを戦争に追い込むことになる義務を負うことになると気付いたとき、われわれは当然立ち止まってためらわなければなりません。……

また別の表現もわが国民の注目を集めました。それはアイダホ州選出のきわめて名高く、立派で雄弁な上院議員［ボーラ氏］がラジオを通じて語った、「これは戦争への第一歩である」というのがそれです。この発言がなされた以降の議論も演説も、すべてこの発言に基づいたものとなりました。アイダホ州選出の上院議員も、この共同決議案に反対の立場のほかの誰であろうとも、共同決議案の有効性を信じているわれわれにこの国を戦争に向かわせようという意図があるなどと、意識的に信じていたり、意識的に主張したりしている人はいないと思います。もし、そのような意図があったとしたら、われわれがピットマン*共同決議案を提出することは無論なかったでしょう。この決議案は、戦争に向かう一歩でないばかりか、私の意見では、どこの国も、一度もとったことのないような、もっとも冷静で、もっとも完璧な戦争回避策なのです。……

＊キー・D・ピットマン氏。民主党上院議員（ネバダ州選出）。ルーズベルト政権下の一九三三―四〇年まで上院議長代行兼上院外交委員長を務めた。

議長、私は、合衆国大統領がわれわれを戦争に巻き込むための第一歩を踏み出したがっている、そのうえで別の措置を計画したがっていると、非難する手紙を毎日受け取っています。……もし、われわれが戦争への第一歩を踏み出そうという何らかの野心を抱いていたなら、われわれを戦争に巻き込むことを防ぐために、この国も、ほかのどんな国も見たこともないような、このもっとも完全に制約的な法律を法令集に書き加えようと試みたと思われますか?……

ですから、武器禁輸措置を撤廃することに対して出された異議は、この国の経験と、世界の中立諸国の経験と知見に照らして分析されれば立ち消えてしまう、と私は確信しております。これはゲームが始まってからルールを変更するのとは違うのです。これは戦争への第一歩ではないのです。これは、一方の側の攻撃のターゲットになる危険性を伴う、他方の側の兵器庫となるような話ではないのです。これは、この国を戦争に巻き込まずにおくための、入念で綿密な試みなのです。[23]

ニューヨーク州選出、民主党、ロバート・ワグナー上院議員

私たちを分断している法律の内容を細心の注意を払って検証した結果、私は委員会によって報告されたわれわれの中立法の変更は、アメリカを戦争に巻き込まずにいるための、そして戦争をアメリカから遠ざけておくための、最善の保証を与えるものだ、と確信しています。……

輸出禁止条項が、有能で著名な上院議員たちによって、どれほど誠実で真面目に支持されてきたかを私は十分に認識しております。ですが、武器の禁輸措置はアメリカ国民の道義的判断を表すものだという意見にも、絶対に欠くことのできない戦争を防御する手段であるという意見にも、われわれの中立の象徴だという意見にも、同意することのできない自分がいます。……

発言を終わるにあたって、議長、私は不断の平和というすべてのアメリカ人の深くて切なる願いは、この共同決議案の成立によって完全に実現されると心から信じています。しかし、この法律の枠内にお

いてさえ、われわれの平和の探求を妨害し、中立という目標を揺さぶろうとするようなプロパガンダは間違いなくあらわれるでしょうし、事件も起きるかもしれません。この先に待ち受けている困難な時代において、国の防衛策の強化と国家的運動の揺るぎない結束は、この国を平和の道にとどめおくことでしょう。すべての危機に際して十分に対応する力があることを証明してきた大統領の、経験豊かで人を奮い立たせる力のある指導力の下で、未来が何をもたらそうとも、われわれはわが民主主義の強さに守られ、わが国の運命に自信を持って冷静に立ち向かいます。(24)

ネブラスカ州選出、民主党、E・R・バーク上院議員

……輸出禁止条項の撤廃は、それゆえに、公平に作用しないでしょう。このことだけを理由に撤廃を支持するのでは説得力がありません。私はと言えば、もうこの問題には決着をつけました。私は、武器の禁輸措置の撤廃が厳正な中立を表すものとはもう言いません。なぜなら、そうではないのですから。禁輸措置の撤廃は、今、大いに有利である交戦国を牽制し、その優位を奪い、そして私が、個人的に申しまして、牽制されてほしいと思う交戦国を牽制します。それは、私が支持されるとよいと思っている交戦国に、自国船でここまでやって来て、わが国の物資を購入する機会を与えることによって、彼らへの支持を表明するものなのです。しかしながら、私は撤廃を擁護する論拠をこのような選り好みに置いているわけではありません。われわれは武器の禁輸措置を撤廃し、これに代わる条項を、若干の修正を加えたうえで、採用すべきなのです。なぜならば、そのような法的措置は合衆国にとっての最善の利益を大幅に増大させるからです。……どうしてそうなるのか。たくさんの理由があります。ここにそのうちのいくつかをお示ししましょう。

第一に、この政策は、われわれが戦争に巻き込まれないという目標に対して、われわれが得られる最大限の保証を与えてくれるのです。

戦争の圏外にあり続けたいとアメリカ人が圧倒的に切望していることは、疑う余地がありません。私は、この目的を達成する最善の方法が何かという点で、私とは意見を異にする方々の見解に敬意を表します。と同時に、誰であれ、自分が賛同できない相手は、われわれを戦争に引きずり込もうとしている、と発言したり、ほのめかしたりすることには不快感を覚えます。今日現在の情勢では、われわれがヨーロッパに再び派遣部隊を送る可能性はこれっぽっちもありません。分別のある人間なら誰だってもちろん、そのようなことはしたくないし、現在進行中の戦争にも、他のどんな外国の戦争にも、この国が直接参加することを望んではいません。

こんなことが囁かれています。大統領は意図的に戦争に向かっている。ハル国務長官はそのような針路を支持している。一部の上院議員その他の人々はそれに沿った法的措置をとる意向がある、と。これはもっとも卑劣な類の誹謗中傷です。……

議長、連邦議会と大統領と国民全員が、わが国の安全性と十全性を守り、われわれを戦争に巻き込まないという共通の目的のために一致団結しているという前提にたって、話を進めて差し支えないかと存じます。そのような状況を達成するために、この法案はどのように改良されているのでしょうか。

第一に、アメリカの船舶、アメリカの市民、アメリカの物資を危険地帯から遠ざけておくために、極端なまでにありとあらゆる手段を講じることによって……

第二に、武器輸出禁止の撤廃は戦争の終結を早めます。私は、われわれがどのような行動をとろうとも、最終的には民主主義諸国が全体主義諸国との戦いにおいて勝者となることを疑ってはいません。しかし、撤廃しなければ、戦争は容易に長期化するやもしれず、そうなれば多くの人命が犠牲となり、何世紀にもわたる努力の積み重ねによって築き上げられてきた価値あるものも破壊されてしまいます。さらにいえば、戦争が長引けば長引くほど、われわれが巻き込まれる危険もますます大きくなるのです。戦争が一日早く終われば、その一日分、われわれが参戦する可能性が減るのです。……(25)

コネチカット州選出、民主党、フランシス・マローニ上院議員

現時点で、わが国の一部の善良な人々はヒステリーを起こしています。しかしながら、全体をまとめて論じるにせよ、要約するにせよ、要するに、全員が一致するところの希望と要求は、われわれが戦争から遠ざかる道をとることなのです。

この法案は決して、われわれにとっての脅威を増大させるものではない、というのが私の意見であります。一方で、ほぼ誰もが、法案はわれわれの戦争に対する防御を強化できる面があると認めています。……

共同決議案を可決することが戦争に向けた第一歩となる、との主張をほんのちょっとでも裏付けられる議論を、私は辛抱強く待ちました。それはまだ示されてはおらず、私自身の確信は強まるばかりです。……

申し上げておきたいのは、議長、いつの日か、われわれがこの戦争に参加するかもしれないとヨーロッパのどこかの国が考える、あるいは真剣な期待を抱くような理由があるとしても、そのような考えを抱かせる根拠は、武器の禁輸措置の撤廃支持派からは提供されていないということです。そのような期待を助長した要因が仮にあるとするならば——そのようなものはないことを願っていますが——、それは、この法案の反対派によって、もちろん、意図的にではありませんが、与えられたのです[26]。

バーモント州選出、共和党、W・R・オースティン上院議員

この共同決議案の支持派と反対派の間にみられるもっとも大きな溝、われわれが直面している問題に対するアプローチで著しく異なっている点のひとつは、ミシガン州選出の高名な上院議員が今、立てられた仮定にあると思います。その仮定とは、合衆国市民と合衆国連邦議会の代議員たちは、もはや自由意志で行動できるような人間ではない。彼らはもはや聡明ではない。彼らにはもはや気骨も信義もない。そして彼らは、もう一歩踏み込んでわが国の青年たちを海の向こうに派遣しなければ、通商に制限や規制を課すこともできない——制限を課すことなど通常は自由にできることなのに——、というものです。それがわれわれの間にみられる重大な姿勢の違いなのです。それは、決して意見が一致することのない、違いなのです。というのは、わが国の青年たちを戦争で戦わせるために海の向こうに派遣してはならない、と切望する思い、その決意の強さにおいて、共同決議案の支持派は合衆国のほかのどんな集団にも引けをとらない、と私が信じているからです。さらに、彼らには、この決意を実現させるだけの十分な気骨と信義があり、無理やり引きずりこまれなければならないほど彼らは無力ではない、と私は信じています。そもそも誰に引きずりこまれるというのか。われわれを攻撃しない限り、われわれに戦争

を宣言するつもりがない限り、われわれと戦争することはできないのです――そしてわれわれには戦争を宣言するつもりはないのです。防衛に関して言えば、われわれは自分たちを防衛するために、軍隊をつれて大洋を越える義務はないのです。われわれの計画にはそんな構想は含まれていないのです。(27)

モンタナ州選出、民主党、J・E・マーレイ上院議員

議長、アメリカ国民がこの戦争で中立を維持するならば、つまり、どちらか一方の味方につくかどうかという基準ではなく、公平で合法的かどうかという基準――つまり、何百年も前から認められてきた国際法にかなう基準――においてそうするならば、どんな交戦国であれ、正当に攻撃を仕掛けてくることはできません。もし、われわれがそうするならば、同じような性質のほかのどんな問題にも劣らないくらい確実に、この国は遅かれ早かれ、平和のための調停を行うよう依頼されるのは間違いないでしょう。そのときがきたら、戦争当事国の間で、いや、それどころか旧世界のすべての国家の間で、正義を確立するための条件を、合衆国大統領が提案するのは難しいことではないでしょう。……

公平で知的なすべてのアメリカ人にとって、情勢の実態を研究しているすべての人にとって、ピットマン共同決議案が正しいアメリカの中立政策を示しているということは明白であるに違いないのです。……(28)

ルーズベルト大統領の軍需品の禁輸措置撤廃の要請に反対した上院議員たちは、大統領と議会内の彼の支持者たちが、自分たちの目標は合衆国の平和と中立を維持することだ、とこの国に保証する旨の発言を数え切れないほどたくさんしていたことを認識していた。しかし、反対派は、この点に関して、大統領と大統領支持派は、実際には合衆国が戦争に巻き込まれることに必然的に至る道を追求しているのだ、と主張したのだった。

上院で反対意見を表明したスピーチの抜粋を以下に示す。

アイダホ州選出、共和党、W・E・ボーラ上院議員

わが国の国務長官であるハル氏は、一九三五年八月の法律についてこう主張しました。「昨年八月の中立法は、交戦国に対する戦争物資の完成品輸出を禁止することによって、われわれを戦争に巻き込まないためのものであった」と。

もし、輸出禁止法の目的が当時、われわれを戦争に巻き込まないことにあったのならば、それを撤廃する目的は一体、何なのでしょうか。われわれに戦争をさせることなのでしょうか。いやいや、私に言わせれば、撤廃の目的ではなく、その必然的な結果が、私の判断では、われわれに戦争をさせることになるのです。この法律を成立させたことで、高名な国務長官が述べておられるように、われわれが戦争に巻き込まれなくなるはずだったのであれば、それを撤廃することで、われわれは戦争に巻き込まれなくなる、というのは一体どういう理屈なのでしょうか。

われわれは、ヨーロッパの紛争に巻き込まれたくないから、この法律を可決したのです。……

私が、私の追求している方針を追求している理由はただひとつ、ヨーロッパの戦争に巻き込まれたくないという願いゆえにほかなりません。このプログラムには、平和の大義に貢献する要素が何一つ見出

せません。転じて、私には、われわれがこの戦争に参加する方向に急速に進んでいるのが明白であるように思われます。武器や軍需品や戦争必需品は、戦うための、人命を奪い生活を破壊するための、戦いに勝つための道具であります。それ以外、どんな用途にも適していないのです。これらを戦争の只中で一方の側を有利にするために、あるいは一方の側を支援する意図をもって供給することは、人命を奪い、生活を破壊し、戦いに勝つための手助けをすることなのです。世界中のどんな議論も、議会の議論も、遊説先での議論も、戦場にある人々の情熱と根深い戦争精神には何ら影響を及ぼさないでしょう。彼らにしてみれば、製造業者、セールスマン、輸送業者など戦いの場に装備を運ぶことに関わる人は、すべて敵であり、敵として扱われることになるのです。これらの装備を交戦地に運ぶ手続きが始まったそのときから、われわれは戦争に参加していることになるのです。(29)

ミシガン州選出、共和党、Ａ・Ｈ・バンデンバーグ上院議員

……外国の戦争が戦われている最中に、そして新たな戦争が勃発することが警戒されるなかで、われわれは、要するに、そうした事態におけるわれわれの行動規範になる、と連邦議会が一九三五年以来、二度にわたって世界に対して宣言した中立政策を放棄するよう要請されています。具体的には、武器や弾薬、戦争必需品装備の輸出禁止を規定している現行の中立法を廃止することによって、それを放棄するよう要請されています。中立の諸規則は戦争の最中に不公平な形で変更することはできないという世界大戦時に、われわれ自身が公式に主張していたドクトリンを破って、それを変更するようわれわれは要請されているのです。われわれは、われわれ自身が国際法とはこうあるものだと宣言してきたところの国際法そのものを放棄するよう要請されているのです。意識的にであれ、無意識にであれ――もっとも主に意識的にではありますが――われわれは、われわれが個人的な思い入れとして大いに支持している一方の交戦国のために、そしてわれわれが個人的な思い入れとして主に非難している他方の交戦国に不利な形で、それを放棄するよう要請されているのです。私の意見では、これはわれわれを戦争へと導く可能性のある道です。私は自ら進んでその道を選択しようとは思いません。

議長、多くの連邦議会議員を含む何百万人というアメリカ人が――正しかろうと、間違っていようと――こう信じています。この法的措置を講じることは、われわれの平和への意志を頓挫させるのみならず、この戦争にわれわれを巻き込む方向に相対的に向かせていることなのだ、と。それゆえに、何百万人というアメリカ人と大勢の連邦議会議員が、交戦国への思い入れにかかわらず、そのような流れができることに真剣に反対しているのです。変更支持派は、自分たちの不変の目的は、われわれと同じように、アメリカを戦争に巻き込まないでおくことにあると躍起になって主張しており、これを心から請けあうとわが国民に訴えているのです。しかし、その動機は明らかであり、変更が必然的にどのように解釈されるかといえば、状況が必然的にもたらす結果として、われわれが正式に一方の味方についたということになるのです。……

変更支持派が、どれほど熱心に、それは平和のためだとして、その影響を和らげようとしても、根本的な変更であるという冷厳で、純然たる事実自体は残るのです。たとえどんな新しい防護策が考案されようと、われわれが巻き込まれることを防いでくれる最大の守りが打ち破られるのです。もちろん、それは戦争に向けて一歩前進することを意図しているわけではありません。しかし間違いなく、今の状況下では、それは平和へ向けた一歩ではありませんし、あり得ないのです。その結果もたらされるものは……ぞっとするような見通しです。……

……私は、いかなる代償を払っても平和でなければならない、と言っているわけではありません。私は、そのドクトリンはまったくアメリカらしくないものとして拒否します。私の主張する平和は、厳正な中立と、それを守るための頑固な努力という代償だけで手に入れられるものです。自分たちの民主主義の正しさを決して譲らないであろう国民の国家の防衛を完璧なものにする一方で、平和でいられる可能性があるならば、たとえ不安はあっても、その可能性をひとつひとつ信じてみよう、と私は訴えているにすぎないのです。

と言ったところで、われわれの懸案事項に直面します。もし、外国の戦争が起きた場合の方針をつかさどることになる、と二年前にわれわれが言っていた中立の法規を忠実に維持し、この法規に基づいて、すべての交戦国に対してあらゆる武器、弾薬、そして戦争必需品を供給することを拒否した場合、われわれが新たな世界戦争とそれが必然的にもたらす帰結に巻き込まれる可能性は低減するのでしょうか。これが核心となる点のひとつです。それとも、変更はある交戦国を相手の交戦国よりも利するということが公然と認められているわけですが、変更によって、一方の当事国の兵器係となって他方と対立した方が、巻き込まれる可能性は小さいのでしょうか。

この質問自体が答えになっている、と私には思われます。変更が必然的に、われわれ全員が熱望してやまないと言っている、アメリカが巻き込まれない状況を達成するにあたって、安全性に劣り、防護性に劣り、計画性に劣る、という深い確信から、私は逃れることができないのです。私は撤廃がわれわれを戦争に突き落とすとは言いません。私の主張の正しさを裏付けるのに、そのように申し上げる必要はないのです。私は、武器、弾薬、戦争必需品に関して、われわれの前にあるふたつの選択肢の間では、明らかに、アメリカにとっては中立を追求した方が、比較的安全に違いない、と言っているのです。われわれが二年前、まさに今日直面しているような状況になったら追求するつもりだ、と厳かに宣言した、そのとおりのことを追求した方が。……

しかし、議長、どんな観点からこの問題を評価しても、私はどうしても、この法案にたとえほかに何が盛り込まれていようとも、ひとつの方針のすべてを統制する象徴であるところの武器の輸出禁止措置を撤廃することは、戦争とそれがもたらすあらゆる悲惨な帰結にアメリカが巻き込まれないようにする方策としては間違っている、という判断に、いつのまにか立ち返っているのです。禁輸措置を撤廃することは、なぜ撤廃すべきかとして挙げられている理由のために、むしろ、われわれに国家としての適切な道はわれわれの運命を一方の交戦国と結びつけ、それと敵対する交戦国と対立することであると次第に信じ込ませて、将来われわれが肩入れしている当事国の苦難が求めるままに、次第にこの説にのっとって行動するように仕向ける方策なのです。それは平和への道ではありません。[30]

マサチューセッツ州選出、共和党、H・C・ロッジ下院議員

しかしながら、私に輸出禁止措置を撤廃するよう強く促す向きの大半は、イギリスとフランスに援助物資を安全に売って彼らを助けたいと願っているからそうしているのでありますが、その一方で、すべての工程を自らが全うしてでもそうしたいと思うほど強くはそのように願っていないのです。こうした

人たちは、イギリスとフランスを助けることが合衆国の平和を促進することになるという信念を持っているため、中立を放棄することはまったくやぶさかではないのです。……

彼らはさらに、イギリスとフランスが〝落ちて〟しまえば、われわれは確実に参戦することになる。だから、われわれは自分たちが巻き込まれないために彼らが勝利するよう支援すべきだ、という論拠に基づいて、禁輸措置の撤廃はアメリカの平和を促進する、と主張しています。私は、イギリスとフランスが打ち負かされる可能性は実に小さいと考えています。選択肢としては、ドイツが敗北するか、あるいは膠着状態に陥るか、という二者択一のようであります。しかしながら、仮にドイツが勝利し、合衆国を征服したいと望んだとしても、決してそうはできないのだとも申し上げておきます。ヨーロッパの国がどの国であれ、合衆国を占領したり、征服したりすることはできないのであり、できると提起するのは非現実的であります。幸いなことに、わが国の安全は危うくなってはいないのです。……

われわれは、われわれに対する最初の明白な攻撃的行為がなされるまで、禁輸措置の撤廃は待つべきです。そうなってから初めて、軍事戦略上の武器として、そして自衛行為として、禁輸措置の撤廃を利用しようではありませんか。そうしたうえでさらに、なお直接的で効果的な手段でもって二の矢を継ごうではありませんか。大規模で破壊的な、明白な攻撃的行為がアメリカに対して行われたなら、われわれの連合国に食料品や雑貨をキャッシュ・アンド・キャリーの原則に基づいて提供するだけでなく、本腰を入れて参戦し、わが国とわが神のために連合国と協力して戦うべきなのです。われわれには〝戦争の一歩手前〟などという煮え切らない政策はあり得ないのです。われわれには片足だけ突っ込んで片足は外に出しておくなどという手段も、正面玄関で潔く受け入れられないものを裏口からこっそり入れるなどという手段はあり得ないのです。……あり得ないのです！　いったん戦争がわれわれの戦争となったら、それが経済的な理由からであろうと、軍事的な理由からであろうと、道義的な理由からであろうと、参戦しようではありませんか、それも本格的に。けれども、参戦すべき大義があるまでは、巻き込まれないようにしようではありませんか。[31]

ミズーリ州選出、民主党、Ｂ・Ｃ・クラーク上院議員

……戦争に巻き込まれないために十分な防御を築くなら絶対的に必要な予防的措置であることが経験上分かっている禁輸措置を、投げ捨てようとする試みがある……と知って、黙ってはいられません。われわれが戦争に巻き込まれる可能性を、どれほどわずかであっても高める政策を法制化することに対しては、それが誰による、どんな取り組みであろうとも、抗議の声を上げずにはいられません。

……なぜ、われわれが武器の禁輸措置を維持しなければならないのか、お教えしましょう。第一に、それによって、死をもたらす武器の貯蔵庫になったり、死の道具を取引するといった血なまぐさい、罪深い、人の道に外れた商売に携わらずにいられるからです。さらに言えば、議長、武器の禁輸措置はすべての交戦国を対象に維持される必要があるのです。なぜならば、武器貿易はまさしく、金儲けのための戦争にもっとも依存する取引だからです。……われわれは武器の禁輸措置を維持しなければなりません。なぜならば、われわれは一九三五年にすべての交戦国に対する武器の輸出禁止措置を採用し、これをわれわれの国家政策として、平和を守る強力な防護措置として、一九三六年と一九三七年に再び法制化したからです。……それはなぜならば、外国の戦争に巻き込まれないというこの国の決意を必然的に危うくするような、武器貿易の利権が膨らむのを許したくなかったからです。

わが国民が戦争に巻き込まれないためのもっとも強力な防御は、武器、弾薬、戦争必需品の販売および輸出の全面的な禁止に加えて、厳しいキャッシュ・アンド・キャリーの法律を持つことによって与えられるのだと申し上げます。……なぜ、その両方ともにあってはならないのでしょうか。われわれが戦争に巻き込まれずにいるには両方の措置とも必要なのです。……

一方においては「ケーキは食べてしまった後も、とっておくこともできる」、つまり戦争の一歩手前までの施策によってイギリスとフランスを積極的に支援しながらもなお、争いに根本的に参加することは避けられると信じている人々がいます。他方には、武器禁輸措置の撤廃によって厳格な中立政策を緩和し、合衆国を大量殺傷兵器の貯蔵庫として確立することは、必然的に戦争に至るに違いない第一歩にすぎない、と信じているわれわれのような人々がいます。……

この国には、われわれの利益がイギリスやフランスやポーランドのそれと切り離せないほど絡み合っており、そのためわれわれは彼らのパートナーとして、同盟国として、公然と、率直に援助を申し出るべきだ、と考えているまったくもって高潔で愛国心にあふれた人々が、性別を問わず、います。……こうした見解に、私は断固反対であり、アメリカ国民は、この問題を完全に理解すれば、圧倒的に反対に回ると信じています。しかし、議長、私はそのような判断とは絶対に、全面的に意見を異にするものではありますが、一方でそのような意見も、公然と、腹蔵なく表明されれば、私はそれらを尊重するものであります。(32)

ノースダコタ州選出、共和党、G・P・ナイ上院議員

ですが、もし、質問が、武器禁輸措置の撤廃は合衆国が戦争プログラムへと遠い道のりを着実にザッ、ザッ、ザッと行進していく第一歩の象徴なのか、ということであれば、答えはおそらく「イエス」でしょう。何度でも「イエス」でしょう。かつて一九一四年、一九一五年、一九一六年に軍需品貿易が合衆国に何をもたらしたかについて、正直で偏見のない研究に頭脳と時間を割いておきながら、このタイミングでの禁輸撤廃が象徴的ではない、と言える人がいたら、その人は非常によくまとめられた不幸な真実の記録をすっかり無視しているのであります。

議長、この議論にはひとつの争点があります。その争点とは次の疑問に関係しています。すなわち、連合国を助けることは、われわれを戦争に巻き込まずにいることになるのか、という疑問です。大統領はそのように考えています。私はそうではないと確信しています。……

連合国を助けることは中立であるという考えを、私はできうる限り、声を大にして否定します。ほかにも否定した人たちがいます。われわれは、禁輸撤廃は戦争への一歩だという考えを支持します。われわれは、イギリス海軍とフランス陸軍がアメリカの防衛の最前線である、という考えを否定します。われわれは、中立がわれわれの防衛の最前線であるという考えを支持します。われわれは、合衆国が大英帝国の口出ししないパートナーになることによって、世界をヒトラー主義から守れるという考えを否定します。われわれは、アメリカがこの戦争にいかなる形であれ参加することが、先のわれわれの軽率な「世界を民主主義にとって安全にするため」の聖戦がもたらした以上の民主主義も、正義も、恒久的な平和も、ヨーロッパにもたらすことはない、という考えを支持します。(33)

サウスダコタ州選出、民主党、W・J・ビューロー上院議員

わが国の平和を保つために、わが政府は今、武器の輸出禁止措置を撤廃し、交戦国に人命を破壊するための銃や弾薬を売るべきだと主張しています。われわれが銃弾や火薬、銃を売りつける売人になることは、合衆国に平和を安全にもたらすと主張されています。私はこのドクトリンに同意できません。連邦議会は武器輸出禁止法を制定し、大統領がこれに署名し、この国に中立政策が課されました……今、この法律を撤廃しなければならないと提案されています。……われわれは、われわれの平和の命運を守るために、武器の禁輸措置を撤廃し、国際法に回帰しなければならないと主張されています。……議長、もし、われわれが武器輸出禁止法を撤廃すれば、それはわれわれの戦争への第一歩であり、これに続けて、ヨーロッパの戦場に加わることに必然的に至る、その他の措置が矢継ぎ早に打ち出されるのです。

この場にいるわれわれ全員の記憶にあることですが、われわれはヨーロッパの国境紛争を解決しようとして一度、多大な犠牲を伴う嘆かわしい経験をして、悲しいことに、この争いを解決することはできないのだと学んだのです。(34)

ウィスコンシン州選出、進歩党、R・M・ラフォレット上院議員

議長、私は、この法案に示されている問題はこの共和国にとって極めて重要な問題であるとみなしています。私はこれらの問題を詳細に議論するつもりですが、はじめに、それらを簡単に挙げておきたいと思います。

現下の情勢において、輸出禁止措置を撤廃し、武器や弾薬や戦争必需品を販売することは、ヨーロッパの戦争への参戦に向けて大きな一歩であります。

この共同決議案の中のいくつかの自由裁量権が認められた抜け道は、われわれを戦争に導く可能性のある出来事が起こってもおかしくないほど大きいものです。

一時的な利益と、ほぼ間違いなく革命的な性格のものになるであろう戦後の混沌に恒久的に加わることと引き換えに、われわれが所有する価値あるものすべてを賭けることは、アメリカの民主主義の利益にもっともかなうことではありません。……。

議長、私はワシントンで公職にある人の多くが、武器の輸出禁止の撤廃を非公式に正当化していることに感心しています。彼らの論拠はこうです。わが国の国益は、今回のヨーロッパの戦争でのイギリスとフランスの勝利を確かなものとする政策を求めている。これが彼らの主張する武器の禁輸措置撤廃を正当化する唯一の、実質的な理由なのです。……彼らは、交戦国の一方のグループを勝たせるために、われわれがどちらか一方につかなければならないと主張しています。しかし、すでに戦争が宣言されていることから、われわれがひとたび、どちらか一方の側につくことを認識しつつ一方の側につけば、法律の撤廃は、ヨーロッパの戦争に部分的に参加することを目的としたわが国政府による公式な行為であるとしか、国内でも海外でも、解釈されません。……

われわれの愛国的な針路は明白であります。それは、われわれの血、わが国の成人男子、われわれの富を果てしなく消耗させる、ヨーロッパと極東に関与しないことです。われわれの針路は現代の機械化された世界で民主主義を機能させることができる可能性のある最後の偉大なこの産業国家で、民主主義が機能するよう全力を傾けることなのです。……

われわれにはこの半球で大陸間経済を構築する素晴らしい機会があるのです。それを守る陸軍と海軍は、外国で起きている戦争に関与するのにかかるコストの何分の一かの費用で整備できます。他の大陸で行われている人類の虐殺と破壊が産み出す貿易によって創出された雇用を、われわれの問題の解決策として受け入れなければならないことはないのです。

われわれは、未活用の労働力や生産設備、遊休資本を使うことで、天然資源基盤を再建し、人的資源を社会復帰させるとともに大切に活用し、わが国およびこの偉大で豊かな半球を発展させることができるのです。これこそ、ダイナミックなアメリカをもたらし、われわれの大自然におけるフロンティア開拓にみられた経済的な機会均等を回復させるプログラムなのです。これこそ、われわれの時代の人間にこの半球での〝運命との出会い〟をもたらしてくれるプログラムなのです。どこか他の場所での死との出会いではなく。

私は、このプログラムを、どちらか一方の側に味方するプログラム、武器を売るプログラム、長期化して疲弊をもたらす戦争に介入するプログラムに対して提案します。この戦争はおそらく、海外では革命に終わるでしょうし、もし、われわれが関与することになれば、この国に独裁をもたらすことになるかもしれないのです。[35]

カンザス州選出、共和党、アーサー・キャッパー上院議員

議長、私は合衆国が現在ヨーロッパで起きている戦争に参加することに反対です。これはわれわれの戦争ではありません。私は、われわれの戦争ではないこの戦争に参加する方向へ、われわれが最初の一歩を踏み出すことに反対です。私は武器輸出禁止措置の撤廃に断固、反対です。……輸出禁止の撤廃は間違いなく、ヨーロッパの対立に巻き込まれることを意味します。それは戦争に向かう第一歩なのです。これが、私が交戦中の国々に武器や弾薬、戦争必需品を売ったり輸送したりすることを禁止する措置の撤廃に反対している最大の理由です。……

私は合衆国が戦争に引きずり込まれてほしくはありません。"キャッシュ・アンド・キャリーのもうけ"で買収されて戦争に参加することになってほしくありません。わが国指導層の一部の誤った熱意によって戦争に導かれてほしくありません。

この戦争において、合衆国にとって安全な場所はたったひとつしかありません。それは合衆国の国内です。私は、われわれが戦争に巻き込まれずにいるためのもっとも確実な方法は、自分たちの国土にとどまり、人の問題に差し出がましく首を突っ込まないことだと確信しています。戦争に使うための武器や弾薬、戦争必需品を売ることは、国内にとどまっていることにも、人の問題に首を突っ込まないようにしていることにも、なりません。……

一九三五年に、そして一九三六年に、ルーズベルト大統領は合衆国の中立を支持していました。大統領は、合衆国がヨーロッパの戦争に参加することに反対であると思っていました。彼は平和を望んでいて、中立は平和プログラムに欠かせないとみなしていました。

しかし、一九三七年に、大統領が考えるところの、合衆国が世界の問題で果たすべき役割は拡大し始めました。彼はヨーロッパで気に入らないことが起きているのを目撃しました――この点に関して言えば、私自身を含めアメリカ人のほとんどが、その状況を、ルーズベルト大統領に劣らず好ましく思っていない、と言わせていただきます。

しかし、ルーズベルト大統領は――一九三六年には中立は平和への安全な道だと見ており、武器の禁輸措置は少なくとも中立を効果的に表明する手段ではあると見ていた大統領は――、そのルーズベルト大統領は、一九三七年にはヨーロッパの問題に干渉しようという衝動に駆られたのでした。……その時以来、合衆国は矛盾する外交政策を追求しなければならなくなったのです。……中立を維持しつつ、同時に一方の側に味方するのは明らかに難しいことであり、そのため当然ながら大統領は武器の禁輸措置を撤廃しようとしなければならなくなったのです、イギリスとフランスを助けたいという大統領の欲求が、国内法を犯さずに満たされるように。……[36]

マサチューセッツ州選出、民主党、D・I・ウォルシュ上院議員

ヨーロッパで戦争の危機が現実となったがゆえに、われわれは戦争に巻き込まれないためにこれまで設けてきた措置を今、撤廃すべきだという提案がなされています。したがって、今、問題となっているのは、われわれは、交戦国の一方の側に破壊のための戦争兵器を供給するという範囲で非介入の政策を介入の政策に変えるのか、ということなのです。

議長、私の本音として、申し上げざるを得ません。ヨーロッパで戦争が吹き荒れている今、戦争兵器をありとあらゆる交戦国に売ることを明確に拒否している現行の政策を意図的に転換し、交戦国の一方の側しかわれわれの顧客になれないのを知りながら、厳粛な法規に基づいてわれわれの兵器工場の生産品を売りに出すこと以上に確実に、われわれを現在の大惨事に巻き込む恐れがある要因が私には思いつきません。われわれは道義的に戦争必需品を販売する必要があると主張する人間は、販売先がどの国であれ、販売するのがいつであれ、いません。……

合衆国上院のこの場で、われわれは武器の取引や戦争で儲けることを弁護するのではなく、人命を取引するような、アメリカの若者たちの命を取引するような事態に至る可能性のあるあらゆる措置に積極果敢に抵抗すべきなのです。……。

議長、大統領と国務省以外でわれわれの武器禁輸の撤廃を強く要求している人のうち、その動機が、われわれと同じように、自らが国益にもっともかなうと信じているものに突き動かされている、とわれわれにも認められる人は一体誰がいるでしょうか。その他の人は、しかしながら、中立以外の思惑に基づいていると思われる動機を披瀝しています。われわれはただちに戦争に参加すべきだと信じていて、その第一歩として武器の禁輸撤廃を支持しているアメリカ人のことを言っているのです。彼らは、もちろん、中立の政策に反対していることを率直に認めています。彼らは戦争をすることを支持しているのです[37]

カリフォルニア州選出、共和党、ハイラム・ジョンソン上院議員

武器禁輸措置を撤廃すれば、われわれは戦争に片足だけ突っ込んでいて、片足は出しているような状態になるのです。過去の苦い経験から、われわれが戦争に完全に巻き込まれるまでわれわれを駆りたてることが、どれほど容易なことかをわれわれは知っています。それが問題の核心なのです。いったん武器禁輸措置を撤廃すれば、われわれは今のヨーロッパの戦争に関連して、自分たちがどのような立場をとっているのか、何をしているのか、確信が持てなくなるまで、駆りたてられ、振り回されるのです。われわれはパワー・ポリティクスのゲームに興じる狡猾な連中によって駆りたてられ、振り回されるのです。わが国民の一部は、紳士気取りの輩は、彼らがヨーロッパの外交官たちよりもうまく立ち回れると想像しているわけですが、実際にヨーロッパとのパワー・ポリティクスに耽るようになれば、彼らが勝利できる可能性は、私がネブラスカ州選出の上院議員とポーカーをして勝とうとするのと同じ程度の可能性しかないのです……。

あなた方は、戦争はしない、とおっしゃるかもしれない。戦争宣言に賛成票を投じることはしない、海の向こうに若者をひとりたりとも送ることはない、とおっしゃるかもしれない——し、本気でそう思っていらっしゃるかもしれない。前回、戦争宣言に賛成票を投じた際に、二〇〇万人もの兵士たちを派遣することになると誰が思ったでしょうか。だめ、だめ、だめです！　最初の誤った一歩を踏み出さないように心を鬼にしなければなりません。戦争に向かって一歩たりとも踏み出さない、と自分に言い聞かせなければなりません、さもなければ、いよいよとなったとき、気が付けば抗えなくなっているのですから。(38)

大統領の介入と、中立法修正の可決

中立をめぐる討論がほぼ一カ月続いた後、ルーズベルト大統領が介入した。一九三九年十月二十六日、大統領はラジオ放送で次のように述べた。

連邦議会の内外で、雄弁家たちが、評論家たちが、そしてその他の人々が、アメリカの母親たちの息子たちをヨーロッパの戦場に送ることに反対して大げさな宣言をするのを私たちは聞いてきました。私はそうした行為に、現代史における最悪のインチキのひとつであるというレッテルを貼ることに何らためらいを覚えません。それは想像上の怪物を意図的につくりだすことにほかなりません。まぎれもない真実は、ワシントンの連邦政府であれ、州政府であれ、市政府であれ、郡政府であれ、政府で責任ある立場に身を置く人間はひとりとして、いかなる形態でも、いかなる方法でも、いかなる形式でも、アメリカの母親たちの息子たちをヨーロッパの戦場で戦うために派遣する可能性など、これっぽっちも提案したことは一度たりともないのです。私がそうした主張は恥知らずで、不正直なインチキだとレッテルを貼るのはそういうわけです。……

国際情勢の現実——ありのままの、お化け抜きの、偏見に訴えようというのではない事実——は、アメリカ合衆国は、以前にも申し上げたとおり、中立であり、戦争に関わるつもりはないのです。(39)

ついに、連邦議会は、合衆国の平和と中立を守るために軍需品の輸出禁止措置を撤廃したいという大統領の懇願に屈したのだった。ただし、議会は撤廃と併せていくつかの厳密な修正を加えた。これらの修正は中立法を別の面で実質的に強化した。新しい法律は一九三九年十一月四日、ルーズベルト大統領によって署名された。連邦議会の行動について、後に大統領はこう語った。「これらの勧告を採択したことは、アメリカ人の生命や財産を破壊から守るにあたって、それまでよりも、さらに強大な防衛の手段を提供した。また、それによって、われわれを先の大戦で戦争に引きずり込んだような、われわれを紛争に引きずり込む公算の高い出来事や対立を回避するのにも役立った(40)」。

交戦国への軍需品の販売を認めた新しい中立法のもとで、ルーズベルト大統領はこの法律に署名した一九三九年十一月四日、新たな中立の声明を出した。さらに一九三九年十二月二日、大統領は市民を爆撃するという罪を犯した諸国には航空機を売らないよう、アメリカの航空機メーカーに求める声明を発表した。この声明のなかで大統領はこう述べた。「アメリカ政府とアメリカ国民は、空から市民に対して、いわれのない爆撃や機関銃攻撃を浴びせる行為を、心から非難する政策をずっととってきました。この政府は……航空機、飛行機の備品、航空機の製造に不可欠な物資を製造し、輸出するアメリカの企業が、これらの品々を、そのようないわれのない爆撃を行うという罪を明らかに犯している国家に輸出する契約交渉に臨む前に、この事実に留意してくれることを希望します(41)」。

反対派の熱意と粘り強さにもかかわらず、連邦議会で新しい中立法案に大量の賛成票が投じられたことは、民主党幹部が事態をよく収拾していたことを示していた。この結果はイギリスの学術誌『ラウンド・テーブル』の一九三九年九月号に掲載された記事で、匿名の筆者によって予見されていた。記事は、明らかに出版されるかなり以前に、つまり戦争が始まる前に書かれたもので、「アメリカと世界危機」というタイトルがつけられていた。この記事は大胆な予言をしていた。「戦争が実際に突然引き起こされたなら、ルーズベルト大統領は、連邦議会の特別会期を招集し……実現することが事実上保証されている武器禁輸の撤廃を求めることになる。……そうなれば合衆国の経済、産業、農業の全資源をイギリスが自由に使えるようになるのだ……キャッシュ・アンド・キャリー方式であるかもしれないにせよ」。記事はさらに続いた。「合衆国がどのようにして、いつ、紛争に引きずり込まれるのか、あるいはそもそも引きずり込まれるのか、というのはもちろん、答えようがない質問である。しかし、そうなるであろう。つまり、一九一四―一七年の歴史がつづめて繰り返されるであろう蓋然性を見積もるならば……、参加に至る道そのものは一九一七年のパターンとはかなり違ってくるかもしれないが、その効果のほどは決して引けをとらないだろう」(42)。

連邦議会における大統領の大義の元締めのなかでも、ジェームズ・F・バーンズ上院議員*は際立っていた。ワシントンでは、同上院議員は妥協や調整を実現し、幹部の地位を効率的に配分するにあたって並外れた権力と能力を持つと一般的に認識されており、彼の力量は遠くロンドンでも評価されていた。『ラウンド・テーブル』誌は一九三九年十二月号で、中立法の修正案を通過させるためにとられた戦術について報じた。「九月に大統領はジェームズ・F・バーンズ上院議員――熟練の、人望のある交渉人――に、全米各地のそれぞれの地元にいる彼の同僚に長距離電話を惜しみなく使って聞き取り調査をさせた。バーンズ上院議員は、驚くほど早期に、実に上院議員たちが特別会期に出席するためにワシントンに戻るよりも前に、禁輸措置の撤廃を支持するという十分な数の約束をとりつけた。同様に、下院でも現実的な手法が採用され、〝伝統的に民主党の堅い政治基盤である南部諸州〟の下院議員たちも、選挙マシーンに支配されている都市ブロックの下院議員たちも、全員が党の立場にまとめあげられた……。それは冷静さと合法的な政治組織の大勝利だった……」(43)。

＊サウスカロライナ州出身。連邦下院議員、上院議員を経て一九四一年、ルーズベルト大統領によって最高裁判所判事に指名されたが翌年に辞任し、経済安定局の局長、経済動員機構の責任者などを歴任。ヤルタ会談ではルーズベルトに同行。四五年七月にはトルーマン政権で国務長官に就任した。対日強硬論者として知られ、原爆投下を大統領に積極的に進言した。

一九三九年という、ヨーロッパで全面戦争が激発した運命的な年の年末には、合衆国にとっての平和が確保されるという基本的な保証が、ルーズベルト大統領や彼の支持者たちによって記録に書き加えられた。

七月十四日、ハル国務長官が考案したお決まりの言葉の盛り込まれた連邦議会への教書の中で、大統領はアメリカ国民に、自分の目的は合衆国の中立を維持することであり、この国を戦争に巻き込まないでおけるように外交政策を形成することだ、と告げた。

九月三日、ヨーロッパの戦争が始まった後、大統領は国民向けのラジオ演説で市民に対し、アメリカの軍隊をヨーロッパに派遣するなどという〝誤った〟うわさ話をしないよう強く釘を刺して、次のように誓って明言した。「この国は中立国であり続けるのです」。

九月に連邦議会に軍需品の禁輸措置の撤廃を求めた教書の中で、大統領はアメリカ国民に対して自分と政府の同僚たちは「等しく、無条件に、わが国の中立、安全、十全性を保護し、同時にわれわれを戦争に巻き込まないそのような措置を支持している」と述べ、さらに国民に「われわれの行動はただひとつの冷静な思い——アメリカをこの戦争に巻き込まないというそれに導かれていなければなりません」と告げた。

何度も何度も、中立法の修正をめぐって六月から十一月にかけて議論が激しく戦わされていた間中、ルーズベルト大統領と彼の議会内の支持者たちは、アメリカ国民に対して、自分たちの目的は合衆国の中立を守り、外国の戦争に引きずり込まれるのを回避することだと繰り返し保証し、重ねて請け合った。

一九三九年十月二十六日、まだ禁輸措置の撤廃の問題が審議中のころ、ルーズベルト大統領は国民向けのラジオ放送の中で、合衆国は「中立であり、戦争に関わるつもりはないのです」と宣言していた。

反対派の議員たちが何度も、軍需品の禁輸措置の撤廃は戦争に向かう一歩であり、いずれアメリカの青年たちをヨーロッパの戦場に送ることにつながると主張すると、ルーズベルト大統領は彼らを厳しい言葉で非難した——彼の十月二十六日のラジオ放送の中で。大統領は彼らの主張は「恥知らずで、不正直なインチキ」だとレッテルを貼った。大統領は政府で責任ある立場の人間はひとりとして「いかなる形態でも、いかなる方法でも、いかなる形式でも、アメリカの母親たちの息子たちをヨーロッパの戦場で戦うために派遣する可能性など、これっぽっちも提案したことは一度たりともないのです」と証言することによって、アメリカ国民の信頼を求めたのだった。

第一〇章　大統領選挙での平和の約束——一九四〇年

一九四〇年にルーズベルト大統領が公式に表明した外交政策は、時期的に四つの期間に分類され、各期間にはそれぞれに特有の特徴があった。第一期は一月一日から党大会のあった夏までの期間。第二期には六月——共和党大会がフィラデルフィアで開催された——と七月——民主党大会がシカゴであった——が含まれる。第三期は七月の終わりから九月の初めまでの時期。その間、大統領はいわゆるふつうの意味での選挙キャンペーンを慎んでいた。まるで、ありきたりの政治に没頭しなくても、選挙に勝てる自信があるかのように。一方、この時期に共和党の大統領候補、ウェンデル・ウィルキー氏は「ノー・ウォー（不戦）」を政治的に利用し、これを問題として提起していた。第四期は、大統領が戦わずして簡単に勝利できると思わないよう顧問団に戒められ、遊説に乗り出した九月十一日に幕が開き、十一月の選挙前日に行われた大統領の一連の最終選挙演説で幕を閉じた。この期間に大統領は数回、演説を行った。そのうちの幾つかはごく短いものだった。これに対してウィルキー氏は、大統領の政策は合衆国にとって戦争を意味する、と力説して、大統領を批判し続けた。

大統領選挙のシーズンが開幕してからのルーズベルト大統領の外交政策と戦争についての演説は、大統領が国を戦争に至る道に誘導しているというウィルキー氏の批判に対抗するために組み立てられたところもあった――ウィルキー氏の批判は投票日が近づくにつれてますますあからさまに、そしてますます激しくなっていた。その一方で、ウィルキー氏の主張と論点は、しばしば大統領の反論と批判に反撃することを基本に構築されていた。別の言い方をすれば、国民の票を獲得するための競争が一段と熱気を帯びていくなかで、一方の側の批判とそれに対するもう一方の側の否定、一方の非難とそれに対するもう一方の反駁が歩調を合わせるかのように進展したことにより、双方は初めから互いの陣営に影響し合ってそれぞれの選挙公約をまとめ、具体化していったのだった。しかし、こうした相互的な影響力を考察または評価するには、どうしても論争を招きかねない審判を伴うものだ。そうした論争が起こるのをできるだけ避けるために、以下のページではそれぞれの党を代表して戦っていた両陣営の平和の誓いを、単純に時間を追って、一年のどの特定の時期に該当するかを示しながら記す方法をとった。

民主党大会以前のルーズベルト大統領の平和に関する発言

一九四〇年一月一日から民主党大会がシカゴで開催された七月までの間に、欧州では数々の恐ろしい出来事が起きていた。七月一日までにヒトラーの大軍はあらゆる方面に押し寄せていた。フランスは陥落していた。イギリスは大陸から追い払われ、たった一国で生存をかけて勇ましく戦っていた。ベルギー、オランダ、デンマーク、ノルウェーはドイツ専制政治の支配下に置かれていた。イタリアは、疲弊しきって倒れんばかりのフランスを襲撃した。ヨーロッパにおける枢軸諸国側の完全勝利は間近に迫っているかのようだった。

一九三九年九月にヨーロッパで戦争が勃発した後、西部戦線では小康状態が保たれていたものの、一九四〇年一月三日にルーズベルト大統領が定例の年頭教書を連邦議会に発表したときには、西部戦線も間もなく再び火を噴くであろうことを示す様々な兆候が現れていた。もし、大統領がこれまで唱えてきた外交政策が転換されるとするならば、定例の一般教書はその決断を示す適切な機会かと思われたが、そうした政策転換はここでは発表されなかった。

大統領が「われわれの中にいるアメリカのダチョウたち*」をたしなめることによって、また「頭を砂に埋めることはダチョウの本質的な健康のためにはよくないことだ」と述べることによって、国際主義者を喜ばせたのは確かだ。そして大統領は「アメリカ合衆国が孤立主義という高い壁の内側で、他者を必要としない自給自足の単一社会として幸せに、豊かに、そして将来も安泰に暮らしていけると、無邪気に、あるいは無知ゆえに、あるいはその両方ゆえに、壁の外側では他の文明や通商や人類の文化が滅ぼされているというのに希望的に主張する人々」に、苛立ちをみせながら言及したのだった。

＊事なかれ主義者という意味。ダチョウは追い詰められると砂に頭を埋めて隠れたつもりになるという迷信から。

しかし同時に、大統領は合衆国の防衛、中立、平和についてそれまで主張してきた旧来の路線を忠実に固持したのだった。「私にはよく分かります。アメリカの青年たちをヨーロッパの地で戦わせるために派遣することに二度と同意するものか、と政府に警告する人々の気持ちが。しかし、私の知る限りでは、誰も彼らに同意してくれるよう求めてなどいないのです——というのも、そのようなことが行われるとは誰も考えていないからです」と大統領は語ったのだった。

「わが同朋のアメリカ市民の圧倒的多数は、合衆国がこうした戦争に加わらないという希望や期待を微塵も捨てることはありません……私たちが参戦しないことと、この戦争はわれわれの知ったことじゃないというふりをするのとは、大いに異なるのです」。

「わたしたちが他国と戦争をする必要はありませんが、せめて他の諸国とともに、世界の諸問題を軽減するような平和を達成するための努力はできるでしょう。そしてそうすることはわれわれ自身の国のためにもなるのです」。

「どうしたらわれわれ自身の国の将来にもっとも貢献できるのか、というただ一つの目的のために、全国の、われわれ全員が考え抜くよう、お願いしたいのです。……未来が劣悪な、危険な世界になることはますます明白になりつつあります――そうです、アメリカ人にとっても、です――武力によって、少数の手によって支配されるならば……」。

選挙キャンペーンで国を戦争支持派と平和支持派に分断する党派的な試みがなされることを想定しているかのように、大統領はこの分断戦術をすげなく退けた。「いかなる政党といえども、あるいはどんなグループであろうとも、自ら『平和政党』あるいは『平和ブロック』を標榜することで大衆におもねる、あるいはその歓心を買うことができた時代は遠く過ぎ去ったのです。その旗印は合衆国全体のものであり、その国民である正しい考えをもったすべての男性、女性ならびに子供たちのものなのです」。

「合衆国の初代大統領は、われわれをがんじがらめにする外国との同盟を結ばぬよう戒めました。現大統領はその教訓を支持し、踏襲します(1)」。

一九四〇年四月二十日に行われた各地の「民主党青年クラブ（Young Democratic Club）」向けの演説で、ルーズベルト大統領は語った。「あなたがたの政府は冷静かつ着実に手を打ち続けています。ヨーロッパやアジアで繰り広げられている戦争にわれわれが加わることはありませんが、私は共和党の大統領指名候補者の長たらしい説法に同意することはできません。彼は世界平和のためのより良い秩序、より安全な秩序をもたらす努力をすべき時機が到来しても、合衆国と合衆国の国民は何もすべきではない、と事実上、言っているのです[2]」。

一九四〇年五月十六日、国防費の補正予算を連邦議会に要求した際、大統領は次のように述べた。「われわれの責務は明白です。われわれがとらなければならない道は明確に示されています。われわれの防衛は完全でなければならず、われわれの安全保障は絶対でなければならないのです……われわれの理想、あなたがたの、私の、この国のあらゆる男性、女性、子供たちの理想は――われわれの目的は、今なお平和なのです――国内の平和、国外の平和なのです。ですが、われわれは防衛のために多額の支出をするのもいとわないばかりか、アメリカの自由を擁護するためにはいつでも役務を提供し、命をなげうつことすらできるのです[3]」。

一九四〇年七月十日、国防費の補正予算を求めるまた別の連邦議会向け教書で、大統領はまたしても議員たちに請け合った。「われわれが戦争に反対していることは、アメリカ国民全員ばかりでなく、世界中の政府の知るところです。われわれは侵略戦争の手段として軍事力を使用することはありません。ヨーロッパで繰り広げられている戦争に参戦させるために兵士を送ることはありません。しかし、われわれは合衆国と西半球に対する侵攻は撃退するでしょう[4]」。

共和党大統領候補に指名される以前のウィルキー氏の平和に関する発言

一九四〇年が明けてまもなく、共和党の大統領候補指名者リストに新たな候補者――ニューヨーク市のウェンデル・ウィルキー氏が加わり、彼のために強力な組織が共和党大会を席巻すべく準備を進めていることが明らかになった。ウィルキー氏は先日まで民主党員であり、共和党員ではなかった。そして彼はもともと事業家であり、政治家ではなかった。ルーズベルト大統領と彼が根本的に対立したのは、その時点では、平和と戦争に関わる外交政策よりも、むしろ大企業に影響する国内政策に関してのようであった。

インディアナ州で生まれ、貧しい環境に育ったウィルキー氏は、公共事業体の顧問弁護士として立身出世し、富を得た。ニューヨーク市にいくつも事務所を持つ公共事業の一大コンツェルンの顧問弁護士として、というよりもその広報担当者として、ウィルキー氏は特定の、そして一般的な企業利益に関する連邦法とその施行をめぐって、ルーズベルト大統領と公然と対立していた。ルーズベルト大統領を〝経済的王党派*〟の頑固な敵とみなしていた共和党員にとってウィルキー氏は天の賜物であり、まさにアメリカの選ばれし民をニューディールの荒地から脱出させてくれるリーダーとして映ったようだった。彼が長い間、民主党に在籍していたにもかかわらず、である。こうした〝差し迫ったニーズ〟ゆえに、共和党員は外交政策に関する彼の経歴に目をつぶった、あるいは無視できる程度のものだと思った、または介入主義者に希望を与えるものとして受け入れたのだった。

*ルーズベルト大統領が二期目の候補者指名を受諾した一九三六年六月の演説で用いた言葉。そもそもは王党派と

は独立戦争でイギリスを支持した人々を呼んだ。植民地の官僚、大地主、大商人、弁護士など、社会の上流・富裕階級を占めるものが多かったという。経済的王党派は、経済的バックボーンがそうした階層に属し、ルーズベルト大統領が推進していた社会主義的なニューディール政策に反対する保守派の人々を指す。

いずれにせよ、外交政策についてのウィルキー氏の経歴は、公共問題の研究者には知られていた。その事実を念には念を入れて、歴史として残したいかのように、彼は後に、アラバマ州の民主党系主要紙『バーミンガム・エージ・ヘラルド』のコラムニスト、ジョン・テンプル・グレーブスのために一九四四年に寄稿した文章でも、このことについて書いている。文章の導入部で、ウィルキー氏はウッドロウ・ウィルソンへの関心が最近復活しているとしたうえで、そのことに大喜びし、自分は「ウィルソン氏の気高くはあったが、悲劇的だった国際連盟のための戦いを熱烈に支持したことが、初めて強い政治的イデオロギーを」持つきっかけとなった人々のひとりであったことを力説した。そうして彼は、ウィルソン大統領流国際主義の積極的な推進者の最たるニュートン・D・ベイカーをいかに毎年支持してきたかという話とともに、当時住んでいたオハイオ州で「耳を傾けてくれるすべての人々」に「将来の戦争は国際連盟のような機関によってのみ防止される」とのドクトリンを自らも説いていたことを長々と書いたのだった。[5]

寄稿文に記した詳しい説明によると、ウィルキー氏はその後、一九二四年の民主党全国大会の代議員として、国際連盟への支持をなんとか党大会から取り付けようと勇敢な闘争を繰り広げたベイカー氏を熱心に支えた。[6]「この話には後日談がある」とウィルキー氏は続けた。彼は、フランクリン・D・ルーズベルト知事が一九三二年の大統領選挙で民主党候補だったときに「国際連盟を公然と拒否していた」[7]事実を思い起こすよう求めた。そしてウィルキー氏と他の〝ベイカー・ボーイズ〟がそれ以来、ベイカー氏――「一九二〇年代の暗い孤立主義の時代を通じて、世界的協調のために首尾一貫して戦ったほとんど唯一の指導者」――が大統領候補者の指名を勝ち取るための運動を始めたと述べた。ベイカー・ボーイズは、一九三二年のシカゴでの党大会でルーズベルト知事を打ち負かしてベイカー氏が指名を勝ち取れるよう、死に物狂いの努力をしたが、彼らは敗北した。ウィルキー氏は自分たちが敗北したのは、ジョン・N・ガーナー、ウィリアム・ランドルフ・ハースト、ウィリアム・G・マカドゥー、ジョセフ・ケネディ、ジェームズ・A・ファーレイが「団結した」ためで、しかも、彼らは「世界的協調」にはほとんど関心がなかったと解説した。そして国際連盟拒否を公言していたルーズベルト知事が指名を獲得したのだった。

ウィルキー氏はあとがきを追加して一九四四年の論文を締めくくった。民主党は国際連盟を拒否したばかりか、一九三二年の党大会後、ウッドロウ・ウィルソンの「統治哲学」――つまり、彼が強調していた経済的個人主義*――に背き始めた。国際連盟への支持を求める戦いに挫折し、また、ルーズベルト大統領が政府活動として社会改革に重きをおくようになると、ウィルキー氏は当時のそうした指導部に率いられたそうした体制の民主党との関係を絶った。彼の言葉を借りれば「私は民主党を去った――あるいはひょっとしたら民主党が私のもとを去ったのかもしれない」。

＊経済的自由主義とも。経済分野における様々な意思決定も最大限個人に委ねるべきであるとしている。市場経済制度と生産手段の私有を強く支持し、市場における自由取引や自由競争をさまたげる政府介入に原則として反対することが多い。

こうして一九四〇年のはじめ、東部の共和党員たちが大統領候補者として推薦したのは、じつに不思議な政治家だった。ウィルキー氏はかつて確固たる正規の民主党員だったが、ルーズベルト大統領のように国際連盟への忠誠を放棄することはなかった。一九四〇年までの彼の国際主義に関する経歴は、ニューディール政策を嫌い、そしてヨーロッパの戦争に干渉することを公然と、あるいはひそかに望んでいた共和党員や民主党員にとっては非常に満足のいくものだった。しかし、共和党の指名獲得競争での主だったライバルたちは、徹底した孤立主義者でなくとも戦争に介入することに反対していることで知られていた。共和党大会が招集されるまでの数週間、ウィルキー氏は平和と戦争に関する自身の提案を国民に明らかにした。

一九四〇年の早い段階に、ウィルキー氏が侵略者との戦争で連合国側を支援しつつ合衆国を戦争に巻き込まないというテーマについて書いた中で、この二つの目標は成し遂げられる、と宣言したのだった。

さて、われわれはどんな戦争にも一切関わりたくないと多年にわたって確信してきました。われわれは過去に、われわれ自身の戦争をいくつか戦ったことがあります。そしてもはや戦争は卒業した、と考えています。われわれが同じ半球の隣人たちだけとそっとしておいてもらえるならば、軍事的行動など起こさずに非常にうまくやっていくことができるのです。われわれは、われわれほど恵まれていない大陸の国境問題を解決するために、助けを求められる筋合いはないと思っています。しかも、もしも立場が逆だったならば、もしも戦闘が行われているのがこちら側だったとしたならば、われわれと共に戦線に臨むべく海を渡ってやって来るヨーロッパの国などないという漠然とした思いもあるのです……。

そして明らかにわれわれには、自分たちがそうと決めたいかなる国とも、何かを貸したり、買ったり、売ったり、借りたりする権利があるのです。その権利を平和のために放棄することももちろんあるでしょう。それでも、合衆国を敵としたいと思う外国はいないし、この国と敵対する原因をわざわざ見つけ出そうと画策する国もないだろうということを、われわれは忘れてはなりません。むしろ、彼らはその全く逆の行動をとりがちなのです――何か不快なことがあっても、われわれに中立を維持させたいという期待のもと目をつぶるのです。今日の侵略国――ソ連[8]、ドイツ、日本――が合衆国に喧嘩を吹っ掛けようというなら、さまざまな口実をみつけられるでしょう。たとえばわが国政府はイギリスとフランスに軍需物資を売ることを奨励しています。政府はまた、ドイツ、ソ連、日本の特定の政策に強い反対を表明しています。日本に対して「道徳的禁輸」を要求してさえいます。日本が中国から奪い取った満州国を国家として認めるのも拒否し、ドイツによるチェコスロバキア、あるいはポーランドの占領も同様に認めていません。政府はドイツからわが国の大使を引き揚げさせました……、これらのどれ一つとして、われわれを戦争に巻き込むことはありませんでしたし、フィンランドに融資をしても、われわれが戦争に巻き込まれることはないでしょう。フィンランドがその資金をどのように使ったとしても。

介入主義者や孤立主義者といった、どちらの極端論者の妄想のためにも、わが国の外交政策を複雑にする必要はないと思われます。わが国の外交専門家は窓越しにささやきあったり、裏通りからコッソリとモノを出したりする習慣を一掃すべきです。わが国の外交政策は率直かつ明確であるべきです。われわれは戦争に反対です。しかし、侵略国から自らを守っている人々に対して、われわれの売りたいモノを何でも売る権利を放棄するつもりはありません。わが国の船舶を戦闘地域から遠ざけたまま、こうした物品をわが国の港で売ることがわれわれを戦闘に巻き込むこともあると信じるほど、われわれは愚かではないのです[9]。

一九四〇年五月四日に行われた記者会見で、ウィルキー氏は、外交政策について以下のように発言した。一部の人々の間では、それはルーズベルト大統領の外交政策と事実上、同じであると解釈された。

……偏狭な孤立主義者の見解はそれとして、実のところ、イギリスやフランス、ノルウェーの価値観を反映する生活様式がこの世に存続することは、アメリカにとって死活的に重要な関心事なのです。われわれは、何としても戦争に巻き込まれないようにしなければなりません。しかし、ダチョウのように単に自分たちの頭を砂に隠して民主主義諸国が全体主義諸国との戦いで打ち負かされるのを容認していては、戦争に巻き込まれないでいられるかどうか怪しいものです。今回の戦争に参加せずにすむもっとも効果的な方法はまさに、国際法の範囲内で、できる限り民主主義諸国を助けることなのかもしれません。

また、われわれは国家として、どんな場合においても、民主主義諸国に全面的な道義的支援を与えるべきです。なぜなら、全体主義諸国が勝利することになれば、民主主義諸国を打ち破って残忍かつ強靭になった彼らと、われわれが武力衝突しなければならなくなる可能性が非常に高いからです[10]。

一九四〇年五月十五日、ウィルキー氏は、インディアナ州銀行協会で講演し、ヨーロッパにおけるドイツの勝利が「アメリカの自由企業体制」への脅威となることを聴衆に警告した。そしてこう付け加えた。「アメリカの平和を心から願っている人々は、フランスやイギリス、オランダ、ベルギーの軍事力を強化するために、戦争以外のことなら何でもしたいと思っている、と言ってさしつかえないでしょう」[11]。

共和党大統領候補の指名を獲得しようと奮闘していたウィルキー氏は、一九四〇年五月二十一日、ニューヨーク市で行われた〝フージャー〟*風の手作り弁当を売る資金集めパーティーで、合衆国が戦争を避けうる唯一の方法は、国力を高め、外国から尊敬されるようになることだと主張した。「私が思うに、ヨーロッパで結果的に起こる事態は、自分にはまったく関係ないことだと思っている人は、見る目がない能なしの愚か者です……ヒトラーは力しか知らない人間です。わが国の産業界が行動を開始し、一千万人を仕事に復帰させれば、彼は呆然とするでしょう」(12)。

＊インディアナ州の俗称。田舎者の州との揶揄も。ウィルキー氏の出身地。

西部への旅から戻ったラ・ガーディア空港*での一九四〇年六月八日の記者会見の記事によると、ウィルキー氏は〝孤立主義〟というのは、連合国に対する支援は何であろうと一切認めないという態度を必然的に含んでいる、との立場をとった。孤立主義の定義をこのように単純化したうえで、彼はそうした孤立主義者にはまったく共感できないと述べた。「この数週間、全国を横断する旅をして、ヨーロッパの今後の見通しについて、西部の人々、西海岸の人々、東部の人々の意見に実質的な違いがあるとは思えませんでした」。ウィルキーはこうも言った。「連合国に対して、もちろん戦争は論外ですが、できる限りの支援を行うべきだと、この国の圧倒的多数が信じています。……」。

＊ニューヨーク市クィーンズ地区にある空港。全米各都市を結ぶ国内線とカナダの各都市とを結ぶ路線が中心。

共和党が綱領に孤立主義条項を盛り込む可能性があるかどうかを問われたウィルキー氏は、次のように述べた。

「共和党が何らかの孤立主義条項を採択する可能性はまったくないと思います。私はこれまで共和党内で強力な孤立主義グループに出会った試しがありません。国民はただちに連合国に支援を供与することを圧倒的に支持している、と私は確信しています[13]」。

一九四〇年六月十二日、ワシントンでの記者会見でウィルキー氏は質問にこう答えた。

外交に関しては、民主主義諸国に対する支援に関する限りにおいて、私は政府に完全に賛同していいます。大統領は外交政策の詳細についてあまりに秘密主義で感情的になっているとは思いますが、全体としては大統領の方針にまったく賛成であります。一般論として、参戦に関する限り、大統領は抵抗勢力として、あるいは抑止力として、この戦争であれ他のどんな戦争であれ、それに加わろうとする衝動を抑える存在となることがその責務であるべきです。どうしてもそうせざるを得ない場合を除いて、参戦してはいけない、というのが大統領の立場でなければなりません[14]。

ボストンに集まった八千人の共和党員を前に、ウィルキー氏は平和と戦争に関する考えを三つの簡潔な段落にまとめて語った。

私が大統領候補に指名され、そして大統領に選ばれたならば、合衆国を戦争に導くつもりなのか、と多くの人が私に尋ねました。

> 私はこう答えました。大統領は国民を戦争に導くべきではない。国民がそうすべきと強く要求するまでは、あるいはそう要求しない限り。でき得る限り戦争を阻止するのが大統領の責務なのです。大統領は連邦議会にその恐ろしい決断を下すよう迫ってはなりません。それは連邦議会が大統領に迫るべきことなのです。民主主義のもとでは、戦争を始めるかどうかを決める権利を持つのは国民だけなのです。大統領の責務は、危機下のいかなる時も、人々を抑制し、その心を穏やかにする存在であることなのです。
>
> 個人的には、われわれはできる限りあらゆる面で連合国を支援するという信念を持っているとはいえ、私はこの戦争であれ、どんな戦争であれ、参戦することに反対してきましたし、今も反対なのであります。[15]

共和党全国大会に出発しようとしているコネチカット州の代議員団向けの演説で、ウィルキー氏は連合国に対する〝戦争以外〟の支援を支持すると宣言した。その後、彼は必要ならば、連合国への借款を拡大することを支持すると説明した。彼は自分の考えを次のように簡潔にまとめた。「現在のような危機時において、私はヨーロッパの民主主義諸国に対してわれわれにできるあらゆる物質的支援を提供することを支持しているひとりであります。しかし、その反面、資材や装備もないのにアメリカの青年をかの地に派遣するというのは、まったくのたわごとであります[16]」。

一九四〇年六月十八日、ブルックリンでの講演で、ウィルキー氏は連合国への支援を支持する考えを改めて示すとともに、彼が主眼とする、この国を戦争に巻き込むべきではないという考えについては、演説の文言と論調の双方の面において、これまで以上にはっきりと強調したのだった。

……連合国の理念に心から共感しているとはいうものの、われわれは戦争に関わってはいけないのです。こうした時代の重圧にさらされ、感情的になって気持ちも乱れている今、われわれは冷静さを失ってはなりません。どんな戦争のためであれ、この大陸の海岸から兵士を送り出すつもりはありません。これはわれわれが単に利己的だということではありません。目下の戦争に関与することが、民主主義と人類の自由の大義に寄与することにはなりません。われわれは戦争に参加しないことによって、そうした大義に貢献できるのです。私は国家防衛の正当性を信じています。それは戦争への一歩としてではなく、戦争を防止するものとして、であります。

戦争には決して参加しないという国民の決意を受け止め、その決意を損なうような発言や行動をしないことは、合衆国大統領の責務です。大統領職の強大な権限を利用して国民を間接的に戦争に導く権利など、何人《なんぴと》にもないのです。その恐ろしい決断は国民だけが、選挙で選ばれた議員たちを通じて、下すことができるのであり、彼らの決断は絶対なのです[17]。

フィラデルフィアで行われた共和党大会の開幕時の記者会見で、ウィルキー氏は連合国への支援に賛同するかどうかを記者団に質された。彼の答えはこうだった。「連合国には参戦を除く可能なかぎりの支援を行うことを支持します」。するとそこに居合わせた女性が次のような質問をさしはさんだ。「それって戦争じゃないの？」。ウィルキー氏は「それは考え方の違いだね」と述べることでこの質問を受け流した[18]。

共和党全国大会の平和の誓い

一九四〇年六月下旬に共和党大会がフィラデルフィアで開催されるよりかなり前に、選挙綱領に盛り込む外交政策をめぐる党内対立を伝える複数の記事が報じられた。西部の報道は、同地区の代議員たちが、国を外国の戦争に巻き込むことに反対する明確な誓約を綱領に書き込む準備をして党大会に臨むと伝えていた。東部では、しかしながら、共和党員の意見はそこまでそろってはいなかった。この地区では特に、合衆国はヨーロッパの戦争に直ちに介入すべきである、あるいは近い将来のどこかの時点にはそうすべきだと信じる、多くの共和党員がいた。彼らはそれまで「連合国を支援することでアメリカを守ろう」とのスローガンのもと、プロパガンダを続けていた。しかし、憲法上の手段——連邦議会の戦争宣言——によって、合衆国を戦争状態に置くことを支持する、と公然かつ率直に主張するそれなりの規模の集団となると、共和党内には存在しなかった。介入主義的な案を温めていた共和党員も、その時点ではあえて、そうした考えを公にしようとはしなかった。そして彼らは、免責条項付きの反戦政策と、国を戦争に至る道へ導く可能性を秘めた連合国への支援を強調する政策を、綱領に盛り込むことに取り組む戦略をとったのだった[19]。

招集された共和党員たちに提示された試案のひとつ——アルフレッド・M・ランドン知事が策定したとされる構想——は、綱領に盛り込む外交政策の項目案で、こう書かれてあった。「連合国に対するあらゆる正当な支援を支持する。ただし、支援はわが国を戦争に導くような責任を伴ってはならない。アメリカにとって死活的な利益が具体的かつ実際的に脅威にさらされた場合は、この限りではない」。『ニューヨーク・タイムズ』紙編集部によれば、ランドン知事によるものとされたこの案は「率直で分かりやすい声明」だった。それは、共和党は聞く人によって解釈が変わるような声明で問題をはぐらかすことなく「公然かつ明白に語るべきだ」という『ニューヨーク・タイムズ』紙の前提条件を満たしていたようだった。[20]

「あらゆる正当な支援」から始めようとしたランドン氏の計画は、翌週の党大会に向けて作業中だった綱領委員会で思いがけない障害に遭遇した。〝旧来の孤立主義者〟たちが、この案には一切関わりたくないという立場をとったのだった。妥協案として、グレン・フランク博士＊が、免責条項付きの反戦項目、つまりアメリカの利害と「致命的かつ具体的に」結びつかない限り、ヨーロッパの戦争には関与しない、との宣言を採用するよう呼びかけた。それは、ルーズベルト大統領の政策を、国を戦争に導くものとして非難するとともに、「通常の通商ルートを通じた」連合国への支援を承認しつつ、軍事行動を伴うような責任は回避する保障条項を備えた内容だった。[21]

＊『センチュリー・マガジン』誌の編集長を経て、ウィスコンシン大学マディソン校学長などを歴任。

共和党の綱領策定者たちが、外交政策の項目に全力を尽くして取り組んでいるさなか、ルーズベルト大統領が陸軍長官にヘンリー・L・スティムソン氏、海軍長官にフランク・ノックス氏をそれぞれ指名したことで、共和党陣営に驚愕が広がった。ふたりはともに共和党保守派で、連合国への強力な支援と枢軸国に対処するうえで、強硬な方針を支持していることで知られていた。つまり彼らは、まるで戦争に向かっていくかのような方針、あるいはことによると戦争に向かう方針を支持しているとみられていた。『ニューヨーク・タイムズ』紙によれば、ルーズベルト大統領の放った一撃は「党大会のこれまでのパターンを完全に変えてしまった」。「イギリスに対する支援」を主張してきた介入主義者たちは、決まりの悪さに困惑した。孤立主義者と、さらには中道派の人々までもが、ふたりの指名は戦争準備を意味するものだと受け止め、民主党を戦争支持政党として攻撃し、共和党を平和党として団結させようという機運が高まった[22]。

ルーズベルト大統領が自らの政権の陸海軍トップにスティムソン氏とノックス氏をそれぞれ起用したことは、連合国を無条件に支援することを支持する項目を党の政策綱領に盛り込むことを望んでいた共和党の介入主義者にとって、実際のところ、やっかいな問題を生んだ。しかし、介入主義者の信念は依然として揺らいではいなかったし、そのうえ彼らは選挙キャンペーンに使える資金を持っていた。そこで妥協案を模索しようとする人々が、外交政策は党綱領のなかでは簡単かつ曖昧に扱い、この問題についての党の立場は、大統領候補者にほぼ託す、という内容の提案をまとめようとした。このもくろみは予想通り、孤立主義者の攻撃の的となった。彼らはこの問題を委員会の会議室にとどめず、党大会の会場に持ち込むと脅した。しかも、仮に共和党がルーズベルト大統領に〝右にならえ〟のゲームをやったとしても、どちらの党派にとってもあまり意味のないことだと思われた[23]。

共和党員が連合国に対する支援を強調し、反戦については控えめな妥協案で合意するということを公にしようとした介入主義系の新聞記者たちの努力にもかかわらず、党大会の記録にはそのようなことがいつ何時に起こり得たのかを示すものはない。フィラデルフィアで共和党代議員の大多数は、連合国に対するある種の支援を行うことに賛同していたが、〝支援〟という言葉とそれを提供する方法とを定義しなければ、その文言は意味のないものだった。さらに言えば、フィラデルフィアでの反戦グループの決意は情け容赦のないものだったので、〝支援〟とそれを提供する方法の定義づけが曖昧であろうものなら、その厳しい監視の目と党大会に反戦公約を残させようという決意から逃れることはできるはずもなかった。実際、ウィリアム・

アレン・ホワイトが「かなり確かな筋」と呼んだ人の話として報じたところによれば、民主党が次の党大会で「戦争の方向に向かって度を超して」しまうようならば、共和党は、民主党反戦派の支持をとりつけようとして民主党反戦派と交渉を進めているとのことだった[24]。

時が刻まれるにつれて、党大会での共和党反戦派は勢力を増しているようだった。彼らは綱領のなかの連合国への支援に関する記述をすべて無効化することはできなかったが、彼らの大多数もどうやらそれを望んではいなかったようだ。それでも彼らは、反戦項目の内容を容赦ないものにして、民主党に〝戦争党〟のレッテルを貼るという決意に忠実だった。綱領をめぐるせめぎ合いが続くなかで、反戦多数派の意見が綱領委員会委員長であるハーバート・K・ハイドによって表明された。それは驚くほど簡潔で率直な発言だった。「われわれはこの国の父や母である国民への誓いを守り、アメリカの青年たちがヨーロッパやアジアの紛争を解決するために、たとえ誰の海であろうとも渡ることを求められることはないと親たちに約束したいと思います。民主主義のために世界を救う代わりに、合衆国のアメリカ人のために民主主義を本物に、そして実効力のあるものにすることをわれわれは提案します。われわれは世界の治安を維持することはできないのです[25]」。

一九四〇年六月二十五日の党大会での演説で、前大統領のハーバート・フーバーは、共和党員が検討すべき三つの原理を提示した。第一に、合衆国にとっての「差し迫った危機」が過度に誇張されてはならないこと。第二に、戦争準備は「要求にかなうもの」でなければならないこと。第三に、自国の自由のために戦っている諸国に対する物資や武器弾薬の供給は、次の二つの制約のもとで促進されなければならない。その制約とは「われわれを戦争に導く」活動は一切、許されないこと。そして「自由は法によって存在している、ゆえにわれわれは法律の範囲内で行動しなければならない[26]」ことであった。

フーバー前大統領のスピーチは、党大会での共和党反戦派を支持したものであり、綱領の修正へとつながった。その結果、綱領は合衆国の参戦反対と、この半球の防衛準備のさらなる整備への支持をより強く宣言するものとなった。修正はまた、政府が合衆国を戦争に至る道にいざなっているとする、ルーズベルト政権に対する攻撃を際立たせた。共和党の介入主義者が、二重の意味を持つ文言を挿入して一連の変更をなんとか弱めようとすると、反戦ブロック側はまたしても、党大会の会場に問題を持ち込むと迫った。彼らは、会場に行けばただちに完全な支持を勝ち取ることができると確信していたのだった。いくつかの言い回しの微妙な調整が、妥協によってもたらされたが、『ニューヨーク・タイムズ』紙が報じたように「非介入主義者は勝利で意気揚々としていた」。ランドン知事でさえ、党内での地位にもかかわらず、「孤立主義者」に屈し、全国の代議員全員の前で彼らと対立するリスクを冒すことはなかった。(27)

ついに、戦争を正当化する、あるいは戦争へといざなう強い外交政策の採択を支持していた共和党のブロックは決議案委員会での闘いを断念し、非介入主義者の勝利を示す外交綱領が全会一致で党大会に報告された。非介入主義者ブロックのリーダーのひとりイリノイ州のC・ウェイランド・ブルックスは、「アメリカ合衆国が戦争に巻き込まれないようにする手段となって共和党が国家に奉仕できるようにするため」綱領全体を採択するよう党大会に呼びかけた。下院外交委員会の共和党幹部委員ハミルトン・フィッシュ*は、この綱領は共和党を平和党にし、民主党を戦争党にしたと宣言した。(28)

＊ニューヨークの名門に生まれた。第一次世界大戦では黒人部隊を率いて従軍、その後下院議員。共和党の重鎮として非干渉主義の立場から第二次世界大戦への参戦に反対していたが、真珠湾攻撃の直後、ルーズベルト大統領が対日宣戦を求めた同じ議会で、大統領に同調する演説を行った。しかし、大統領が対日最後通牒となった「ハル・

ノート」の存在を隠して対日参戦を求めたことを後になって知り、その後は大統領の議会を無視した政治手法に批判的となり、反ルーズベルトの急先鋒となった。晩年の一九七六年に *The Other Side of The Coin FDR: How We Were Tricked Into World War*（邦題『ルーズベルトの開戦責任——大統領が最も恐れた男の証言』二〇一四年、草思社）を発表、ルーズベルト大統領がいかにして合衆国を参戦に導いたかを論証している。

参戦に関して言えば、共和党綱領は、はっきりしていた。「共和党はこの国を外国の戦争に巻き込むことに断固として反対します」。この確約には、たとえば、この場合はその限りではない、とか、この場合は除く、といった〝免責〟条項は一切加えられなかった。この反戦公約に続いて、政府は国を混乱させ、弱体化させ、戦争に巻き込む危険に陥らせたとして、ルーズベルト政権に対する非難が記載された。

共和党マニフェストの迫力を正しく認識するには、綱領の外交と防衛政策に関する項目が詳細に研究されなければならない。それは次の通りである。

共和党はこの国を外国の戦争に巻き込むことに断固として反対します。

われわれは先の大戦で被った害にいまだに苦しんでいるのです——あの戦争では人命が失われ、何千人というアメリカ人青年たちが取り返しのつかない障害を負ったうえに、国家負債は二四〇億ドルも増加し、何十億ドルにも及ぶ対外債権が未回収のままで、わが国の経済システムは、完全に混乱するという犠牲を強いられたのです。

現在の連邦政府は、これまでにさまざまな予算として五四〇億ドル超を支出し、国家負債と連邦税を史上最高水準に引き上げました。それでいてなお、大統領自身が認めるところによれば、わが国はいままさに世界を呑み込まんとしている戦争から国を、国の体制を、国民ひとりひとりの自由を、防衛する準備が全く整っていないのです。しかも、外国の戦争が二年も、あるいはそれ以上も継続していて、連邦政府には、この間、戦況や交戦国の再軍備計画に関する軍事情報が外交やその他のチャンネルを通じて常時、入手できたにもかかわらず、です。

共和党はアメリカ主義と戦争準備と平和のために戦います。そしてわが国の戦争準備の不足と、その結果として戦争に巻き込まれる危険性が生じている全責任は、ニューディール政策にあると主張します。

われわれは合衆国とその財産、重要な前哨地を外国の攻撃から守るのみならず、戦時においてモンロー・ドクトリンを実効的に守れるまでに、わが国の国防を速やかにそして整然と現実的に構築することを宣言します。国家の運営を任されたなら、共和党はこの課題に取り組むことを誓うものであります。

それまでの間、われわれは政府が遅ればせながら失われた時間を取り戻すべく提案している必要かつ適切な防衛策をすべて支持します。しかし、われわれは大統領が他国に向けてわが国の平和を危うくするような刺激的な発言をしていることを遺憾に思います。さらに、大統領がとっている行動や措置を、合衆国連邦議会の承認を得ずに戦争に至りかねないものとして、われわれは非難します。

罪のない国々への侵略、また、われわれとよく似た理念を持つ国々にもたらされた惨事のために、われわれの心はひどく動揺させられました。われわれは自由のために戦っているすべての人々に、そして自由が脅かされているすべての人々に、支援の手をさしのべることを支持します。その支援とは、国際法に違反しない、また、われわれ自身の国防上の必要性に反することのない支援であります。

われわれの防衛政策全体に生命を吹き込む精神は、われわれの物資的利益のみならず、何物にも代えがたいアメリカの伝統である自由を守りぬくという決意なのだ、と確信しています。[29]

自由のために戦っている諸国への支援に関するくだりは、特に精査に値する。繰り返すと、そのくだりとはこの部分である。「われわれは自由のために戦っているすべての人々に、そして自由が脅かされているすべての人々に、支援の手をさしのべることを支持します。その支援とは、国際法に違反しない、また、われわれ自身の国防上の必要性に反することのない支援であります」。「法」という語を修飾する「国際」という言葉はきわめて重要である。それは交戦国あるいは諸国に対する支援は金融支援であろうとなかろうと、軍需品、物資、サービスの形態で民間人、あるいは民間企業によって、彼ら自身がリスクを負って供与されなければならないのであり、決して、合衆国政府がそのコストやリスクを負って供与するものではないということを議論の余地なく意味した。国際法は、当時それに通暁していた人々の一致した見解によれば、中立国の政府が交戦国の政府に軍需品を供給することを戦争行為とみなしていた。選挙綱領に記された連合諸国への支援にこの制約を追加した共和党の反戦派は、万事心得たものだった。彼らは戦争行為の問題を持ち出すことによって、ヨーロッパの交戦諸国には民間の負担で軍資金や軍需物資を提供させることで、合衆国政府は支援事業に巻き込まないことを提言したのだった。

民主党全国大会の平和公約

七月中旬、党大会のためシカゴに結集した民主党の代議員団たちは、全国に反戦感情が広がっていることを示すいくつもの動かぬ証拠に直面した。共和党はフィラデルフィアで「共和党はこの国を外国の戦争に巻き込むことに断固として反対します」と、気持ちよく宣言した。最新の世論調査は、枢軸国と戦う連合国を支援したいという思いが広く浸透しているにもかかわらず、共和党がアメリカ国民全般の気分を正しくとらえていたことを示していた。シカゴに集まった民主党員のかなりの大多数は、自発的にせよ有権者の要求に応じてであったにせよ、こうした心情を共有しており、アメリカが外国の戦争に参加することにつながる可能性が微塵でもあるような措置を連邦政府が講じることを認める綱領項目には、一切、断固反対の態度であった。

フィラデルフィアの共和党大会では、介入主義に傾倒した外交政策の支持者たちが当初勢力を伸ばしていたのに対し、七月のシカゴの民主党大会では形成が一変していた。むろん、状況も違った。民主党内ではルーズベルト大統領が三期目の大統領候補者として指名されることが決まっていた。三期続投が伝統に反していたにもかかわらず、である。さらにいえば、自らの後継者となる大統領候補者を指名する際の慣習に従って、綱領の少なくとも草案はルーズベルト大統領が用意し、それが、多少の修正が加えられるにしても、党大会で採用されることになるだろうと見込まれていた。実のところ、大統領の政策に反対していた民主党員たちは苦境に立たされていた。ルーズベルト氏が三期目の指名を受け入れるかどうかはまだ確実ではなく、少なくとも公式には宣言されておらず、一方で、よしんば別の人物がシカゴで指名されたとして、国家運営を容易に取り仕切れると党の専門家たちも認めるようなリーダーは、党内には他にいなかったのだった。それゆえにルーズベルト大統領は、古くからの政界の諺いわく「チケットもプラットフォーム（綱領）も自分で書く」[*]ことを望むだろうとみられていた。

＊チケットは党の候補者になることを意味すると同時に、そのための条件や規則を思い通りに定めるという意味の「自らのチケットを書く」とにかかっている。

当初は、党の大昔からの慣習がシカゴでも受け継がれるかと思われた。党大会の開幕前の報道によれば、民主党員が民主党綱領の外交政策を議論するのは時間の無駄であった。「なぜなら、選挙運動に使われることになる当該文書のこの部分は、実質的にすでに書き上がっているとみなされているからだ。ワシントン州代表の上院議員たちの話によると、外交宣言に関する文章は、ルーズベルト大統領とハル国務長官と議会指導者らが数日前にその概要をまとめており、その内容は実質的に、大統領が連邦議会に一九四〇年七月十日に送った防衛に関する最新の教書を要約したものである[30]」。

一九四〇年七月十日に送付されたルーズベルト大統領の教書は、武器弾薬など軍需品の輸出禁止条項の撤廃が争点となっていた一九三九年秋ごろに少なくとも大統領に採用されていた路線を踏襲していた。つまり、アメリカが、侵略者である枢軸国の脅威のため恐ろしく危険な状況に直面しているとしたうえで、「防衛のために」より多くの、より大規模な武装を求めつつ、戦争には巻き込まれないことを国民に保証していた。この保証に関して、大統領は当該教書で、こう述べていた。「われわれが戦争に反対していることは、アメリカ国民全員ばかりでなく、世界中の政府の知るところです。われわれは侵略戦争の手段として軍事力を使用することはありません。ヨーロッパで繰り広げられている戦争に参戦させるために、兵士を送ることはありません[31]」。

ルーズベルト大統領が提案した民主党綱領の外交政策の性格を取材した『ニューヨーク・タイムズ』紙の特派員は、以下のように報じた。「民主党は、ヨーロッパで進行中の戦争に軍事的に関与することに、強力かつ無条件に反対であるという立場を明確にしなければならないと主張してきた一部の上院議員で、綱領草案の内容について知らされているという複数の情報筋は今晩、綱領がこの問題に関して民主党員の結束をしっかりと固めることになると予言した。彼らは、ウィーラー上院議員と彼の支持者たちが満足するだろうと述べた」[32]。

『タイムズ』紙の記者はまた、民主党が戦争に関与することに断固反対する姿勢をみせなければ離党すると迫っていたウィーラー上院議員が、シカゴで精力的に活動しており、すでに公の場で演説を行ったなかで、綱領には介入に反対する明確な政策項目が含まれると発表したことに注目した[33]。同じ記事はまた、「民主党はヨーロッパの戦争の非介入政策を約束し、国防と再雇用に精力を集中させる」べきであるとの執拗な要求が繰り返されていると付け加えた。

この新聞報道には、党綱領策定小委員会の最初の証人であったフィリップ・マーレイ産業別組合会議会長*が戦争に強く反対する立場をとったとの情報も含まれていた。マーレイ氏は「ヨーロッパやアジアでの戦争に合衆国を関与させることにつながりかねない政策は一切、受け入れられないし採用もできない。合衆国国民の平和は維持されなければならない[34]」と述べたという。

*英スコットランドからの移民の子供で、アメリカを代表する労働運動指導者に成長した。初代の全米鉄鋼労連会長などを経て、ジョン・ルイスが設立した産業別組合会議会長に就任。第二次世界大戦中にはルーズベルト大統領の政策を強力に支持した。

党綱領草案を策定する作業に着手した小委員会の民主党員たちは、同じ党員であるルーズベルト大統領の代理人団とのトラブルに巻き込まれた。代議員たちの反戦感情は驚くほど激しかった。『ニューヨーク・タイムズ』紙のベテラン記者、アン・オヘア・マコーミックはこう報じた。「代議員たちの本心を疑う人たちがいたとしても、彼らの間で、反戦誓約が一〇〇％支持されているのは間違いない。当地の非介入主義の気運は、フィラデルフィアの［共和党員たちの］それよりも全体に広がり、声高に主張されるようになっているようだ」[35]。ルーズベルト大統領の党担当マネージャーがシカゴで、大統領の決まり文句である「アメリカの青年たちを戦争に巻き込まない」が反戦派民主党員のすべての要求を十分に満たしている、と主張すると、反戦派民主党員は、その言葉は、大統領に〝戦争への道〟を進ませ、最終的には戦争を始めさせる〝巧妙な手口〟だ、と反論した。

しかし、非介入主義者は、ルーズベルト大統領を再指名するほかに選択肢がないという現実に直面するとともに、外交と防衛に関する政策綱領は大統領が提案する規定を満たしていなければならない、と何度も告げられた。綱領策定を担当する委員会が開催した最初の公聴会に出席した『ニューヨーク・タイムズ』紙の洞察力ある政治コメンテーター、ターナー・カトリッジは、次のように報じた。「ルーズベルト大統領は［外交政策や防衛についての］宣言を事実上、自らの手で書き上げるに違いないというのが、これまで衆目の一致した見通しだった。まして三度目の指名を受諾するのであれば、なおさらである。しかし、大統領が支持しているとされる文言が満場一致で受け入れられるには、かなりの困難が伴うかもしれない。大統領が欲しているのは、自身が先週、連邦議会に保証したアメリカの兵士がヨーロッパの戦争で戦うために海を越えて派遣されることはないということを、民主党が事実上、復唱することだ。その声明は、厳格な非介入主義者たちには満足のいくものではない。……」[36]。

「厳格な非介入主義者たち」は、介入主義者が戦争政策とみなされているものを綱領に無理やり押し込もうとしている、という信念を頑として譲らなかった。たとえば〝集団的安全保障〟の極めて優れた支持者のひとりであるクラーク・M・アイケルバーガー*が、「連合国を支援することでアメリカを防衛するための委員会」**幹事長として〔綱領策定〕小委員会に出席し、「ドイツと戦っているイギリスに対して、戦争以外の可能な限りの支援を行うべきである」と訴えた。(37) この委員会メンバーの多くが、公的な職業にかかわらず、イギリスへの「総力を挙げての支援」を、たとえその過程にどれほど大きな戦争の危険が潜んでいようとも、支持していることは周知の事実であった。(38) そしてウィーラー上院議員は、アイケルバーガー氏が「後ろから国民にこっそり近づこうとしている」、つまり海賊船が偽の国旗を掲げて航行するように、本心を偽っていると非難したのだった。

＊国際関係論の専門家。国際連盟協会理事などを歴任。
＊＊一九四〇年に設立された政治活動グループで、枢軸諸国に対抗するイギリスを支援することが欧州戦争に合衆国を巻き込まない最善策であると主張。合衆国の中立や非介入政策をぶち上げていた圧力団体「アメリカ第一委員会」などと対立した。

綱領策定小委員会が防衛と外交政策問題で引き続き格闘しているさなかに、ウィリアム・バンクヘッド*下院議長が党大会で基調演説を行ったが、これが当代の政界ミステリーの中でも上位に数えられるものとなった。党の慣習に従っていれば、バンクヘッド氏は再指名が事実上確定していたルーズベルト大統領に代わって話をしているはずだった。にもかかわらず彼の演説には、党大会や国中の筋金入りの反戦主義民主党員の気分を害したり、困惑させたりするような言葉は一言もなかった。それどころか、彼の演説は、合衆国の平和と中立の偉大なる擁護者としての大統領につき従うことを大統領に代わって代議員に求めるものだった。

また、議長の演説は、国際主義者たちを喜ばせたり、孤立主義者たちの疑念をかきたてたりしたルーズベルト大統領の外交上の決断や行動を、弁護することも、あるいはそれに触れることもなかった。

＊アラバマ州出身。一九三六年四月から死去する四〇年九月まで連邦議会下院議長。ルーズベルト大統領の労働者寄りのニューディール政策を強力に支持した。

『ニューヨーク・タイムズ』紙の編集者らは、バンクヘッド議長の演説を読んで憤慨した。「民主党の基調演説、外交政策を覆い隠す」との見出しの下、彼らは演説がどのような性格のものであるかを明らかにし、非難した。それと同時に「イギリスに対する総力を挙げての支援」を目指す運動についての、彼ら自身の解釈を明らかにした。

……昨晩の民主党全国党大会で行われた基調演説には、ルーズベルト政権のこうした政策のたったひとつについても、また、こうした努力のたったひとつについても、一言もなかった。政権が集団安全保障の問題にほんのわずかでも関心を抱いているということを示すくだりもなかった。「隔離」についても、「協調的努力」についても、「戦争以外の手段」についても、たった一言の言及もなかった。ヨーロッパの民主主義のために提供されている「この国の物的資源」についても、一言もなかった。今まさに窮地に陥っているイギリス国民を助けることについても、一言もなかった——「全力で」助けるとも、半分の力で助けるとも、四分の一の力で助けることさえなかった。それどころか、上院で大統領を批判している議員の多くがしてもおかしくないような外交や外交政策に関する議論があった。

それは見事なパフォーマンスであり、大統領の承認も得ていたに違いない。あまりに見事なパフォーマンスで、バンクヘッド下院議長は自らの主張が正しいことを証明するために、時折、過去の記録の意味をほとんど微妙に変えたようにおもえるほどだった。かくして、どうやらルーズベルト大統領が常に中立法の忠実な支持者であったことを証明しようとするためにか、バンクヘッド議長は一九三五年八月三十一日に行われた大統領演説の中のまったくかけ離れて使われていたふたつの文章を、あたかも並んで使われていたかのように引用したのだった――そしてその間にあった少なからぬ内容、つまり大統領が署名しようとしていたまさにその法案の「柔軟性のない条項」について、「戦争にわれわれを巻き込まないのではなく、われわれを戦争に引きずりこむかもしれない」と述べていたくだりをすっ飛ばしてしまったのだ。また、こうして議長は、現行法のキャッシュ・アンド・キャリー条項を政権の手柄であるかのように紹介したが、これは政権が武器輸出禁止条項を撤廃するために妥協した産物であることは周知のことだった。しかも、政権が努力したおかげで、武器禁輸条項――大統領反対派がひたむきに擁護したもの――が撤廃されてしまったことも議長は指摘しなかった。

バンクヘッド下院議長が昨晩支持した外交政策は、一九三七年にシカゴで大統領が宣言し、一九三九年の教書で改めて示し、そしてさらにほんの二、三週間前にシャーロッツヴィル〔バージニア州の都市〕でも表明したそれではなかった。それは似ても似つかない一九四〇年党大会版の外交政策だった。この旧政策から新政策への転換は、史上もっとも完璧な転換のひとつであり、もっとも素早く達成されたもののひとつだった。[39]

バンクヘッド氏の基調演説の翌日、シカゴでは非介入主義者が綱領策定小委員会で大勝し、党大会で採用される綱領に盛り込むべく独自の外交政策項目を書き上げた、と報じられた。報道によれば、ウィーラー上院議員はそのことに満足していた。マッカラン上院議員もそうだった。彼らに負けず劣らず非介入主義のウォルシュ上院議員は、この項目草案は「この国を戦争に巻き込みたくないともっとも徹底して願っている人々の目的に叶う」ものだと宣言した。シカゴに派遣されていたルーズベルト大統領のマネージャーの一部でさえ、孤立主義者をあまりに喜ばせた綱領項目を是認してもいいと考えているかのように見受けられた。(40)

『ニューヨーク・タイムズ』紙の記者によれば、厳格な反戦主義民主党員が大勝利に満足しているということは、「ルーズベルト大統領が明日、小委員会の措置を修正させるために介入しなければ、フィラデルフィアの共和党大会で採択された綱領以上に今後の大統領の行動を制限する可能性もある反戦項目が盛り込まれた選挙綱領が誕生することになると解釈された」(41)。実際のところ、『タイムズ』紙記者が小委員会の非公開会合に同席していたとしても、これ以上正確で鋭い所見を書くことはほとんど不可能だっただろう。彼の結論は、さしあたっては正しかった。つまり非介入主義者たちはひとまず綱領項目を強制的に採用させたのであり、それが最終的に全体委員会と党大会で承認されれば、大統領の決まり文句――「外国の戦争を戦わせるために青年たちを派遣することは決してない」――に党としてのお墨付きを与えることになるのだった。それも、党大会に参加していたある代議員が非公式に「決定的なとどめ」と呼んだ内容を付け加えることによって。

選挙綱領の外交政策の項目が策定される過程のこの時点においては、ルーズベルト大統領も「強硬な孤立主義者、あるいは著名な非介入主義者」によって「裏をかかれて」しまった、とアン・オヘア・マコーミックも認めた。彼女が報じたところでは「ルーズベルト氏の支持者たちも、大統領選挙の筆頭候補者が好きなようにあるいは状況に応じてそれを解釈できるような汎用的な宣言に納得するだろう、と言われている……」[42]。

しかしながら、断固たる非介入主義者の勝利は、はかないものだった。ルーズベルト大統領のマネージャーたちと反対派の間で交渉が行われた結果、この国を戦争に参加させないための党の誓約となる「決定的なとどめ」は、後に「エスケープ（免責）条項」として知られるようになったものを追加する形で修正されたのだった――つまり「攻撃を受けた場合を除いて」という文言が加えられたのだ。外交政策項目の最終版を論評したアン・オヘア・マコーミックはこの結末を正しく見定めていた。彼女が報じたところによれば、「攻撃」という一見平易な言葉は「その意味するところが、アメリカのいかなる利益に対する襲撃であっても、それがどこで起こったにしても、というように簡単に拡大解釈できる」かもしれず、またその場にいた第三者の推察によれば、大統領は「党大会の苦労を無視して自らの考えを公表するつもりのようだ。……今晩採決された文書が、過去の党大会で採択された綱領よりも拘束力がなければならない理由などないのだ」[43]。

民主党選挙綱領の外交政策と防衛政策の策定をめぐる駆け引きに関する新聞報道は、報じられた内容に関して言えばほぼ正しく、その予想や予言も驚くほど鋭い洞察力に富んだものだったが、それらの記事が一連の駆け引きの経緯をすべて伝えたわけではなかった。ルーズベルト大統領と彼がシカゴに派遣した代理人団は、新聞記事が正しく報じたように、党大会の開催前とその期間中に綱領の内容を検討し、まとめる作業に積極的に関わっていた。しかし、新聞は報道しなかったが、彼らはさらに踏み込んで、綱領に特定の文言を盛り込むよう強制しようとしていたのだった[44]。

綱領の起草を担当した小委員会の最初の会合で、大統領支持のグループと密接な関係にある某上院議員が、とある項目の草案を提案した。それは、枢軸国の独裁者たちに対する痛烈な非難で始まり、アメリカ人は全員、老いも若きも、職業を問わず、それぞれの持ち場で、国家防衛のために働くよう挙国一致して組織化されるべきだ、との宣言で締めくくられていた[45]。

この提案は、まさにアメリカ合衆国を全体主義にすることにほかならないとして、非介入主義者からただちに攻撃された。これを示した上院議員は、この構想の考案者を明らかにするよう求められ、ホワイトハウスだ、と答えた。それでも、この提案はほぼ全会一致で否決された。同じ日に開催された小委員会の二回目の会合で、閣僚のひとりが別の形で、この構想を改めて持ち出したが、結局、同じように惨憺たる敗北に見舞われる結果となった。そしてこの資料の原本は、報道機関の手に落ちないようにずたずたに切り刻まれてしまった。

大統領の代理人団が目の前で手厳しくはねつけられたことに勇気づけられたのか、その後、ウィーラー上院議員は小委員会に次のような反戦政策を提示した。「われわれは外国の戦争に参加することはありません。そしてわが国の陸、海、空軍を、アメリカ大陸以外の外国の地で戦わせるために派遣することはありません」。小委員会は即座にこの決議を採択し、この問題を担当する全体委員会に報告される綱領案に組み込まれた。

ウィーラー決議は、綱領の全体委員会に提示されるや否や、民主党の介入主義派に属する面々から手ひどい攻撃を受けたものの、委員の大多数に支持された。そこでウィーラー決議を葬ろうとして敗れたこの政策の反対派は、党の〝調和〟のために一見、無害な文言――「攻撃された場合を除いて」――を追加することによって妥協案を申し入れた。委員全員が、合衆国が攻撃されれば戦うと賛同したため、ウィーラー上院議員は修正を受け入れた。修正された政策項目はようやく委員会で採用され、その後党大会で採択されたのだった。

確かな根拠に基づいて書かれたと私が信じる記事によると、ルーズベルト大統領は反戦政策をめぐる抗争について逐次報告を受けていた。妥協案については大統領とコーデル・ハル国務長官に伝えられ、両者とも、複数個所の修正を要求した。ハル氏は、妥協案がアジアでの活動に支障をきたすとの理由から、特に強く反対した。いずれにせよ、民主党の調整家として有名なジェームズ・バーンズが、妥協案にいくつかの変更が加えられることを要求した。彼はウィーラー上院議員に、「攻撃された場合を除いて」という免責条項によって条件がつけられたとはいえ、反戦政策が修正されなければ、ルーズベルト大統領は指名を受諾しないかもしれないと述べ、提案のさらなる修正に同意するよう要請した。これに対してウィーラー上院議員は、全体委員会で採択された反戦政策案の重要な点がひとつでも変更されるならば、自分は党大会から退席するのみである、と答えた。(46)

これはバーンズ氏とルーズベルト大統領のその他のスポークスマンたちに対する最後通告であり、軽々しく取り扱ってはならないものだった。一九二四年夏、ウィーラー上院議員は自らの政治生命をかけて民主党を離党、民主党と共和党の旧来の二大政党の両方に反旗を翻してロバート・M・ラフォレット・シニア*と手を結び、副大統領候補として出馬することによって、自らの独立性を示していた。一九四〇年、シカゴに集まっていた民主党の〝常連〟たちにとって、その記憶は生々しいものだった。彼らは、ウィーラー上院議員の考えが正しかろうが間違っていようが、同上院議員が国民の間に強力な支持基盤を持っていることを、信念を貫く勇気を持っていることを、そして議員が党大会を退席すれば、民主党が十一月の選挙で新たなリスクにさらされることを、十二分に承知していた。同上院議員に最後通告を突きつけられ、ルーズベルト大統領の代理人団はとうとう降伏した。こうして免責条項付の反戦項目は民主党の選挙綱領に組み込まれたのだった。

＊ウィスコンシン州生まれ。同州選出の下院議員、同州知事、上院議員を歴任。一九二四年大統領選挙では人民党から出馬した。モンタナ州選出の民主党上院議員バートン・ウィーラーを副大統領に指名して選挙戦を戦い、現職のカルビン・クーリッジ大統領（共和党）や民主党候補のジョン・デイビスに敗れたものの、一般投票では一七％の得票率と、第三党の候補者としては健闘した。

シカゴでの事の成り行きは、当然ながら、ルーズベルト大統領を不快にさせた。その責任の大半がウィーラー上院議員――三年前、最高裁を再構成しようとした大統領の構想をめぐる対立で先頭に立っていたあの人物――にあったことを考えれば、なおさらだった。確かに、ルーズベルト大統領は一九四〇年一月の一般教書で、「アメリカの青年たちをヨーロッパの地で戦わせるために派遣する」ことなど「そのようなことが行われるとは誰も考えていない」と国民に確約した。しかし、いま、民主党の綱領に書き込まれたのは「攻撃された場合を除いて」という〝免責〟条項以外に一切、制約を受けない誓約だった。そしてこの道義上、拘束力を持つ条項のために、アメリカが攻撃されなければ、大統領は連邦議会に戦争宣言を求めたい気持ちに駆られても思いとどまらなければならないのだった。フランクファーター最高裁判事が後に表現したように、「外観《アピアランス》上、われわれによる侵略行為に見えることさえ」避けなければならなくなったのだった。

反戦項目を別にすれば、一九四〇年選挙の民主党綱領は、ルーズベルト大統領が講じてきた数々の施策に対する雄弁な称賛にあふれていた。序文にはこう書かれていた。「長年にわたり、われわれの大統領は、信仰や民主主義、国際信義に対する組織的な攻撃がわれわれ自身の平和と安全保障を脅かすと、国民に警告してきました。党派心に目のくらんだ輩はこうした警告を、戦争を広めようとするもの、あるいはお節介の干渉として無視してきました……」。また、この序文には「冷酷な侵略者によっていわれなく攻撃されている平和を愛し自由を愛する人々に……法律に反することなく、わが国の自衛の目的にかなわないことのない限り、平和と国際信義がいつか勝利を得て出現するようわれわれが提供できるあらゆる物質的支援を」さしのべるという誓約が含まれていた。

しかし、序文の称賛にもかかわらず、ワシントンの信頼できるジャーナリストたちが伝えた複数の報道によると、ルーズベルト大統領はシカゴ綱領の反戦項目にひどく不満だということだった。一九四〇年七月十九日に行われた大統領の指名受諾演説でも、それを窺わせる形跡がみられた。指名受諾を表明するにあたって通常、党に指名された候補者が行ってきた党綱領を承認し、守ることを約束する昔ながらの習慣から、彼は逸脱したのだった。彼は綱領を無視した。後に選挙戦を戦う中で自身の反戦誓約を改めて掲げたものの、受諾演説では、彼はそれに言及しなかった。その心中を吐露したくだりでは、自らが折に触れて表明してきた侵略行為に対する非難を弱めるつもりのないこと、公言してきた自由な人々への共感を撤回するつもりのないこと、そうした人々に与えられる物質的な援助を出し惜しみするつもりのないことを宣言した。「私はこうした取り組みを推進してきた」と大統領は説明した。「私のことをヒステリーであり、戦争を挑発している、と非難した裏切り者の宥和主義者をものともせずに」と。そしてあたかも自身の党と党の反戦項目を凌駕するかのように、ルーズベルト大統領は国民にこう訴えた。「この国の平和を維持し、まさに差し迫っているかもしれないあらゆる不測の事態に対して、道義的にも物理的にも、国の態勢をととのえようとして私が行ってきたことすべてについて、私はわが国民の判断を甘受します」[47]。

一九四〇年七月十九日の指名受諾演説で、ルーズベルト大統領は〝ウィーラー一派〟と折り合いをつける意向も、この国を戦争に巻き込まないというしばしば表明してきた決意も、言明しなかった。それどころか、大統領は「まさに差し迫っているかもしれないあらゆる不測の事態」について、アメリカ国民に警告したのだった。選挙年の秋になって、対立候補のウェンデル・ウィルキー氏の反戦演説によって論争に駆りたてられて初めて、大統領は自身の党の選挙綱領にある反戦項目に訴えた。そしてウィルキー氏が平和支持者の票獲得を目指して手を尽くしたのに対抗すべく、合衆国が戦争に参加することはない、と確約したのだった。(48)

政党綱領の比較

ふたつの政党の一九四〇年の大統領選挙綱領を比較すると、著しい類似性と相違がみられる。共和党は「この国を外国の戦争に関与させることに断固として反対します」と公式に発表した。民主党はその決意をこう宣言した。「われわれは外国の戦争に参加することはありません。われわれは、攻撃を受けた場合を除いて、わが国の陸、海、空軍をアメリカ大陸以外の外国の地で戦わせるために派遣することはありません」。厳密な意味での平和主義者を除く誰もが「攻撃を受けた場合」には戦う覚悟があったので、民主党の「ノー・ウォー（不戦）」誓約は両党の公約のうち、より強い内容に思われたが、どちらも間違いなく、「ノー・ウォー（不戦）」の機運を反映していた。

どちらの政党も、侵略者と戦う自由を愛する人々への支援を約束していたが、根本的な違いがあった。共和党は、そうした支援は「国際法に違反せずに」すべきだと主張していた。他方、民主党は「法律に反することのない」あらゆる支援を約束した。それは合衆国政府がそのような法律を――必要であれば国際法を無視してでも——策定し、交戦国あるいは交戦諸国に軍需物資、資金、食糧、その他を国費で供給する——国際法に真っ向から違反する形の活動をする——道を残したのだった。民主党の綱領に盛り込まれなかった「国際」というたったひとつの言葉が、すべての問題の核心であった。

民主党	共和党
反戦	
われわれは外国の戦争に参加することはありません。われわれは、攻撃を受けた場合を除いて、わが国の陸、海、空軍をアメリカ大陸以外の外国の地で戦わせるために派遣することはありません。	共和党はこの国を外国の戦争に関与させることに断固として反対します。
自由を愛する諸国への支援	
われわれは「いわれなく攻撃されている」「自由を愛する」人々に法に則ってそしてわれわれ自身の国防に矛盾しないようあらゆる物質的な支援を拡充します。	われわれは自由のために戦っているすべての人々に、そして自由が脅かされているすべての人々に、支援の手をさしのべることを支持します。その支援とは、国際法に違反しない、またわれわれ自身の国防上の必要性に反することのない支援であります。

国防

われわれはモンロー・ドクトリンを支持し、徹底的に実行し、防衛します。われわれの外交政策の方向性と目的は、これまでも、そしてこれからも引き続き、わが国の領土の安全と防衛であり、平和の維持であります。……われわれはアメリカに無敵の空軍と、わが国のすべての海岸線と国家利益を守れるほど強力な海軍、そして完全装備され、機甲化された陸軍をもたらすことを提案します。

われわれは合衆国とその財産、重要な前哨地を外国の攻撃から守るのみならず、戦時においてモンロー・ドクトリンを実効的に守れるまでに、わが国の国防を速やかに、そして整然と、現実的に構築することを宣言します。

非難の応酬

長年にわたり、わが大統領は、信仰や民主主義、国際信義に対する組織的な攻撃がわれわれ自身の平和と安全保障を脅かすと、国民に警告してきました。党派心に目のくらんだ輩はこうした警告を、戦争を広めようとするもの、あるいはお節介の干渉として無視してきました。彼らは一二カ国もの国が降伏し

現在の連邦政府は、これまでに様々な予算として五四〇億ドル超を支出し、国家負債と連邦税を史上最高水準に引き上げました。それでいてなお大統領自身が認めるところによれば、わが国は……防衛する準備が全く整っていないのです。……共和党は……わが国の戦争準備の不足と、その結果として

てはじめて、大統領が国民の全面的な賛同を得てしきりに求めたり、実行したりしてきた立法上と行政上の措置を、遅ればせながら承認したのです。わが国の国防力が今日、平時における最高の実効性を確保しているのは、大統領の先見の明と行動の賜物なのです。

戦争に巻き込まれる危険性が生じている全責任は、ニューディール政策にあると主張します。(49)

大統領候補としてのウィルキー氏の平和誓約

共和党の大統領候補としての指名獲得を目指している間、ウィルキー氏は、連合国に対して参戦以外の支援を提供することを支持するとともに、合衆国を戦争に巻き込むことには反対しているという、一般的な見解を強調していた。しかし、一九四〇年八月十七日に行った共和党の大統領候補指名受諾演説では、共和党におけるこの指導的地位を手に入れようとしていたときには一度ならず表明していた絶対的な約束を、ウィルキー氏は申し出ることはしなかった。彼は「われわれは暴力に対抗する［外国］勢力に、わが国の物質的資源を提供すると同時に、アメリカ大陸にいるわれわれ自身があらゆる緊急事態、あらゆる防衛の任務に対応できる装備を持ち、訓練を行うために、これらの資源を利用します」とルーズベルト大統領が述べたとして、この発言を引用し、これらの方針に――「私の理解する限りにおいては」――賛同の意を示したのだった。「――というのは、私はこれらの方針が現在進行中の戦闘に軍事的に関与することを示唆しているものとは考えていないからです」。ウィルキー氏が異議を唱えたのは、こうした方針というよりも、ルーズベルト氏の手法に対してだった。彼は大統領が「わが国が戦争に対して絶望的なまでに準備ができておらず、断固としてこれを求めていない」にもかかわらず、これを招くような「扇動的な発言」を面白半分に繰り返し、アメリカ国民から様々な事実や目的を隠していると非難したのだった。

しかし、受諾演説の中で、ウィルキー氏はこの公約――ヨーロッパで政治問題に巻き込まれないこと、合衆国の防衛、中立、平和――を誓うことはなかった。それどころか、ルーズベルト大統領の政策は、当時荒れ狂っていた戦争への軍事的な関与を示唆するものではない、と言明したその流れで、ウィルキー氏はヨーロッパの戦争の戦慄するような恐ろしさを描写したうえでこう述べた。……「そうした苦難に見舞われている人たちとわれわれが隔絶されているわけではないことを、われわれは知っています。……将来何が起こるか予測できるほど、あるいは未来の計画を立てることができるほど、賢い人間などいないのです。平和を維持できると保証できる人間などいないのです。……われわれは冷厳かつ恐ろしい事実を直視しなければなりません。われわれの生き方とヒトラーの生き方、どちらが勝利するかの勝負なのです。……お約束します、かつてドイツの独裁政治を、ビジネスでも戦争でも打ち負かしたのと同じアメリカの諸原理に立ち戻ることによって、ヒトラーが一九四〇年に、あるいはそれ以降にどのような勝負を挑んできても、あらゆる面で凌駕することを。そしてお約束します。ヒトラーを打ち倒すときには、われわれのやり方で、アメリカのやり方で、奴を打ち倒すことを」。正当に解釈して、これらの言葉が合衆国を戦争に巻き込まない厳粛な誓約だと受けとることはできない。ルーズベルト大統領の連合国を支援する政策は戦争への関与を示唆するものではない、としてこれに賛同を示したなかでも、ウィルキー氏は「平和を維持できると保証できる人間などいない」と言明して、戦争になることを表明しているかのようだった。

大統領選の〔本選の〕キャンペーンが始まると、平和か戦争かの問題がもっとも重要な論点となっていった。ウィルキー氏は当初、連合国への支援問題については、その政策がもたらすであろう必然的な結果も考えずに、ルーズベルト大統領と〝歩調を合わせる〟意向をみせた。こうした姿勢は、ルーズベルト大統領がアメリカの老朽化した駆逐艦と西半球にあるイギリスの海軍基地を交換するために結んだ協定をめぐる議論に関連して示された。九月初旬にこの問題を取り上げたウィルキー氏は、またしても大統領の手法を非難するにとどまった。「国民は間違いなく、わが国の海軍と空軍基地を強化する計画とイギリスへの支援に賛同するでしょう。ただし、大統領がこの案が採用される以前に国民的議論がなされることを受け入れ、連邦議会の承認を確保することが必要だ、と考えなかったのは遺憾であります……」

どうやらウィルキー氏は、この〝取引〟には賛成だったが、それを実現するためにとられた方法には反対だったようだ。そのとき、彼は記者から単刀直入に質問された。「軍艦を交戦国に譲渡するのは戦争行為にあたると思いますか」。ウィルキー氏はあえて意見を述べることは控えて、次のように答えることで言葉を濁した。「それも討論や議論が行われていれば、はっきりさせることができた点のひとつです[50]」。

それから数日が過ぎた九月のある日、インディアナ州の野外大集会で、ウィルキー氏は、共和党こそ平和の党であると宣言し、イギリスへの可能な限りの支援を「参戦を除く」という語句でもって限定したからには、自分が大統領に選ばれれば、アメリカ人に平和を保証する覚悟ができている、と主張した。

ニューディール政策推進派の副大統領候補、ウォレス農務長官は、共和党は宥和政策の党だと言いました。……ウォレス氏が共和党は平和の党であるという意味でそう言ったのであれば、彼は真実を述べています。

私が大統領ならば、この国を戦争に導くことは決してありません。

私は本気です。私は決して、回りくどい話し方はしません。インディアナの学校で、回りくどく話すよう教わったことはありません。私は普通の公立の学校で教育を受けましたが、そこで学んだのはそういうことです。

合衆国はイギリスに対して、参戦を除くできる限りの支援を行うべきだ、と私は信じています。ここで参戦を除く、と言ったら、参戦は除くのです。私がみなさんの大統領となったら、重大事について事が起きてから初めて知る、というようなことは決して起きないでしょう……。[51]

その一週間後、シカゴで行ったふたつの演説で、ウィルキー氏は無条件の平和誓約を掲げるとともに、防衛とは防衛であり、攻撃でも、外国の戦争に備えることでもない、とはっきりと説明した。

兵役に就くということがどういうことか、私は知っています。ヨーロッパで兵役に就くということがどういうことか、私は知っています。これだけは言わせてください。みなさんが私を合衆国大統領に選んでくださったなら、アメリカの青年がヨーロッパの塹壕の修羅場に派遣されることは決してありません。私はどこの独裁者であろうと、わが国を攻撃し、われわれの偉大な自由の地に手をふれるなどという気を起こさせないよう、この国を経済的に強大にし、大規模な防衛計画をつくり、挙国一致のドクトリンを唱えます……[52]。

最後に言わせてください。私は先の大戦の初めから終わりまで、軍役に就いていました。私には塹壕の修羅場に兵士を送るということがどういうことか、分かっているのです。

みなさんが私を大統領に選んでくださったなら、私はヨーロッパのどんな戦争にもアメリカの青年を派遣して戦わせることは決してしません……[53]

イリノイ州を遊説中、ウィルキー氏は、自分が大統領に選ばれれば、アメリカの青年をヨーロッパの修羅場に送ることはしないという誓いを繰り返すとともに、自分は本心から誓っているのだ、と聴衆と国民に二重に保証した。そのうえで、彼はルーズベルト大統領に矛先を向けた。「みなさんが私の対立候補を選ぶならば、そのような保証はないのです」と述べた。そして『ニューヨーク・タイムズ』紙記者が「熱烈なアピール」と表現した言葉を付け加えた。「どうか、どうか、私のことはさておき、ヨーロッパの塹壕にアメリカの青年を送ることに票を投じることだけはしないでください[54]」と。

大統領選挙のこの時期、ウィルキー氏は、ルーズベルト大統領が長い沈黙を経て攻勢に転じたこと、九月十一日のトラック運転手組合向けの演説で、彼自身の一連の防衛策は「われわれを戦争へと導く」努力を示していると国民を脅して信じ込ませようとしていると非難がましく言っていたこと、そして民主党綱領の平和政策に忠誠を誓った事実を、それぞれ考慮に入れなければならなかった。約一週間後、ロサンゼルスで、ウィルキー氏は、この〔大統領の〕誓約を痛烈に批評し、そんな約束は信用すべきではないと遠回しに述べた。

そのうえで、彼は国民に自らの平和の信念を誓った。ウィルキー氏は宣言した。「私は、希望し、祈るのであります、彼［ルーズベルト大統領］が一九三二年綱領のときよりも、一九四〇年綱領の誓約を覚えていてくれることを。そうでなければ、輸送船に乗る準備を始めたほうがいいでしょう。さて、一九四〇年の合衆国大統領候補として言わせてください。みなさんが私をアメリカ合衆国の大統領に選んでくださったならば、アメリカの青年がヨーロッパの塹壕の修羅場に派遣されることは決してありません」(55)。

またしても報復的戦術にのっとって、ウィルキー氏は十月二日、クリーブランドで、ルーズベルト大統領の政策は合衆国に対する敵対心をあおったものだとあからさまに主張した。ウィルキー氏は「われわれの平和」を守る能力において政府に信頼を置くことはできないと表明するとともに、戦争に巻き込まれないと決意している国民とともに自らをその隊列にならばせたのだった。

数日前、ベルリンで三カ国間の条約*が発表されました。……ドイツとイタリア、日本は、合衆国を戦争という観点から、つまりわれわれが先々血塗られた闘争に加わるとの観点から、考えているのは明々白々だと思われます。彼らがわれわれに対して攻撃的な意図を持っているのか、あるいはわれわれが彼らに対して攻撃的な意図を持っていると彼らが考えているのか、どちらかなのでしょう。

＊一九四〇年九月二十七日に締結された日独伊三国同盟。

私はこの事実にショックを受けています。みなさんもショックを受けたことでしょう。アメリカ国民は戦争など欲していません。大西洋であろうと太平洋であろうと、いかなる戦争にも参加する考えは、アメリカ国民にはありません。アメリカ国民はアメリカが平和であり続けることを決意しているのです。

アメリカ国民のこの決意に私は賛同します。私は参戦しないことを支持します。アメリカが平和であることを支持します。

そこでみなさんにお聞きしたいのです。……私たちが一体何を、公然とあるいは非公式にしたといって、世界でももっとも冷酷な諸国から、このような攻撃的な宣言をされるのでしょうか。……私としては、過去七年半の間にとられた政策が、平和を促進するのにもっとも綿密に計画された政策であったとは到底思えないのです。

まして現在の政策が平和を維持することを目指しているとは、なおのこと思えないのです。そして現政権に、適切な防衛力をもってわれわれの平和を守る能力があるとは決して思えないのです。……われわれの外交政策の基本は、第一に防衛であるべきだと考えます。……わが国の準備態勢が整っていないのは、現政権が軍備を政治の道具に使ってきたからなのです。……政府はわれわれの安全保障を政治の道具にしてきたのです。……

私ならアメリカの力を確立するまで、アメリカ国民に敵意を持つ攻撃的な同盟が生まれるのを招くようなことは差し控えます。勇敢なイギリス国民を支援する努力は続けます——彼らは今日、生命をかけて自由のために戦っている世界で唯一の人々なのです。たとえそのために、わが国の航空部隊を増強するスピードが多少、犠牲になるとしても、私はイギリスを支援します。私はそうします、なぜなら、イギリスが持ちこたえる時間が長ければ長いほど、われわれの戦備を整える時間的猶予が長くなるからです。……

われわれは早まって動いてはなりません。現在のように準備態勢が整っていないのにわが国を戦争のリスクにさらすような人物は、誰であれ、祖国を裏切っていることになるのです。われわれの前途に待ち受ける課題は厳しく、困難を伴うものです。それでも、われわれは世界が恐慌から、惨事から、絶望から、そして戦争から抜け出せるよう導くことができるのです。われわれは今なお、世界を繁栄に、進歩に、平和に、そして希望に導くことができるのです。

嘘ではありません、われわれには出来るのです。われわれの目標に至る道のりは遠い。しかし今こそ、いよいよ手遅れにならないうちに、立ち止まって、考えて、そうした目標を明確にし、それを成し遂げられる力をつける時なのです。

私はこれをアメリカの戦い、と呼んできました。……それは平和であり続けるのに十分に強くて効率的な社会を創ることなのです。この戦いにおいて、私はみなさんに勝利をお約束します。……(56)

一九四〇年十月四日、フィラデルフィアに至って、ウィルキー氏はずるずると戦争へと向かうのをとにかく押し止めようと固く決心した人々の先頭に立った。

無能が引き起こした結果が、ここ数年の歴史に刻まれています。無能が他の強国の大胆な行動を招いています。合衆国が自らを防衛する能力のないままである期間が長ければ長いほど、われわれは戦争に引き寄せられていくでしょう。

われわれはずるずると戦争へと向かうのを押し止めなければなりません。そのためには、この無能な政府をおしまいにしなければならないのです。

アメリカの同胞諸君、私は平和のための戦いの先頭に立ちたいのです、統治能力のある政権の設立を通じて、平和のための戦いを率いたいのです。私は戦いをいかに主導すればいいのかを心得ています。私はこの国が再び機能するよう、導きます。

平和への第一歩は、すべての世帯に雇用をもたらすことです。

平和への第二歩は、軍需品の生産のためにアメリカの産業を動員することです。……(57)

一九四〇年十月八日に行われた質疑応答形式のラジオ番組で、ウィルキー氏はイギリスへの支援に関する自身の政策を詳述し、そのうえで、「われわれは何があっても戦争に巻き込まれないようにすべきです」と宣言した。

対談相手　大統領に選ばれたら、あなたは戦争への備えを進めてきたわが国の取り組みを中止しますか?あなたの政策は、ヨーロッパの邪悪な専制国家との宥和政策にあたるのでしょうか?

ウィルキー氏　……どのような状況下であっても、私が独裁者と妥協することは決してありません。……ヨーロッパの現状は、宥和政策が平和を確保するのに有効な手段ではないことを証明しています。実際のところ、宥和政策を通じて平和を希求することは、結果として、宥和政策の推進者を破滅させてきました。他のすべての問題と同じように、この問題においてわれわれは現実的でなければならず、感傷的であってはなりません。そしてすべての人間の中で誰よりも独裁者にとっては、行動こそ言論より雄弁であることを忘れてはなりません。しかしながら、私は独裁者に対してであろうと誰に対してであろうと、挑発的な侮辱の言葉を投げつけるのがいいことだとは思いません。そのような発言で事が達成できるはずがありません。独裁者は言論でもって隔離できるものではありませんし、背中への短剣演説*など災いをもたらすだけなのです。……

＊後述を参照。一九四〇年六月十日にルーズベルト大統領がバージニア大学で講演した際、イタリアによるフランス侵攻を「短剣（dagger）を持った手が隣人の背中（back）に突き刺した」と例えた。「Stab in the back（背中を刺す、卑怯な行為、裏切り）」演説と呼ばれる。この日、イタリアは中立を放棄し英仏に宣戦布告、ドイツとの戦況で不利に陥っていたフランスに進軍した。

対談相手　ウィルキーさん、あなたはイギリスを支援することがアメリカ合衆国の利益にもっともかなうとお考えですか？　もしそうであれば、どんな支援を提供しようとお考えですか？　という質問をたくさんのお手紙でいただいています。

ウィルキー氏　イギリスを支援することは合衆国の利益にかなうと思っています。なぜなら、イギリスはわが国の防衛の最前線だからです。……

この問題は、参戦することについての私の立場に直接的につながっています。われわれは何があっても戦争に加わるべきではない、と私は信じています。われわれは現在、その発言も行動も等しく不注意な政府によって、戦争にじりじりと向かわされています。

われわれが戦争に加わるのは――特にその準備が整っていないことを考えれば――愚の骨頂であります。いま参戦しても、イギリスを助けることにはならないでしょう。イギリスの著名なスポークスマンであるH・G・ウェルズ*は、折しも先日、アメリカの報道機関向けに発表した声明でこれを明言しています。わが国はあまりにも戦争への備えが整っていないため、もし参戦するならば、国内で製造するすべての軍需品を自分たちのためにとっておかなければならなくなります。平和であり続けることによってのみ、われわれはイギリスに対して効果的な支援を供与できますし、自国の戦備を整えることができるのです。

＊日本でも『タイムマシン』など多くの作品が翻訳出版されたＳＦ作家として有名だが、社会運動家や歴史家としても多くの業績を残した。

はっきり申し上げます。私はイギリスへの支援を支持しています。しかし、私はまず、第一に合衆国を守ることを支持するものなのであります。[58]

同じ日の一九四〇年十月八日、ブロンクス〔ニューヨーク市北部の行政区〕での演説で、ウィルキー氏は、ルーズベルト大統領の平和公約が本当に真摯な誓約か疑問だとしたうえで、大統領は合衆国を戦争に参加させることで他の国々と秘密合意を交わしていると激しく威嚇した。[59]

私は今晩、合衆国大統領とここにいらっしゃる皆さんにいくつか質問をしたいと思います。……大統領が真摯にわれわれを戦争に巻き込まないようにしている、と本気で思っている方はここにいらっしゃいますか。……

真実を告げていない政府には、この危機の時代に、国を率いる資格はないのです。いついかなる時にも、ないのです。大統領にお尋ねします、絶対に答えてください。われわれ国民が知らない、アメリカを戦争に参加させるための何らかの国際合意なるものが存在するのでしょうか。

われわれ国民はそれを承認しないかもしれませんが、それでも、われわれは知っておかなければならないのです。われわれは政府のものではありません、政府がわれわれのものなのです。私は全国をめぐる中で、そのような秘密合意が存在するのか、と何度も聞かれました。私が提供できる唯一の回答は、知りません、というものですが、私は知りたいのです。もし、この国が戦わなければならず、戦うのは政府の役人ではないのです。戦わなければならないのは、この国の国民なのです。私を選んでくだされば、合衆国が戦争に加わるかどうかは、常に国民が決めることになります……[60]

アメリカの青年を外国の戦争で戦わせるために派遣することはしないとする厳粛かつ無条件の誓いが、ボストンでまもなく、ルーズベルト大統領によってたてられることを、あたかも予期していたかのように、ウィルキー氏は、一九四〇年十月十一日、ボストン市民に向けて同様に具体的な演説を行った。

……われわれを取り巻く世界は戦争のまっただ中にあります。見渡す限り、非友好的な政体が成長しています。もっとも強力な三カ国がわが国を敵とする同盟を結びました。

次期政権は、わが国の平和を維持するという大きな責任を負うことになります。

平和を手に入れることはできます。問題はそれを維持する術を知らなければならないということです。

第一に、他人の戦争を戦うことは決してしてはなりません。わが国の青年たちはヨーロッパの戦争に関わってはなりません。

しかし、それと同じ理由で、われわれは誰に対しても、宥和策をとることはありません。われわれは、わが国の民主主義体制を標榜し、必要であれば、生命をかけてこれを守る覚悟があるのです。

では、われわれはいかにして戦争に巻き込まれず、宥和政策を避けることができるのか。たったひとつ方法があります。われわれは強くならなければならないのです。どんな独裁者もわが国の通商、わが国の利益、わが国の権利にあえて干渉しようと思わなくなるほど強い空軍と海軍と陸軍を、われわれはつくりあげなければならないのです。(61)

〝アメリカの中心〟であるセント・ルイス〔ミズーリ州〕に移動したウィルキー氏は再び、自分を大統領に選べば、アメリカの青年を〝二度とかの地に〟派遣しないことになるのだ、と訴えた。

海はどの海も実に広大です。ここアメリカの中心に立って、私たちは絶対的に自信を持って言うことができます、われわれはわが国の青年たちを二度とかの地に派遣したくはありません。われわれは彼らをかの地に派遣するつもりもありません。私を大統領に選んでくだされば、彼らを派遣することはないのです。

それとまったく同じ理由で、みなさんが三選出馬の候補者を当選させれば、青年たちは派遣されると私は信じています。われわれは武力でヨーロッパの平和を維持しようとすることはできないし、してはならないのです。……

こうした状況下で、アメリカがこの戦争で荒廃した世界において果たすべき役割はいったい何なのでしょうか。……

かの地に遠征軍を送るべきなのでしょうか。再び、外国の戦争に加わるべきなのでしょうか。それはニューディール政策が、それ自体をその中で絶対不可欠と位置付けるような役割なのでしょうか。それが挑発的な発言やいわれのない侮辱、ひそひそ話や噂が、ワシントンからひっきりなしに聞こえてくる理由なのでしょうか。……

われわれは遠征軍を海洋のあちらの辺縁に送ることはできません。わが国にはそのような軍勢はありません。たとえわが国にそのような軍勢があったとしても、無益なことです。そのような軍勢は、かの地の人々が必要としているものではないのです。彼らが求めているものですらないのです……

［選挙の日に］国民は次の四年間の政府を選びます。その日にどうか、平和というのが単なる言葉に過ぎない政府を、不遜で見かけばかりで不実な政府を、その約束が命令にほかならず、今後も命令でしかありえない政府を選択しませんように。人々が平和を現実のものとする政府を選びますように。……(62)

選挙運動もわずか数日を残して、ウィルキー氏は一九四〇年十月二十二日、シカゴで二万五〇〇〇人を前にした演説で誠意の問題を再び取り上げ、対立候補の平和の約束の〝誠意〟に疑義を唱えた。

今日、世界を見渡すにつれ、われわれ全員が深く祈り、強く望んでいるひとつの天恵があります。われわれは平和であり続けることを強く望んでいます。ニューディール政策は、われわれが参戦しないことを約束しています。三選出馬する大統領候補者は戦争を憎んでいると言いました。彼は九月十一日にこう言いました。「私には至高の決意があります。それは、この国の海岸に戦争を永久に寄せつけないためにできる限りのことをするという決意です」。

それが彼の約束です。わが同朋の国民のみなさん、はっきり申し上げて、私はその誠意に疑義を唱えるのであります。三選出馬する大統領候補者は、アメリカ国民への誓約を守ってきませんでした。彼が今後、誓いを守るようになると、どうして断言できるでしょうか。

外国の戦争にわが国の青年たちを巻き込まないという彼の約束が、予算の均衡をはかるという約束と同じだとすれば、青年たちはもはや、輸送船に乗り込んだも同様でしょう。

アメリカのみなさん、アメリカの責任ある地位にある人々と国民の間に誠意を取り戻すのが、私の大望であります。[63]

同じ日の一九四〇年十月二十二日、同じシカゴで、ウィルキー氏は質疑応答形式のラジオ番組の中で、戦争には関わらないという彼の決意が、自身の外交政策とルーズベルト大統領のそれを分かつ違いだ、と公言した。

対談相手　ウィルキーさん、では、あなたの外交政策と政府のそれとはどこが違うのですか。

ウィルキー氏　ひとつ違うのは戦争に関わらないという私の決意です。いまの政府は戦争に向かっているのではないか、と真剣に危惧しています。私はわが国が戦争をすることに反対しており、それを回避するためにできる限りのことをします。……

対談相手〔手紙を読みあげながら〕「ルーズベルト氏が再選されるのではなく、あなたが大統領に選ばれたほうが、この国の青年たちは戦禍から守られると見込む何かしらの根拠はありますか。……」

ウィルキー氏　……大統領という責任ある地位を望む誰しもにとって、最大の責務は、われわれの息子たちの安全を守ることです。私が大統領に選ばれたならば、それが私の最大の責務となります。そして戦争を避けるために人間として出来うる限りの努力をすることにもっとも力を尽くします。

対談相手　しかし、われわれが戦争に巻き込まれないようにするには何ができますか、ウィルキーさん。

ウィルキー氏　われわれにできることは三つあります。第一に、戦争行為を避けること。第二に、われわれの国を繁栄した、結束した国にすること。そして第三に、われわれをあえて攻撃する国がなくなるほど強く、強力な国防を構築することです。

対談相手　非常に重要なポイントですね。もう少し詳しく説明していただけますか、ウィルキーさん。

ウィルキー氏　もちろんです。われわれはいかなる戦争行為も犯すべきではないと申し上げましたが、それはわが国とまったく関わりのない問題に、いらぬ干渉をすべきではないということです。また、好戦的な言葉を使って戦争を招くべきではないのです。それらは回避すべきことです。……(64)

二日後の一九四〇年十月二十四日、ハーバー・クリーク〔ペンシルベニア州〕で、ウィルキー氏はルーズベルト大統領の誠意に対する疑念を再び表明した。

昨夜、三選出馬する大統領候補者は、民主党の一九四〇年選挙綱領に言及し、そこから次の文言を引用しました。「われわれは外国の戦争に参加することはありません。そして、攻撃を受けた場合を除いて、わが国の陸、海、空軍をアメリカ大陸以外の外国の地で戦わせるために派遣することはありません」。私は望みます、心から望みます。三選出馬の候補者が昨晩、民主党の一九四〇年選挙綱領に基づいてたてたあの誓いを、民主党の一九三二年選挙綱領の誓約のときよりも長く覚えていてくれることを。彼が誓いをより長く記憶に留めてくれなければ、じきにわが国の青年たちは、輸送船に乗ってどこか外国の海岸に向けて出航していることでしょう[65]。

その次の日の一九四〇年十月二十五日、ウィルキー氏はウィルクスバリ〔ペンシルバニア州〕でのラジオ演説で、対立候補者に対して同じような批判を述べた。

さて、先週水曜日の講演で、三選を目指している候補者は、われわれにまた別の約束をしました。それはもっとも重大な約束であり、アメリカのすべての男、女、子供たちに関係する重要な約束です。彼は平和に向けて努力している、と言いました。彼は一九四〇年の民主党綱領を守るとも言い、綱領にあるこの誓約を引用しました。「われわれは外国の戦争に参加することはありません。われわれは、攻撃を受けた場合を除いて、わが国の陸、海、空軍をアメリカ大陸以外の外国の地で戦わせるために派遣することはありません」。

私は望みます、ああ、本当に、心から望みます。民主党の一九四〇年選挙綱領に基づいて三選出馬の大統領候補者がたてた誓いが、一九三二年綱領に基づいていた合衆国の名誉ある信用を彼が記憶に留めていた時間よりも長く、彼の心の中にとどめ置かれることを。

三選を目指している大統領候補者がいつの日か記者たちに、自分があの誓約をしたその日の時点では、自分は戦争をするつもりはなかったのだ、などと言うことがないよう私は心から望みます[66]。

一九四〇年十月二十八日、ウィルキー氏はインディアナ州の人々に以下のような誓いをたてた。「あなたがたインディアナ州のみなさんへの私のもっとも厳粛な約束は、あなたがたが私を合衆国大統領に選んでくださるならば、私はこの偉大な国がその役目を果たし続けるよう、そしてあなたがたの息子さんたちが決して海外の問題に巻き込まれないようにするために、あなたがたの国を運営します。私の指揮の下で彼らが外国の戦争に行くことは絶対にないのです[67]」。

イギリスへの支援について語った時でさえ、アメリカ国民に平和を約束したときと同様に、ウィルキー氏はルーズベルト大統領よりも成果を上げると表明した。たとえばウェストバージニア州チャールストンからのラジオ番組で彼はこれを示唆した。『ニューヨーク・タイムズ』紙の記事によると「彼はイギリスへの支援について、大統領から不当に『右にならえ、で追随している』と非難されていると主張した。彼は、自分が大統領候補者に名乗りを上げる以前からイギリスへの支援を支持していること、そして軍隊を派遣する意向はない一方で、イギリスへの実効性のある支援が『数隻の古い駆逐艦とわずかな飛行機群』に留まらないよう、生産活動が続けられることを支持すると明言した[68]」。

選挙キャンペーンが終わりに近づくにつれて、ウィルキー氏は、ルーズベルト大統領がアメリカの青年たちを外国の戦争で戦わせるために派遣することはないと約束していても、大統領の再選は、合衆国にとって戦争を意味するのだ、となお一層熱心に主張するようになっていった。一九四〇年十月三十日、メリーランド州カンバーランドでウィルキー氏は、ルーズベルト大統領が民主党の一九四〇年選挙綱領の反戦項目に従うとの誓約を守ることに期待を表明した。ウィルキー氏は「もし、大統領が約束を守らなければ、今日、徴兵召集されているメリーランド州の青年たちの一部は、じきに輸送船に乗り込むことになるでしょう。人が将来、どう行動するかはその人の過去の行動によってのみ推し量れるのであり、大統領がもし、一九三二年の綱領を否定したように一九四〇年の綱領も否定するのであれば、今日、徴兵召集されている青年たちを、あなたがたはどんな方法で守れるというのでしょうか[69]」。

同じ十月三十日の後刻、ウィルキー氏はボルティモア〔メリーランド州の港湾都市〕で、ルーズベルト大統領の誠意をぎりぎりのところまで非難した。ここで彼は、ジョセフ・ケネディ駐英大使が最近行った、合衆国はイギリスに何ら約束をしていないという趣旨の演説を取り上げた。ここで彼は、一九三二年にカーター・グラス上院議員*が病をおして公の場に登場し、ルーズベルト大統領は通貨の健全性を維持するとの公約を守ると国民に請け合ったことに言及したのだった。『ニューヨーク・タイムズ』紙の報道によれば、彼は「大いに喝采していた」聴衆に向かってこう叫んだのだった。「ここでみなさんに申し上げます。そして彼はこの点を、納屋の戸だろうが玄関の戸だろうが、好きなところに釘で打ちつければいいのです**。三選出馬の候補者殿、あなたの平和公約は、一九四〇年の民主党綱領を受け入れた心は、健全な通貨についてのあなたの一九三二年の誓いと比べて、多少なりとも神聖なものなのでしょうか。あなたはカーター・グラスをかついだのと同じように、ジョー・ケネディもだましているのですか。国民への誓いを守ることにかけての彼のこれまでの実績からすると、みなさんが彼を再選させれば、一九四一年四月にはわが国は戦争していると見ていいでしょう。さあ、三選候補者殿、ウェンデル・ウィルキーはこの点について事実を歪曲していますか」[70]。

＊バージニア州生まれでもともとは新聞記者。州議会議員を経て連邦議会下院議員。ウィルソン政権下の一九一八年に財務長官に就任。二〇年に財務長官を辞任すると上院議員。三三年にルーズベルト政権が誕生すると、財務長官への復帰を要請されたが、断ったという。上院予算委員長時代の最大の功績は、大恐慌後に連邦準備制度の設立や銀行と証券会社の分離を定めたグラス・スティーガル法の制定に尽力したことなどである。

＊＊同じ一九四〇年十月二十八日のルーズベルト大統領演説を受けた言葉。大統領は共和党の対立候補陣営がイギリスとの秘密協約疑惑を強調するキャンペーンを張っていることを取り上げて、その「想像上の秘密協約だか何だかが事実の歪曲であることを釘で打ちつけた」と語った。〝釘で打ちつけた〟は転じて釘で刺すかのようにつかまえた、暴いたなどの意味。大統領はさらに「子供のころにキツネやイタチの皮をクギではりつけにしたように」この〝想像上の〟秘密協約も「納屋の戸に（クギで刺して）乾かす」と述べていた。

ボルティモアで一九四〇年十月三十日に行われたウィルキー氏の演説が、その当時と翌年にかけて大いに注目されることになったことに鑑みて、平和と戦争に関わる非常に重要なくだりをここで詳細に引用することにする。

われわれは、逃れることのできない義務を標榜する破滅的なドクトリンはお断りです。独裁的な支配は常に戦争へと続く道に至ります。……

私はアメリカを守るということに関して、西半球の平和を維持することを目標とします。大統領は世界の中でのわが国の平和という目標に専心しなければなりません。

わが国自体の安全を前提とした範囲でイギリスを支援することは、この目標のために必要不可欠です。私はみなさんに何度も誓ってきました、私は平和のために力を尽くします。われわれは自国を防衛するための戦争以外のどんな戦争にも、わが国の青年たちを派遣することに反対なのです。

三選を目指している大統領候補者もまた、平和を誓いました。何日か前の夜、彼は言いました。「改めて申しあげます、私はわが党の公約を固く守ります――つまり、われわれは外国の戦争に参加することはありません。われわれは、攻撃を受けた場合を除いて、わが国の陸、海、空軍をアメリカ大陸以外の外国の地で戦わせるために派遣することはありません」。

これが彼の誓約であります。……彼の平和に関する誓いが、健全な通貨に関する誓いよりも長続きするでしょうか、とみなさんにお尋ねしたいと思います。

国民への誓いを守ることにかけての彼のこれまでの実績からすると、あなたがたが彼を選ぶならば、わが国は一九四一年四月までに戦争していると見ていいでしょう。

アメリカを守るのに第一に必要なのは、この平和のために力を尽くすという誓いであり、その誓いに誠実であることなのです。そしてもうひとつ必要なことは、わが国と他の国々との関係に関連することです。これは外交の分野です。……

……わが国の外交は用意周到であるべきであり、賢く、そして一貫しているべきです。この八年間、三選を目指している大統領候補者は、外交の分野で見境のない奔放な言動をしてきました。こうした奔放な言動はすべて彼自身が進んでしてきたものです。それらは世界の混乱の一因となってきたのです。

三選を目指している大統領候補者の一九三九年の発言は、イギリスの観測筋に、合衆国はヨーロッパの戦争に参戦するだろうとの見通しを発表させる結果となりました。三選出馬の候補者のこうした発言はおそらく、よかれと思ってなされたものなのでしょう。しかし、そのように人に誤解させる印象を与えたのです。

もし、三選を目指す候補者が、平和と非参戦への支持を選挙公約とするのを待たずに、その当時、包み隠さず明らかにしていたら、合衆国の国益にとってはより良かったでしょう。

つい先日の一九四〇年六月十日にも彼は世界を驚愕させました。イタリアについて、短剣を持った手が「隣人の背中にそれを突き刺したのだ」と彼は断言したのです。ヨーロッパ各国の政府は、このちょっとした演説を合衆国の平和を維持するための措置とはみなしませんでした。

一九三七年十月五日に、三選を目指す候補者は侵略者の隔離を求めました。しかし、侵略者に対する彼の政策は、実際には相手を隔離するどころか、むしろ彼らを強くするのに貢献してきたのでした。……(71)

平和問題についてのウィルキー氏の最後の誓いは、選挙のまさに前日に、ラジオ放送でアメリカの女性に向けてなされた。

われわれはこれから、国家防衛に懸命に力を尽くしていかなければなりません。防衛に力を尽くす目的はただひとつだけ――わが国を戦争に巻き込まないというものです。

女性はわれわれの国家防衛計画の中で大きな役割を担うでしょう。あらゆるコミュニティーにおいて、あなたがた女性は、社会生活の安全と産業活動の効率的運営を確保するために協力するよう要請を受けるでしょう。あなたがたはさまざまな仕事を担うことになります。しかし、何よりも、あなたがたのおかげで、私たちの目は常にわれわれの真の目標を見据えていられるでしょう。真の目標、それは平和、まさに平和なのです。

私は実際に戦争を体験した人間であって、戦争を憎んでいます。私は戦争が国内外でもたらした損害を見ました――安全が失われ、市民の自由がこの自由の地においてさえ、消滅したのを見たのです。

私はその教訓を忘れていません。大統領としての私の活動はすべて、この国を外国の戦争に巻き込まないこと、この国の平和を維持することに向けられます。私は約束します。これまでも何度も約束したように、あなたがたのご主人や息子たち、お兄さんや弟たちを、ヨーロッパやアジアの戦場で死なせるために送ることはしません。

私は戦争が必至となる状況を生んでしまうことを避けます。あなたがたを代表する連邦議会の議員たちが戦争を宣言するまで、私は決してこの国を戦争に参加させません。

われわれがこれからつくりあげていく陸軍は、世界でもっとも堅実で、健全で、強い陸軍になります。しかし、この陸軍は自衛を目的としたものであり、それ以外のなにものでもないのです。……

私が目指すのはアメリカを戦争に巻き込まないことであり、アメリカ的価値観を守ることです――あらゆるコミュニティーを、あらゆる家庭を原点とする価値観を、です。……(72)

選挙キャンペーン期間中のルーズベルト大統領の平和公約

民主党大統領候補者としての指名を受諾するにあたって、ルーズベルト大統領は、迫りくる戦争の危険を力説し、選挙綱領の反戦政策について触れることは控えた。しかし、数週間後には、合衆国に平和をもたらすというテーマを再び取り上げ、その後も演説のたびにこれを強調し続けた。アメリカの駆逐艦とこの半球のイギリスの海軍および空軍基地の交換を実現したあとでさえ、彼は次のように宣言した。「これはわが国が平和にあるという状態といかなる意味においても矛盾するものではありません。ましてや、どこかの国を脅かすものではありません。それは重大な危機に直面した場合に大陸を防衛するための、画期的で遠大な準備行動なのです。防衛のための準備は独立国家の不可侵の大権なのです。現在のような状況下では、こうした主権の行使はわれわれの平和と安全を維持するのに不可欠なのです[73]」。

一九四〇年九月十一日、大統領はトラック運転手組合全国大会で演説したなかで再び、戦争の差し迫った危険と国家防衛の必要性を訴えた。国家防衛の目的にかなうよう、さまざまな措置が採用されていた。そのうえで大統領は、トラック運転手組合役員と代表者にこう述べた。

アメリカ国民の恐怖につけ込もうとする者だけが、これらの国防計画すべてに、わが国を戦争へと導こうという企図を発見するのです。アメリカ国民は、その類の恐怖のプロパガンダをはねつけるでしょう。これまでも選挙が近づくと、〝折りに触れて〟流布されてきたそうした類のプロパガンダをはねつけてきたように。……

いまのような時代に、弱さは攻撃をご丁寧に招くようなものです。これはもはや仮説ではないのです。それはこの一年間で証明された所定の事実なのです。

私は戦争を憎んでいます。いまや以前にも増して。私には至高の決意があります――それはこの国の海岸に戦争を永久に寄せつけないためにできる限りのことをする、という決意です。私は党とともに、そして党を超えた全国民の大統領として、シカゴで二カ月弱前に採択された選挙綱領の文言を固守します。その文言とは、これです。

「われわれは外国の戦争に参加することはありません。われわれは、攻撃を受けた場合を除いて、わが国の陸、海、空軍をアメリカ大陸以外の外国の地で戦わせるために派遣することはありません」(74)。

オハイオ州デイトンで一九四〇年十月十二日、ルーズベルト大統領は、「半球の防衛」という表題で、自身の外交政策を詳しく説明した。「われわれは自国を防衛するために武装します……アメリカ大陸の他の諸国と協力してこの半球全体の防衛に貢献するために。われわれは世界のどこから総力攻撃されても撃退できるだけの陸、海、空の総合的な防衛力を構築しています」。

しかし、と彼は言った。「アメリカ大陸諸国がたどっている道は、そのいずれかの国を、あるいは全部の国を、徐々に、どこかの国、あるいは海を越えたどこかの国との戦争に引きずり込んでいる、と示唆する人間が、アメリカ大陸の全部で二一カ国ある国のことごとくどの国にもいるのです」。

この批判を取り上げて大統領は次のように反論した。「疑う余地のない数々の事実。それらは何度も繰り返し述べられてきました。この国はいかなる国とも戦争することを欲していません。この半球はいかなる国とも戦争することを欲していません。アメリカ大陸諸国は、平和のために一致団結して臨むことを固く決意しているのです──攻撃に対して団結して防衛に取り組んでいるのとまさに同じように。これまで長いこと、私は自分の持つエネルギーをすべて、最後の一滴まで、この国とアメリカ大陸諸国が他の諸国と平和な関係であることのために捧げてきました。それは今日もなお、私にとって一番大切なことであります──それこそが、私が望んでいる、そのために力を尽くしている、そうあれと祈っている目標なのです。われわれは自衛のために武装します。その最大の理由は、それが平和の最大の保証となるからです」[75]。

ルーズベルト大統領が常々、自分の政策は安全保障であり、防衛であり、紛争の回避であり、合衆国とこの半球にとっての平和であり、すべての国々との平和である、と国民に述べていた事実があるにもかかわらず、彼の対立候補と共和党系の批評家たちは、大統領は実際には戦争に至るもっとも確実な道を進んでいると主張し続けた。こうした非難に刺激され、大統領は一九四〇年十月十八日、「意図的な、または無意識の事実の歪曲」に対処するため五つの演説をする、とホワイトハウスで発表した。

一九四〇年十月二十三日にフィラデルフィアでおこなった、こうした「事実の歪曲」についての最初の演説で、大統領は自分が外国と秘密合意を結び、「合衆国がどこかの戦争に参戦することを何らかの形で誓約した」とする共和党の非難を取り上げた[76]。この非難を、誤解を招く余地のない言葉を使って、大統領はこう否定した。「秘密の条約も、秘密の義務も、秘密の約束も、秘密の合意も存在しないのです。いかなる形式あるいは形態のものも、直接的なものも間接的なものもないのです。どこの政府とも、世界中のどの国とも結んでいないのです。合衆国をどこかの戦争に関与させるという内容のものも、それ以外の内容のものも、一切ないのです」。

フィラデルフィアでの演説の終わり近くに、大統領は「この政府はこの国を戦争に誘導することを望んでいる」との非難について論じた。そして大統領は自分の政策を平和政策として、はっきりと弁護したのだった。

そうした非難は過去八年間のすべての事実、すべての成果に反しています……私のとってきた行動と思いはすべて、世界の平和を、とりわけ合衆国の平和――西半球の平和――を維持するという目標に向けられてきました。……

戦争が起きてしまったとき、私は戦争が他国に広がるのを防ぐために、大統領という職務に伴うありとあらゆる影響力を総動員しました。その努力が失敗したとき、私はアメリカ大陸の半球の平和と安全を最大限に保障する強力な防衛力を構築することを、連邦議会と国民に要請しました。

共和党員に、民主党員に、すべての男性に、女性に、子供たちに、私は申し上げます。あなたがたの大統領と国務長官は、平和への道を進んでいるのです、と。

われわれが武装を強化しているのは、どこかの外国の戦争のためではないのです。

われわれが武装を強化しているのは、侵略のためでも、外国の戦争に介入するためでも決してないのです。

それから大統領は「攻撃を受けた場合を除いて」外国の戦争に参戦しないという民主党の綱領を引用し、

平和について語って、話を締めくくった。「私がこれまで力を尽くしてきたのは平和のためであります。そして私が生涯ずっと力を尽くすのは平和のためなのであります」[77]。

ニューヨークで一九四〇年十月二十八日に行われた「事実の歪曲」に関する二番目の演説で、ルーズベルト大統領は共和党の指導者たちについて「今日の国家安全保障を政治の道具に使っている」と非難した。さらに大統領は、彼の政権が「ヒステリック」であり「パニックをつくり出して外国の危険を創造している」との批判に応えて、こう反論した。大統領は共和党の非難の中身と自身の実績を詳細に論じたうえで、「私はこのような積極的で現実的な平和のための戦いが継続されるのを支持してほしいと、アメリカ国民にお願いしているのです」と述べた。さらに彼は、さもなければ残された選択肢は、この国の未来をふがいなさと小心ぶりをみせてきたものたちの手に託すリスクを覚悟することだと語った。「この危機の時代に、わが国の青年たちがすでに輸送船に向かっていると[78]、やたらと示唆してかまわないと考える経験不足な者たちの手に、であります。この積極的な平和の探求には明確なビジョンが必要です。世界中の平和のために、さまざまな資源と、人心と、技能と、あらゆる行動的な勢力を動員する必要があるのです。われわれはこれまでずっと、何にも勝る勢力――信仰と神への献身――を動員し続けようとしてきました。あなたがたの政府は常にカソリック、プロテスタント、ユダヤ教の代表者たちと連携しているのです。……」[79]。

一九四〇年十月三十日、ボストンで、ルーズベルト大統領は、自身の防衛政策について共和党がどのように言及してきたか、そして合衆国の平和をめぐる自身の意図について共和党がどのように中傷してきたかを取り上げた。このころには、大統領の主たる対立候補のウィルキー氏は、共和党大統領候補の指名受諾演説で示した公約の域をはるかに越えて、有権者に対し、彼の主要な目標のひとつはこの国を戦争に巻き込まないことだ、とはっきりと約束していた。大統領はフィラデルフィアでは、自身の平和誓約に「攻撃を受けた場合を除いて」という民主党綱領に定められた条件を付け加えていた。ニューヨークでは、大統領は「積極的な平和の探求」を約束し、「わが国の青年たちがすでに輸送船に向かっている」との主張に反論する以上のことはしなかった。[80]

ボストンでの演説では、ルーズベルト大統領は戦争と平和について無条件の宣言を行った。

また母親であり、父親であるみなさんに向けて、私はもうひとつ、保証します。以前にも言いましたが、何度でも、何度でも言います。あなたがたの息子たちが外国の戦争に送り込まれることは決してありません。彼らは訓練を受けて強力な軍隊をつくるのです。そしてその軍隊があまりにも強力なため、その存在自体が戦争の脅威をわが国の海岸に寄せつけないことになるのです。われわれの防衛の目的はあくまでも防衛なのです。[81]

一九四〇年十一月一日、ブルックリン〔ニューヨーク市〕で行われた大統領の選挙演説は、主に彼が国民のために考案した国内政策についての報告に費やされたが、合衆国にとっての平和の問題も、見過ごされることはなかった。演説を締めくくるにあたって大統領は次のように宣言した。「私はこの国の繁栄と平和を守るために戦っています。私は国民が外国の戦争に巻き込まれないように、そして異質な政治体制の概念がわが合衆国に入ってこないように戦っています。……そして私は戦うことをやめません[82]」。

その翌日の一九四〇年十一月二日、ロチェスター〔ニューヨーク州〕での〝その場で考えた発言〟の中で、大統領はこう述べた。「ワシントンのあなたがたの中央政府は、それを構成するありとあらゆる組織に至るまで、等しく平和の政府なのです――アメリカ国民のために平和を維持しようとしている政府なのです。あなたがたの偉大な国務長官は昨夜こう言いました。『大統領がわれわれを戦争に導いているという、まったく不当で悪意のある非難が顕著であります』と。そして彼はこうも言いました。『われわれは第一に、いずれ襲ってきかねない攻撃者たちを思いとどまらせるために、そして第二に、攻撃を受けた場合、攻撃者を撃退するために、必要な兵器と組織をつくっています』。それが今日のわれわれの政策なのであります[83]」。

同じ一九四〇年十一月二日、バッファロー〔ニューヨーク州〕での短いスピーチの中で、ルーズベルト大統領は、合衆国政府についてなされている「悪意のある虚偽の申し立て」のひとつ、つまり大統領がすでに日本との戦争に至るような一定の措置を講じている、というそれを取り上げた。大統領はこれをウソだと決めつけた。そしてこう続けた。「同じ噂の製造工場から広められた噂の実例を、ほかにも非常にたくさん挙げることもできます――それらはいずれも真実ではありませんが、そのどれもこれもが、この国が戦争に向かっていると国民に信じ込ませようとするものです。みなさんの大統領は、この国は戦争に向かっていない、と言っているのです[84]」。

一九四〇年十一月三日、クリーブランド〔オハイオ州〕で、自ら「選挙キャンペーン最後の全国民向けの演説」と呼んだ講演の中で、ルーズベルト大統領はあらためて自身の外交政策の大要を説明した。

われわれの外交政策に秘密はありません。……私はこれまで何度も、言葉ばかりでなく行動で示してきました。言い換えてみましょう。

われわれの外交政策の第一の目的は、わが国が戦争に巻き込まれないようにすることです。それと同時に、われわれは異質な政治体制の概念が合衆国に入ってこないようにすることを目指しています。……この政策の第二の目的は、西半球のすべての海岸からできる限り戦争を遠ざけておくことです。……最後に、われわれの政策は大西洋と太平洋の全域で、侵略にいまなお抵抗している国々にできる限りの物質的支援を供与することです。……

その間ずっと〔私の過去の実績では〕私にはふたつの、もっとも大切な考えがありました――それはわが国の平和を維持すること。そして民主主義の力がアメリカの一般国民のために機能するよう図ることです。(85)

比較

ルーズベルト大統領とウィルキー氏がアメリカ国民に語った無条件の平和に関する声明が、相互に影響し合って展開された様相が次の要約に示されている。

ルーズベルト大統領	ウィルキー氏
一月三日　「ヨーロッパの地で戦わせるために派遣すること」など、「誰もそのようなことが行われ	

ることは考えていない」

四月二十日　「われわれがヨーロッパやアジアで繰り広げられている戦争に加わることはありません」……

五月十六日　「われわれの理想は、あなたがたの、私の、この国のあらゆる男性、女性、子供たちの理想は――われわれの目的は、今なお平和なのです――国内の平和、国外の平和なのです」。

七月十日　「……ヨーロッパで繰り広げられている戦争に参戦させるために、兵士を送ることはありません」。

六月十八日　「……われわれは決して戦争に巻き込まれないようにしなければなりません。どんな戦争であろうとも、戦うためにわれわれはこの大陸の海岸から兵士を送るつもりはありません」

九月七日　「[イギリスへの支援で]参戦を除く、と言ったら、参戦は除くのです」。

九月十三日　「私を大統領に選んでくださったな

ら、私はヨーロッパのどんな戦争にもアメリカの青年を派遣して戦わせることは決してしません」。

九月十九日　「……私を大統領に選んでくださったなら、アメリカの青年はヨーロッパの塹壕に決して送られないでしょう」

十月十一日　「わが国の青年たちはヨーロッパの戦争に関わってはなりません」

十月十七日　「私を大統領に選んでくだされば［青年たちを再びあちらに］派遣することはないのです。……われわれは武力でヨーロッパの平和を維持しようとすることはできないし、してはならないのです」

十月二十二日　「外国の戦争にわが国の青年たちを巻き込まないという彼［大統領］の約束が、予算の均衡をはかるという約束も同然だとすれば、青年たちはもはや、輸送船に乗り込んだも同様でしょう」。

十月二十二日　「［ウィルキー氏とルーズベルト氏との間で］ひとつ違うのは、戦争に関わらないという私の決意です。今の政府は戦争に向かっているのではないかと真剣に危惧しています……」。

十月二十八日　「私のもっとも厳粛な約束は、あなたがたが私を大統領に選んでくださるならば……あなたがたの息子さんたちが決して海外の問題に巻き込まれないようにするために、あなたがたの国を運営します」

十月三十日　「国民に対する誓いに関して〔ルーズベルト大統領の〕過去のパフォーマンスをもとにして考えると、彼を大統領に選べば、あなたがたは一九四一年に四月に戦争となっているでしょう」

十月三十日　「以前にも言いましたが、何度でも言います。あなたがたの息子たちが外国の戦争に送り込まれることは決してありません」。

十一月一日　「私はあなたがたを外国の戦争に巻き込まないために戦っています。……私は決して戦うことをやめません」

十一月二日　「あなたがたの中央政府は、……等しく平和の政府なのです――アメリカ国民のために平和を維持しようとしている政府なのです」。

十一月二日　「みなさんの大統領は、この国は戦争に向かっていないと言っているのです」。

十一月三日　「われわれの外交政策の第一の目的は、わが国が戦争に巻き込まれないようにすることです」。

十一月四日　「私は約束します……あなたがたのご主人や息子たち、お兄さんや弟さんたちをヨーロッパやアジアの戦場で死なせるために送ることはしません」。

しかしながら、ふたりの大統領候補者がアメリカ国民に向けて発した、無条件の平和に関する声明の一覧表は、全体像を正しく示していないと言えるだろう。同じ時期に彼らはまた、さまざまな機会に枢軸諸国と戦争している連合国への支援を約束しており、そうした約束が合衆国を外国の戦争に巻き込まないという彼らの誓約を事実上、相殺あるいは帳消しにしたとも言えるのだ。一連の記録をこのように解釈するには、一定の事実が矛盾として立ちはだかる。選挙期間中、ルーズベルト大統領は戦争につながるような連合国に関する政策を追求している、あるいは追求しようとしていると繰り返し非難され、彼はそうした非難を憤然として否定した。他方、対立候補者をしばしばこのように非難していたウィルキー氏は、「参戦を除く」という文言を付け加えたり、強調したりすることによって、自身の連合国に対する支援の約束を何度も限定したのだった。

一九四〇年のルーズベルト大統領の国際問題と外交政策に関する最終見解

選挙キャンペーンの間、ルーズベルト大統領は一度ならず、自分の外交政策は合衆国にとっての平和を意味していると国民に保証していた。特に、一九四〇年十一月二日に「みなさんの大統領は、この国は戦争に向かっていないと言っている」と宣言したときがそうだった。しかし、大統領は当選後、年が暮れる前に、新しい文言を――この点に疑念を抱かせるような文言を――とり入れた。とはいえ、それは疑念であり、文言も単独でとり入れられたわけではなく、大統領はそれとともに、国民に対して「ヨーロッパに軍隊を派遣するなどという議論はすべて計画的なウソだと決めつけて」よいと指示する、明確な主張を付け加えたのだった。

新たな文言は、以前からの保証とともに、十二月二十九日に大統領が行った「国家安全保障」に関する炉辺談話に登場した。多くの人々が耳を傾けたこのラジオ談話で、大統領は戦争のさなかにある世界の状況について、そしてイギリス国民とその同盟国がヨーロッパやアジアの枢軸諸国と勇敢に戦っていることについて、詳細にわたって見解を表明した。そのうえで彼は合衆国に関してこう述べた。「われわれ自身の将来の安全は、そうした戦いの結果によって大いに左右されるのです。わが国が『戦争に巻き込まれない』ようにできるかどうかは、その結果に影響されることになるのです。今日、明日の話で言えば、アメリカ国民のみなさんに率直に申し上げて、枢軸国の攻撃に対抗して戦っている諸国を支援するために今、われわれにできるすべてをした方が、そうした諸国の敗北を認め、枢軸国の勝利を従順に受け入れ、自分たちが後に起きる新たな戦争で攻撃の対象となる番を待つよりも、合衆国が戦争をすることになる可能性は極めて小さいのです」。

「もし、われわれが自分自身に完全に正直であるならば、いかなる道を選んでもリスクはつきものだ、ということを認めなければなりません。しかし、わが国民の大多数が、私がみなさんを導こうとしている道が、現時点での最小のリスクと、未来の世界平和への最大の希望をもたらすものだということに同意してくれるものと、私は深く信じています」。

「自衛のために戦っているヨーロッパで人々は、われわれに彼らの戦いを肩代わりしてくれとは求めていません。彼らはわれわれに武器を求めているのです。……」

どの道を選んでも、リスクはつきものだ、とアメリカ国民に警告を発し、彼の選んだ道が最小のリスクを伴うと宣言したうえで、ルーズベルト大統領はそれでも国民に次のように保証した。「アメリカの遠征軍をわが国の国境を越えて派遣してほしいという要望はありません。あなたがたの政府の人間はだれひとりとして、そうした軍を派遣しようなどという意図を持っていません。ですから、ヨーロッパに軍隊を派遣するなどという議論は、すべて計画的なウソだと決めつけていいのです」。

「わが国の国家政策は、戦争を目指してそれに向かうものではありません。そのたったひとつの目的は、戦争をわが国とわが国民からはるかに遠ざけておくことにあるのです(86)」。

第一〇章のためのノート

ルーズベルト大統領の『公文書』一九四〇年巻に掲載された演説の原文のほかにも、大統領は選挙期間中、短い演説を数回、行っており、それらは新聞で報じられた。たとえばオハイオ州アクロンで十月十一日に、大統領はこう述べている。「長年、合衆国に住むわれわれは、他の大陸のトラブルになんとか巻き込まれずにやってきました。そして将来においても、われわれはアメリカ大陸に対する攻撃のために戦争に引きずり込まれることは回避できると私は確信しています[87]」。

コネチカット州ニューヘイブンで十月三十日、大統領は「アメリカは戦争に導かれていくとの恐怖を生み出している一連の報道を非難した」。そしてこう述べた。「みなさんはよくお分かりのことと思いますが、アメリカの青年たちがヨーロッパに送られるという憶測が飛び交っていますが――まあ、これは過去の事実とも、未来の事実とも、合致しないのです[88]」。

コネチカット州ハートフォードで十月三十日、大統領はこう述べた。「そしてみなさんもご承知のことですが、われわれが目指すのは外部からの攻撃を防ぐことだけなのです。これまでほぼ毎年、時には数分おきに、この国を戦争に導きかねない立場に巻き込むかもしれない同盟や行動を回避する責務が、私にふりかかってきました。そう考えますと、七年半の間、八年近くにわたって、合衆国はそのような事態に巻き込まれることを免れてきたのみならず、合衆国は今日、平和であり、今後も平和であり続けるのです[89]」。

原注

第一章

（1）本箇所ならびに以下でいうところの国際主義という言葉は、次のような意味で使われている――世界平和は望ましく、成就可能なものであるが、部分的に実現できるものではない。合衆国にとっての世界平和は、国際紛争を平和的に調停し、侵略者や平和を破壊するものに対する効果的な制裁や力の行使を通じて平和を強いる権限を与えられた、諸国家の連盟あるいは協会に積極的に関与することによってのみ確保される。欧州やアジアの列国の間に大きな戦争が起きれば、合衆国は中立を維持することはできない。

（2）ヴェルサイユ条約の性格についてはウィリアム・ブリット著 "The Tragedy of Versailles"（「ヴェルサイユ条約の悲劇」）、『ライフ』誌、一九四四年三月二十七日号、九九頁。元駐米カナダ公使のW・D・ヘリッジは「ヴェルサイユ条約は平和条約ではなく戦争宣言であった」と述べた。ヘリッジ著 *Which Kind of Revolution?*（『どのような革命なのか』），1943、一二三頁。

（3）この過度の単純化を完全に覆す多様な事実に関しては、後述のトーマス・A・ベイリーの著書、七頁を参照。なお、ベイリー教授の著書 *Woodrow Wilson and the Great Betrayal*（『ウッドロウ・ウィルソンと大いなる裏切り』）は本文の数ページ後〔三二頁〕に記載されている。

（4）ベイカー著 *American Chronicle*（『アメリカン・クロニクル』），Charles Scribner's Sons, 1945、四七四頁。

（5）出版社は The Macmillan Company。

（6）ベイリー教授が一四項目の裏切りを、合衆国が国際連盟に加盟する意思がなかった、あるいはその能力がなかったことによって引き起こされた〝結果〟とみなしていたことに、あらためて留意されたい。

（7）オスワルド・ギャリソン・ビラード編集による『ニューヨーク・イブニング・ポスト』紙にある。

第二章

（1）レイ・スタナード・ベイカーによると「ウィルソンは世界を変えるつもりだった。ロシアや西ヨーロッパの過激派が提案していたように、システムを変えて『そうして悪弊を取り除くためにあらゆる基盤を揺るがす』ことによってではなく、アメリカとイギリスの伝統的な自由主義の諸原則に従って、また、そうした原則のもとに設立された諸国家連盟の保証のもとで、世界を公明正大に運営することによって」。*Woodrow Wilson and World Settlement*（『ウッドロウ・ウィルソンと世界的和解』), Doubleday, Page & Co., 1922、第二巻、六四頁。

（2）孤立主義は本書の中で次のような意味で使われている——国際連盟への加盟拒否、ヨーロッパとアジアにおける政治的対立への不関与、両大陸の戦争への不介入、合衆国の中立と平和と防衛の目的にふさわしい手段を通じての合衆国の中立と平和と防衛、互いに友好的でありたいと願うすべての国々に対する友好的な外交政策の追求。孤立主義者は〝侵略者〟を名指しし、制裁や抑圧といった行為を自分たちに対して発動するような諸国と一切、関与しないことを可能にするすべてのあらゆる手段を通じて、諸国家間の友好と平和を推進することを支持する。

（3）ベイカー著 *American Chronicle*（『アメリカン・クロニクル』)、四六三頁。

（4）『ニューヨーク・ワールド・テレグラム』紙、一九四五年五月八日。

（5）『アメリカ年鑑（一九三六年版）』の二七頁に記載されている投票結果。チャールズ・A・ビーアド著 *The Devil Theory of War*（『戦争の悪魔理論』), Vanguard Press, 1936、一一二頁。

（6）*Night over Europe*（『ヨーロッパを覆う夜陰』), Alfred A. Knopf, 1941、五五三頁。

（7）前掲書。

（8）シューマン教授のその後の見解と疑念については、“The Dilemma of the Peace-Seekers”（「平和探求者のジレンマ」), *American Political Science Review* 誌、XXXIX 号、一九四五年二月、一一二—三〇頁を参照。

（9）〝わが国以外の世界中〟がウィルソン大統領に要求した内容については、ベイカー著、前掲書を参照。三二四、三三〇、三三一、三三六、三五〇、三五四、三六三、三六五、三七二、三九八、四〇五、四一一、四一三、四一五、四二一、四二三頁。

（10）The Macmillan Company が出版した。

（11）自身の政党観に関して、ヘイズ氏は、七頁にこう書いた。「一九三二年と一九三六年、さらには一九四〇年にも私は彼〔ルーズベルト氏〕に投票したけれども、私が積極的に政治に参加することはなかったし、私の民主党への支持は不変的なものというよりも〝党派によらない自主的〟なものだった。当時もその後も彼やわが国政府のその他の高官の誰も、私の〝政見〟について何も問わなかった」。

（12）『ニューヨーク・タイムズ』紙、一九四五年十一月十八日。フォータス氏はまた、あらたに世界戦争が起こる危険があると聴衆に警告し、次のように付け加えた。「われわれの焦眉の問題は、私たちに……そうした大惨事を回避できるほど世界を変える力があるかどうかということです。その答えは大いに合衆国の国民次第なのであり、われわれ一人一人が差し迫った責任を直接的に共有しているのです」。同じころ、元ウィリアムズ・カレッジ教授のマックス・ラーナー博士が同じようにロシアの無罪を証明するとともに、来たるべき困難や戦争の責任をアメリカ国民に負わせる方法を示唆した。ラーナー博士は一九四五年十一月十八日、こう述べて、労働者や農家、ビジネスマン、科学者、教師、伝道者、父親、母親らに訴えた。「これはあなたがた自身の問題なのです。犠牲になるのもあなたがたです。最終的な決断はあなたがた自身が下さなければならないのです」。『PM』紙、一九四五年十一月十八日、三頁。

(13)大統領と国務長官は一九三九年、中立法から軍需品の輸出を禁止する条項の撤廃を要求した際に、同法自体を廃棄することは求めなかった。それどころか、ふたりは、中立を維持することが崇高な目的であるという点で、反対派と意見が一致していた。彼らは当時、このもっとも重要な問題は、中立という目標をもっとも達成しやすくするための手段のひとつにすぎないと強く主張していた。第九章を参照。

(14)『平和と戦争』二―三頁。

(15)合衆国の外交用語で初期のころから使われている〝利益〟の意味を明らかにしようという試みとしては、チャールズ・A・ビーアド著 *The Idea of National Interest*(『国益という考え』), The Macmillan Company, 1934 を参照。約一年半が費やされたこの研究は、ふたりの有能な研究者ジョージ・H・E・スミス、ジョン・D・ルイスの協力と、合衆国政府の専門家の貴重な支援を得て行われた。一九三三年から一九四一年の間の合衆国の「利益にもっともかなう」という国務省の表現が何を意味するのかは、『平和と戦争』では明らかにされていない。また大統領と国務長官が、どのようにして孤立と中立が合衆国の利益にもっともかなう政策ではないと知るようになったのか、その過程についても、同書のどこにも明記されていない。

(16)国務省の発表が、そういうつもりではなかった、というのであれば、一体全体どういうつもりなのだろうか。

(17)一九四五年八月三十日付ホワイトハウスの公式の〝即日発表の報道資料〟。上記の引用の中の段落は強調のため追加した。

(18)本章の付録を参照。

(19)これより前にトルーマン大統領はこう述べていた。「この戦争は一九一九年から一九二〇年にかけての孤立主義者の態度が引き起こした結果であるということを、私はかなり強く確信している」。*This Man Truman*（『この男、トルーマン』）, McNaughton and Hehmyer、一六七頁。

（20）要求項目の一覧の中の特定の項目に関して、その必要性や有用性について見解の相違があって然るべき場合もあった。特に、海軍省が艦艇について過去に承認を受け、歳出を割り当てられていながら建造を始めていなかった場合などがそうだ。

第三章

（1）*The Battle against Isolation*（『孤立主義との戦い』）、一〇頁以降。シカゴ大学出版（一九四四年）が刊行したジョンソン氏の本のカバーには、次のような審判が論告されている。「それ自身の偽りによって有罪判決を受けた孤立主義に、新たなチャンスがあってはいけない」。

（2）国務省は、ルーズベルト政権が直面した困難の大部分を合衆国内の孤立主義的世論のせいにする一方で、その責任の一部を他の平和愛好諸国に負わせている。問題になっている期間中、「決定的に重要な要因は他にもあった。つまり、合衆国以外の多くの国々でも当初は似たようなひとりよがりの考えが広まっ」ていたのだった。*Peace and War*（『平和と戦争』）誌、一九四三年七月号、三頁。

（3）歴史解釈の複雑さと人間がすることの〝因果〟を見極めようとする努力に関しては、R・アロンの*Introduction à la philosophie de l'histoire*（『歴史哲学入門』）の特にla pluralité des systèms d'interprétations（複数の解釈のシステム）, le déterminisme historique et la pensée causale（歴史決定論と因果関係の考え）ならびにles limites de l'objectivité causale et de la causalité historique（歴史的因果関係と因果関係の客観性の限界）などの箇所を参照。

（4）たとえば、一九三七年七月十六日に世界に向けて発せられたハル国務長官の平和宣言。そこに示されていた「諸原則」は、戦争を始める直前だった大国によって、いかにも真心を込めてただちに受け入れられた。ポルトガルだけが問題を提起した。ポルトガルは彼らがハル国務長官の「主張、アドバイス、あるいは希望」と呼んだそれを他国と足並みをそろえて受け入れたが「深刻な対外問題の解決策を曖昧で空虚な言葉に託す慣習」に不服を申し立てた。一九三七年九月十八日の国務省の記者発表。

（5）合衆国が国連に参加していたならば、第二次世界大戦は起こらなかっただろうという主張はもちろん、十分な情報は与えられているにせよあるいはそうでないにしろ、単に見解の問題である。その仮説は一九一九年から一九三九年の間に起きた出来事やその当時の状況を、国連に加盟している合衆国とともに繰り返すことによって、またそうした問題がどちらかであるということを証明することによっては検証されない。もし、合衆国が一九一九年以降、国連の加盟国だったならば、ロシアをヨーロッパで釣り合いをとる存在としてすぐに承認したであろう。あるいは、ドイツの再建や一九三四年から一九三九年にかけてのヒトラーに対する宥和政策で、イギリスと協力したであろう。最善の答えは、可能性の計算以外なにものでもない。

第四章

(1)『ニューヨーク・タイムズ』紙、一九二四年六月二十三日。
(2)前掲紙。
(3)前掲紙。
(4)前掲紙。
(5)前掲紙、一九二四年六月二十四日。
(6)前掲紙、一九二四年六月二十五日。
(7)前掲紙、一九二四年六月二十六日。
(8)前掲紙、一九二四年六月二十七日。
(9)前掲紙、一九二四年六月二十八日。
(10)連盟についての討論のテキスト、『ニューヨーク・タイムズ』紙、一九二四年六月二十九日。
(11)『ニューヨーク・タイムズ』紙、一九二四年六月二十九日。
(12)前掲紙、一九二八年六月二十六日。
(13)ここに示した『ニューヨーク・タイムズ』紙記事の独自調査の結果は国際問題分野の権威であるアーサー・スウィートサーによって裏付けされている。*American Year Book (1928)*(『アメリカ年鑑(一九二八年版)』)、七一頁。国際連盟事務局の一員としてスウィートサー氏は、大統領候補者や合衆国政府による国際主義への傾斜を示唆する政治的発言に常に目を光らせていた。彼は、一九二八年には民主党は選挙綱領に連盟の名称すら記載せず、スミス氏は選挙演説で「具体的な言及を避けた」と書かなければならなかった。
(14)『ニューヨーク・タイムズ』紙、一九二八年八月二十三日。
(15)前掲紙。
(16)前掲紙、一九二八年十月三十日。
(17)一九二八年七月号の『フォーリン・アフェアーズ』誌の記事で、ルーズベルト氏は「わが国の外交政策」というテーマについてオグデン・ミルズと議論を戦わせ、

「民主主義的観点」について語った。この記事の中でルーズベルト氏は、わが国が参加しなくても国際連盟は「世界の他のすべての国々にとって国際紛争を解決するための主たる機関」になったと述べたが、合衆国も連盟に加盟すべきだとは主張しなかった。彼はウィルソン政権下でサントドミンゴとハイチを占領したことを「建設的な仕事」の優れた事例として擁護したものの、こうした出来事や、より最近の、はるかに正当化し得ないニカラグアへの干渉の結果として、合衆国は西半球で友人を失ってしまったと力説した（五七三頁以降）。このことは少なくとも、ヨーロッパの国際主義者にとっては好ましい内容だったが、ルーズベルト氏の記事は国際連盟への加入を支持している民主党員にとってはまったく慰めにならないものだった。いずれにしろ『フォーリン・アフェアーズ』誌はごく少数の〝知識人〟にしか購読されていなかったため、彼の外交政策についての意見表明は選挙戦に影響があったとしても、ほんのわずかにすぎなかった。

（18）『ニューヨーク・タイムズ』紙、一九二八年六月二十八日。

（19）前掲紙、一九二八年九月九日。

（20）前掲紙、一九二八年十月三日。

（21）前掲紙、一九二八年九月九日。

（22）前掲紙、一九二八年十月十三日。

（23）前掲紙、一九二八年年十月二十一日。

（24）前掲紙、一九二八年年十月十三日。

（25）『アメリカ年鑑（一九二八年版）』、七一頁。ハーグ平和会議の内幕に関する文書は現在、入手可能であるので、それらを検証して数週間を費やすのにやぶさかでない歴史研究者は、ハーグ〝平和〟会議での共和党〝指導部〟にどれくらいの〝国際主義者〟がいたかについて、たやすく発見することができる。

（26）一九二八年のケロッグ・ブリアン平和条約は重視する必要がないようだ。外交問題の専門家であるジョン・M・マシューズはその年、次のように指摘した。「ケロッグ条約にはあまりにも多くの抜け穴がみられるため、法律的な観点からいうと、役にも立たない形ばかりの意思表示にすぎないとも考えられる」。マシューズ氏がこのとき言及した道義的な影響力は、当時のそしてその後続いて起こった出来事に示された。『アメリカ年鑑（一九二八年版）』、五四頁。

第五章

（1）Ch・A・ビーアド、G・H・E・スミス共著、*The Future Comes*（『未来がやって来る』）, The Macmillan Company, 1933 の第一章。

(2) *American Year Book (1932)*（『アメリカ年鑑（一九三二年版）』）、二頁。
(3)『ニューヨーク・タイムズ』紙、一九三二年一月三日。
(4) 前掲紙、一九三二年一月十五、十六日。
(5) 前掲紙、一九三二年一月二十七日。
(6) 前掲紙。
(7) 前掲紙、一九三二年一月二十八日。
(8) 第四章を参照。
(9) まずバーミンガムの *Age-Herald*（『エイジ－ヘラルド』）紙に掲載され、その一週間後、一九四四年九月八日付の *The United States News*（『合衆国ニュース』）紙に再掲載された。記事の全文は後述、本章の注（38）前後を参照。
(10) 共同編集者のローゼンマン氏は知事の演説は数がたくさんあったので選定が必要だったとして「のちの大統領時代に、きたる出来事の前兆となるものに絞って、彼の全般的な政策と目的をもっとも明白にあらわすものを選んだ」と説明している。第一巻まえがき。
(11) この文章は "Public Papers and Addresses of Franklin D. Roosevelt, Forty-eighth Governor of the State of New York, Second Term, 1932"（『ニューヨーク州第四八代知事フランクリン・D・ルーズベルトの公文書と演説　第二期、一九三二年』）の五五一―五五二頁に記載されている。この巻は一九三九年にニューヨーク州が刊行したもので一九三九年九月十三日付のルーズベルト大統領による序文がついている。傍点を付したくだりはルーズベルト大統領の *Public Papers*, I（『公文書』第一巻）, Random House, 1938、一五七頁に掲載されており、その末尾は削除されたことを示す「……」で終わっている。
(12) ワシントンの外交政策は、特に離任演説は、一九三二年の時点で、孤立主義哲学のまさに根本的な概念であると受け取られていた。
(13) 上記、第四章、注（12）あたり以降。
(14)『ニューヨーク・タイムズ』紙、一九三二年二月四日（傍点筆者）。
(15)『ニューヨーク・サン』紙、一九三二年二月三日。
(16)『ニューヨーク・ヘラルド・トリビューン』紙、一九三二年二月四日。
(17) 前掲紙。
(18)『ニューヨーク・タイムズ』紙、一九三二年二月四日。
(19)『ニューヨーク・ヘラルド・トリビューン』紙、一九三二年二月四日。
(20) 前掲紙。
(21)『ニューヨーク・タイムズ』紙、一九三二年二月四日。
(22)『知事と国連』前掲紙。

(23)『ニューヨーク・タイムズ』紙、一九三二年二月七日、第三部、一頁。

(24)「アメリカ政治における国際連盟」、『クリスチャン・サイエンス・モニター』紙、ボストン、一九三二年二月五日。

(25) *The Political Education of Woodrow Wilson*（『ウッドロウ・ウィルソンの政治教育』）, The Century Company, 1926、四八五頁。

(26)『ニューヨーク・タイムズ』紙、一九三二年二月五日。

(27)前掲紙、一九三二年二月六日。

(28)前掲紙、一九三二年二月十八日、二頁。

(29)『ネーション』誌、第一三四巻、一九三二年二月十七日号、一八二頁。

(30)前掲誌、一九三二年四月二十七日号、四八九頁。

(31)『ニュー・リパブリック』誌、一九三二年二月十七日、五頁。

(32)『ニューヨーク・タイムズ』紙、一九三二年二月十八日。

(33)クロード・G・バウワーズ著「国際連盟は問題外」、『ニューヨーク・イブニング・ジャーナル』紙、一九三二年一月二十八日。

(34)『ニューヨーク・アメリカン』紙、一九三二年二月七日。

(35)前掲紙、一九三二年四月二十四日。

(36)『ニューヨーク・タイムズ』紙、一九三二年五月九日。

After Seven Years（『七年が過ぎて』）, Harper and Brothers, 1939、の三〇頁以降で、レイモンド・モーリーがテキサス州とカリフォルニア州の代議員票九〇票がルーズベルト知事に投じられたシカゴでの劇的なシーンを描写している。モーリー氏は、ルーズベルト氏の指名獲得に先駆けて行われたさまざまな交渉を論じる上で、ハースト氏の存在を無視している。

(37) *American Year Book (1932)*（『アメリカ年鑑（一九三二年版）』）、一一頁。

(38) *The United States News* 誌（現『USニューズ&ワールド・レポート』）、一九四四年九月八日号。上記注（9）の原文参照。

(39)ハル氏をはじめとする自由貿易主義者や関税から歳入を得ることを主張する民主党員を一蹴したくだりの説明については、モーリー著、前掲書中の四七頁以降を参照。

(40) *Public Papers*, I（『公文書』第一巻）、八三六、八五三—八五四頁。また、モーリー前掲書中、五一—五二頁。モーリー氏はこう述べている。「ステーツマンシップ（行政手腕）を研究する学徒にとって、その〔逆作用の〕プロセスは教育上有益なものだ」と〔訳注：逆作用とは期待に反して悪い作用が働くことをいう〕。

(41)『ニューヨーク・アメリカン』紙、一九三二年七月三日。

一頁。

(42)前掲紙、一九三二年七月五日、一頁。

(43)前掲紙、一九三二年七月二十三日。第六章を参照。

(44)「ルーズベルトの関税政策は、戦争債務の回収を可能にする」『ニューヨーク・アメリカン』紙、一九三二年八月四日。

(45)『ニューヨーク・アメリカン』紙、一九三二年九月二十八日。

(46)前掲紙、一九三二年十月十二日。

(47)前掲紙、一九三二年十月二十七日。

(48)前掲紙、一九三二年十一月六日、一―二頁。

(49)共和党の戦術のこの明らかな変化に関する文献は多数ある。しかし、有能な専門家による簡単な論評が、*American Year Book*(『アメリカ年鑑』)の一九三一年と三二年版、特に、合衆国と国際連盟と国際問題を扱っている箇所に見出せる。

(50)ウィリアム・ジェニングス・ブライアンのリーダーシップの下、民主党は一九〇〇年、帝国主義を主要な問題とした。彼らは綱領で次のように宣言していた。「われわれはアメリカ国民に警告する。海外での帝国主義は国内での専制主義に急速にそして必然的につながる、と」。民主党は共和党政権下のフィリピン政策を規定していた「貪欲な商業主義」を非難した。民主党はフィリピン暴動を鎮圧するためにアメリカの軍事力を使用したことを『違法な攻撃』を行った戦争」とした。民主党はまた、共和党の帝国主義は抑制がなければ「兵役義務と徴兵制度の確実な前兆である」軍国主義と巨大な軍部につながるであろうと予言した。E・スタンウッド著 *A History of the Presidency (1897-1916)*(『大統領職の歴史(一八九七―一九一六)』)、第一章「『帝国主義』というもっとも重要な問題」。

(51)帝国主義という言葉は本書では以下のような意味で使われている。領土、保護領、あるいは通常は他の民族や人々によって占拠されている勢力圏を獲得するために、または他の帝国主義国と競争して、あるいは時には利益または危険を共有する場合には彼らと連携して、産業、貿易、投資の機会を促進するために、政府と外交の機関を利用すること。

(52)*Hearings*(『聴聞会』)第七部、一九三〇年五月二十二日、六五八頁以降。

(53)W・S・マイヤーズ著 *The Foreign Policies of Herbert Hoover, 1929-1933*(『ハーバート・フーバーの外交政策一九二九―一九三三』), Charles Scribner's Sons, 1940、一六九頁以降。一九三二年に至っては民主党でさえ、反帝国主義的な熱情をほとんどなくしてしまっており、フィリピンに対して無条件で独立を認め、そして極東の帝国主義的な冒険から確実かつ完全に撤退する覚悟を持たなかった。

(54) *American Year Book (1932)*（『アメリカ年鑑（一九三二年版）』）、八六頁。

(55) 前掲書。

(56) 実際のところ、どうやらふたつのドクトリンがあったようだ。ひとつはフーバー大統領が道義的な意味合いのみに基づいて考案し、追求したものだった。もうひとつはスティムソン長官が考案し追求したもので、ドクトリンが無駄でないことになっている限り、制裁を課すことを、制裁が失敗した場合には戦争に訴えることを伴う帝国主義かつ国際主義の意味合いを持ったものだった。マイヤーズ、前掲書、一六六頁、一六七頁、二二九頁脚注、二五三頁など。後段、次章の脚注(15)前後を参照。

(57) *American Year Book (1932)*（『アメリカ年鑑（一九三二年版）』）、五九頁以降。

第六章

(1) 帝国主義の定義については、第五章の注（51）を参照。

(2) 書簡については、ルーズベルト、『公文書』第一巻、八七三頁以降を参照。

(3) *After Seven Years*（『七年が過ぎて』）、六九頁。

(4) 前掲書、七八—七九頁。

(5) R・L・ウィルバーとA・M・ハイド共著 *The Hoover Policies*（『フーバーの政策』）, Charles Scribner's Sons, 1937、六〇四頁。

(6)『公文書』第二巻、一六九頁以降。

(7) スティムソン氏の外交についての見通しに関しては、この章の注（13）以降の本文を参照。

(8) 数多くの努力がなされたにもかかわらず、「侵略者」という言葉について広く一般的に認められた定義が存在したことはない。このことは、好ましくない国を抑圧したいと望む大国にとって都合のよいことである。

(9) 議題の要約については、ビーアド著 *The Open Door at Home*（『国内における開放政策』）, The Macmillan Company, 1934、一一三頁以降を参照。

(10) *After Seven Years*（『七年が過ぎて』）、八八頁。

(11) 前掲書、七〇頁。

(12) この問題の内部事情についてはモーリー、前掲書、一九六—二九六頁を参照。

(13) 前章の注（50）以降の本文を参照。

(14) イギリスに関して言えば、かの国の政府はスティムソン長官の構想に関わることをあたまから拒否したと言っておかなければならない。一九三三年二月二十七日、ジョン・サイモン卿はこう宣言した。「いかなる状況下にあっても、この国が問題の闘争に関与することを政府は許可しない」。*The Collected Papers of John Bassett Moore*(『ジョン・バセット・ムーアの資料集』), Yale University Press, 1945、第六巻、四五三頁。いわゆるスティムソン・ドクトリンの起源については、ベンジャミン・B・ウォレス著 "How the United States 'Led the League' in 1931,"(「一九三一年に合衆国がいかにして〝連盟を主導した〟か」), *American Political Science Review*, XXXIX(一九四五年二月号)、一〇一頁を参照。

(15)モーリー、前掲書、九三—九四頁。

(16)ウィリアム・S・マイヤーズ著 *The Foreign Policies of Herbert Hoover, 1929-1933*(『ハーバート・フーバーの外交政策、一九二九—一九三三年』)の一六六、二二九頁の脚注。

(17)フーバー大統領が考えたところの不承認ドクトリンでさえ、憲法の下で政府が設立されたときから第一次ウッドロウ・ウィルソン政権まで維持されてきたアメリカの外交政策からの逸脱を意味していた。チャールズ・A・ビーアド著 *A Foreign Policy for America*(『アメリカのための外交政策』), Alfred A. Knopf, 1940 の三—三五頁、一三四—一五四頁。この逸脱の重要性に関しては本章の注(36)を参照。

(18)マイヤーズ、前掲書、二二九頁の脚注(傍点筆者)。

(19)ウィルバーとハイド共著、前掲書、六〇一頁(傍点筆者)。

(20)この表現は、私が不動の権威とみなしているものに基づいている。

(21)注(38)よりあとの本文を参照。

(22)注(27)よりあとの本文を参照。

(23)『ニューヨーク・タイムズ』紙、一九三三年一月十七日。

(24)日本と中国の情勢に詳しいアジア問題の研究者は誰しも、スティムソン・ドクトリンは合衆国の海軍力の増強と、日本がスティムソン氏のドクトリン——日本の帝国主義者はこれをアメリカの帝国主義を覆い隠すための単なる口実にすぎないとみなしていた——を拒絶した場合には戦争も辞さないという毅然とした意志によって直ちに裏打ちされないかぎり、単なるこけおどしにすぎないということを重々承知していた。スティムソン氏は、顧問としていた極東問題専門家のスタンレー・ホーンベック氏からその旨、警告されていた(ピアソンとブラウン著 *The American Diplomatic Game*(『アメリカの外交ゲーム』。〝ゲームの駒たち〟に捧げられた本書の三〇一頁以降)。情報に通じたアメリカ海軍の将校たちはこのことを十分に承知していたし、戦争へ向かう道を突き進むスティムソン氏に対して、彼らの一部が「海軍は準備が整っていない」と警告したと信じるだけの正当な理由がある。

(25)『ニューヨーク・タイムズ』紙、一九三三年一月十七日、第一面（傍点筆者）。

(26)九カ国条約において、合衆国を含む締約国は中国の国家としての一体性を保証していなかった。彼らは単にそれを尊重することに同意していたにすぎない。この違いは、その前提に対するアメリカの義務に極めて重大な影響を及ぼしている。

(27)『ニューヨーク・タイムズ』紙、一九三三年一月十八日、第一—第二面（傍点筆者）。ルーズベルト氏の『公文書』第一巻、第二五章。この章には一九三二年十一月から一九三三年三月四日までの一部の文書が含まれている。ただ、一九三三年一月十七日の重要声明については触れていない。

(28)*After Seven Years*（『七年が過ぎて』）、九四—九五頁。あるいはモーリー氏とタグウェル氏は、彼らが思ったほどルーズベルト氏の信用という砦の奥深くには入り込んでいなかったのかもしれない。

(29)一九二〇年八月、副大統領候補として選挙戦に出馬していたルーズベルト氏は、アメリカが国際連盟の総会で、ハイチ、サントドミンゴ、パナマ、キューバと合計一二票の割り当てに相当するだけの中米諸国の票をコントロールするようになる、と豪語した。『ニューヨーク・タイムズ』紙、一九二〇年八月十九日、第一五面。

(30)アメリカが一九一四年のメキシコとの宣戦布告なき戦争で、ベラ・クルーズの掌握と占領によって条約と平和の誓いと調停の「尊厳」を犯した件については、ムーア著、前掲書、第六巻、四四四—四四五頁を参照。

(31)一九四五年九月、ジョセフ・ガフィー上院議員は、スティムソン氏が陸軍長官を辞任した際に送った感銘的な賛辞の中で、ルーズベルト氏が一九三三年三月四日に大統領に就任するかなり前に「極東でのスティムソン氏の政策を明確に支持していた」という事実に注意を喚起した。ガフィー上院議員は、スティムソン氏がすぐれた勲功をたててきたことを、国家のために祝福すべきだ、との考えを示した。『連邦議会記録』、一九四五年九月二十五日。この発言は、日本がかつて占領していた満州内の特定の港湾と戦略的地位とをロシアが承継した後になされた。

(32)『公文書』第二巻、一一二—一一三頁。

(33)『アメリカ年鑑（一九三三年版）』、六一—六二頁。

(34)『公文書』第二巻、九八頁。この報告書には省略されたくだりがあるが、これは第一巻の出版を準備する過程で、編集者たちによってなされたことだ。一九三五年、上院が今にも国際司法裁判所への支持を否決しようとしていたそのとき、ルーズベルト大統領は支持に賛成するよう促す教書を送った。しかし、大統領の政党が上院で圧倒的多数を占めていたという事実があったにもかかわらず、彼はその裁可を上院に「必ず」決議するよう求める計画に含めることは控えた。

(35) 通商協定法は、合衆国政府に対する支払い義務を履行できなかった外国政府(ならびにその傘下機関)による債券と証券の販売を合衆国内で非合法化したジョンソン法によって部分的に相殺された。

(36) 外国政府を承認するか、不承認とするか、という問題の意義は、"時事問題"学派のもとで育ったアメリカ人の世代には、完全に失われてはいないにせよ、ほぼ失われているようだ。一九一三年以前は、合衆国政府は承認の可否を決断するにあたって、承認を求めている政府あるいはすでに承認された政府が、アメリカと平和的な関係を築き、国際関係上、当然の義務を果たす限り、それがいかなる政府であっても、その制度や慣習、倫理観を改善する義務は負わないという原則のもとで判断を下してきた。一九一三年以後、ウィルソン大統領がこの旧来のルールから離脱し、その結果、合衆国政府は政治上の、および制度上の形態について異なる考えを持つ政府との関係を断つべきである、あるいはアメリカの政治、経済、倫理観にかなう政府のみを承認すべきであると要求することが、特定の筋の間で、人気を博すようになった。合衆国内外の共産主義者は、「モスクワの路線」に沿ったルールを常に唯一のルールとして、これに従うようになった。たとえば彼らはロシアが厳粛な条約(一九三三年から一九四一年)によってヒトラー・ドイツと結び付いていたときを除き、「ファシスト」政府との関係を断つことを支持した。彼らは一九四五年、ロシアの保護の下、東ヨーロッパで設立されたいかなる政府をも合衆国は自動的に承認すべきであり、その国内問題には介入すべきではないと主張した。アメリカの政策における「承認問題」の考察についてはムーア著、前掲書、特に第四章の三五五頁以降と第六章の四七〇頁以降を参照。共産国家ロシアとの関係をめぐる"危険に対する懸念"についてのムーア教授の意見は第六章の三四七頁以降。長年にわたり国務省において国家に奉仕し国際法と外交史の研究に長い人生を捧げてきたムーア教授は、十分な知識をもって話すことができた。不承認のドクトリンについては *Legal Problems in the Far Eastern Conflict*(『極東紛争の法律上の問題』), Institute of Pacific Relations, 1941、一五七—一七八頁にあるエドウィン・ボーチャードとフィービー・モリソンの論文を参照。

(37) *On Our Way*(『われわれの方途について』), The John Day

Company, 1934、一三三頁。

(38)フィリピンにおけるアメリカ海軍基地は留保されていた。ただし、最終的な決定は先送りにされた。

(39)一九三三年時点での大統領の主要な関心事についてのこの指摘の妥当性を検証したいとは思うものの、『公文書』のこの巻のすべての資料を読む時間も根気もない人は、せめて目次にある一九五項目のタイトルを調べることで全体の印象を確認してもよいかもしれない。

(40)この文章は『公文書』第二巻の一一頁に掲載された就任演説には見当たらない。しかし、大統領の著作である *On Our Way*（『われわれの方途について』）に掲載された演説にはある。どうやら『公文書』に載っている演説は、報道機関向けに配られたオリジナルの謄写版に従って政府印刷局が発刊した公式文書からとられたもので、ルーズベルト大統領は、演説が国民により強く訴えかけるように、と謄写版がつくられたあとに、ここで引用された一文を追加したようだ。

(41)アメリカの経済回復は、世界の為替を「安定化」させ、「貿易障壁を低減」することを目指す国際的な合意によって実現できるものであり、実現されるべきものであると信じていた国際主義者にとって、これは確かで明白な警告だった。

(42)『アメリカ年鑑（一九三四年版）』四八五頁以降。

(43)この問題は前述されている。注（5）の次の段落の後半以降。

(44)『公文書』第二巻、五二一頁以降。

(45)『アメリカ年鑑（一九三三年版）』八九頁。

第七章

(1)孤立主義の定義については第二章の注（2）以降の本文を参照。

(2)『フランクリン・デラノ・ルーズベルトの公文書と演説』第三巻、一二一頁。

(3)前掲書、第三巻、二七五頁以降。

(4)前掲書、第三巻、一一三頁以降（傍点筆者）。

(5)免税で輸入されていた消費財の割合は、実際のところ、一九三一―三五年よりも、一九三六―四〇年の方が平均すると低かった。『合衆国統計摘要』（合衆国政府印刷局、一九四二年）、五三六頁。

(6)『公文書』第三巻、一一七頁。〔訳注：原著の注（6）が誤って二個続いている。従って本訳書では一個ずつ注番号がずれている。〕

(7)フランク・C・ハニガン著 “Will the U. S. Take Trade and Fight for the British ?”（「アメリカは貿易をとってイギリスのために戦うのか」）、『ニューヨーク・ポスト』

紙、一九三八年九月十三日(ロンドン発の記事)。

(8)『アメリカ年鑑(一九三四年版)』、七〇頁。

(9)前掲書(一九三四年版)、七六頁以降。

(10)前掲書。

(11)第五章、注(53)以降の本文を参照。

(12)『アメリカ年鑑(一九三四年版)』、五五頁。

(13)たとえば一九三三年四月二十九日に行われたアメリカ国際法学界でのスピーチ、一九三四年五月五日のカンバーランド大学同窓会での講演、一九三四年六月十一日に行われたウィリアム・アンド・メアリー・カレッジ卒業生に対する講演、一九三四年十一月一日の全米貿易協議会(NFTC)での講演。

(14)極東でのアメリカ帝国主義についてのアメリカ側とヨーロッパ側の関係書類一式、極東地域におけるスティムソン長官の工作に関する多くの文書、国際倫理についてのハル国務長官の演説のコピー、そして国務省が一九三四年に公表することが適切だと判断したわずかな情報を入手した私は、ルーズベルト政権はやがて合衆国を日本との戦争に巻き込むことになるとの結論に達した。ジョン・バセット・ムーア教授のもとでの、そして私自身の外交史と国際法に関する研究が私に何かを教えてくれたとするならば、大国の政府高官が道義的ルールを他国政府に課して、それらを撤回するよう求められることもなく、あるいはそれらを強要するための歴史的手段——戦争——を用いることを求められることもなく、永久にいられるということはない、ということである。不承認政策が続けられ、ハル国務長官が世界の従うべき道義を形成し、国内の経済危機が長期化した果てにどこに至るかについての私の結論は、『スクリブナー』誌の一九三五年二月号に掲載された"National Politics and War"(「国内政治と戦争」)に提示した〔本書〈附〉、四六九頁〕。この論文で私は、ルーズベルト大統領はこの戦争を戦うことを「選ぶ」あるいは戦争に「遭遇して巻き込まれる」と述べ、次のような言葉で締めくくった。「ジェファソニアン党〔訳注:第三代大統領トーマス・ジェファソンと第四代大統領ジェームズ・マジソンが指導して設立した合衆国初期の政党である民主共和党を指す。連邦派のフェデラリスト党やアレクサンダー・ハミルトンの主張に対抗した。リパブリカン党、ジェファソニアン・リパブリカン党と自称したが、実質的には現在の民主党の前身〕はこの国に一八一二年の戦争〔訳注:イギリスとの間で戦われた第二次独立戦争〕とメキシコ戦争〔訳注:一八四六年から四八年にかけて行われた戦争。一八二一年にスペインから独立したメキシコは現在のカリフォルニア州、アリゾナ州など北アメリカ大陸南西部の広大な地域を所有していた。しかし、この戦争に負けてそれらをすべて手放した（当時のメキシコ領土の三分の一に相当）」を与え、世界大戦への参加をもたらした。次は太平洋戦争だ。その先には来たるべき暗い世界の物語があるのだ」〔訳注：来たるべき暗い世界の物語（Shadowy Shape of Things to Come、傍点訳者）は一九三三年から二一〇六年までの未来を描いたH・G・ウェルズのSF小説 *The Shape of Things to Come*『来たるべき世界の物語』にかけていると思われる〕。ちなみに民主党の一九〇〇年選挙綱領もまた、共和党の帝国主義を限りなく否定しフィリピン独立を支持しながらも、フィリピンに対して「ほぼ一世紀の間、中南米大陸の各共和国に与えてきたような外部の干渉からの保護」を保証していた。亡くなるほんの少し前、セオドア・ルーズベルトもまた、フィリピンがアメリカ共和国にとっての〝アキレス腱〟であることに気付いたのである。

(15)『公文書』第四巻、一五頁以降。

(16)前掲書、第四巻、四―四一頁。

(17)この議論が戦わされていた当時、私は、ワシントンにいて国際司法裁判所に加わることを支持していた人々と接触していた。彼らのうち何人かは私に対して、ルーズベルト大統領が参画に頑強に反対する民主党の上院議員たちに、国際司法裁判所への支持に投票するよう〝指示〟しなかったことを極めて残念がってみせた。上院ロビーでは、大統領が上院の民主党幹部とかなり周到な交渉をしていると伝えられていた。もし、そうであったならば、大統領は彼らに対して批准を強要するのに十分な圧力を加えなかったか、あるいは加えられなかったということになる。

(18)『公文書』第四巻、三一五頁。

(19)前掲書、第四巻、四四〇頁。しかしながら、孤立主義者は、大統領がイタリアに少なくとも〝道義的〟制裁を課すことによって連盟を支援しようと個人的に努力していると非難した。しかし、紛争に巻き込まれるのを避けるということの決意の表明は明確であり、否定しがたいものだった。

(20)前掲書、第四巻、三四六頁。

(21)(傍点筆者)。大統領の報道機関向けの発表資料とその意味そしてそれが示唆するところに関する批判的分析については、E・M・ボーチャードとW・P・レイジ著 *Neutrality for the United States*（『合衆国にとっての中立』）、2d ed. Yale University Press, 1940、三一五―三一七頁。

(22)『公文書』第四巻、四一〇―四一一頁。

(23)前掲書、第四巻、四二三頁。

(24)前掲書、第四巻、四四一頁以降。

(25)前掲書、第四巻、四五二―四五三頁。
(26)『アメリカ年鑑(一九三五年版)』、六七頁。
(27)『公文書』第五巻、一二頁。「政府の、あるいはピットマン上院議員の新中立法」の性格と沿革については、およびルーズベルト大統領が署名した一九三六年中立法に関する共同決議については、ボーチャードとレイジ、前掲書、三二四頁以降を参照。
(28)『公文書』第五巻、一一七頁。
(29)前掲書、第五巻、二三五―二三六頁。一九三六年選挙の民主党綱領は戦争に反対することをあらためて断言し、諸国家間の紛争の平和的解決を支持していた。そして以下のように述べている。「われわれは他国の紛争に対して真の中立を順守し続ける。われわれはわれわれに対する侵略に抵抗するために決然と備えをかため続ける。われわれは平和のために働き、戦争が利益を生まないようにするための努力を続ける……」。
(30)前掲書、第五巻、二八五頁以降。
(31)前掲書、第五巻、五七二―五七三頁。
(32)『アメリカ年鑑(一九三六年版)』、七七―七八頁。

第八章

(1)『アメリカ年鑑(一九三七年版)』、三六六頁。
(2)たとえば『フォーリン・アフェアーズ』誌、一九三六年四月号に寄稿した「ナチス下の教育」についての論文で、私は次のように書いた。「軍国主義の教育システムによって激しい怒りに捕らわれ、深い憤りを抱え、自らの殻に閉じこもったドイツ国民は、ヒトラーと彼の技術専門家と軍隊が、東洋あるいは西洋に不意打ちの攻撃を仕掛けて壊滅的なダメージを与える用意を整え、かつその成功にかなりの確信を持つようになるその日のために訓練されている。ヒトラーの国家の構想、およびドイツの教育の目的について、これ以外の期待を抱くことは、妄想を抱くことである」。
(3)『公文書』一九三七年巻、The Macmillan Company, 1941、一一五頁。
(4)合衆国の歴史的な政策としての〝承認〟の原則と、日本の満州侵略のケースにおけるルーズベルト大統領の不承認ドクトリンへの執着については、第六章の注(32)以降の本文を参照。
(5)第六章、注(14)以降の本文を参照。
(6)このとき、共産主義者は〝ファシズムに対する統一戦線〟路線をとっていた。ワシントンのソ連大使館の外交官が、一九三七年から三八年にかけての冬、ホテルに私を訪ねてきて長々と次のように主張した。合衆国が日本と戦争を起こすことは決して帝国主義的特徴を帯びることはなく、むしろ世界中で〝民主主義〟運動に貢献するであろう、と。私が彼に、合衆国の極東での活動は搾取された人民に対する〝帝国主義的〟侵略だと非難する、過去の共産主義者の文献を示し、それらと新しい路線――〝ファシズムに対する統一戦線〟のもとでの文献と対比したとき、彼は幾分うろたえたような様子だった。

(7)(傍点筆者)。ルーズベルト大統領宛てのブロッドニー氏の手紙、アーリー氏の返書、サンディエゴとシャトークアでの演説からの該当箇所の抜粋、私の反論は『イベンツ』誌の一九三七年九月号に掲載されている。これらの抜粋に関しては第七章、注(20)以降の本文と、注(29)の直前の本文を参照。

(8)『公文書』一九三七年巻、四〇八頁以降。

(9)『公文書』一九三九年巻の序文、xxviii(二八)頁。

(10)この描写ができるのは、ニューディール政策のシンパである著名なジャーナリストのおかげだ。このジャーナリストは大統領の記者会見に出席し質疑応答に参加した。

(11)この発言は、国務長官だったスティムソン氏が唱えていたような制裁を否定したものと思われた。第六章、注(14)以降の後段を参照。

(12)これはフーバー大統領の不承認政策の概念で、スティムソン氏がこれに制裁と威圧を加えたのだった。第六章、注(16)以降の本文を参照。

(13)この記者会見の速記録は『公文書』一九三七年巻、四一四頁以降。

(14)第二章、注(15)以降の本文を参照。

(15)第九章と第一〇章を参照。

(16)『ニューヨーク・タイムズ』紙、一九三七年十月八日、三頁。

(17)『公文書』一九三七年巻、四三七―四三八頁。

(18)『ニューヨーク・タイムズ』紙、一九三七年十月十四日。

(19)前掲紙、一九三七年十月十四日。

(20)この記者会見の速記録は『公文書』一九三七年巻にはない。しかし、報道記事はルーズベルト氏と記者たちとの間で交わされたやり取りについての手がかりを与えてくれている。

(21)『ニューヨーク・タイムズ』紙、一九三七年十月十六日。

(22)前掲紙。

(23)『ニューヨーク・ヘラルド・トリビューン』紙、一九三七年十月十六日。

(24)一九四一年二月二十八日付の手紙。

(25)ウォルター・ジョンソン著 *The Battle against Isolation*(『孤立主義との戦い』)、一九頁。

(26)『ニューヨーク・タイムズ』紙、一九三七年十月八日。

(27)『ニューヨーク・ヘラルド・トリビューン』紙、一九三七年十月六日、三頁で引用されていた。
(28)『ニューヨーク・タイムズ』紙、一九三七年十月六日、一七頁で引用されていた。
(29)一九三七年十月七日、二〇頁。
(30)『ニューヨーク・タイムズ』紙、一九三七年十月六日、一七頁で引用されていた。
(31)前掲紙。
(32)『ニューヨーク・ヘラルド・トリビューン』紙、一九三七年十月六日、三頁で引用されていた。
(33)一九三七年十月十六日号、三九一—三九二頁。
(34)『ニューヨーク・タイムズ』紙、一九三七年十月十四日、一六頁。これは一九三七年十月十六日号の『ネーション』誌に掲載されたこの演説が「何週間も前から計画されていた」という趣旨のドリュー・ピアソンの見解を裏付けた。
(35)『ニューヨーク・タイムズ』紙、一九三七年十一月十二日。
(36)前掲紙、一九三七年十月十八日。二年後の一九三九年、スターリンがヒトラーと条約を結ぶと、共産党はルーズベルト大統領の政策は〝帝国主義〟であり〝戦争を挑発している〟として、激しい敵意をみせる路線に転じた。ヒトラーが一九四一年にロシアに宣戦布告すると、共産主義者は再び、〝一〇〇％〟ルーズベルト大統領を支持し、ドイツやヨーロッパのドイツの衛星諸国家に反対する路線に転じた。ロシアは一九四五年八月まで日本と戦争を始めなかったので、モスクワに倣うことを常としていたアメリカの共産主義者は、かつてはその精神も目的も〝帝国主義〟だと非難していたアメリカの太平洋での戦争には、慎重に対応した。彼らは一九四五年に日本が降伏すると、〝帝国主義〟に対するかつての立場に、どうやらためらうことなく、回帰したのだった。
(37)一九三七年十月十九日。
(38)一九三七年十月六日。
(39)一九三七年十月十二日。
(40)一九三七年十月十三日、二六頁。
(41)一九三七年十月六日と九日。
(42)社説、一九三七年十月七日。
(43)『ニューヨーク・ヘラルド・トリビューン』紙と『ニューヨーク・タイムズ』紙からの引用、一九三七年十月六日。
(44)一九三七年十月二十日。一九三八年二月、『ニュー・リパブリック』誌の編集者のひとり、ブルース・ブリーベンは、このときルーズベルト大統領の勧告に基づいて連邦議会に上程されていた大海軍設置法案に反対した。ブリーベン氏は、法案の真の意図は合衆国の防衛にあるのではなく、世界政治への進出である、と主張した。ブリーベン氏は、ウォルター・リップマン、ハル国務長官、リーヒー提督について、彼らは提案されている海軍法案の真の目的を故意にゆがめて伝えている、と非難した。「この紳士諸氏がわれわれに話してきたナンセンスを、彼らが本気で信じていると考えるほど、私は無礼ではありません。思うに、彼らは、それらが何を意味しているのか、非常に明確に理解しているものの、その意図も、その意図に隠された理由も、公表することを拒んでいるのです」。海軍委員会での公聴会。第七五議会、第三会期（一九三八年二月九日）、二一〇頁以降。言い換えれば、ブリーベン氏は、この法案の発起人と後援者たちは、自分たちが本当はどのような外交政策を追求しているのか、追求しようと密かに提案したのか、という点について、大衆を意図的に欺いていた、との立場をとったのだった。

(45)「視点」『ニューズウィーク』誌、一九三七年十月十五日号。モーリー氏は間違いなく、隔離演説は、ルーズベルト氏がスティムソン・ドクトリンを容認したことと確実に関係があるとみていた。後者について彼は一九三三年一月の段階で懸念を表明していた。第六章、注（16）の本文の段落以降を参照。

(46)社説、一九三七年十二月。

(47)『公文書』一九三七年巻、四六三頁。

(48)『アメリカ年鑑（一九三七年版）』八四頁。

(49)『公文書』一九三七年巻、四九〇頁以降。

(50)前掲書、五四一頁以降。

(51)前掲書、五四九頁以降。

(52)合衆国が国際連盟にも、パリ条約や中立法に含まれる国際主義に対しても、一切義務を負っていなかったという事実については不確かな点はなかった。

(53)『アメリカ年鑑（一九三七年版）』九二頁以降。

(54)『海軍委員会報告書』第一八九九号、下院、第七五回連邦議会、第三会期（一九三八年）、二頁。

(55)『少数派の見解』第一八九九号、第二部、下院、第七五回連邦議会、第三会期（一九三八年）。この異議の中で、三人の共和党議員は、ウィリアム・ジェニングス・ブライアンと「銀貨の自由鋳造」を支持しなかったものの、今世紀初めにおける帝国主義には反対した旧い共和党議員たちの路線を事実上とった。帝国主義それ自体に関して、三人は一九〇〇年の民主党の路線を踏襲していた〔訳注：ウィリアム・ジェニングス・ブライアンは一八九六年、一九〇〇年、〇八年の民主党大統領候補者。初めて出馬した際、銀貨の自由鋳造によるデフレ脱却を訴え、二度目の出馬時には反帝国主義を掲げたが、いずれの選挙でも、共和党候補のウィリアム・マッキンリーに敗れた」)。

(56)たとえば「戦時中に不当に利益を上げることを防止し、戦争の負担を平等化することによって国防に備え、平和を促進する」法案、第一八九九号、下院、第七五回連邦議会、第三会期を参照。

(57)『公文書』一九三八年巻、五三一頁以降と五三五頁以降。

(58)「一九三八年における合衆国と国際機関」*International Conciliation*(『国際調停』)誌、一九三九年九月号、カーネギー基金、三七五頁以降。

第九章

(1)『公文書』一九三九年巻、一頁以降。

(2)前掲書、一一〇頁以降。

(3)*Peace and War, 1931-1941*(『平和と戦争 一九三一年—一九四一年』)、国務省、一九四三年一月、本文の六四頁。

(4)これらの抜粋は、『連邦議会議事録』第七六回議会、第一会期、第八四巻、第八部(一九三九年六月)から引いてある。各抜粋部分の最後にある数字は抜粋がされた巻の頁を示している。

(5)『公文書』一九三九年巻、三八一頁以降(傍点筆者)。

(6)前掲書(傍点筆者)。

(7)チャールズ・A・ビーアド著"The Neutrality Deadlock"(「行き詰まった中立」)『イベンツ』誌、一九三九年九月号、一六一頁以降。

(8)『公文書』一九三九年巻、四六〇頁以降。

(9)この書簡の交換に関するチャーチル氏側の説明については『ロンドン・タイムズ』紙、一九四五年四月十八日を参照。

(10)『公文書』一九三九年巻、五一二頁以降を参照(傍点筆者)。

(11)連邦議会議事録、第七六回議会、第二会期、第八五巻、第一部(一九三九年十月十二日)、三三八—三三九頁。

(12)連邦議会議事録、第七六回議会、第二会期、第八五巻、第一部(一九三九年十月三十一日)、一一一九頁以降。

(13)連邦議会議事録、第七六回議会、第二会期、第八五巻、第二部(一九三九年十一月一日)、一一九三頁。

(14)前掲書、一一九二頁。

(15)連邦議会議事録、第七六回議会、第二会期、第八五巻、第二部(一九三九年十一月二日)、一三一一頁。

(16)連邦議会議事録、第七六回議会、第二会期、第八五巻、第一部(一九三九年十月十六日)、四八五—四八六頁。

(17)連邦議会議事録、第七六回議会、第二会期、第八五巻、第二部(一九三九年十一月一日)、一一九六頁。

(18)連邦議会議事録、第七六回議会、第二会期、第八五巻、第一部(一九三九年十月二十七日)、一四〇五—一四〇七頁。
(19)後段、第九章の注(38)の前段を参照。
(20)連邦議会議事録、第七六回議会、第二会期、第八五巻、第二部(一九三九年十一月一日)、一一六七頁。
(21)連邦議会議事録、第七六回議会、第二会期、第八五巻、第二部(一九三九年十一月二日)、一三〇四頁。
(22)連邦議会議事録、第七六回議会、第二会期、第八五巻、第一部(一九三九年十月四日)、九二頁。
(23)連邦議会議事録、第七六回議会、第二会期、第八五巻、第一部(一九三九年十月五日)、一二五、一三二頁。
(24)連邦議会議事録、第七六回議会、第二会期、第八五巻、第一部(一九三九年十月十日)、二四一—二四三頁。
(25)連邦議会議事録、第七六回議会、第二会期、第八五巻、第一部(一九三九年十月十一日)、二九〇頁。
(26)連邦議会議事録、第七六回議会、第二会期、第八五巻、第一部(一九三九年十月十七日)、五〇〇—五〇一頁。
(27)連邦議会議事録、第七六回議会、第二会期、第八五巻、第一部(一九三九年十月十九日)、六〇〇頁。
(28)連邦議会議事録、第七六回議会、第二会期、第八五巻、第一部(一九三九年十月二十六日)、九一一頁。
(29)連邦議会議事録、第七六回議会、第二会期、第八五巻、第一部(一九三九年十月二日)、六九頁以降。
(30)連邦議会議事録、第七六回議会、第二会期、第八五巻、第一部(一九三九年十月四日)、九五、九八、一〇三頁。
(31)連邦議会議事録、第七六回議会、第二会期、第八五巻、第一部(一九三九年十月十日)、二五〇頁。
(32)連邦議会議事録、第七六回議会、第二会期、第八五巻、第一部(一九三九年十月十一日)、二七〇、二七五、二八〇頁。
(33)連邦議会議事録、第七六回議会、第二会期、第八五巻、第一部(一九三九年十月十三日)、三六〇頁。
(34)連邦議会議事録、第七六回議会、第二会期、第八五巻、第一部(一九三九年十月十二日)、三一五頁。
(35)前掲書、三二一頁以降。
(36)連邦議会議事録、第七六回議会、第二会期、第八五巻、第一部(一九三九年十月十七日)、四六一—四六二頁。
(37)連邦議会議事録、第七六回議会、第二会期、第八五巻、第一部(一九三九年十月十七日)、四九四頁。
(38)連邦議会議事録、第七六回議会、第二会期、第八五巻、第一部(一九三九年十月二十日)、六三一—六三二頁。
(39)『公文書』一九三九年巻、五五六—五五七。
(40)このコメントは大統領の『公文書』一九三九年巻の xxxviii(三八)頁、一九四一年七月付の序文の中にある。
(41)前掲書、五八九頁。当時、ヒトラーと同盟下にあったロシアは、エストニア、ラトヴィア、リトアニア、そして東ポーランドの大部分を占領していた。また、ロシアはフィンランドに戦争を仕掛けていた。一九三九年十二月六日、ルーズベルト大統領は、フィンランドの独立記念日に送った祝辞の中で次のように述べた。「合衆国国民と政府は、彼ら［フィンランド国民］と彼らの政府に心から敬意を表します」と。『公文書』一九三九年巻、五九五頁。

(42) Porter Sargent, *Getting Us into War*（『われわれを戦争に巻き込む』）, Porter Sargent, 1941 に引用されていた。

(43) 前掲のサージェントに引用されていた。二〇四―二〇五頁。バーンズ上院議員はその後もルーズベルト大統領にとってかなり役に立つ存在であった――つまり一九四〇年の民主党綱領に反戦項目を盛り込んだり、一九四一年の武器貸与法を通過させたりするうえで。一九四一年六月、バーンズ上院議員は合衆国連邦最高裁判所の判事に指名された。

第一〇章

(1)『公文書』一九四〇年巻、一頁以降（傍点筆者）。

(2) 前掲書、一六八頁。

(3) 前掲書、二〇四頁（傍点筆者）。

(4) 前掲書、二八八頁以下（傍点筆者）。一九四〇年六月十八日、ウィルキー氏がブルックリンで行った演説で述べていたことをここに記す。「……連合国側の大義に満腔の思いを持ちつつも、われわれは戦争を避けなければならないのです……私たちはどんな戦争であっても、この大陸の岸壁から兵士を戦わせるために送り出すつもりはないのです……」。

(5) 一九四四年九月八日に *The United States News*（『合衆国ニュース』）紙が、デービッド・ローレンスの序文付きで再び掲載した。ローレンスは、熱烈な介入主義者で、ニューディールの〝社会主義〟に敵対した。前出（第五章）を参照。

(6) 一九二四年の党大会の性格に関する記述は前出（第四章）を参照。

(7) 一九三二年二月二日、ルーズベルト知事が国際連盟を拒否した件については前出（第五章）を参照。

(8) ヒトラー・ドイツと条約によって結びついたロシアは、しばらく前からフィンランドと戦争をしていた。一九四〇年二月、ルーズベルト大統領は次のように述べていた。「事実に立ち向かう勇気を持つ人間なら誰でも知っているように、ソ連は世界の他の独裁国家と全く同じように絶対的独裁権力によって支配されている。ソ連はもうひとつの独裁国家と同盟を結んだ。……」。『公文書』一九四〇年巻、九三頁。

(9) ウェンデル・L・ウィルキー著 "We the People"（「われわれ人民」）、『フォーチュン』誌、XXI-4号（一九四〇年四月)、一七二頁。
(10)『ニューヨーク・タイムズ』紙、一九四〇年五月五日(傍点筆者)。
(11)前掲紙、一九四〇年五月十六日(傍点筆者)。
(12)前掲紙、一九四〇年五月二十二日。
(13)前掲紙、一九四〇年六月九日(傍点筆者)。
(14)前掲紙、一九四〇年六月十三日(傍点筆者)。
(15)前掲紙、一九四〇年六月十五日(傍点筆者)。
(16)前掲紙、一九四〇年六月十六日(傍点筆者)。
(17)前掲紙、一九四〇年六月十九日。
(18)前掲紙、一九四〇年六月二十三日。
(19)ジョンソン著 *The Battle against Isolation*(『孤立主義との戦い』)、特にその第五章。
(20)論説、『ニューヨーク・タイムズ』紙、一九四〇年六月十九日。
(21)『ニューヨーク・タイムズ』紙、一九四〇年六月十九日、第一面。
(22)前掲紙、一九四〇年六月二十一日。
(23)前掲紙、一九四〇年六月二十五日、第一部、第三面。
(24)"Republicans Act Like Democrats"(「民主党のような共和党の行動」)、前掲紙、一九四〇年六月二十五日。
(25)『ニューヨーク・タイムズ』紙、一九四〇年六月二十五日、第一面。
(26)前掲紙、一九四〇年六月二十六日。
(27)前掲紙、一九四〇年六月二十六日、第一面。
(28)前掲紙、一九四〇年六月二十七日、第一面から四面。
(29)前掲紙、一九四〇年六月二十七日。
(30)前掲紙、一九四〇年七月十三日、前出(本章)の「共和党大統領候補に指名される以前のウィルキー氏の平和に関する発言」の直前を参照。
(31)ルーズベルト大統領はヨーロッパの戦争で再びアメリカ人が血を流すことへの国民の反感を十分承知したうえで、一九四〇年より以前に次のような間違いなく反戦の決まり文句を考案していた。「たとえ何が起ころうとも、われわれは軍隊を外国に送ることはない」。『イベンツ』誌、一九四〇年五月号、三三二頁。ジョセフ・アルソップ、ロバート・キントナー著 *American White Paper: The Story of American Diplomacy and the Second World War*(『アメリカ白書――アメリカ外交と第二次世界大戦』), Simon & Schuster, 1940。この決まり文句は参戦に反対する多くのアメリカ人の警戒心をやわらげたものの、反戦派の民主党員たとえばバートン・K・ウィーラー上院議員は、大統領が振興し、実行してきた様々な措置に鑑みると、これは反戦の誓約としては十分なものではない、と主張した。
(32)『ニューヨーク・タイムズ』紙、一九四〇年七月十三日。

(33)ウィーラー上院議員は、ルーズベルト大統領の「戦争以外の」各種措置は、それらが阻止されなければ、最終的には戦争に巻き込まれ、アメリカの青年たちをヨーロッパの戦争で戦うために派遣することにつながる、と確信していた。

(34)この発言をするうえで、マーレイ氏は労働運動に参加していた共産主義者の支持を得ていた。というのは、当時、スターリンとヒトラーは前年に結んだ条約（独ソ不可侵条約）の下で同盟関係にあり、この同盟下での共産主義〝路線〟によると、ヨーロッパとアジアでの戦争は〝帝国主義の戦争〟にすぎず、そこに合衆国は参戦すべきではないとされていたからだ。ヒトラーとスターリンが一九三九年に盟約を結ぶ以前、アメリカの共産主義者たちは、ファシズムに対抗するための共通の〝前線〟を構築するよう盛んに世論をかきたてていた。しかし、盟約が成立すると、彼らはアメリカ国民に参戦しないことや合衆国の平和を維持することをひたすら求めるようになった。一九四一年六月にヒトラーがロシアを攻撃すると、アメリカの共産主義者たちは再び、モスクワの路線に合わせるために方針を転換した。そして〝連合国への支援〟とアメリカの参戦を求めて、同じように精力的な扇動活動を行ったのだった。

(35)『ニューヨーク・タイムズ』紙、一九四〇年七月十八日。

(36)前掲紙、一九四〇年七月十六日（傍点筆者）。

(37)前掲紙。

(38)ジョンソン、前掲書中に。

(39)『ニューヨーク・タイムズ』紙の社説、一九四〇年七月十六日。

(40)『ニューヨーク・タイムズ』紙、一九四〇年七月十七日。

(41)前掲紙。

(42)前掲紙。

(43)前掲紙。一九四〇年七月十八日。この予測によってマコーミック女史は、合衆国の国民に〝神聖な誓い〟をすることが習慣化した政党大会を取材する有能な記者であると同時に、真の予言者であることを証明した。

(44)この部分の表現は私が所有する未公表の資料に基づいている。私はこの資料が真正で信じるに足るものだと確信している。しかし、私は現時点ではこれらの資料の入手先を公表できる立場にはない。

(45)この提案は、ルーズベルト大統領が連邦議会に新たな国防予算を求めた一九四〇年七月十日の大統領教書に示唆されていた。この教書の最後の段落で大統領はこう語っていた。「これほど大規模な計画は大変な努力――総力を挙げて国を防衛することに国民全体が加わること――を必要とします。わが国は犠牲と労働と結束を通じて自由であり続けることを目指します」。
(46)私が全面的に信頼するにたると信じている複数の筋から得た情報は、根本的な複数の点において、アーサー・クロック氏の「民主党一九四〇年選挙綱領の不戦宣言」というコラムによって確認されている。『ニューヨーク・タイムズ』紙、一九四一年十月二十九日。
(47)『公文書』一九四〇年巻、三〇一―三〇二頁。
(48)後出(本章)の「選挙期間中のルーズベルト大統領の平和誓約」以降を参照。
(49)『ニューヨーク・タイムズ』紙、一九四〇年七月十八日。
(50)前掲紙、一九四〇年九月四日。
(51)前掲紙、一九四〇年九月八日。
(52)前掲紙、一九四〇年九月十四日。
(53)前掲紙。
(54)前掲紙、一九四〇年九月十五日。
(55)前掲紙、一九四〇年九月二十日。
(56)前掲紙、一九四〇年十月三日。
(57)前掲紙、一九四〇年十月五日。
(58)前掲紙、一九四〇年十月九日。
(59)このころすでに、ルーズベルト大統領が一九三九年の戦争勃発後、当時英海軍相だったウィンストン・チャーチルと秘かに書簡の交換を始め、その後もこれを継続しているという疑惑が浮上していた。一九四〇年八月二十五日、『ニューヨーク・タイムズ』紙は、イギリスで起きたケント・ラムゼイ事件に関する短い記事を掲載した。この記事は後日、ラムゼイ陸軍大尉が『タイムズ』紙を相手取って名誉棄損訴訟を起こす根拠となった。この事件はチャーチル氏とルーズベルト氏との間の書簡交換に関連していた。
(60)前掲紙、一九四〇年十月九日。
(61)前掲紙、一九四〇年十月十二日。
(62)前掲紙、一九四〇年十月十八日。
(63)前掲紙、一九四〇年十月二十三日。
(64)前掲紙。
(65)前掲紙、一九四〇年十月二十五日。
(66)前掲紙、一九四〇年十月二十六日。
(67)前掲紙、一九四〇年十月二十九日。
(68)前掲紙、一九四〇年十月三十日。
(69)前掲紙、一九四〇年十月三十一日。
(70)前掲紙。ウィルキーが選挙期間のまさに最終盤に行ったこの発言は圧倒的かつ非常に力強いもので、一大センセーションをまき起こした。国民がルーズベルト大統領を再選させたならば、一九四一年四月までに戦争になっているかもしれない、という具体的な批判がなされたのだ。それから三カ月ちょっと経った頃、つまり一九四一年二月十一日、ウィルキー氏は武器貸与法を支持するために上院外交問題委員会に出席した。彼は依然として、この国を戦争に巻き込むことは避けたいとの意向を表明していた。このとき、ナイ上院議員がウィルキー氏に対して、彼の一九四〇年十月三十日の選挙演説から一文を引用して読んだ。それは「国民への誓いを守ることにかけての彼のこれまでの実績からすると、彼が選ばれれば、一九四一年四月にはわが国は戦争していると見込んでいいでしょう」というくだりだった。上院議員はウィルキー氏に尋ねた。「あなたはいまでも、そうなるかもしれない、という考えに賛同しますか」。ウィルキー氏の答えはこうだった。「そうなるかもしれません。多少はキャンペーン用の誇張ではありました（笑い）。あなたが私のスピーチを読んでくれたことを非常に嬉しく思います。大統領は読んでないと言っていましたから（笑い）」。ここでナイ上院議員は締めくくった。「以上です」。武器貸与法に関する上院公聴会、第三部、九〇一頁から九〇五頁。

(71)『ニューヨーク・タイムズ』紙、一九四〇年十月三十一日。

(72)前掲紙、一九四〇年十一月五日。

(73)『公文書』一九四〇年巻、三九一頁。

(74)前掲書、四一五頁。

(75)前掲書、四六四頁。

(76)この問題についてウィルキー氏の声明を参照。

(77)『公文書』一九四〇年巻、四九九頁以降。

(78)ウィルキー氏の批判を参照。

(79)『公文書』一九四〇年巻、四九九頁以降。

(80)平時の選抜徴兵を定めるバーク・ワーズワース法が一九四〇年九月十四日に連邦議会を通過し、二日後に大統領がこれに署名した。

(81)『公文書』一九四〇年巻、五一七頁。この演説にルーズベルト大統領あるいは彼の協力者であるローゼンマン氏は、「われわれは全速力で前に進んでいる」とのタイトルをつけた。序文の分析から、反戦に関するすべての言及が削除されていた。その序文の分析は次の通りである。「（海軍と海軍基地を再建すること——陸軍を拡充し訓練すること——国防契約——軍人向け住宅供給——わが空軍力は増大している——イギリスのための航空機——製造能力——アメリカ農業回復の進展——農業従事者への支援に対する共和党の反対）」五一四頁。『公文書』一九四〇年巻の大統領の序論に付されている日付は、一九四一年七月十七日、ホワイトハウスにおいて、となっている。

(82)前掲書、五三九頁。

(83)前掲書、五四〇頁以降。

(84)前掲書、五四三頁。
(85)前掲書、五四六頁以降。
(86)前掲書、六三三頁以降。
(87)『ニューヨーク・タイムズ』紙、十月十二日。
(88)前掲紙、十月三十一日。
(89)前掲紙、十月三十一日。

〈附〉国内政治と戦争（一九三五年二月）

チャールズ・A・ビーアド

（『スクリブナーズ・マガジン』一九三五年二月号）

「富と才能」の党である共和党はもはや死に体なのか。現政権の失敗がわれわれを戦争に至らしめるのか。『アメリカ文明の興隆』の共著者、ビーアド博士が、彼の論文のなかでも最も重要な文献のひとつである本稿で、アメリカの歴史を教訓に、国内外の諸問題で今後われわれが進むべき道を提案する。〔初出編集部〕

民主党が合衆国政府の圧倒的多数を占めていることは、善良な共和党員や、象牙の塔から吹き荒れる嵐を見守っている傍観者にすぎない人々を当惑させている。毎度おなじみの作用と反作用の法則によれば、下院では共和党が過半数を支配しているはずだし、そうでなければ少なくとも、行政府とその議会の仲間たちを大いに牽制できるほど強大な少数派が存在しているはずなのだ。ワシントンの現政権は〔発足から中間選挙が行われるまでの〕二年間に、連邦議会や国内での支持を失うような失策を重ねなかったという不思議な政府なのだ。一体、何が起こったのか。アメリカ社会におけるルーズベルトの変革[*1]の意義とは何なのだろうか。

個人的な思い出にひたったり、炉端でゴシップ話をしたりしながら日々を過ごしている人々の口からは即答が得られるだろう。ついに、富と才能を象徴するグランド・オールド・パーティー[*2]は、落ちぶれ果てて、フェデラリスト[*3]やホイッグ[*4]のように世間からすっかり忘れ去られてしまうのだ、というのが、ある人々の答えである。別の人々の答えは、〔ルーズベルトの〕ニューディールはいまだに愚劣と無駄の行きつくところまで辿り着いてはいないが、やがては危機に至るであろう。そのとき、失望することに疲れ切った人々は、もういちど富と才能を象徴するグランド・オールド・パーティーに助けを求めることになるだろう、というものだ。以上で選択肢は論じ尽くされてしまったのだろうか。

この探求において、われわれを導いてくれるのは、パトリック・ヘンリー[*5]がかつて述べたように、経験という灯しか、つまりアメリカの歴史が過去にたどった歩みしかないのである。ニューディールとその発起人たちはこの歴史の中から生まれたのだ、ということに、まず異論はないだろう。となれば、アメリカの歴史から、いくつかの今日的意義のある推論が、かなりの確実性をもって導き出される。それを研究することによってまた、現在の民主党の躍進の性質とその行方について、何らかの手がかりが見えてくるかもしれない。ルーズベルト氏と一九三四年の選挙[*6]の意義についての第一の推論は、現在の民主党の躍進がこの手のものとして統計上は三度目のことであり、初めてではない、というものだ。富と才能の党はアメリカ史上これまでに二度、選挙で打ちのめされたことがある。似たような出来事は一八〇〇年〔の大統領選挙で〕、トーマス・ジェファソンのもとで起こった[*7]。それはまた一八二八年にアンドリュー・ジャクソンのもとで社会の下層部に、さらに大規模で、より深い変化をもたらす形で起こった[*8]。ウッドロウ・ウィルソン[*9]のもとでのニュー・フリーダム〔新自由主義〕[*10]のほとばしりは、このリストに加えることはできない。彼が一九一二年に当選したのは、選挙で過半数票を獲得できなかったこと[*11]に示されるように、政治的なまぐれあたりだった。彼の再選は世界大戦の混乱と困惑によるもので、特にわが国を参戦させないという彼のスローガンのおかげであった。

年	関連する出来事	主要政党	大統領（在任期間）
一七七五	フェデラリスト（連邦）党をハミルトン、アダムズらが設立。諸州連合に対抗	フェデラリスト党	
一七七六	アメリカ独立宣言		
一七八三	イギリスと講和条約（独立戦争：一七七五—八三）		
一七八七	フィラデルフィア憲法会議、憲法の起草		初代・ワシントン（一七八九—九六）
一七九一	フェデラリストに対抗してデモクラティック・リパブリカン（民主共和）党が誕生。ジェファソン、マディソンらが設立。（民主主義の台頭） 合衆国銀行設立		第2代J・アダムズ（一七九七—一八〇一）
一八〇〇	ジェファソンが大統領選挙に勝利〈最初の変革〉	デモクラティック・リパブリカン党（民主共和党）	第3代ジェファソン（一八〇一—〇九）
一八一一	合衆国銀行が失効		第4代マディソン（一八〇九—一七）
一八一二	対英戦争（〜一八一四）——→〈企業の台頭〉		第5代モンロー（一八一七—二五）
一八一六	第二合衆国銀行を設立		第6代J・Q・アダムズ（一八二五—二九）
一八二八	ジャクソンが大統領選挙に勝利〈第二の変革〉	民主党（デモクラティック）	第7代ジャクソン（一八二九—三七）
一八三〇	民主党をジャクソンが設立。（大農園主が支持）		第8代ヴァン・ビューレン（一八三七—四一）
一八三四	ホイッグ党を反ジャクソン派が設立（反民主党）		
一八三六	第二合衆国銀行が失効	ホイッグ党	第9代ハリソン（一八四一—四一）
一八四六	メキシコ戦争（〜一八四八）		第10代タイラー（一八四一—四五）
一八五四	共和党をリンカーンらが設立。ホイッグの流れを組む。（企業と西部が支持）	一八四五—六一年は交互に民主党とホイッグ党政権	
一八六一	南北戦争（〜一八六五）	共和党（リパブリカン）	第16代リンカーン（一八六一—六五）
一八六三	国法銀行法の成立		第22代クリーブランド（一八八五—八九）（民）
一八九三	恐慌		第26代T・ルーズベルト（一九〇一—〇九）
一八九八	アメリカ・スペイン戦争（〜一八九八）		第27代タフト（一九〇九—一三）
一九一七	第一次世界大戦にアメリカが参戦（〜一九二〇）		第28代ウィルソン（一九一三—二一）（民）
一九三〇	大恐慌		第31代F・ルーズベルト（一九二九—三三）
一九三二	フランクリン・ルーズベルトが大統領選挙に勝利〈第三の変革〉	民主党	第32代F・ルーズベルト（一九三三—四五）

（訳者作成）

〔第一次世界大戦が勃発した〕一九一四年までの数年にわたって政治的大躍進が見込まれたのは確かだが、そのことにどんな意味があったとしても、大戦そのものに対する熱情に、それは覆い隠されてしまった。

I

したがって、忘れられた人々[*12]の、富と才能の党に対する初めての勝利は、一八〇〇年にジェファソンの〝革命〟とともに起こったと言って間違いないだろう。それは〝永久革命〟の外観を呈していた。年を追うごとに、フェデラリスト党は激しく押し寄せる忘却の波にのまれて、わずかに盛り返すこともあったものの、忘却の淵により深く、深く沈んでいった。そしてついには消え失せた。ただし、それは党としては、であり、その名前がなくなったにすぎなかったが。フェデラリスト党のメンバーの多くはジョン・クインシー・アダムズ[*13]をはじめとして、あまりに明白な勝者となったジェファソン率いる新党になんとか入り込んだのだった。それ以外の面々は、隠れ家にこもってふてくされるか、あるいは弱々しい抵抗をみせるかしたが、それも寿命が尽きて現世から切り離されるまでのことだった。一八二四年には国全体がすっかりリパブリカン〔共和国主義〕[*14]――ジェファソンの党に用いられた名称――となっていた。この党は農業党を公然と自認していた。ジェファソンは表立ってその利益に訴えていたし、彼は農業――独立自営農民からなるシステム――だけが共和国にとっての揺るぎない基盤をもたらすことができるのだと繰り返し述べていた。この党の下では富は広く分配された。そしてアメリカ人の有権者の圧倒的多数は農民だった。実際のところ、ジェファソニアン派の革命は永遠であるように思われた。

しかし、ふたつのことがジェファソン派の革命の不変性を妨げた。そのひとつは戦争だった。ふたつ目はアメリカ企業の容赦ない干渉だった。国家経済において農業の優越性を維持するために、あらゆる努力が払われたにもかかわらず、である。これらはいまも変わらずに存在している――つまり戦争の急迫した危険と、企業の干渉だ。

一八〇〇年の〝革命〟後まもなく、ジェファソンのリパブリカン党は、富と才能の党がつくりあげた機構への攻撃を始めた。政府内の職務からフェデラリスト党員たちを追い出し、彼らが得ていた謝礼や報酬を奪ったのだ。そして〝富者〟の牙城――合衆国銀行[*15]――を襲い、設立認可の期限が切れると、消滅させてしまった。やがて彼らは〝富者〟が不公平な法律のもとで享受していた商業上の多くの利権さえも奪い取ってしまった。政府の恩恵の下で享受していた特権をはぎとってしまえば〝富者〟は零落する、と彼らは考えていたようだ。そうした〝大衆〟を食いものにした助成金や補助金こそが〝富者〟の、まさに生命線だ、と彼らは想像していたようだ。もし、物事が〝通常の〟経過をたどっていたならば、いったいどうなっていたか。それは誰にも分からないのだが、一八一二年、大英帝国との戦争[*16]が割り込んできた。

それは費用のかかる戦争だった。資金と弾薬などの必需品が必要となった。そして資金と軍需物資を供給することができるのは企業だけだった。こうした企業は、ニュー・イングランド地方[*17]を除いて、マジソン[*18]のリパブリカン党政権を支持するために集結した。企業は財務省に資金を貸し付け、リパブリカン党の補給将校に商品を売った――有償かつ一定の条件のもとで。戦争によって外国からの輸入が減少したため、アメリカの産業は飛躍的に成長した。戦争が終わってみれば、〔建国の父のひとり〕ハミルトンが非常に苦労して発展を助けた企業部門は、一七八九年当時[*19]と比べて巨大になっていた。巨額の公的債務が一握りの銀行家やビジネスマンの手中に蓄積されていた。あの忌み嫌われた、ジェファソンが絶滅させようと試みたモノは新たな高みに達したのだった。

戦後、そのツケを払わなければならなくなった連邦政府内の農本主義者たちは無力だった。というのも、彼らの哲学も、経験も、確かな指針を示してはくれなかったからだ。だから彼らは合衆国銀行を復活させた。[20]彼らは関税率を引き上げた――〝農産物の国内市場〟を確保し、疲弊した国庫に収入をもたらすために。彼らは、資金や実際的な経験に関しては、富と才能の党――党の名称などというものは何であれ――と当然ながら関係のある紳士たちに頼らなければならなかった。〝ヒルのような強欲非道な高利貸し〟たちが政権に返り咲いた――今度はジェファソンの党として――とジョン・ランドルフ[21]のような古くからのリパブリカン〔共和国主義者〕の不平家たちが大声で叫んだのも、それなりの理由があってのことだった。永久革命は、結局のところ、さほど永久とも思われなくなったのだった。

Ⅱ

政治における二度目の変革へ向けて、アンドリュー・ジャクソン大統領[22]のリーダーシップのもと、態勢が整えられたのは、まさにそのときだった。再び吉兆があらわれたと思われた。西部において新たな諸州が連合に加盟することが認められたのだった。そうした州はいずれも、基本的に農業に従事しており、古くからの大西洋岸の諸州より、はるかに農本主義であった。連邦議会の議場に辺境の地区から大勢の野蛮人が押し寄せたことで、議会内での平衡が破られ、劣勢になることに対して、力の衰えたフェデラリストたちが反対したのも、もっともだった。

彼ら野蛮人は東部の農民とは違ったタイプの人々だった。彼らは家族を伴って荒野に分け入った人々だった。インディアンと戦い、森林を伐採、ログハウスを建てた人々であった。肉体労働で堅くなった力強い拳で敵を殴り倒してきた人々であった。彼らは心を落ち着かせる効果のある教育というものの恩恵を受けてこなかった人々であった。そして彼らはバージニアの農園主である紳士[*23]たちの脇役、オーケストラの第二バイオリンに甘んじることはなかった。彼らは自分たちと同じタイプの人間――〝オールド・ヒッコリー[*24]〟ジャクソン――に彼らの〝生まれながらのリーダー〟を見出した。ジャクソンは確かに奴隷を所有し、紳士たちの習慣を猿真似していたが、激しい生存競争を勝ち抜いた、この好機にうってつけの人物だと思われた。

いずれにしろ、ジャクソン将軍のリーダーシップの下で、二度目の大衆による変革、すなわち一八二八年の変革[*25]が起こった――これが、一九三二年にルーズベルト氏と彼のニューディールが登場するまで、最後の変革となった。そしてこの革命と比べると、ジェファソンの変革はまるでお茶会のように思われた。ひざ丈のブーツとアライグマの毛皮の帽子を被った粗野な男たちが数百人単位でワシントンに押し寄せ、政府になんとか残っていたフェデラリスト党の党員たちや、政府で新たに役職を得ていたリパブリカン党の党員たちを落胆と恐怖でいっぱいにした。ワシントンの名門の家柄で、立ち去ることができた人々は全員、嫌悪感から逃亡してしまった。ジョン・クインシー・アダムズは拗ねてしまった。彼の父親が一八〇一年にそうしたように[*26]。これは大惨事だ、無垢と美徳の完敗だ、取り返しのつかない暴挙だ、終わりの始まりだ――と〝名門〟の人々は思った。ジェファソン派のリパブリカン党員の間でも、もっとも断固たる党員たち以外は、ジャクソン大統領の就任後、粗野な輩がホワイトハウスに押し寄せて、カーペットを泥まみれの靴で踏みにじり、飲み物をゴクゴクと大きな音をたてて飲み、パンチボール〔大勢のために用意された大きな飲み物用の器〕をひっくり返し〝〔ジャクソン〕将軍さぁ、ちょこっとさぁ、見る〟ために、汚れたブーツで光沢のあるダマスク織の布地で飾られた椅子の上に立ち上ることにうんざりしてしまった。そもそもジェファソンを好んだことなどなかった南部の共和国主義の農園主たちにとっては、まったくもって耐えられないことだった。

間もなく、富と才能の党を撲滅しようという戦いがあらためて、ただし一八〇〇年のジェファソンのときほど上品ではない言葉づかいでもって、本格的に展開された。今度は徹底した大掃除が行われるかと思われた。政府に役職を持つ古いリパブリカン党員やフェデラリスト党員たちは、鼻をつまんで職にしがみつこうとしていたが、それぞれ容赦のない一撃で財務省から切り離されてしまった。ジェネラル〔将軍〕・ジャクソンのやり方に比べれば、〔フランクリン・ルーズベルトの選挙運動を取り仕切った〕ジェネラル・ファーレイ[*27]の戦術は温和で優しいものと思われる。ジャクソンは、どんな仕事も単純化して、誰でも行えるようにすることができる、と言った。ファーレイは、舗装を打ち固める労働者の労組の組合員を鉄道の進行係にしようと考えたことはなかった。ともあれ、裾にひだ飾りのついた半ズボン姿[*28]の一団は退陣したのだった。

次に、ライオンのような唸り声を響かせて、ジャクソンは富と才能の党の牙城——第二合衆国銀行——に飛び掛かった。合衆国銀行からのコンサルタント料や優遇措置を懐にしていた、とんでもない二人の上院議員ウェブスターとクレイ[*29]は、野蛮人に対抗して銀行を存続させようとしたが、無駄だった。彼らは〝健全通貨〟を求めたが、それも徒労に終わった。死に瀕していたジョン・マーシャル[*30]は、州や村の政治家たちによって始められた山猫銀行[*31]を何とかして阻止しようとしたが、無駄だった。富と才能の党はニコラス・ビドル[*32]と彼の銀行〔第二合衆国銀行〕を支持しようと結集したが、無駄だった。ジャクソン流の民主主義の激流が氾濫し、すべてを覆い尽くし、すべてが破壊され、忘却の淵に沈んでしまった――一時的には。

ジェファソン党の〝ヒルのような強欲非道な高利貸し〟の行為にうんざりしていたジャクソン派の人々は、〝リパブリカン〟という言葉をかなぐり捨てた。その呼称は一八〇〇年時点では人々に不安を抱かせるものであったが、一八二八年時点では〝フェデラリスト〔連邦主義者〕〟といった程度の意味をもつにすぎなかった。新たな取り組みには新たな名前が必要だった。そこで彼らは自らをデモクラット〔民主主義者、民主党〕[*33]と呼ぶようになった――ジャクソニアン・デモクラット〔ジャクソン流民主主義者〕と。

ジャクソンが一八三二年選挙で再選されると、永久革命はますます永久なものになったようだった――実に、銅製の鋲で打ちつけられたように。合衆国銀行は抗議の大合唱のなか廃止された。ジャクソン将軍は、その進路を妨害するあらゆる物事やあらゆる人々を完全に無視して突き進んだ。ジャクソン将軍の言動には、最初から最後まで第三の変革の主導者――フランクリン・D・ルーズベルト――の特徴である人当たりの良さは微塵もなかった。確かに、将軍は友人たちが自分の命令を受け入れ、あるいは自分の虚栄心を満足させてくれている限りは寛大だったが、ルーズベルト大統領が一九三四年十月にしたような話し方で、銀行家たちに演説すること[*34]はなかった。敵を撃破し、上院に屈辱を与え、[*35]追随者には権力と権限を与えたうえで、ジャクソンは、マーティン・ヴァン・ビューレン[*36]に〝王位〟を譲り渡し、仲間たちの喝采を浴びながら引退したのだった。これで事は決したかと思われた。富と才能の党は塵にうち伏していた。一八〇〇年や一九三四年の選挙後よりも、もっと力を失っていた。

Ⅲ

もし、ふたつの邪魔が再び入ることがなかったならば、この古くからの政党は力を失ったままだったかもしれない。前回と同じふたつ――企業の干渉と、戦争――がなかったならば。

ジャクソン大統領の変革の騒ぎと混乱のなかで、事業家たちが成果を挙げるのは間違いなく難しかった。彼らの多くは、初期の段階で破産するか、富の減少に見舞われた。一方で、彼らのなかでも利口な人々は、山猫銀行が乱発した通貨[*37]が国中に溢れかえっても、関税が引き下げられても、船舶輸送に対する補助金が撤廃されたあとでさえも、ビジネスを成功させていった。銀行が破綻し、州が債務の支払いを拒むなど、彼らが直面する問題はどんどん増えていった。彼らは一ドル札の価値が十セント、二十セント、六十セント、七十セント、八十セントと日々変動する州銀行の紙幣を整理し、選り分けるため、事務員の数を増やさなければならなかった。ペンシルベニアやミシシッピなどの州が債券の利払いをあっさり止めたときには困窮した。民主党下院議員が非情にも、船舶輸送会社から補助金を突然取り上げたときには絶望した。民主党下院議員がテーブルをたたき、さらに簡単にぼろ儲けすることを要求したときには困惑した。

そうした困難に見舞われたにもかかわらず、ビジネスマンたちは成果を挙げ続けた。というのは、彼らが変幻自在で、統治権という衣で着飾った政治家たちに当惑することはなかったからだ。彼らは次々と工場を建てた。彼らは鉱山を開発した。彼らは鉄道や電信線を建設した――〝おらが選挙区が優遇される〟のを欲した民主党員からすら補助金をもらって。彼らは西部にも進出し、運河や鉄道を設けたり、農民や卸売商人に信用を供与したりすることによって、農産物を東部に引っ張ってきた。健全な国法銀行を持てなかった彼らは、不健全な銀行群の中に、健全な州法銀行を創設した。やがて、あぶく銭を求める人々でさえ、健全な銀行とそうでない銀行との違いを理解するようになった。ビジネスマンたちの監督のもと、都市が魔法のように勃興した――ジェファソンの西部農業地域で。泥沼からシカゴが突然、その姿をあらわした。[*38]

政治的な変革があったにもかかわらず、十九世紀の中頃には経済革命がおこっていた。世紀の半ばごろには鉱山や工場、鉄道、都市部の不動産に投下された資本の合計額において、企業部門のそれが農業部門を上回っていた。年月を経るにつれて、経済の中心は農業部門から企業部門へと急速に移っていった。政治の大騒動の裏で、政府の諸々の政策にもかかわらず、運命的な変化が起こったのだった。国勢調査の結果は議論の余地がなかった。

それでも、ジャクソンの民主党は、街でも田舎でも、数の上では多数派だった。富と才能の党のリーダーたちは、ハリソン少将[*39]やテイラー少将[*40]といった軍の英雄を利用することで、ようやく、わずかな期間だけ権力を握ることができた。しかし、彼らがスコット少将[*41]を大統領に担ぎ上げ、少将が選挙演説をアイルランド訛りで行ったとき、そうした策略もついには失敗したのだった。[*42]

数の上で多数派に支持されていたジャクソン流民主主義は長期にわたって権力の座にとどまれたかもしれない。彼らがこの不滅の企業部門に譲歩していたならば。そして譲歩よりも南北戦争を選ぶような派閥を形成しなかったならば。しかし、ジャクソン大統領時代の農民民主主義は、ある特定の経済状況のもとで創出されたものだった。仮に経済状況が恒久的であったならば、一八二八年のジャクソン革命も永久であったかもしれない。だが経済状況は恒久的とは程遠いものだった。企業部門が、統計的にも現実においても、立証したように。

しかも企業部門が、その活動の内容を変化させながら、国中に広まっていっただけではなかった。ジャクソン流民主主義の基盤たる農業部門が分裂していったのだった。奴隷労働を使う大農園主たちはセブン-リーグ・ブーツ[*43]を履いて南西部に大躍進しつつあり、彼らが生産していた穀物類は、その主たる販路あるいはとにかく重要な販路を、ヨーロッパに見出さなければならなかった。

これらの大農園主たちは、平等主義など危険な教義を説くジャクソン流民主主義を支持していたことなどなく、富と才能の党と協力しようとした。しかし、彼らは自分たちが儲けられるか、生き残れるかどうかは、自分たちの生産する穀物のために外国市場を拡大し、そこから戻ってくる商品が流入するための障壁を下げられるかどうかにかかっている、と信じるようになっていた。彼らはまた、自分たちの労働システムに対する反対運動にも、いささか警戒感を募らせるようになっていった。こうした警戒感がいかに根深いものであったかは誰にも分からない。それが大げさに誇張されていたことは、〝州と州との戦争[*44]〟における奴隷たちの主人への忠誠によって証明されたのだったが。

結局、それぞれの理由はどうであれ、大農園主たちは大挙してジャクソン党につき、その方向性にならい、企業部門との譲歩を退け、ワシントンで彼らの政策と利益の優位性を要求したのだった。あるときバージニア州の新聞がその状況を記したとおり、南部が民主党の候補者を指名し、北部の民主党員がその候補者を選出するようになったのだった。そして南部は、ジャクソン将軍のような候補者はもはや指名しなかった。実際のところ、将軍のような人物は得られなかったのだ。そして民主党の大農園主のリーダーたちは、民主党においてもはや我を通すことができなくなると、西部地区が〔奴隷出身の〕ダグラス[*45]のような人物を擁することを断固主張するようになると、自分たちの利益を放棄したり、北部の民主党員か企業部門のどちらかが納得できるだけの譲歩をしたりするよりも、自分たちの州を連合から離脱させることを選んだのだった。そんなときに、戦争が起きた――あらゆるソロバン勘定をご破算にする戦争が。

この時点で、大農園主のリーダーたちは見通しを誤った。北西部には特権階級の大農園主たちの考えとは異なる、自分たちの考えを持ったジャクソン派の農民たちが非常に大勢いた。こうしたジャクソン派の農民たちは、合衆国政府が西部の公有地を自作農場として、それも最低限生活できる規模のものではなく、百六十エーカーの自作農場として無償で払い下げることを願っていた。大農園主たちはこれを快く思わなかった。なぜならば、それは自営農民や自由労働者に下される土地が急激に増加することを意味したからだった。企業部門もまた、これを快く思わなかった。なぜならば、それは人口が西部に流出することによって、工場や鉱山で支払われる賃金が上昇することを意味したからだった。

結局、企業部門は特権階級の大農園主たちよりも柔軟性があるということが判明した。変わりつつある世界においては、事態を受け入れるか滅びるか、二つに一つだった。彼らはリスクをとって、西部の農民に連邦政府の公有地から自作農場を無償で提供した。彼らはホイッグ党という古い名称を見限った。かつてフェデラリストという古い名称を捨てたように。〔ホイッグ党幹部から共和党幹部に転身した〕スワード[*46]のように抜け目のない者たちは、古い象徴のために戦い、影を捕まえようとして実体を逃してしまう[*47]のは無益であることを知っていた。

新しい名前は何にすべきか。この問題は西部で解決された。企業部門と、まさに自作農地を得ようとしていた農民たちとの新しい同盟の名称は、〝リパブリカン〔共和党〕〟だった。それはグランド〔偉大〕で、オールドな〔伝統ある〕名前だった。それはジェファソン党の名前だった。それはかつてフェデラリスト党員たちや旧世代のホイッグ党員たちからは毒であるかのように憎まれたが、農民たちにはずっと愛されてきた。ジャクソンから新しい名称を与えられた後でさえも。〔共和党から初代大統領が選出された〕一八六〇年[*48]には、かつてリパブリカン〔共和党〕と名乗っていた、あるいは妥協のためにデモクラティック・リパブリカン〔民主共和党〕と名乗っていた民主党員が何千人といた。それゆえに企業部門と農業経営者たちの新しい同盟のリーダーたちは、自分たちの党の名称にジェファソンの名称を選んだのだった。「トーマス・ジェファソンの偉大な、伝統ある政党に返る」という言葉ほど、多くの西部の人たちの耳に心地よいものはなかった。実際的な政治家にとって、なんと大した教訓ではないか！

Ⅳ

以上の顔ぶれで、南北戦争は戦われた。国家が戦闘から抜け出したとき、一八三六年にはまさに君臨していた民主党は瓦解していた。一方で企業部門は、より多くの、より良い成果を携えて台頭した。国家が公債所有者に負う債務の額は何十億ドルにも跳ね上がっていた。巨万の富は何倍にも膨れ上がっていた。第三の合衆国銀行[*49]が修正を加えられたうえで発足していた。関税は何度も引き上げられていた。戦争成金が資本力をため込んでいった。経済の重心は企業部門の中枢近くに移行していた。一八二八年の〝永久〟革命は完全に白紙に戻っていた。

一八六一年から一九三三年までの七十二年間、共和党が名目上も事実上も国を統治した。歴史について教科書程度の知識を有する学生や実際家は、「いやあ、それは全く間違っている。あなたは民主党が連邦議会を支配していた時期や、グローバー・クリーブランド[*50]の治世の八年間とウッドロウ・ウィルソンの八年間を忘れている」と言うだろう。しかし、クリーブランドは企業部門の生産性を高めるのに必要と思われる数々の特権を、ただのひとつも攻撃しなかった。彼が一八八七年に関税法に反対する素振りをみせると、ホワイトハウスからあっという間に追い出されてしまった[*51]。彼が大統領に復帰し、一八九四年に民主党関税法案を手渡されたとき、彼にはそれが民主党の法案というよりも共和党のもののようだと思えて署名する気になれなかった。同法は〔民主党議員主導の〕ゴーマン法[*52]と呼ばれたが、〔共和党主導の関税引き上げの〕マッキンリー法[*53]と呼ばれていてもおかしくなかった。そして数か月後、クリーブランドは、健全な通貨を求めて戦う企業部門の大いなる期待の星となったのだった[*54]。

ウッドロウ・ウィルソンもまた、八年間、ホワイトハウスにあった。彼は企業部門がつくり出したちょっとした僥倖でその地位を手に入れた。一八六〇年に大農園主たちがそうであったように、企業部門は自分たちの成功に満足して硬直化していた。彼らはその当時のもっとも強烈な個性であったセオドア・ルーズベルトを、温かく受け入れることができなかった。やがて、企業部門はセオドア・ルーズベルトが要求したすべてどころか、それ以上に譲歩することになるのだが、一九一二年〔の大統領選挙当時[*55]〕にはそのようなことは考えるだけでも耐え難いことだった。それゆえにウッドロウ・ウィルソンは、過半数に届かない得票でホワイトハウスに潜り込んだのだった。戦争が介入してこなければ、彼が何をしたであろうかは誰にも分からない。だが、この差し迫った事態――戦争――というものはしばしば介入してくるものなのだ。事態が違っていれば、選挙民がどうしたであろうかは一九一四年の中間選挙で示された。このとき、下院の民主党多数派は議席数を百四十七から二十九にまで減らした。確かに、一九一六年の〔大統領〕選挙では民主党が勝利した。ウィルソンはカリフォルニア州で紙一重の差でかろうじて当選したのだった。[*56] 彼が当時、何をしたであろうかは誰にもわからない。なぜならばウィルソンはこのとき、この国を戦争へと〝導いた〟のだから。

一九一七年の戦争を経て、企業部門の党はいよいよ勝ち組として台頭した。一八一二年の戦争や一八六一年の戦争を経たときも、そうであったように。彼らは新たな国立銀行システムも手に入れていた。それはアンドリュー・ジャクソンの意に反していたにもかかわらず、民主党が承認したものだった。富は何倍にも膨らんでいた。戦争成金は山のように蓄積された資本をため込んでいた。共和党が一九一八年の選挙の結果として下院を支配しており、新しい関税法を策定しつつあった。一九二〇年に、ニュー・フリーダム〔新自由主義〕の党〔民主党〕は、ワーテルローの戦いとセダンの戦い[*57]に同時に見舞われたかのような大敗北を喫して、ワシントンからあっという間に追い落とされてしまった。

一九二一年から一九三三年までの間、[*58] 富と才能の党は依然としてジェファソンの古い党名であるリパブリカン〔共和党〕という名称を冠しながらこの国を支配し続けた。左翼側が扇動や脅しの限りを尽くし、農業部門が議会で不満を訴えていたにもかかわらず、である。その政治体制は不変の秩序のように見えた。もし、経済的な基盤を維持できたならば、あの高度な〝永遠の繁栄〟を持続できたならば、そうであったかもしれない。しかし、様々な理由のために、企業部門と共和党政権は、そのシステムを機能させることができなかった。彼らはまさに自らの手で、それをたたき壊してしまったのだ。この国のエコノミストと呪術師たちを総動員しても、一九三二年〔の大統領選挙〕までにシステムが再び機能するようにすることはできなかった。[*59]

そして民主党による三度目の変革が、フランクリン・D・ルーズベルトの指揮下で到来した。そして百戦錬磨の政治家たちを驚かせたことに、この変革は一九三四年にはいっそう大きな変革に発展したのだった。

これこそが、いよいよ、永久革命なのだろうか――富と才能の党の完全かつ最後の大敗北なのだろうか。答えを出すには予言するしかない。それは危険な方策だ。過去に照らして判断すると、〝永久〟革命は永久ではない、ということは間違いないだろう。一九三三年以降、経済基盤が大きく転換したわけではない。経済秩序としての富と才能の党が破壊されたわけではない。銀行は国有化されていないし、鉄道が国営化されたわけでもない。党に経済力をもたらす手段はなにひとつ、奪い取られてはいないのだ。公的債務は増加し、その債券を党員たちが保有しているのだ。農民への資金の貸し付けさえも、免税債券[*60]という形で、連邦政府に引き継がれたのだった。こうした活動は、富と才能の党を強化したのであって、弱体化させたわけではなかった。党は支払不能になったり、不良債権化しつつあった農地抵当証券の代わりに、連邦政府が保証する債券を保有しているのだ。現在進行している債務整理の過程において、支払不能となったり、不良債権化した証券が抜け目ない事業家たちの手中に急速に集中している、とあらゆる兆候が示している。破綻した企業を再編する古い慣行が変化したと示唆する兆候はなにひとつない。〝小口筋〔個人〕〟はいつものようにのけ者にされている。不況が終わってみれば――終わる日があれば、だが――合衆国における富の集中は、間違いなく、アメリカ経済の発展の歴史における新たな最高潮に達するだろう。富と才能の党は、ジェファソン革命も、ジャクソン革命も生き延びた。もし、その才能を失っていなければ、党はルーズベルト革命も、切り抜けて生き残るだろう。

しかし、未来はベールに覆われている。

その未来を見通したい場合にどのような道具を使うことができるだろうか。それは直近の出来事を含めた過去に関する知識しかない。では、どのような知識が今日の問題に直結するのだろうか。それを知ることで、どこまで見通せるのだろうか。

もちろん、未来の問題を事前に解決することはできない。どのような選択肢があるかを推測し、その輪郭をぼんやりとした展望として捉えることはできるかもしれないが、予測のいかなる方程式も、数学的な結論、つまりQ.E.D.（証明終了）に導くことはできないのだ。

不況がいずれ和らぐか、あるいは深まるだろう、ということはかなりの確信をもって言えるだろう。もし、なんらかの不可解な理由によって不況が和らぐとして、その時、ルーズベルト大統領が政権の座にあるならば、民主党はおそらく選挙で感謝という報酬を享受し、共和党は長期的な敗北を喫するだろう。もし、危機が深まれば、民主党政権は強硬な手段に訴えるかもしれない。たとえば銀行を、特に債券を発行する業務を、国有化するかもしれない。これは決してあり得ないことではないが、起こりそうもないように思われる。より起こりそうな事態としては、すさまじいばかりの紙幣を発行して大規模なインフレが引き起こされることが考えられる。ちょうど一八三六年に合衆国銀行を潰したあとに、そうなったように。しかし、ひとつだけ分かっていることがあるとすれば、大規模なインフレは危機を増幅させ、したがって国の混乱した金融システムを復興するという任務を、強力な党の手に引き渡すことになる、ということだ。

その他の、よく知られている措置を講じることもまた、大統領の意のままである。大統領は、危機が深まったときに、それらの措置を講じるだろうか。答えは誰にも分からない。一八六二年夏〔奴隷解放を予告したとき〕のリンカーン[*61]のように大統領がすでに決断しているというのでないかぎり、大統領自身にすら分からないのだ。評論家たちは、大統領が左寄りに傾いている、あるいは右寄りに傾いている、などと言うかもしれないが、そうした言葉は、具体的にどのような措置がとられるのかが明確にされない限り、意味のない言い回しにすぎないのだ。

アメリカの伝統や慣習のなかに指針が見出せるとするならば、経済的な苦悩が広まれば、国内経済の急激な再編をもたらすよりも、最終的には外国との戦争に至るものだ。ルーズベルト大統領は、この選択肢は受け入れられない、という意向を示唆してはいない。確かに、彼はいつもの愛想の良さでもって平和を語ってきたが、ヒトラー氏もまた、その程度のことはしてきた。一九一四年に戦争に巻き込まれた紳士たちは、四半世紀にわたって平和を称賛していた。その一方で、彼らは無我夢中で戦争の準備をしていたのだ。行動は言葉よりも雄弁である。ルーズベルト大統領は平時におけるこの国の歴史の中で、もっとも大規模な海軍増強計画[*62]を承認した。スワンソン海軍長官[*63]が、昨年〔一九三四年〕十一月の民主党の勝利は、この計画に対する是認である、と宣言したのは、記録の裏付けのないことではなかった。ルーズベルト大統領は、イギリスや日本との威信と〝海軍力〟をめぐる競争において手を緩める意向がある、という素振りは一切、見せていない。彼のこれまでの実績と行動から判断すると、彼は戦争を選ぶだろう――それは、今度は「異教徒に対するキリスト教の戦争」となるのだ。

そのように言えば、「国家が故意に戦争を起こすことはない」という批判の声がただちに上がるだろう。

しかし、国家というものは決して何もしないのだ。権力を握っている政治家が、国家に代わって決断を下すのだ。政治家はめったに、故意に戦争を〝起こす〟ものではないが、彼らは多くの場合、〝強硬な〟国内政策よりも〝強硬な〟外交政策を好むものなのだ。外交上の激しい非難や戦争不安、あるいは戦争それ自体に訴えることで国内の意見の相違を調整しようとすることが、政治家のもっとも好む手法であることは、無邪気なお人よしでもない限り、よく知られていることだ。クリーブランドやオルニー[64]治下の国務省は、ベネズエラのエピソード[65]をめぐる大英帝国に対する威嚇[66]が「無政府主義的、社会主義的、ポピュリスト的沸騰[67]」の高揚を抑えることを計算して行われたことを十分に認識していた。スペインとの戦争[68]は、国内紛争から逃れるためのありがたい救い——ポピュリスト運動の効果的な緩衝材——と、みなされた。だからといって、ルーズベルト大統領が経済危機を逃れるために、この国を意図的に太平洋戦争に引きずり込む、というものではない。〝偶発的な事件〟や〝挑発行為〟はあるだろう。事件や挑発はほとんど毎日発生しているのだ。そうした出来事のひとつを、大げさにとらえてたちまち〝戦争の大義名分〟にすることは、どの政府がやってもおかしくないことなのだ。

深刻化する国内危機の困難と、外国との戦争が比較的安易であることを突き付けられたルーズベルト大統領はどうするだろうか。アメリカの政治家たちの歴史から判断するに、彼は後者を選択するだろう。あるいは、彼は強力で相矛盾する感情の狭間で、後者に〝巻き込まれる〟だろう、という方がより正確な表現かもしれない。ジェファソニアン党はこの国に一八一二年の戦争〔第二次独立戦争〕とメキシコ戦争を与え、世界大戦への参加をもたらした。次は太平洋戦争だ。

その先には来たるべき暗い世界の物語[69]があるのだ。

訳注

＊1　世界的な大恐慌で米経済が混乱を極めていた一九三三年三月に第三十二代大統領に選出されたフランクリン・ルーズベルトは、就任直後から米経済を立て直すため公共事業や失業対策を中心とする数々の政策を打ち出した。総称して「ニューディール」と呼ばれた。その結果、米経済は三三年を底に回復し、一時は一千万人以上の失業者を出していた雇用情勢も改善した。ただし、ニューディールの政策は社会主義的色彩が濃く、伝統的に自由放任主義を信条とする米社会と相いれないものも多く、未曽有の混乱が収まり始めると批判や非難が出るようになった。本稿が執筆された後の一九三五年五月には、連邦最高裁判所がニューディールの柱のひとつである全国産業復興法（ＮＩＲＡ）に違憲判決を下したのをはじめとして、一連の政策は「公正な取引を阻害する」などして次々と違憲判決を受けた。

＊2　共和党の通称。略してＧＯＰとも呼ばれる。直訳は偉大な、伝統ある党。

＊3　直訳は連邦主義者、連邦党。アメリカ建国当時に、連邦政府の設置と合衆国憲法の起草に賛成した派。対抗勢力は主権を持つ州の連合を主張した。初代政府のジョージ・ワシントン政権で財務長官を務めたアレクサンダー・ハミルトン（一七五五―一八〇四年）らを指導者に商工業的利益を代表し、二代にわたって政権を担った。しかし、一七九一年に連邦主義に対抗して民主主義を標ぼうするトーマス・ジェファソン（一七四三―一八二六年、第三代大統領）やジェームズ・マジソン（一七五一年―一八三六年、第四代大統領）ら率いるデモクラティック・リパブリカン（民主共和主義者、民主共和党。現代の民主党や共和党とは違う）に政権を譲ると、返り咲くことなく、一八一六年の大統領選挙に候補者を擁立したのを最後に、消滅した。

＊4　一八三四年に創設された政党。第七代大統領（在任期間：一八二九―三七年）に就任したアンドリュー・ジャクソン（一七六七―一八四五年）が絶大な国民的支持を背景に権力基盤を強めたことに批判的な勢力が結集した。党名は、革命戦争時、英王権に対抗したホイッグ党にならったものだが、その主張はかつてのフェデラリストに近く、保護主義、連邦政府の強化、合衆国銀行の復活、最高裁判所や上院の権威の維持――を主張するなど保守的な側面が強かった。こうした精神はその後、一八五四年に結成される共和党に吸収されていった。

＊5　アメリカ独立戦争の指導者の一人。「代表なくして課税なし」「われに自由を、さもなくば死を（“Give me Liberty, Or Give me Death”）」などの演説で知られる。一七七五年三月にバージニア議会で、英国の支配に対する武装蜂起を呼び掛けて行った後者（「われに自由を……」）の演説中に次のように語った。「人が希望という幻想にふけるのは自然な

ことです。われわれはつらい現実に対して目を閉じてしまいがち……です。それは自由のための偉大な、厳しい、困難な闘いのさなかにある賢い人間のすることでしょうか。……私自身は、どのような精神的苦痛を伴おうとも、すべての真実を知り、最悪の事態を認識して、それに備える用意があるのです。私の行く先を導くのは、ひとつの灯火しかありません。それは経験という灯です。……そして過去から判断するに、この十年間の英国（植民地）省の行いのどこに、皆さんが、議会が、嬉々として慰めを見出した希望を正当化する何があったというのか、私は知りたいのです」

＊6　ルーズベルト大統領の最初の任期中に行われたいわゆる中間選挙。連邦議会議員、州知事選挙でも政権与党の民主党が圧勝した。

＊7　一八〇〇年の大統領選挙では、一七九一年に結成したばかりのデモクラティック・リパブリカン党（民主共和党、現在の民主党の源流）から出馬したトーマス・ジェファソン（一七四三年―一八二六年）が当時主流だったフェデラリスト（連邦党）の第二代大統領ジョン・アダムズ（一七三五年―一八二六年、在任期間：一七九七年―一八〇一年）を大差で破って当選した。フェデラリスト政権からアンチ・フェデラリスト政権に交代したこの勝利は後に、ジェファソン自身によって「一八〇〇年の革命」とも呼ばれた。第三大大統領（在任期間：一八〇一年―一八〇九年）となったジェファソンは就任式の演説で①文官の武官に対する優位②少数意見の尊重③信仰の自由④言論出版の自由――など民主主義の基本原則を打ち出した。連邦政府の権限強化や巨大化に強く反対し「連邦政府は国防と外交を、それ以外は州政府で」という「小さな政府」を実現しようとした。このような民主主義の高まりを「ジェファソニアン・デモクラシー」と呼んだ。

＊8　一八二八年の大統領選挙で、西部の貧しい農民から立身出世したアンドリュー・ジャクソンは庶民の権利を標ぼうして当選した。現職の第六代大統領、ジョン・クインシー・アダムズ（一七六七―一八四八年、在任期間：一八二五―一八二九年）を破っての勝利だった。ジャクソンは庶民〝よりも見識と英知がある〟と主張する「上流階級」を拒絶し、庶民の価値観や知性、自治能力を主張する「民主的共和主義」を政治理念として掲げた。西部地区の農村出身の初の大統領として人気が高く、西部の開拓農民、北東部の労働者、南部の奴隷農園主の支持を受けた。在任中、男子の普通選挙制を実現するなど民主主義が進展したことを「ジャクソニアン・デモクラシー」と呼び、それを支持した勢力が「民主党」と称するようになった。

＊9　ウッドロウ・ウィルソン（一八五六年―一九二四年）は第二十八代大統領（在任期間：一九一三年―一九二一年）。

プリンストン大学総長から政界に転身、ニュージャージー州知事を経て個人の機会保持と自由競争に重点を置く「新自由主義（New Freedom）」を標ぼう、民主党から一九一二年大統領選挙に出馬、勝利した。

＊10　一九一二年の大統領選挙で民主党候補のウィルソンが掲げた政治スローガン。この選挙で最大の争点となったのは、十九世紀末から勃興していた大企業に政治がいかに対処するかであった。革新党のセオドア・ルーズベルトは「ニュー・ナショナリズム」というスローガンを掲げ、巨大企業それ自体は能率的なものだとして是認、大企業の有害な独占行為のみを政府が規制すべきだと主張した。一方、ウィルソンは独占の出現を許す状態そのものを改善すべきとして、法的規制の下ですべての人々に開かれた自由な機会・競争の回復を求める「ニュー・フリーダム」を訴えた。大統領に当選したウィルソンは、このスローガンのもと、不正な企業活動を取り締まった。関税率を引き下げ、銀行通貨制度の根本的改革を行い、農民に低利の長期信用を与えるなどの施策を打ち出した。

＊11　一九一二年の大統領選挙には大統領経験者ふたりを含む三人の有力候補者が出馬した。民主党候補で初出馬のウィルソンは、選挙人選挙でこそ圧倒的勝利を得たが、一般選挙での得票率は四二％にとどまった。次点は第二十六代大統領のセオドア・ルーズベルト。当初は共和党の指名獲得を狙ったが、現職の第二十七代大統領（同：一九〇九―一三年）ウィリアム・タフト（一八五七―一九三〇年）に予備選挙で敗れ、共和党を脱党、革新党を創設しての立候補だった。進歩主義のセオドア・ルーズベルトとウィルソンに対し、保守主義のタフトは選挙人選挙で大敗、一般投票でも三位に甘んじた。

＊12　フランクリン・ルーズベルトは一九三二年のラジオ演説で「経済ピラミッドの底辺にある忘れられた人々」を支えとする経済対策が必要だと訴えた。当時のフーバー大統領が大手銀行や大企業を救済したことを非難し、農民の購買力を取り戻し、中産階級を救済すべきだとした。なおトランプ現大統領も二〇一六年十一月の大統領選挙後の勝利宣言で「すべてのアメリカ人が一人のこらず、自身の潜在能力をとことん発揮できるようになります。この国の忘れられた人々は、もはや忘れられた存在ではなくなるのです」と語った。

＊13　ジョン・クインシー・アダムズは第六代大統領（一八二五年―一八二九年）。父は第二代大統領のジョン・アダムズ。初の親子での大統領。欧米両大陸の不干渉を掲げたモンロー主義で有名な第五代大統領のジェームズ・モンロー政権（一八一七年―一八二五年）では国務長官も務めた。

＊14　現在の民主党の源流。一七九〇年代にフェデラリスト（連邦党）に対抗して、トーマス・ジェファソンとジェーム

ズ・マジソン主導で結成された。一八二四年の大統領選挙では、フェデラリスト党はすでに事実上、消滅しており、候補者四名は全員、リパブリカン党から擁立された。

＊15　建国期の一七九一年二月、連邦政府の財政需要を賄うために連邦議会によって二十年の期限付きで合衆国銀行が公認された。それまでは十三の植民地が独立国家としてそれぞれに銀行、通貨および財政制度と財政政策を持っていた。合衆国銀行は代表的なフェデラリスト（連邦主義）であり、ワシントン政権で初代財務長官を務めたアレクサンダー・ハミルトンの肝いりで設立された。合衆国北部の商人やニュー・イングランド地方の州政府の中にその支持基盤と起源を持っていた。しかし、南部に属する州政府はそれぞれの州権意識が極めて強く、その主要産業が農業だったこともあって、中央集権的な銀行システムを必要としなかった。このため連邦政府主導の合衆国銀行に強い疑念を持っていた。一八一一年、ジェームズ・マジソン政権下でその公認期限が訪れると、更新されず、失効した。

＊16　一八一二年六月から一四年十二月まで、合衆国がイギリス、英植民地カナダ、イギリスと同盟を結んだインディアン諸部族と戦った戦争。第二次独立戦争とも。当時、欧州ではナポレオン戦争が吹き荒れていた。合衆国は当初、欧州の戦争には中立政策を宣言、貿易の利益を守っていた。しかし、ナポレオンが「大陸封鎖令」を出したことに対抗してイギリスもまた逆封鎖を行ったことから、アメリカ大陸と欧州との間の貿易が途絶え、アメリカ経済も大打撃を受けた。また、英海軍がアメリカ人船員の強制徴用を行うなど海上権の侵害が続いたために米国内では主戦論が次第に強くなった。マジソン大統領もこうした情勢に押され、ついに米連邦議会は対英宣戦した。英軍は北米での戦争を有利に進めるためにインディアンを味方に引き入れた。戦争中、国内で保護貿易政策が採られ、アメリカ産業の生産力が飛躍的に高まった。英経済に依存しない産業力を結果的に身につけることとなった。首都ワシントンを焼かれたことへの復讐心から愛国心が強まり、欧州大陸諸国に対して独自の道を歩む国家としての意識が生まれた。それが一八二三年、米大陸と欧州大陸間の相互不干渉を提唱したモンロー教書につながっていった。

＊17　合衆国北東部のマサチューセッツ、ニューハンプシャーなど六州を合わせた地方。イギリスから清教徒が最初に入植したアメリカ合衆国で最も古い地域。ジョン・アダムズやアレクサンダー・ハミルトンらが、農村部を基盤とするトーマス・ジェファソンらと袂を分かった当初から、都市部を多く抱えるこの地方はフェデラリスト党支持の総本山だった。

＊18　ジェームズ・マジソン。第四代大統領（一八〇九年―一八一七年）。ジョン・ジェイ、アレクサンダー・ハミルトンとともに、米政治思想の古典として名高い『ザ・フェデラリスト』を共同で執筆し「アメリカ合衆国憲法の父」とい

われる。また、言論の自由などを保障した最初の憲法修正条項（権利章典）を起草したことから権利章典の父とも呼ばれている。ジョージ・ワシントン大統領とともに初の連邦政府の設置に尽力した。

＊19　一七八九年、アメリカ合衆国憲法が制定され、ひとつの政府のもと連邦国家となった。

＊20　合衆国銀行を失効させたのはマジソン政権だったが、一八一六年、これをもう一度設立せざるを得なくなり、第二合衆国銀行という形で復活させた。その最大の理由は、一八一二年に勃発した米英戦争の影響で合衆国経済が厳しいインフレに見舞われたことと、その結果として軍事行動を起こす費用の調達もうまくいかなくなったためだ。ただ、第二合衆国銀行の公認期間も第一と同様に二十年としたことから、一八三六年に更新する必要があった。これが時のアンドリュー・ジャクソン大統領の猛反対にあって、再び、失効する憂き目を見た。

＊21　バージニア州出身の農園主。連邦議会下院と上院議員を歴任。中央政府の役割を制限することや州権の擁護を主張した「オールド・リパブリカン」と呼ばれた保守派の指導者となった。また従兄にあたるトーマス・ジェファソン大統領の側近だったが、一八〇三年ごろからジェファソンから離れていった。ジャクソン政権下でロシア大使を務めた。

＊22　第七代大統領（任期は一八二九年―一八三七年）。現在の民主党の創設者。十四歳で孤児となり、苦学して弁護士、代議士に。一八一二年の米英戦争で活躍、人気を博した。一八二八年選挙では西部の開拓農民、北東部の労働者、南部の奴隷農園主の支持を受け、民主党候補として初めて大統領に当選した。就任演説で「この日こそ人民にとって誇るべき日である」と述べた。その後、ホワイトハウスを開放すると、狂喜した西部の人々が泥靴のまま椅子の上に立ったり、カーペットを泥で汚したりしてお祝いをしたという逸話も。

＊23　バージニア州はアメリカ合衆国東部、大西洋岸の南部に位置する州。イギリスから最初に独立した十三州のうちの一つ。「バージニアの農園主である紳士」とは、前節の終わりにあるジョン・ランドルフのようなガチガチの共和国主義者を指している。

＊24　ジャクソンの愛称。一八一二年戦争での活躍からヒッコリーの老木のように頑丈で強いと言われた。

＊25　一八二八年の大統領選挙は、前回の二四年選挙と同様にジョン・クインシー・アダムズとアンドリュー・ジャクソンとの戦いとなったが、今度はジャクソンが現職のアダムズを選挙人選挙の段階で破った。前回の二四年選挙では、ジャクソンは選挙人選挙の段階で多数を獲得したものの、どの候補者も過半数の得票を獲得できなかったために憲法の規定により最終投票が下院に持ち込まれ、ジャクソンがアダムズに敗れていた。ジャクソンは米英戦争で大活躍し台頭した

政治家で、合衆国建国当初の十三州以外から出た初の大統領となった。独立戦争と南北戦争の間の時代は「エイジ・オブ・ジャクソン」などと呼ばれている。

＊26　ジョン・クインシー・アダムズの実父ジョン・アダムズは、初代のワシントン政権で副大統領を経て第二代大統領（任期：一七九七年―一八〇一年）に就任した。一八〇〇年大統領選挙にも出馬したが、自らの政権で副大統領を務めたトーマス・ジェファソンに再選を阻まれた。これに嫌気して政界を去り、故郷のマサチューセッツ州に隠遁してしまった。

＊27　ジェームズ・ファーレイ。ルーズベルト大統領の選挙運動を取り仕切り、当選に導いた功労者。その手腕からキングメーカーとも呼ばれた。ルーズベルト政権の一期と二期（一九三三―一九四〇年）に民主党全国委員長と郵政長官を兼務した。側近中の側近として、ニューディールの最初の百日間に打ち出されたもっとも重要な政策の成立に貢献した。ここでの呼称は郵政長官（Postmaster General）と将軍（General）をかけている。

＊28　十六世紀ごろから男性がはいたひざ下までのフリルのついた半ズボン。貴族など身分の高い男性の、ある種のユニフォームであった。

＊29　ダニエル・ウェブスターとヘンリー・クレイ。一八三〇年代に結成されたホイッグ党の指導者として、国民経済を活性化するための保護関税、国立銀行や鉄道の建設による社会と金融の近代化、大統領に対する連邦議会の優越などを主張した。ウェブスターは連邦下院議員、上院議員、国務長官を歴任、クレイは下院議員や下院議長、国務長官を務めた。

＊30　連邦下院議員、国務長官を経て一八〇一年一月、連邦最高裁判所長官に任命され、自身が亡くなる一八三五年五月まで約三十五年間、その職にあった。憲法解釈を通じて連邦政府の権限を強化することに尽力したことや、「違憲審査権」の確立に貢献したことで知られている。

＊31　アメリカで第二合衆国銀行が存在した一八一六年から一八六三年の間に、連邦法ではなく州法に基づいて設立された銀行を指している。こうした銀行の中には、その株主が銀行から借り入れた銀行券で資本金を払い込んだりするなど、正貨による十分な資本金や準備金を保有しない不健全な銀行が多かった。兌換を避けるために山中に店舗を置くなどしたため「山猫銀行」と呼ばれたが、経営が不健全な金融機関の代名詞となった。

＊32　十九世紀前半を代表する銀行家。一八一六年から一八三六年まで第二合衆国銀行の経営トップを務めた。

＊33　現在の民主党の始まり。

＊34　一九三四年十月二十四日、ルーズベルト大統領は首都ワシントンで開催された銀行家会合で演説し、ニューディール政策のもとで復興金融公社（ＲＦＣ）の機能を拡大したり、連邦預金保険公社（ＦＤＩＣ）を設立したことなどについて、緊急時の措置であると説明し、民間の機関が再建されれば、公的機関の業務は喜んで縮小すると語った。さらに大統領は「財務省、連邦準備制度、ＲＦＣ、証券取引委員会（ＳＥＣ）、連邦住宅局といった新しい政府機関はいずれも、あなたがた銀行家と協議し、協力することを求めている」などと訴えた。

＊35　上院が第二合衆国銀行の承認を更新したことに対して、ジャクソン大統領は拒否権を発動。上院はこれを覆すための三分の二の票を確保できず、合衆国銀行は廃止された。

＊36　ニューヨーク州選出の連邦議会上院議員などを経て同州知事。ジャクソン政権下で国務長官、副大統領、ジャクソン大統領が二期務めた後、政界から引退すると、ジャクソンにもっとも近い存在として脚光を浴び、民主党から大統領に立候補、一九三七年に第八代大統領（任期：一八三七―一九四一年）に就任した。

＊37　当時は各銀行が紙幣を発行できた。第二合衆国銀行が廃止されると、金貨や銀貨の裏付けがない紙幣が乱発された。しかも、金貨や銀貨に交換できる支店が遠方に限られたため、こうした不良通貨は山猫通貨と呼ばれた。

＊38　当時のアメリカの国土はミシガン、イリノイ、ミズーリといった中西部の州が最西端であり、それより西は未開拓地だった。

＊39　ウィリアム・ヘンリー・ハリソン。米英戦争やインディアンとの戦争で大活躍、国民的英雄になった。軍人から政治家に転身、一八四〇年大統領選挙でホイッグ党から立候補し当選、第九代大統領に就任した。しかし四一年三月四日、大統領就任式典で長時間にわたって演説を行った際に風邪をひき、その後、肺炎をこじらせてしまい、わずか一ヶ月後に死去した。歴代で在任期間が最も短い大統領である。

＊40　ザカリー・テイラー。軍人として米英戦争、メキシコとの戦争で英雄となり、一八四八年の大統領選挙でホイッグ党から立候補し当選、翌年三月に第十二代大統領に就任した。だが五〇年七月四日の独立記念日の式典に出席後、病気になり、五日後に死去。就任から一年四ヶ月後のことだった。

＊41　ウィンフィールド・スコット。陸軍軍人として米英戦争、メキシコとの戦争などに参戦。軍人歴は五十年に及んだ。メキシコ戦争で国民的英雄となり、メキシコシティの知事を務めた。その人気をあてこんで、ホイッグ党は一八五二年

の大統領選挙で現職大統領ミラード・フィルモア（第十二代副大統領、第十三代大統領）に代えて、スコットを候補者に指名したが、本選挙では民主党のフランクリン・ピアース（第十四代大統領、一八五三―一八五七年）に敗れた。後に名誉中将。

＊42　ホイッグ党として大統領選挙に候補者を立てたのはこれが最後となった。奴隷制度をめぐる党内の分裂が深まったうえ、創設者のクレイとウェブスターが一八五二年に死去したことで急速に求心力を失った。

＊43　ヨーロッパ各国の伝説に登場する魔法のブーツ。ひとまたぎで七リーグ（二十一マイル）歩けるということで、主人公が難題を克服するのに使われる。ここではそれに似た形状の頑丈なブーツを指している。

＊44　一八六一年から一八六五年まで合衆国を二分した、南北戦争を指す。

＊45　フレデリック・ダグラス。メリーランド州出身の元奴隷で、奴隷制廃止運動家。南北戦争後、解放奴隷救済銀行の総裁を務めた。一八七二年の大統領選挙で、公民権党が副大統領候補に指名した。

＊46　ウィリアム・スワード。弁護士を経てホイッグ党から一八三八年にニューヨーク州知事選挙に出馬し、当選。知事を二期務めた後、一八四九年には、同党から上院議員に出馬し、当選した。しかし、ホイッグ党の勢力が衰退すると、一八五五年に共和党に移籍、ニューヨーク州の共和党上院議員に選ばれた。一八六〇年大統領選挙で第十六代大統領（一八六一―六五年）に就任したエイブラハム・リンカーンと、リンカーンが暗殺された後、副大統領から第十七代大統領（一八六五―六九年）に昇格したアンドリュー・ジョンソン両大統領の下で、国務長官（一八六一―六九年）を務めた。スワードは西部拡大論者であり、アラスカを一八六七年三月、ロシアから安価で購入したことでも知られる。

＊47　「影を捕まえようとして実体を逃してしまう」"losing the substance in an effort to grasp the shadow" は古代ギリシャのイソップ寓話「犬と肉」から。――「ある犬が肉をくわえて橋を渡っていた。ふと下を見ると、見知らぬ犬が同じように肉をくわえてこちらを見ている。欲張りなこの犬はその肉が欲しくなって、吠えた。すると自分がくわえていた肉が川に落ち、流されてしまった。もう一匹の犬は水面に映った自分自身の姿だったのである」。「影をつかもうとして実体を逃しまった」という教訓である。

＊48　第十六代大統領エイブラハム・リンカーン（一八〇九―一八六五年、在任期間：一八六一―六五年）は、ホイッグ党から離脱し、共和党を設立したひとり。

＊49　国法銀行である第一合衆国銀行と第二合衆国銀行がつぶされると、州法銀行が乱立する時代が続いた。それらの銀

行が発行する紙幣が国中にあふれ、その一部は極めて不健全なものだった。そこで連邦議会は一八六三年、連邦政府の財務省を中核とする新しい銀行制度を発足させた。この新制度の下では、銀行が紙幣を発行する場合は、連邦公債を連邦政府から購入し国庫に預け入れて準備金とすることが規定された。さらに翌六四年、連邦議会は六六年七月一日以降、州法銀行が発行する銀行券には毎年一〇%の高い税率をかけるという新たな法律を制定し、州法銀行による通貨発行が事実上、不可能となる措置をとった。通貨価値が安定することは、通貨を介在する企業活動を拡大させる追い風となった。

＊50　第二十二代（一八八五―一八八九年）と二十四代（一八九三―一八九七年）大統領に就任した。歴代大統領の中でただひとり「連続ではない二期」を務めた。クリーブランドは財界寄りの保守反動的、ガチガチの自由主義論者の民主党員だった。八四年の大統領選挙では高率関税、銀本位制、インフレーション、帝国主義に反対する姿勢を訴えるとともに、商業者、農民、退役軍人への補助金供出にも反対を表明していた。しかし、共和党候補の失策で、一部の共和党員がクリーブランド支持に回ったため、辛くも当選した。

＊51　クリーブランドは一八八七年末の大統領教書で一般関税の引き下げ、特に原料品への課税撤廃を強調した。輸入関税によって国民が多額の支払いを製造業者に支払っているとして保護関税を修正する世論を積極的に喚起した。これを受けて下院歳入委員会のミルズ委員長が翌年、提出した関税法引き下げ法案は、民主党多数の下院を通過したものの、共和党が支配する上院で否決された。関税問題は一八八八年の大統領選挙の争点となり、現職だったクリーブランドは共和党のベンジャミン・ハリソン候補に破れる結果となった。

＊52　一八九四年に成立した関税法。下院歳入委員長のウィリアム・ウィルソン民主党議員が提出した関税引き下げ法案から出発したが、上院で同じ民主党のアーサー・ゴーマン上院議員率いる保護関税擁護派によって大幅な修正が加えられた。関税の引き下げを公約に掲げて第二十四代大統領に返り咲いたクリーブランドは、骨抜きになった同法案に署名することを拒否したが、法律として成立させることは容認した。通称ウィリアム・ゴーマン法。

＊53　下院歳入委員長だったウィリアム・マッキンリー共和党下院議員（のちに第二十五代大統領）が主導した関税引き上げ法。アメリカの産業を外国製品との競争から守るとうたわれたが、物価上昇に直面した国民の不評を買い、民主党のクリーブランドに政権を奪い返すことを許す一因となった。

＊54　クリーブランドは、前任の第二十三代ハリソン大統領の共和党政権下で制定された銀購入法が恐慌を拡大させた一

因として、これを撤廃した。一八九〇年に成立したシャーマン銀購入法は、財務省が銀を大量に買い上げ、金貨と銀貨のどちらでも兌換できる紙幣を発行することを定めた。背景には、西部で銀鉱山の採掘量が急増したため銀の値下がりに苦しむ鉱業部門と、農産物の供給過剰による値下がりで債務を返済するのが厳しくなり、インフレを望む農業部門の要請があった。しかし、銀が金属市場で政府の買い上げ価格よりも安く調達できることに目をつけた投資家が、市場で購入した銀を紙幣と交換し、これを金に兌換し、金属市場で銀の購入価格よりも高い値段で売って利益を上げることを繰り返したため、政府の金準備高が法定限度まで落ち込んだ。そうしたときに鉄道への過剰投資が引き金となって、一八九三年の恐慌が起きた。

＊55　南北戦争後、影響力を一段と強めた産業界は自由放任主義を信奉、産業組織は巨大化していった。セオドア・ルーズベルト大統領は在任中（一九〇一―〇九年）、不当なトラスト（企業合同）に対して、それまで使われることのなかったシャーマン反トラスト法を発動、企業の集中化を牽制した。同大統領が巨大資本を統制し、全国民の福祉を成し遂げるために連邦政府の権限を強化した。産業界はこれに強く反発、このため一九一二年の選挙では共和党からの指名を獲得できなかった。一九一二年選挙については訳注＊11と＊12も参照。

＊56　一九一六年の大統領選挙は現職のウィルソンと、共和党候補者の合衆国最高裁判所判事チャールズ・エヴァンズ・ヒューズとの間で戦われた。前回の選挙で進歩党から立候補したセオドア・ルーズベルトは革新党から再指名されたが、辞退して、ヒューズ支持に回った。ウィルソンとヒューズの一騎打ちによる選挙は大接戦を演じた。一般投票ではウィルソンが四九％、ヒューズが四六％をそれぞれ獲得。当選するためには選挙人票二百六十六票が必要だったが、ウィルソンは三十州から二百七十七票を集め、ヒューズは十八州から二百五十四票を集め、文字通りの僅差だった。決め手となったのは最後に投票結果の出たカリフォルニア州。投票総数約百万票のうちわずか三千八百票差でウィルソンが辛勝した。

＊57　ワーテルローの戦いは一八一五年六月十八日、ベルギー郊外のワーテルローでイギリス、オランダ、プロイセンなどの連合軍と皇帝に復帰したナポレオン・ボナパルト率いるフランス軍との間で行われた戦闘を指す。フランス軍が敗北、ナポレオン戦争最後の戦闘となった。これでナポレオンの百日天下が終わり、革命戦争以来四半世紀に渡って続いた戦乱が終わった。セダンの戦いは普仏戦争中一八七〇年九月一日、フランス北東部のセダンで行われ、フランス軍が大敗北、降伏するとともに最高司令官・ナポレオン三世（ボナパルトの甥）が捕虜となったことで戦争の趨勢を定めた

戦いとなった。ここでは決定的な敗北で民主党が政権の座を奪われたことの比喩となっている。

＊58　一九二〇年選挙で共和党上院議員のウォーレン・ハーディングが第二十九代大統領に就任したが、一九二三年八月、ハーディングは全国遊説中に病死した。副大統領のカルビン・クーリッジが第三十代大統領に昇格。二四年選挙でも当選、二十九年三月まで務めた。二八年選挙でも共和党のハーバート・フーバーが当選、第三十一代大統領に就任。しかし、二期目の一九三二年選挙では、民主党のフランクリン・ルーズベルトに敗れた。

＊59　民主党のフランクリン・ルーズベルトが、共和党のハーバート・フーバーに圧勝した。

＊60　地方自治体が自らの行政目的のために使用する施設や、自身が運営または所有する施設の整備のために起債する地方債券の一種で、利子所得に対する連邦所得税が免除される債券。裁判所や政府庁舎、高速道路、学校、消防署、図書館、電力プラントなどが対象となる。

＊61　一八六二年九月、リンカーン大統領は南北戦争のさなかに、敵対する南部連合の支配する地域が連邦軍にくだらないかぎり、連合の支配する地域の奴隷を解放すると予告した。連邦制度に復帰する州はないまま、一八六三年一月に、奴隷解放宣言が正式に発布された。

＊62　一九三三年に誕生したルーズベルト政権は、高まる対日脅威論を背景に、軍縮条約のもとで認められていた制限いっぱいまで海軍力を整備する方針を表明。ニューディール政策の一環として海軍拡充を開始した。一九三四年には「ワシントンおよびロンドン条約に定められた上限までの海軍艦艇の建造に関する法」が成立した。

＊63　クロード・スワンソン海軍長官（一八六二―一九三九年）。バージニア州知事を経て、一九三三年から亡くなる三九年までルーズベルト政権の海軍長官を務めた。一九三二年のジュネーブ海軍軍縮会議に合衆国代表として出席。平時における史上最大規模の海軍拡張法の成立に貢献した。

＊64　リチャード・オルニー国務長官（一八三二―一九一七年）。一八九〇年代にフロンティアが消滅し、十九世紀後半以降の産業革命の進展がもたらした米企業の大規模化・寡占化などが地域間格差、貧富の格差をもたらし、社会的弱者である労働者側の反発を招き、社会経済的危機が強まっていくなか、クリーブランド政権の検事総長に抜擢され、労働運動を厳しく弾圧した。その実績が評価されて国務長官に抜擢された。

＊65　一八九五年、南米大陸北東部にある英領ギアナをめぐるイギリスとベネズエラの国境紛争を指している。ギアナが一九六六年、英連邦国家ガイアナとして独立してからも、この問題は両国間での懸案事項となっている。

＊66　アメリカはベネズエラ国境紛争に際してイギリスに強硬な覚書を送付、「合衆国はこの大陸での実際上の主権者である」と主張、モンロー主義の拡張解釈の基礎を提示した。

＊67　現代では民衆の利益が政治に反映されるべきという政治的立場、人民主義を指すが、もともとは一八九一年にアメリカ南部や西部の農民層を中心に結党した人民党の政治運動を指して呼んだ。十九世紀末、アメリカでは大企業による大工業国化が進展、それに伴って独占資本の登場や貧富の差の急拡大という社会問題が発生したことを背景としている。

＊68　一八九八年の米西戦争。スペイン領だったキューバの独立運動をきっかけに、アメリカが介入した。アメリカは西半球からヨーロッパの覇権を追い出すことと同時に、キューバに投資先、輸出先、海路の要衝としても戦略的関心を抱いていた。戦争に先立つ一八九三年の大恐慌は九七年には収束していったが、雇用情勢の改善にはさらに数年を要した。

＊69　一九三三年から二一〇六年までの未来を描いたH・G・ウェルズの予言的SF小説 "The Shape of Things to Come"（『来たるべき世界の物語』、邦訳版は『世界はこうなる――最後の革命』、吉岡義二訳、新生社、一九五八年）にかけているか。この本は一九三三年に出版されると世界的に評価を得た。筆者ビーアドは、太平洋戦争後の来たるべき世界は「陰のように暗い」世界になるであろうことをここで暗示しているようだ。

訳者あとがき

著者のチャールズ・オースティン・ビーアドは、歴史家であり、二十世紀前半のアメリカを代表する知識人のひとりである。生涯業績も多彩で、著書は八十冊にのぼっている。

そんなビーアドが晩年、もっとも精力を注いだのが、同時代を生きた米大統領、フランクリン・ルーズベルトの政治と外交分析だった。

一九四八年九月、ビーアドが七十四歳で亡くなる直前に刊行された *President Roosevelt and the Coming of the War, 1941: A Study in Appearances and Realities* (Yale University Press, 1948)（『ルーズベルトの責任——日米戦争はなぜ始まったか』上下巻、二〇一一年、藤原書店）は、その代表作である。日米開戦の責任の一端がルーズベルトにあったことを論じたものであったため、戦後間もないアメリカ社会で、英雄ルーズベルトを批判するものとして物議を醸し、不買運動まで起きたといわれる。

本書 *American Foreign Policy in the Making 1932-1940: A Study in Responsibilities* (Yale University Press, 1946) はその姉妹作品である。原書は『ルーズベルトの責任』の刊行に先立つ二年前の一九四六年八月に刊行された。原書は章の羅列で構成されているが、日本語版では、その内容から判断して、二部構成とした。第Ⅰ部は第一章から第三章までで、姉妹作品全体の問題提起の部分である。第四章から第十章までが第Ⅱ部で、本編の一九三〇年代のアメリカ外交政策の分析である。

第Ⅰ部では、戦後まもなく米社会を襲った世論の〝混乱〟が描かれている。米社会は戦後、相反するふたつの空気に支配されたという。ひとつは当然ながら戦争が終わったことを単純に喜び、祖国の戦勝そのものに酔いしれる空気。もうひとつは「われわれは望んでいなかったにもかかわらず、どうして戦わなければならなかったのか」という懐疑的な空気である。後者の議論の行きつく先には、「ウッドロウ・ウィルソン大統領が提唱した国際連盟に米国自身が率先して参加していれば、あんな大惨事は起きなかったのではないか」との声や、「その責任は連盟加盟を直接的に拒否した上院議員たちや、そうした雰囲気を形成してしまった米国国民自身にある」などという極論まであった。戦勝に酔いしれた国民がいる一方で、こうした自省的な人々もいたのだ。

筆者ビーアドは、こうした戦後の米社会に突如として現れた、いわば世論の〝分断〟現象に刺激され、その淵源は何か、そして最終的には、第二次世界大戦に米国はなぜ、巻き込まれたのか。いわば「戦争責任」の所在を探ることを決意したのだった。実は戦争中に、ルーズベルトへの疑念を抱き始めていたビーアドだったが、戦争一色の米社会にはわき目もふらず、静かに「ルーズベルトの外交政策分析」を始め、戦争が終わると、作業に拍車がかかったが、結果的に膨大な量に上った。ルーズベルト大統領が一九三二年に初当選し、第二次世界大戦への参戦を決断するまでの約十年の間に、大統領が教書や記者会見で国民に何を語ったのか。政府諸機関の動向や発表内容はどのようなものだったのか。ジャーナリズムはそれらをどのように報じたのか。そして国民の反応はどうだったのか――というように、調べても、調べても、書いても、書いても、書き尽くせないというのが、実情だったと推測される。

そうして膨大な量の研究作業の成果が、本書『「戦争責任」はどこにあるのか』と『ルーズベルトの責任』の姉妹作品につながっていった。日本語訳の出版は順序が逆になってしまったが、本書は、『ルーズベルトの責任』で最終的に結論を得ることになる、米国自体の「戦争責任」についての「問題提起」と位置づけてよいであろう。

しかし、ビーアドはなぜ、周囲の反対を押し切ってまで、大統領の責任を追及したのだろうか。

それは彼の政治手法に問題がある、と判断したからにほかならない。本書でもたびたび指摘しているように、大統領は「国民に向かって公に一度も説明することなく外交政策の基本姿勢を（非干渉主義から介入主義へ、あるいは孤立主義から国際協調主義へ）変えた」。これがあまりに独善的である、とビーアドには映ったからだろう。確かに、一九三七年十月のシカゴ演説（いわゆる「隔離演説」）以降のルーズベルトの言動を仔細に見ていくと、そうした様子が十分にうかがえるし、本書の対象時期にはなっていない一九四一年から開戦までの時期になると、そうした姿勢はますます色濃くなっていく。そして最終的に「アメリカ共和国は、その歴史において、いま、合衆国大統領が公に事実を曲げて伝えておきながら、密かに外交政策を遂行し、外交を樹立し、戦争を開始する制約のない権力を有する、という理論に達した」（『ルーズベルトの責任』下巻、七七九頁）と喝破したのだった。

建国の理念、立憲主義、民主主義、そして寛容さ――。こうした普遍的概念をもっとも大切にする歴史家ビーアドにとって、ルーズベルト大統領が四期にわたって見せた政治手法――帝王として君臨する大統領――は、建国以来の歴史においてもやはり〝異常〟であり、それが顧みられることなく、戦後も継続していくことは耐え難いものだった。そればかりか、そうした思い上がりが米国国民に戦争という悲劇を再びもたらすのではないかとの疑念があった。死の病床のなかで、この膨大な作業をし続けることができたのはこうした米国民への強い思いがあったからだった。

さて、現代アメリカはまた、ドナルド・トランプという異形の大統領を生んだ。「アメリカ・ファースト」「アメリカを再び強くする」などのキャッチフレーズは、いまだに世界を大きく揺さぶっている。しかし、これはトランプ氏の専売特許でもなんでもない。本書を読んでいただければ一目瞭然である。

本書を翻訳して、つくづく思うことがもうひとつある。一九三〇年代を通じて米社会であれだけの国民的議論があったことが、当時の日本にどれだけ正確に伝わっていたのかという疑問である。圧巻は一九四〇年選挙前の民主党全国大会で、突然、選挙綱領反戦項目に「攻撃された場合を除いて」という一句が挿入されたことである。その後の歴史の展開を思うにつけ、ひとりの日本人として残念でならない。

最後になりますが、この場を借りまして、ふたりの大先輩にこころからお礼を申し上げ、この作品をふたりに捧げたいと思います。

ひとりは、学生時代にビーアドの存在を初めてご教示くださった評論家の故粕谷一希氏。生前、粕谷氏はわれわれのビーアド研究に折に触れて助言をしてくださいました。また、もうひとりは、ビーアド氏の孫で国際法学者だった故デートレフ・F・ヴァクツ氏。二〇一三年初夏、死の病床にあったヴァクツ氏はわれわれを快く迎えてくれ、しばし歓談してくれました。初めて氏にお会いしたとき、ビーアド博士を見た思いがしたのを鮮明に覚えています。

また、その夏の米国旅行に同行してくださり、われわれの翻訳作業を後押ししてくれた藤原書店の藤原良雄社長と、編集部の皆さんにこころから御礼を申し上げます。

二〇一七年晩秋

訳者を代表して　開米 潤

関連年表（一九二八―四〇年）

＊本書で言及された事項を基に訳者が作成した。

年号	本書関連事項	一般歴史事項
一九二八年（昭和3）	10月、フランクリン・ルーズベルト（以後、FDRと略）、長期の病気療養生活から政界に復帰、ニューヨーク州知事に立候補。	4～5月、日本、山東出兵。 6月4日、日本の関東軍による張作霖爆殺事件。 12月9日、イタリア、ファシズム大評議会が最高機関に（独裁体制の完成）。 ソ連、第一次五カ年計画発表。
一九二九年（昭和4）	10月29日、ニューヨーク株式市場が大暴落、世界大恐慌が勃発。	中ソ紛争。
一九三〇年（昭和5）	10月、FDR、ニューヨーク州知事に再選。	1月21日～4月22日、ロンドン海軍軍縮会議。
一九三一年（昭和6）		9月18日、満州事変。
一九三二年（昭和7）	1月7日、スティムソン・ドクトリン 2月、FDR知事、「今日の国際連盟はウッドロウ・ウィルソンが思い描いたような連盟ではない。連盟に参加することと欧州の権力政治に巻き込まれることに反対する」と国際連盟を拒否。 11月、FDR、現職のフーバー大統領を破り、新大統領に当選。	3月1日、日本、満州国の建国を宣言。 7月31日、ナチス、ドイツの国会選挙で第一党となる。

一九三三年 （昭和８）	１月、ＦＤＲ、フーバー政権のスティムソン長官と昼食会談。 ３月４日、ＦＤＲ、第三二代大統領に就任。緊急銀行救済法案などニューディール政策を次々と打ち出す。 ３月９日、米特別議会、ニューディール諸立法。 ５月12日には農業調整法（ＡＡＡ）制定。 ５月、ＦＤＲ「どんな性格の軍隊であろうとも国境を越えて派遣しない」。 11月、米、ソ連を承認。 12月、ＦＤＲ、「米大陸の他の共和国の問題への武力介入に反対」。	１月30日、ヒトラー、ドイツ首相に就任。 ３月27日、日本、国際連盟を脱退。 ５月15日、日本、五・一五事件。 ９月２日、伊ソ不可侵友好条約。 10月14日、ドイツ、ジュネーブ軍縮会議と国際連盟から脱退すると発表。
一九三四年 （昭和９）	６月、ＦＤＲ、互恵関税法に署名。	12月３日、日本、ワシントン条約単独廃棄を閣議決定。29日にアメリカに通告。
一九三五年 （昭和10）	１月４日、ＦＤＲ「この国の男性、女性、子供たちの安全が最優先」。 １月29日、米上院、国際司法裁判所加盟を否決（賛成票が可決に必要な三分の二に達せず）。 ８月31日、連邦議会、中立法を可決。ＦＤＲ「われわれを戦争へと導くいかなる紛争にも巻き込まれないようにすることに全力を尽くす」。 10月２日、ＦＤＲ「この国は他者を征服することは望んでいない」。 10月３日、第二次エチオピア戦争が勃発(伊がエチオピアに侵攻)。 10月30日、ＦＤＲ「かの紛争に巻き込まれないと決意、平和が回復され、維持されることを切望」。 11月11日、ＦＤＲ「合衆国の最大の目標は戦争に引きずり込まれないこと」。	

一九三六年（昭和11）	1月、FDR「争いを煽ることは一切しない。攻撃から守れるだけの十分な防衛力を備える」。 3月7日、ドイツがヴェルサイユ条約で非武装地帯とされていたラインラントに陸軍を進駐。 7月、スペイン内戦。 8月、FDR「戦争に巻き込まれずにいることは可能。……われわれに戦争を始めさせる者どもに『ノー』と言える勇気を持っていれば」 11月、FDR、大統領に再選。	1月15日、日本、ロンドン軍縮会議を脱退。 2月26日、日本、二・二六事件。 11月25日、日独防共協定。 12月31日、ワシントン海軍軍縮条約失効。
一九三七年（昭和12）	2月5日、FDR、司法府再編計画を議会に提出 5月、中立法（大統領が戦争状態が認識したとき、軍需物資禁輸義務を負わせる） 7月7日、日中戦争（盧溝橋事件） 国務省が諸外国政府に諸条約と国際法の尊厳についての宣言書を発布。 10月5日、シカゴで隔離演説。「肉体を蝕む伝染病が広がり始めた場合、地域の共同体は共同体の健康を感染の拡大から守るため病人を隔離することを是認、協力する。平和の政策を追求する、それが私の決意です。戦争への関与を回避するために、あらゆる実現可能な措置をとる、それが私の決意」。	6月4日、第一次近衛文麿内閣。 7月7日、盧溝橋事件。 11月6日、イタリア、日独防共協定に参加。20日、蔣介石、南京から重慶への遷都を宣言。 12月11日、イタリア、国際連盟脱退。13日、南京事件。
一九三八年（昭和13）	1月、FDR、連邦議会に海軍増強と「戦争における負担平等化」求める。	1月11日、近衛首相、蔣介石の国民政府を対手とせず、との声明。 3月13日、ドイツ、オーストリア併合。 9月29日、ミュンヘン協定(英仏独伊がドイツへのズデーテン地方割譲で合意)。

一九三八年（昭和13）		11月3日、近衛首相、東亜新秩序建設を発表。
一九三九年（昭和14）	1月、FDR「外国からの嵐がアメリカ人に絶対必要な三つの制度を脅かしている。われわれ国民の総意を侵略国に政府に認識させる方法が戦争以外にもある」。 2月、FDR「自分の外交政策は変わっていないし、今後も変わらない」 5月、中立法の修正と、戦時に適用される海外の交戦国への武器等戦争必需品の禁輸措置の撤廃を求める「ソル・ブルーム」決議案が下院に提出され、大論争が起きる。 9月1日、独がポーランドに侵攻、英仏が独に宣戦布告、第二次世界大戦が勃発。 9月3日、FDR「合衆国がこの戦争に巻き込まれずにいることを願っている。私はそうなるだろうと思っている」。 9月5日、FDR、中立宣言書を発布。 9月21日、FDR、「軍需品の輸出禁止措置を撤廃すべきである。自分の一番の目標は合衆国を戦争に巻き込まないことである」 10月26日、FDR、「ブルーム」決議案の論争に介入、「アメリカの母親たちの息子たちをヨーロッパの戦場で戦うために派遣する可能性など提案したことはない。アメリカは中立であり、戦争に関わるつもりはない」。 11月3日、新中立法（武器禁輸撤廃、交戦国への輸出を現金・自国船主義に限り認める）を連邦議会が可決。 11月4日、FDRが新中立法に署名。 12月2日、FDR、戦闘機の売却を自粛するよう求める声明発表。	1月4日、近衛内閣総辞職。5日に平沼騏一郎内閣が成立。 5月1日、ノモンハン事件。 8月28日、平沼内閣総辞職、30日に阿部信行内閣が成立。 9月1日、ドイツ、ポーランド侵攻。第二次世界大戦。3日、アメリカ、欧州戦争に中立を宣言。28日、独ソ友好条約調印。 10月2日、汎アメリカ会議、西半球に安全地域を設定。

一九四〇年（昭和15）	1月3日、FDR、年頭教書で合衆国の防衛、中立、平和についてこれまで主張してきた路線を改めて表明。 5月10日、ドイツ軍がオランダ、ベルギー、ルクセンブルグのベネルクス三国に侵攻、英仏連合軍と対峙するも英仏軍が敗北。英軍は英本土に撤退。 5月16日、FDR、国防費の増額を議会に要請した際、「われわれの理想はこの国のあらゆる男性、女性、子供たちの理想――われわれの目的は今なお平和なのです――は国内の平和、国外の平和」。 6月14日、ドイツ軍がパリに無血入城。仏レノー内閣が総辞職。 6月22日、独仏休戦協定、フランス第三共和政は崩壊。 6月25日、フィラデルフィアで開催されている共和党全国大会でフーバー前大統領が「差し迫った危機が過度に誇張されてならず、われわれを戦争に導く活動は一切、許されない」などと演説。共和党は「この国を外国の戦争に巻き込むことに断固として反対」などという選挙綱領を決定、ウェンデル・ウィルキー氏を大統領候補に指名。 7月10日、FDR、「ヨーロッパで繰り広げられている戦争に参戦させるために兵士を送ることはありません」。 7月19日、民主党が「われわれは外国の戦争に参加することはない。攻撃を受けた場合を除いて、わが国の陸海空群をアメリカ大陸以外の外国の地に派遣することはない」との綱領を発表、FDRが民主党候補に。 11月、フランクリン・ルーズベルトが大統領選で三選を果たす。	1月14日、阿部内閣総辞職。16日に米内光政内閣が成立。 3月30日、汪兆銘、南京国民政府を樹立。 4月9日、ドイツ、ノルウェー侵攻、デンマーク占領。 5月10日、ドイツ、北仏・オランダ・ベルギー・ルクセンブルクに侵攻。同日、英チェンバレン内閣総辞職、チャーチル内閣が成立。26日、イギリス、ダンケルクの戦いで大規模撤退。28日、ベルギー降伏。 6月10日、ノルウェー降伏。同日、イタリア、英仏に戦線布告。14日、ドイツ、パリを制圧。 7月16日、米内内閣総辞職、22日に第二次近衛内閣が成立。27日、日本、武力行使を伴う南進政策を決定。30日、汎米会議、共同防衛決議のハバナ宣言。 9月22日、日本、北部仏印に進駐。27日、日独伊三国同盟成立。

ワ　行

マ 行

ヤ 行

ラ 行

ハ 行

サ 行

タ 行

ナ 行

人名索引

本文，原注，および〈附〉から人名を採り，姓・名の五十音順で配列した。

ア 行

カ 行

著者紹介

チャールズ・オースティン・ビーアド
(Charles Austin Beard)

1874年米国インディアナ州生まれ。オックスフォード大学留学，コロンビア大学などで歴史学，政治学を修め，1915年に同大学教授に就任。米国の第一次世界大戦への参戦で，大学総長の偏狭な米国主義に対し，思想信条にそぐわない三人の教授が解雇されたのを機に，昂然と大学を去る。1917年，ニューヨーク市政調査会理事に就任。22年9月，当時の東京市長，後藤新平の招請で初来日。半年間に亘る調査・研究成果の集大成が『東京市政論』で，日本の市政研究の先駆けともなった。翌23年関東大震災直後に後藤の緊急要請で再来日。東京の復興に関する意見書を提出するなど「帝都復興の恩人」として活躍。後に，焦土と化した戦後の日本の都市計画にも示唆を与えた。米国政治学会会長，米国歴史協会会長を歴任。1948年9月，コネチカット州で死去。享年74。

邦訳された著書に，*An Economic Interpretation of the Constitution of the United States*, 1913（池本幸三訳『チャールズ・A・ビアード』研究社出版，1974年），*Contemporary American History, 1877-1913*, 1914（恒松安夫訳『米国近世政治経済史』磯部甲陽堂，1925年），*The Economic Basis of Politics*, 1922（清水幾太郎訳『政治の経済的基礎』白日書院，1949年），*The Administration and Politics of Tokyo: A Survey and Opinions*, 1923（『東京の政治と行政〈東京市政論〉』東京市政調査会，1923年），*The American Party Battle*, 1924（斉藤真・有賀貞訳『アメリカ政党史』東京大学出版会，1968年），*A Foreign Policy for America*, 1940（早坂二郎訳『アメリカの外交政策』岡倉書房，1941年），*The American Spirit*, 1942（高木八尺・松本重治訳『アメリカ精神の歴史』岩波書店，1954年），*The Republic*, 1943（松本重治訳『アメリカ共和国』社会思想研究会，1949-50年。新版，みすず書房，1988年），*President Roosevelt and the Coming of the War, 1941*, 1948（開米潤監訳『ルーズベルトの責任』上・下，藤原書店，2011年）ビーアド夫人との共著 *A New Basic History of the United States*, 1944（松本重治・岸村金次郎・本間長世訳『新版 アメリカ合衆国史』岩波書店，1964年），ほかに『ビーアド博士講演集』（東京市政調査会，1923年），『チャールズ・A・ビーアド』（東京市政調査会，1958年）などがある。

訳者紹介

開米潤（かいまい・じゅん）
福島県いわき市生まれ。東京外大卒。共同通信社記者，『外交フォーラム』編集顧問などを経て株式会社メディア グリッドを設立。著書『松本重治伝――最後のリベラリスト』（2009年），共訳書にCh. A. ビーアド『ルーズベルトの責任――日米戦争はなぜ始まったか』（上・下, 2011年），編著に『ビーアド『ルーズベルトの責任』を読む』（2012年，以上藤原書店）。

丸茂恭子（まるも・きょうこ）
東京都生まれ。慶大卒。共訳書にCh. A. ビーアド『ルーズベルトの責任――日米戦争はなぜ始まったか』（上・下，2011年）。

「戦争責任《せんそうせきにん》」はどこにあるのか
――アメリカ外交政策《がいこうせいさく》の検証《けんしょう》 1924–40

2018年2月5日　初版第1刷発行©

訳　者　開　米　潤
　　　　丸　茂　恭　子
発行者　藤　原　良　雄
発行所　株式会社　藤　原　書　店

〒162–0041　東京都新宿区早稲田鶴巻町523
電　話　03（5272）0301
FAX　03（5272）0450
振　替　00160 - 4 - 17013
info@fujiwara-shoten.co.jp

印刷・製本　中央精版印刷

落丁本・乱丁本はお取替えいたします
定価はカバーに表示してあります
Printed in Japan
ISBN978–4–86578–159–5

「戦後の世界史を修正」する名著

ルーズベルトの責任㊤㊦

（日米戦争はなぜ始まったか）

Ch・A・ビーアド

開米潤監訳

阿部直哉・丸茂恭子＝訳

ルーズベルトが、非戦を唱えながらも日本を対米開戦に追い込む過程を暴く。

㊤序＝D・F・ヴァクツ　㊦跋＝粕谷一希

A5上製　各四二〇〇円

㊤四三二頁（二〇一一年一二月刊）㊤◇978-4-89434-835-6

㊦四四八頁（二〇一二年　一　月刊）㊦◇978-4-89434-837-0

PRESIDENT ROOSEVELT AND THE COMING OF THE WAR, 1941: APPEARANCES AND REALITIES

Charles A. Beard

日米関係・戦後世界を考えるための必読書を読む

ビーアド『ルーズベルトの責任』を読む

開米潤編

公文書を徹底解読し、日米開戦に至る真相に迫ったビーアド最晩年の遺作にして最大の問題作『ルーズベルトの責任』を、いま、われわれはいかに読むべきか？〈執筆者〉**粕谷一希／青山佾／渡辺京二／岡田英弘／小倉和夫／川満信一／松島泰勝／小倉紀蔵／新保祐司／西部邁ほか**

A5判　三〇四頁　二八〇〇円（二〇一二年一一月刊）◇978-4-89434-883-7

屈辱か解放か

ドキュメント 占領の秋 1945

毎日新聞編集局　**玉木研二**

一九四五年八月三十日、連合国軍最高司令官マッカーサーは日本に降り立った——無条件降伏した日本に対する「占領」の始まり、「戦後」の幕開けである。新聞や日記などの多彩な記録から、混乱と改革、失敗と創造、屈辱と希望の一日一日の「時代の空気」をたちのぼる迫真の再現ドキュメント。

写真多数

四六並製　二四八頁　二〇〇〇円（二〇〇五年一二月刊）◇978-4-89434-491-4

「人種差別撤廃」案はなぜ却下されたか？

「排日移民法」と闘った外交官

（一九二〇年代日本外交と駐米全権大使・埴原正直）

チャオ埴原三鈴・中馬清福

第一次世界大戦後のパリ講和会議での「人種差別撤廃」の論陣、そして埴原が心血を注いだ一九二四年米・排日移民法制定との闘いをつぶさに描き、世界的激変の渦中にあった戦間期日本外交の真価を問う。

〈附〉埴原書簡

四六上製　四二四頁　三六〇〇円（二〇一一年一二月刊）◇978-4-89434-834-9